城市规划
理论·设计读本

国土空间规划国际比较

——体系·指标

翟国方　顾福妹　编著

中国建筑工业出版社

图书在版编目（CIP）数据

国土空间规划国际比较——体系·指标／翟国方，顾福妹编著.
北京：中国建筑工业出版社，2018.11（2023.7重印）
（城市规划理论·设计读本）
ISBN 978-7-112-22765-5

Ⅰ.①国…　Ⅱ.①翟…　②顾…　Ⅲ.①国土资源－土地规划－对比研究－世界　Ⅳ.①F119.9

中国版本图书馆CIP数据核字（2018）第226158号

责任编辑：刘文昕　张鹏伟
责任校对：李美娜

城市规划理论·设计读本
国土空间规划国际比较——体系·指标
翟国方　顾福妹　编著
*
中国建筑工业出版社出版、发行（北京海淀三里河路9号）
各地新华书店、建筑书店经销
北京锋尚制版有限公司制版
建工社（河北）印刷有限公司印刷
*
开本：880×1230毫米　1/32　印张：11⅜　字数：471千字
2018年12月第一版　2023年7月第三次印刷
定价：49.00元
ISBN 978－7－112－22765－5
（31934）

序 言

“空间规划”已成为我国政界、学界和行业界近年高度关注的热点话题。2013 年第十八届三中全会通过的《中共中央关于全面深化改革若干重大问题的决定》要求“建立空间规划体系”。在随后的 2013 年中央城镇化工作会议、2014 年发布的《国家新型城镇化规划（2014—2020）》、2015 年《生态文明体制改革总体方案》和《中共中央关于制定国民经济和社会发展第十三个五年规划的建议》以及 2017 年《省级空间规划试点方案》等一系列文件中，均将构建空间规划体系工作作为一项重点改革任务加以强调。2018 年 3 月中央决定组建自然资源部，统一行使所有国土空间用途管制和生态保护修复职责，着力解决自然资源所有者不到位、空间规划重叠等问题。构建空间规划体系，已成为我国推进国家治理能力和治理体系现代化，助力生态文明建设和新型城镇化的重要举措。

空间规划，翻译自英文的 Spatial Planning，而这一词为世界所广泛认知则缘于欧盟于 1997 年《欧洲空间规划体系和政策概要》的发布实施。当然，在此之前，与空间规划类似的词有区域规划（regional planning）、国土规划（territorial planning）等。在日本，与空间规划相类似的有以前的国土综合开发计划和现在的国土形成计划。在我国，空间规划，或国土空间规划一般认为主要是指区域规划，但不仅限于此。广义的含义还可延伸到城市规划，尤其在谈到空间规划体系的时候。一方面，不同的国家因其自身的自然环境特点、经济社会发展水平、政治治理体系以及文化历史底蕴，反映在空间规划体系上肯定会有其自身的特殊性。另一方面，即使每个国家有其个性和特殊性，我们认为，空间规划体系肯定有其发展的必然性和规律性，也就是说各国的空间规划体系有共性。比较分析各国空间规划体系产生和发展过程的共性和个性，可为我国空间规划体系的科学建立提供有益借鉴。

目前，我国已经有不少介绍国外空间规划的研究成果和文献，为空间规划规划体系的国际比较分析提供了非常好的成果基础，但已有研究大多少较进行国际比较分析方法上的深入探讨，再加由于涉及的国家和地区也相对较少，很难从全球角度、时间维度角度、规划监控角度进行系统的比较分析。我们在开展“玉树城镇体系规划（灾后恢复重建）”、“昆明城市区域发展战略研究与远景规划”、“安徽省城镇体系规划（2010—2030）专题：安徽省城镇化路径研究”等规划实践时，与其他专家学者一样曾经借鉴国内外，尤其是发达国家成功的规划案例。但如何科学地分析比较，如何合理地借鉴国内外案例，也是我们一直困惑和思考的问题。

2014 年我们有幸中标国家发展和改革委员会地区经济司 2014 年度社会公开征集研究课题“国家空间规划体系形成和演化规律及其机制研究”。在此研究基础上，2016 年又受中国科学院遥感与数字地球研究所委托开展了“我国主体功能区规划与国际空间规划指标与监测的对比研究”，从空间规划的国际比较方法、体系演变规律及机制，以及监控指标体系进行了较为系统而深入的研究，在国内外相关学术期刊和学术会议上进行了相关研究成果的报告交流。为了更好地发挥研究成果的综合效益，应大家要求，决定编辑出版这些成果，期待抛砖引玉。

本书主要由三篇构成。第一篇是介绍空间规划国际比较的总体框架，作为第二和第三篇研究分析的基础；第二篇主要是国家发改委招标课题的研究成果；第三篇主要是中科院遥感与数字地球研究所的委托课题成果。

本书的出版，得到了各方面的支持和帮助，在此表示深深的谢意。首先要感谢国家发展和改革委员会地区司、中科院遥感与数字地球研究所以及众多规划实践项目委托方。他们的课题与项目，不仅激发我们对空间规划国际比较分析研究的兴趣，而且也提供了一个对空间规划进行系统国际比较的宝贵机会。其次要感谢南京大学城乡规划专业2014级和2016级研究生。在翟国方教授给他们讲授的“区域研究与规划”课上，他们分别积极参与了相关课题的资料收集和课堂讨论，为本书的形成提供了非常有益的基础。第三要感谢中科院遥感与数字地球研究所周艺研究员和南京大学何仲禹副教授，他们为本书贡献了很多非常有价值的建议。第四要感谢研究生周姝天、牛赓、胡洋等人在资料的收集整理过程中付出的辛劳。最后要感谢中国建筑工业出版社刘文昕、张鹏伟编辑在本书出版过程中的大力帮助和辛勤劳付出。

本书在成文过程中，参考引用了众多国内外专家学者的论著或科研成果，对引用部分在文中和最后的参考文献中尽可能都一一作了标注，但仍恐有挂一漏万之处，敬请多加包涵，并告知我们，以便在再版时补充完善。由于能力有限，才疏学浅，再加时间仓促，书中难免会出现一些疏漏与不当之处，恳请广大读者不吝赐教。

翟国方　顾福妹

2017年7月于南京大学鼓楼校区

目　录

第一篇　空间规划国际比较的总体框架

本篇以空间规划国际比较研究的背景和意义为起点，确立科学的比较研究方法，明确比较研究的目标、内容和框架，必须结合我国具体情况，在科学比较分析研究的基础上，有所选择地学习借鉴各国空间规划及相关政策和机制。

第1章　研究背景与研究意义

近年来，我国党和政府高度重视空间规划体系的建设，在中央重要文件中多次强调要建立空间规划体系。2013 年第十八届三中全会通过的《中共中央关于全面深化改革若干重大问题的决定》要求“建立空间规划体系，划定生产、生活、生态空间间开发管制界限，落实用途管制”。2013 年中央城镇化工作会议提出“建立空间规划体系，推进规划体制改革，加快规划立法工作”。2014 年发布的《国家新型城镇化规划（2014—2020）》提出“建立空间规划体系，坚定不移实施主体功能区制度，划定生态保护红线，严格按照主体功能区定位推动发展，加快完善城镇化地区、农产品主产区、重点生态功能区空间开发管控制度，建立资源环境承载能力监测预警机制”；2015 年《生态文明体制改革总体方案》提出要“构建以空间治理和空间结构优化为主要内容，全国统一、相互衔接、分级管理的空间规划体系，着力解决空间规划重叠冲突、部门职责交叉重复、地方规划朝令夕改等问题”；此外，在《关于开展市县“多规合一”试点工作的通知》（发改规划［2014］1971 号）、《中共中央关于制定国民经济和社会发展第十三个五年规划的建议》（2015 年）和《省级空间规划试点方案》（2017 年）以及《关于国务院机构改革方案的说明——2018 年 3 月 13 日在第十三届全国人民代表大会第一次会议上》（2018）等文件中，均将构建空间规划体系工作作为一项重点改革任务加以强调。构建空间规划体系，已成为推进国家治理能力和治理体系现代化，助力生态文明建设和新型城镇化的重要举措。

大凡发达国家，如日本、法国、英国、德国等，都有较为健全、清晰的空间规划体系，以及较完善的规划实施与保障机制，包括法律法规保障、组织保障、财政金融保障、参与主体保障与监测反馈机制保障。特别是随着 1997 年《欧洲空间规划体系和政策概要》的发布实施，“空间规划（spatial planning）”一词不仅在世界范围的快速传播和深度认知，也诱发了日本等国家空间规划体系的调整[1]。《欧洲空间规划体系和政策概要》中对空间规划的定义是“主要由公共部门使用的影响未来活动空间分布的方法，它的目的是创造一个更合理的土地利用和功能关系的领土组织，平衡保护环境和发展两个需求，以达成社会和经济协调发展的总目标”。

在我国，空间规划又称区域规划或国土规划，或国土空间规划；可以上溯到 20 世纪 80 年代初，经过 30 多年的探索实践，在理论、方法和体系方面均得到不断发展。但由于受经济社会发展水平、空间规划理念、空间规划管理体制、区域发展配套机制等方面制约，当前我国空间规划类型还较为混乱，空间规划体系远未完善，严重制约了规划综合效能的发挥[2]。

1997 年以后，特别是近 10 年我国学者开始对我国的空间规划进行了思考，积累了较为丰富的研究成果。也有学者从国际经验借鉴视角对我国空间规划体系进行了研究[2-19]，为健全完善我国空间规划体系研究提供了非常厚实的基础。但是，已有研究更多的要么是关注发达国家的情况介绍及其启示，要么是关注我国空间规划体系的问题和矛盾及其解决方法，既没有统一的研究框架，也没有从理论上对国家空间规划体系的形成和演化规律及其机制进行深入研究。我们认为，只有通过对国家空间规划体系形成和演化规律及其机制进行全面而深入的研究，从理论上认清国家空间规划体系在不同时空阶段的演变模式、特点及其机制，再结合我国目前的经济社会发展阶段以及政治经济体制，我们才能发现我国空间规划体系当下应该采取的模式，才能清楚空间规划的监控指标体系，从而促进我国区域经济社会的更加协调发展，圆满完成中共十八届三中全会提出的“建立空间规划体系”政治任务。因而，本项目的研究，不仅具有一定的理论意义，而且具有重大的政治意义和实践价值。

各国空间规划及相关政策和机制对于我国国家和区域层面的规划工作有很多启发，但由于国情、经济基础和发展阶段的不同，空间规划的发展条件和发展模式也是不一样的。因此，必须结合我国的具体情况，在科学比较分析研究的基础上，有所选择地学习借鉴。

第 2 章　研究目标与研究思路

2.1　研究目标

（1）通过对主要发达国家的空间规划体系的形成和演变过程及其影响因素的分析和梳理，归纳总结空间规划体系的演变规律及其形成机制，进而结合我国的政治经济社会文化发展背景和空间规划体系的发展实际，提出具有中国特色的国家空间规划体系模式及其实现路径。

（2）通过对我国及主要发达国家不同层级的空间规划的典型案例的收集和分析研究，梳理国际空间规划的指标体系，刻画国际空间规划的空间特征，理清国际空间规划实施的空间监管措施，为建立健全我国空间规划体系服务。

2.2　研究内容

（1）国内外空间规划的内涵及其体系研究。通过分析和梳理主要发达国家（日本、欧盟、英国、德国、荷兰、美国等）的空间规划体系的概念及其构成、空间规划体系的形成和演变过程及其影响因素、空间规划体系的现状问题及发展趋势，归纳总结国家空间规划体系的演变规律及其形成机制。

（2）国内外空间规划的指标体系研究。通过分析中国和主要发达国家（日本、英国、德国、荷兰等）不同层次、不同类型空间规划的指标体系（主要涵盖经济、基础设施、人口、土地、环境等），归纳整理出关键指标、重要指标以及一般指标等三类指标体系。

（3）国内外空间规划的空间特征研究。通过分析中国和主要发达国家（日本、英国、德国、荷兰等）不同层次、不同类型空间规划的不同指标（主要涵盖经济、基础设施、人口、土地、环境等）在空间上的现状分布特征以及规划空间结构，刻画不同层次空间的演变规律和规划应对路径。

（4）国内外空间规划实施的空间监管研究。通过分析中国和主要发达国家（日本、英国、德国、荷兰等）不同层次、不同类型空间规划的空间监测指标与保障措施，归纳总结空间规划的空间监管的重点和路径。

（5）健全和完善我国空间规划体系研究。在正确把握我国空间规划体系内涵和构成的前提下，深入分析我国的政治经济社会文化发展背景和空间规划体系的发展实际，运用国家空间规划体系理论和方法，提出具有中国特色的国家空间规划体系模式及其切实可行的实现路径。

（6）建立健全我国主体功能区规划指标与监测的对策建议研究。在正确把握国内外空间规划体的指标体系、空间特征和监管对策的基础上，结合分析我国的政治经济社会文化发展背景和主体功能区规划的发展实际，提出建立健全我国空间规划指标与监测的对策建议。

2.3 研究框架

主要从国内和国际两个角度，从时间维度、空间维度、规划类型以及规划内容等方面来构建空间规划国际比较研究框架（图 2–1）。

时间维度，可以是过去、现在、未来，也可以是不同的时间节点，或者不同的发展阶段。

空间维度，空间尺度从小到大，可以依次为单体建筑、乡村、县、地区、省 / 州、国家、大洲等。

规划类型可以分为总体规划、专项规划、专业规划、其他规划以及专题研究，其中专项规划一般指综合交通、环保、医疗卫生、绿地系统、地下空间、基础设施、综合防灾等与城乡空间关联度较大的规划，应在总体规划的指导下进行，不得违背总体规划确定的基本原则。而专业规划是指有关主管部门负责的相关专业的规划，如《江苏省城市天然气利用专业规划》、《山东省城乡环卫一体化专业规划》。其他规划则是总体规划、专项规划和专业规划以外的规划，一般由政府或政府部门以外的人或机构编制。专题研究，是指为规划编制作准备的前期研究成果，或没有经过法定程序的规划资料。

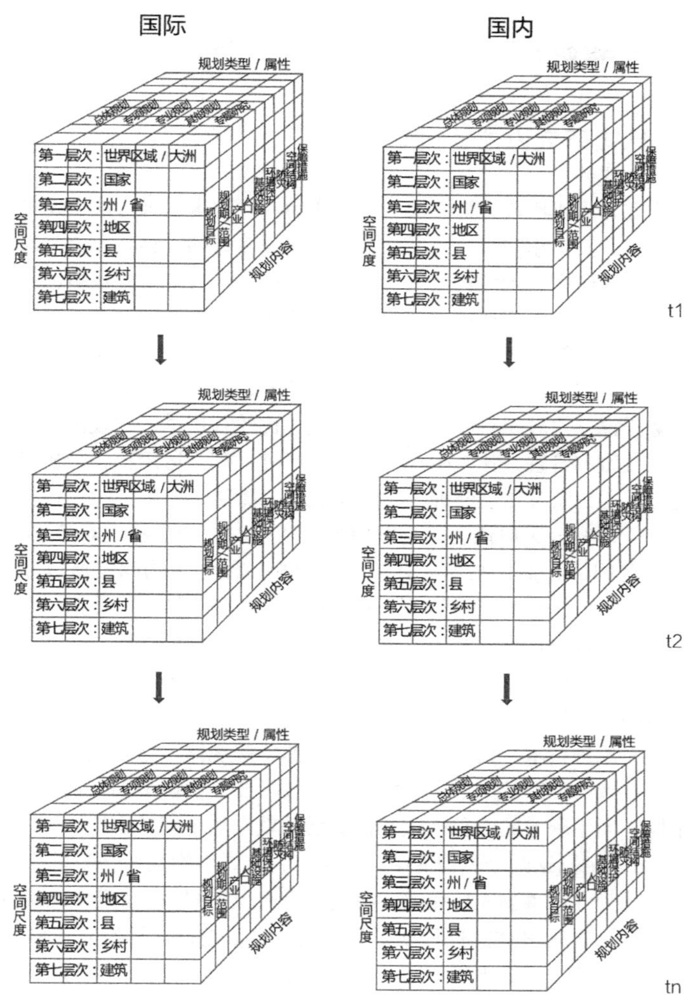

图 2-1　空间规划国际比较研究框架

规划内容，大体包括规划期、规划范围、规划目标、人口、产业、基础设施、生态环保、综合防灾、空间格局、规划实施保障等方面，但因规划类型不同而在侧重点方面会有所不同。

本次研究，我们首先探讨国内外空间规划的内涵和内容构成，然后针对不同层次、不同类型的空间规划的指标体系、空间特征和空间监测等内容，分别进行比较分析梳理，归纳总结国内外空间规划的演变规律及其形成机制，最后结合我国经济社会发展形势对我国空间规划的指标体系和监测提出对策建议。

第3章　比较研究方法

3.1　比较研究方法的概念

比较研究方法或比较分析方法，无论作为一种逻辑思维方法，还是一种具体的研究方法，其运用非常广泛。从古代亚里斯多德的《雅典政制》对158个城邦政制的比较研究，到孟德斯鸿的《论法的精神》对东西方很多国家法律制度的比较研究，再到近现代的比较政治学、比较文学、比较民法学、比较行政法、比较民法、比较哲学、比较美学、比较神学、比较经学、比较教育学、比较经济史、比较诗学、比较国际贸易学、比较文明学、比较新闻学、比较法学、比较课程论、比较旅行学、比较方法论、比较管理学、比较出版学、比较犯罪学、比较城市管理、比较生理学等科学研究，都是运用比较分析研究的结果，因此可以说，没有比较分析，就没有认识，就没有研究。

所谓比较研究，一般认为，是对两个或两个以上的事物或对象进行对比，以找出它们之间的相似性与差异性的一种分析方法。事物间之所以能进行比较，是因为：第一，客观事物的发展和变化是共性和个性，或普遍性和特殊性的结合。共性或普遍性指客观事物发展变化遵循着共同的规律，可使人们比较不同对象，进行求同比较，得出关于对象的共性认识；个性或特殊性指客观事物变化发展的多样性、独特性和特殊规律性，人们可以对同一对象不同发展时期或不同的对象进行求异比较，来认识对象的特殊规律。这和人类认识活动的基本途径是一致的，即从个别到一般，在一般指导下认识个别，这两个过程就是异中求同、同中求异的过程。人类认识活动就是从个别（个性）到一般（共性）、从一般到个别这两个过程的结合。第二，客观事物是相互联系的。联系，在时间上表现为同一事物先后相继，在空间上表现为同一事物近邻相依或不同事物相互依存。客观事物的这种联系和区别，也是进行比较研究的科学依据。第三，客观事物的发展是不平衡的，表现为在发展速度上，有快与慢之分，在发展的过程和联系上，有充分与不充分之别。这种不平衡性为比较研究提供实际前提。总之，正是事物及其发展的异同性，为比较研究提供了依据。

3.2　比较研究方法类型

比较研究方法，可以从不同的角度、层面、范围和对象等方面出发，具有多样性[20]。主要有以下几类：

（1）根据比较对象具有同一性和差异性分为求异比较法和求同比较法。前者是指比较两种或两种以上同类的对象而认识其相异点的方法（同中求异）。

后者则指比较两种或两种以上对象而认识其相同点的方法（异中求同）。

（2）根据比较对象的历史发展和相互联系的观点，分为纵向比较法和横向比较法。前者是指比较同一对象在不同时期内的发展、变化的方法。通过这种比较，可以追溯事物发展的历史渊源和确定事物发展的历史顺序。这就是历史比较法。而后者则是把同类不同对象在同一标准下进行的比较。进行这种比较研究时，不同的对象必须是有联系的，或互有影响的，而且必须处于同一历史时期。

（3）根据比较对象的整体性与局部性，可以将比较方法分为宏观比较法和微观比较法。 前者是对一个大的范围内的各种对象进行整体比较研究的方法，而后者侧重于局部比较。

（4）由于比较对象是质的规定性与量的规定性的结合，可以分为定性比较和定量比较。 前者是对对象的属性、本质进行的比较，用以说明事物的性质。而后者则是对对象的数量的规定性进行比较。

（5）根据比较过程的完整程度分为系统比较法和简单比较法。前者是指将系统论的观点贯于比较研究之中，比较时将研究的两个对象视为两个系统，对系统内的要素、结构、外部的影响因素、输入和输出等进行全面比较，对这几个方面既作求同比较，又作求异比较；既作横向比较，又作纵向比较等等。最终通过分析、综合得出这两个系统产生、形成、发展规律的异同。而后者就是将两对象没有进行综合的比较，仅仅将它们的若干要素或其若干特征进行求同或求异比较。

3.3 比较研究的主要环节

科学的比较分析应有科学的比较框架和严谨的程序环节。根据王革和王迎军的研究成果，社会科学中的比较方法一般包括以下八个环节[20]。

（1）明确比较目的

从比较方法的作用看，比较的目的有四个方面，即通过比较形成概念、历史比较、探索因果关系比较和简单的异同比较四大类。简单的异同比较一般贯穿在前三类比较之中。

（2）确立比较框架

科学的比较方法需要依据一定的比较框架进行。比较框架至少包括三个方面：一是组织的内在结构（包括维度、层次、要素），包括组织运作的内在机制；二是组织的社会关系，因为组织间的相互作用也是推动组织发展的重要方面；三是组织的一般环境因素，因为组织深受环境因素的影响。

（3）选择案例

比较研究常常从一组特殊的案例开始，这组案例有清晰的空间和时间界限，相互之间具有可比性。在研究过程中，对所选案例属于同一范畴的程度要作评估，使其具有可比性。随着研究开展，发现一些案例不像其他案例属于同一范畴，因而不能进行比较。对案例深入研究，还会发现有些案例能进一步完善比较框架。

（4）搜寻并评估证据

根据概念化的结果，分门别类搜集证据。在这个阶段还需根据证据中的发现，来调整最初的比较框架、问题或焦点。比较研究者在汇集证据时，需要回答两个问题：一是证据及其浮现的研究问题与所要研究的问题是否一致，证据是否足以支持所要研究的问题。二是这些证据究竟有多正确，在重新构建过去历史时，所有的文献并不是同样有价值。随着研究焦点的转变，本来无关的证据会变成有关。有的证据可能引出新的调查路线，使研究者寻找额外的肯定证据。好的证据能使研究者发现隐性的概念架构、特殊的细节以及经验通则。

（5）划分比较单位

在比较研究中，比较单位与比较对象或比较框架直接相关。但比较框架往往不是直接的观察单位，而是要根据系统分析方法和历史分析方法对比较框架概念化，直到可以直接观察或能满足比较的目的为止。由于比较范围的不同，一个比较研究往往有一组或多组比较单位。 为了能够进行准确的比较，往往要量化比较单位。

（6）确立比较标准

随着比较框架的确定及其概念化展开，比较标准会复杂多样，但比较标准与比较单位直接相关。系统的比较要求对对象的内在结构和外部影响关系都进行比较，比较对象的概念化结果是形成复杂的指标体系。对每一个指标的比较都有一个标准。由于比较框架中的内容一般包括多项，这种比较要进行多次比较。其中每一次比较都因为比较单位的不同使得比较的标准也都不一样。

（7）排列比较

将证据按照标准进行排列，进行比较，得出研究结果。不同的研究目的，会有不同的排列比较形式，一般包括求同法、求异法、异同并用法、共变法和剩余法。

（8）分析结果，撰写研究报告

不同对象、不同性质的比较，对其结果的处理可能不一样。有的比较，结果出来了，即意味着比较任务的完成，无需更多的说明。有的比较，结果出来了，还需进一步分析、综合，探索异同产生的原因。有的比较需要进行综合整理，汇集到大部分的证据之后，通过精练概念，向一般性的解释模型迈进。

第二篇　国际空间规划体系的形成和演化

本篇对五大洲及主要发达国家的空间规划体系的形成、演变过程及其影响因素进行分析和梳理，并归纳总结空间规划体系的演变规律及其形成机制，进而结合我国的政治经济社会文化发展背景和空间规划体系的发展实际，提出具有中国特色的国家空间规划体系模式及其实现路径。

第 4 章　国家空间规划体系的内涵和类型

4.1　国家空间规划体系的内涵和类型

20 世纪 80 年代以来，西方发达国家的规划理论和实践更加关注空间发展的整体性和协调性，重新回归以物质空间规划为主要内容的规划体系，并在原有物质规划的基础上，更加注重经济目标、社会目标和环境目标，欧盟为了避免各国城乡规划体系称谓不同，将这种具有整合和协调功能的规划称为空间规划（Spatial Planning），这种规划具有综合性、协调性和战略性，逐步成为其他国家对不同地域层次规划体系的统称[21]。

国家空间规划体系是一个国家工业化和城镇化发展到一定阶段，为协调各类各级空间规划的关系，实现国家竞争力、可持续发展等空间目标而建立的空间规划系统。对于大多数国家而言，国家空间规划是国家完善市场体系，提高竞争力，进行宏观调控不可缺少的手段，是中央政府站在国家立场，防止和纠正完全自由经济体制下市场失灵、进行政府干预的一种手段。由于各国的整治、经济、社会发展历程和现状不同，空间规划体系的建立初衷、管制手段、主要内容和实施效果均不尽相同，本研究尝试从不同的视角出发，对各国的空间规划体系进行分类（表 4–1）。

空间规划体系分类　　　　表 4–1

划分标准	类型	代表国家
以规划内容为标准[2]	区域经济发展政策型	法国、葡萄牙
	综合型	荷兰、德国
	土地利用型	英国、爱尔兰
	城市设计与环境美化型	意大利、西班牙
以规划目的为标准	引导发展型	日本
	控制不平衡型	韩国
	综合治理型	中国、新加坡
以规划体系结构网络为标准	垂直型	德国、中国
	网络型	日本
	自由型	美国、加拿大

4.2　空间规划体系的形成机理

各国家形成的不同类型的空间规划体系的影响因素多样，作用机制复杂，通常是各种内外因共同作用的结果。政权组织形式、规划和法律传统、行政区划、内部和外部的经济社会发展形势，以及空间规划体系建立的时间长短都可能成为影响因素，这些因素在具体作用过程中有强有弱，并相互影响。

因此，空间规划体系的形成机理是一个复杂的问题。比如，以规划内容为标准所分的四类空间规划体系——区域经济发展政策型、综合型、土地利用型、城市设计与环境美化型，分析其形成机理如图 4–1 所示。

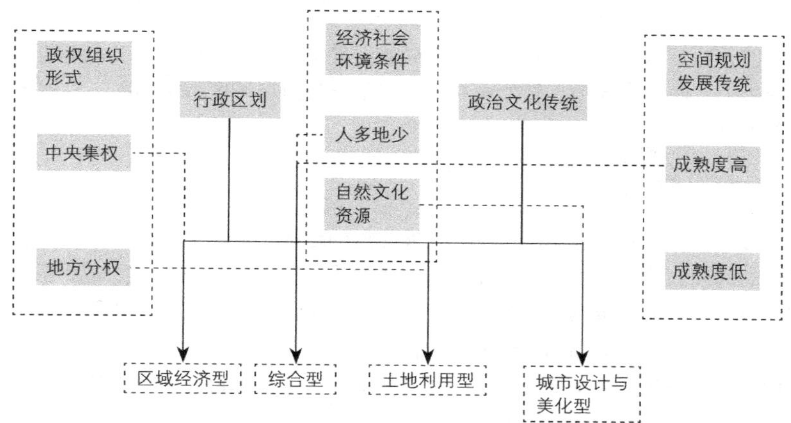

图 4–1　以规划内容为分类标准空间规划体系的形成机理

第 5 章　亚洲空间规划体系形成和演化规律及其机制研究

5.1　概述

5.1.1　亚洲概况

亚洲地区约有 42 亿人口，占世界人口比例超过 60%，包括 48 个国家，总面积约 4400 万 km^2。亚洲区域面积大，国家众多，在地理上习惯被分为东亚、东南亚、南亚、西亚、中亚和北亚[22]。其中东亚包括中国、蒙古国、朝鲜、韩国、日本，集中了一些亚洲经济发展较好的国家和地区。在世界各国城镇化变迁比较中可以看出东亚地区虽然前期落后，但是在城镇化进程中潜力巨大（图 5–1）。

亚洲各国国情不一，矛盾冲突极其复杂，局部地区有冷战结果的残存，如朝鲜半岛的南北对峙、中国的大陆与台湾、美日和美韩军事同盟的存在；有众多领土争端，如在中日、日韩、印巴、中印、泰柬之间；还有历史纠葛问题，如日本领导人未就战争罪行向亚洲受害国深刻道歉，甚至参拜靖国神社等等。经济、民族和宗教差异和局部战争导致亚洲地区纷争不断，发展水平参差不齐。

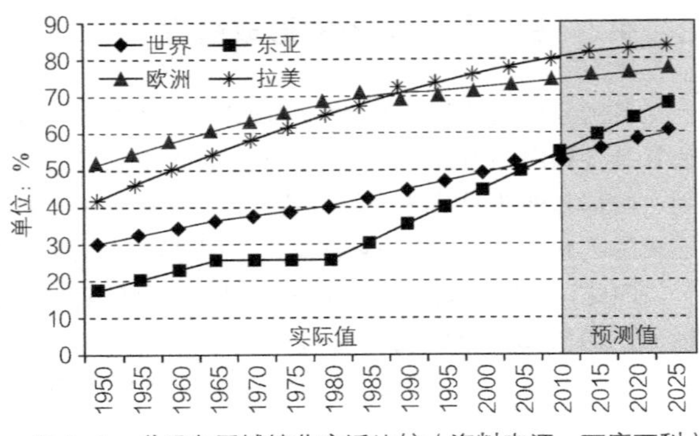

图 5-1　世界各国城镇化变迁比较（资料来源：百度百科）

5.1.2　亚洲发展

古代亚洲曾是世界经济、文化发展先进的地区，近代亚洲随着西方工业化时代的到来而落后。绝大部分亚洲国家曾遭受殖民统治和掠夺，独立后在拥有较高威望领导人的带领下，为发展经济、提高生活水平，克服了种种困难[23]。从内部看，大部分亚洲国家经济基础薄弱、产业不健全、发展资金不足、技术落后、劳动力教育水平低下；从外部看，亚洲国家也难以在资金、技术、市场和资源诸方面与欧美发达经济体展开竞争。

第二次世界大战（简称“二战”）以后，亚洲总体上进入一个前所未有的发展时期，政治经济发展速度十分显著，尤其是东亚地区，在整个亚洲处于领头羊的地位（图 5–2）。冷战结束后 20 年，亚洲在世界经济中的重要性不断上升，GDP 占比从 24% 上升到 27%；对外贸易占比从 24% 上升到 34%；外来投资占比从 12% 上升到 28%。2010 年，亚洲占世界经济的比重上升到 27.4%，首次超过北美（25.8%）和欧盟（25.9%），成为全球最大的地区经济板块[24]。

伴随着亚洲地缘经济板块的崛起，亚洲地缘政治板块也发生剧烈变动。世界主要大国和力量均加大对亚洲的关注和投入，亚洲成为世界地缘政治的新战线。美国奥巴马政府加紧战略重心东移步伐，中国积极推进“和谐亚洲”，印度继续推行“东进”政策，东盟加强一体化建设和大国平衡战略，日本努力维护其在亚洲的地位，韩国力争成为“亚洲新兴国家领导者”，澳大利亚和新西兰积极融入亚洲，俄罗斯则南下亚太。各大力量在亚洲形成多中心力量结构，彼此交织、错综复杂，既竞争又合作，其中比较突出的有中俄印新兴大国合作框架、美国传统同盟体系、以东盟为中心的多层次同心圆结构等等。

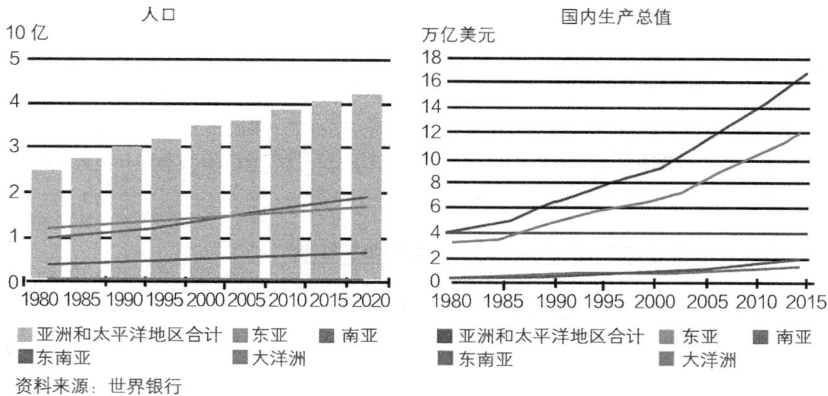

图 5-2　亚洲人口和国内生产总值统计以预测

鉴于此，亚洲复兴的道路与欧美明显不同，表现为独特的政府主导、发展优先、出口导向，积极参加融入世界经济体系，探索适合本国国情的发展道路。

5.2　亚洲空间规划体系概述

5.2.1　空间规划体系分类

对于大多数国家而言，国家空间规划是国家完善市场体系、提高竞争力、进行宏观调控不可缺少的手段，是中央政府站在国家立场，防止和纠正完全自由经济体制下市场失灵，进行政府干预的一种手段。在政治上，国家空间规划具有体现民主政治的作用，是民主意识形态和民众参与的表现。在行政体系上，国家空间规划是协调国家各部门之间、中央政府和地方政府之间利益的一个总原则，具有行政性的协调作用。

世界上通常将空间规划体系分为四类，分别是：区域经济发展政策型、综合型、土地利用型和城市设计与环境美化型。但是，亚洲区域面积大，国家众多，各地区宗教、民族差异明显，并没有统一的空间规划范式。各国经济发展水平不一，规划理论和技术手段也参差不齐。从空间规划产生时重点关注内容来看，也可分为以下几类：

（1）引导发展型：通过层级分明和内容详尽的规划一步步控制和引导从宏观到微观的空间建设，从全国层面，到区域层面，再到具体的城市或者地区。如，日本。

（2）控制不平衡型：社会发展中出现极核化严重的现象，需要在空间规划上平衡区域乃至全国的发展。如，韩国。

（3）综合治理型：面对有限的土地、水等国家资源，需要在空间上管理和控制，引导长远的综合发展。如，新加坡，中国的香港、台湾。

（4）其他：有的国家从住房、城市形态等方面入手关注空间规划，如，阿富汗；有的国家政党不一，空间规划不成体系，如，印度；有的把握规划中的单一要素，从土地的控制管理出发，在空间上落实相关开发政策，形成土地利用体系，如，哈萨克斯坦、马来西亚。

5.2.2 亚洲国家空间规划体系演进的主导因素

大部分亚洲国家遭受过西方国家侵略，规划从无到有，空间规划更是在二战之后，国家发展接轨世界的过程中形成的。在这个过程中促进亚洲国家空间规划体系发展的有如下几点因素：

（1）快速工业化带来国家空间规划的大发展

工业化为亚洲国家快速经济发展奠定基础，也是亚洲国家空间规划出现的契机。20 世纪 50 年代，战后的日本经济开始复苏，为了促进地区经济的发展，实现国土的均衡发展，于 1950 年制定了《国土综合开发法》，并于 1962 年制定了“第一次全国综合开发规划”和一系列大经济区的综合开发规划。韩国作为亚洲“四小龙”，在其经济飞速发展的 20 世纪 70 年代也开始着手全国层面的规划，并于 1972 年颁布了“第一次国土综合开发规划”，通过培育新的国家经济增长中心，促进经济的快速发展。

（2）人口增长和能源、环境的压力导致新一轮对国家空间规划的重视

20 世纪 70 年代以来，伴随世界人口的急剧增长和石油危机的出现，工业和人口继续向大城市集中、城市环境日益恶化的趋势，使许多国家意识到进行区域整体研究的重要性，空间规划的深度和广度也大大加强。亚洲一些国家由于人口众多、资源相对短缺，对区域空间规划更为重视，典型如日本、韩国和新加坡。日本在 1977 年颁布的“第三次全国综合开发规划”根据能源对发展的限制调整了整个国家的开发计划。韩国在 1982 年颁布的“第二次国土综合开发规划”明确提出了保护国土自然环境的目标。

（3）全球化时代提高国家竞争力成为国家空间规划再度崛起的重要动力

20 世纪 90 年代以来，经济全球化、贸易自由化和网络化的迅猛发展，加剧了各个国家、各个地区间的竞争。为了在全球竞争体系中占据更高的地位，各地方强调区域内的联合以形成合力，参与全球竞争。几乎所有国家和地区都不同程度地卷入地区性的经济组织，由此带来了对区域整体发展、城乡协调发展、生态共存共生、设施共建共享等多方面需求。规划已经不再局限于解决地区内部的具体问题，而是为了增强自身的竞争力获得更多的发展机会。例如，日本提出东京都地区要成为世界城市，力图再度提升东京都地区乃至日本的国际竞争力。

5.3　典型国家空间规划体系演变历程

通过对上述空间规划体系类型所属的典型国家空间规划体系发展演变过程的梳理，了解每一次空间规划体系变动背后的经济、政治、社会、文化、生态环境要素，总结亚洲主要大国空间规划体系在不同时空阶段的演变模式、特点及其机制，力图从个性中发现共性。本次研究中，以中国为参考对象，研究空间规划体系发展比中国成熟的和相比中国较落后的国家，通过正反两面的总结，提炼出有利于我国空间规划体系发展的经验。引导发展型的国家空间规划体系以日本为例，控制不平衡型以韩国为例，土地利用型以哈萨克斯坦为例，体系混乱的以印度为例，构建主要以 20 世纪以来亚洲主要大国的空间规划体系的发展历程（重要法律的颁布、废除、规划结构、重点的调整）和其国内外面临的经济社会形势变动（经济社会发展轨迹、重要政治事件、行政区划调整等）之间的关系。

5.3.1　引导发展型空间规划体系演变——日本

日本空间规划体系发展经历了 100 多年，从萌芽和产生阶段（1868～1945 年），到二战后发展和完善阶段（1945～1999 年），直到当今的改革阶段（1999 年～）（图 5-3），不断完善。随着日本经济发展，空间规划体系的演变是由单一的城市规划到全国层面的空间规划体系引导发展，技术和理论上从学习中国到学习西方。

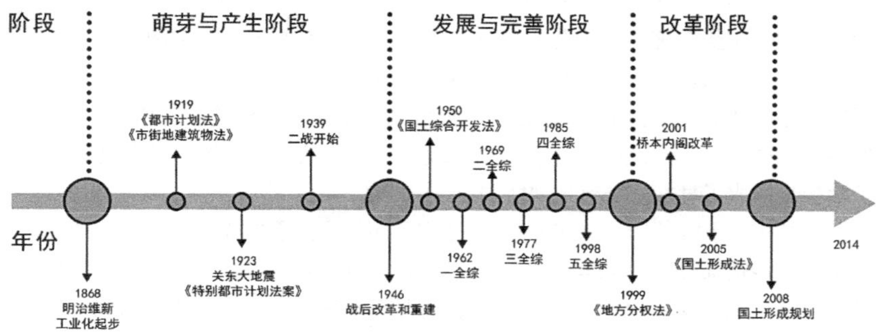

图 5-3　日本空间规划体系演变

日本行政体制既融合了中国中央集权制度，又兼蓄了西方地方自治制度的营养，使得中央集权与地方自治制度在日本得到有效统一。空间规划体系的发展伴随着行政区划和行政体制的调整。日本现行的政治体制是三权分立，即立法权归两院制国会；司法权归裁判所，即法院；行政权归内阁、地方公共团体及中央省厅。

日本的经济发展同样对空间规划体系的演变产生重要的影响（图5-4，图5-5）。

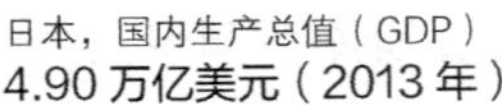

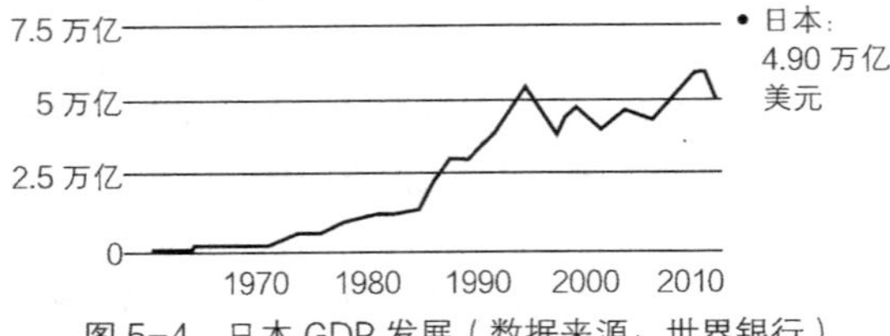

图 5-4　日本 GDP 发展（数据来源：世界银行）

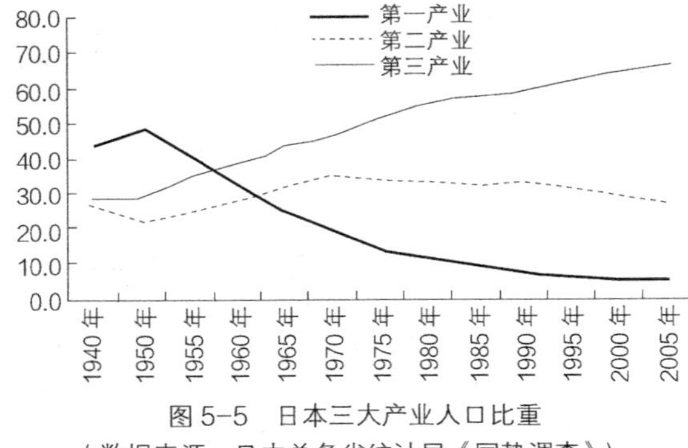

图 5-5　日本三大产业人口比重

（数据来源：日本总务省统计局《国势调查》）

（1）萌芽和产生阶段（1868～1945 年）

明治维新之前日本的城市规划完全学习中国的规划模式，规划的主要内容是都城的营建，即模仿长安的棋盘路网和坊里制。在行政体制上日本仿照中国建立了中央集权制。

明治维新（1868 年）标志日本迈入现代国家的行列。明治维新后，日本传统城市面临着居住密度高、道路狭窄、城市基础设施落后、流行疾病蔓延等问题。特别是首都东京，由于工业化的推动使大量人口向市区聚集。针对以上问题，1888 年，东京颁布了《东京改正条例》，主要内容是城市基础设施建设。1915 年该条例的适用范围扩展到东京以外的其他 5 个大城市中。1919 年日本第一部城市规划法规《都市计划法》颁布，同时颁布的还有《市街地建筑物法》，形成了城市规划与建筑法规相互配合控制城市形态的模式。与之配合的是在中央政府和地方政府中设置了城市规划机构，从而初步形成了日本的城市规划体制。

1923年9月1日发生在东京湾附近的里氏7.9级大地震造成了10万余人的死亡。同年底《特别都市计划法案》颁布，震后重建工作被作为国家工程，中央政府中设置了专门的机构。之后，在一战和二战期间国家城市规划处于停滞状态。

这段时间工业化是空间规划发展的主要驱动力，自然因素和战争是辅助推动力，政治需求是主要内因，采用政府主导的自上而下模式，使空间规划地域由单个城市向城市区域转变。从无到有的城市规划在逐渐向空间规划体系方向发展。

（2）发展和完善阶段（1945～1999 年）

为了进行战后重建，“战灾复兴院”作为内阁总理大臣的直属机构于 1945 年设立，负责编制复兴规划和推动复兴工程，并于同年颁布“战灾地复兴规划基本方针”。在《特别都市计划法案》的基础上，1946 年颁布《特别都市计划法》，

《特别都市计划法》将重建地区纳入土地调整计划，以便进行整体性发展。

1945 年 10 月日本政府修改 1889 年制定的《明治宪法》，1946 年 11 月 3 日公布新的《日本国宪法》。通过修改宪法，改革了日本的政治制度，同时在教育制度和经济等方面进行了一系列改革。1946 年 9 月主管国土规划的内务省国土局制定并颁布了《国土复兴计划纲要》。经历了战后重建，日本进入了经济高增长和城市急剧扩张时期，基础设施和公共设施与土地使用之间的关系失调日益明显，为了更好的整合全国的资源促进经济的发展，日本开始制定覆盖全国的规划。1950 年《国土综合开发法》颁布，该法确立了以全国国土综合开发规划为核心的空间规划编制体系，确定了从国家到地方的四级国土开发规划体系（分别是：全国综合开发规划、区域综合开发规划、都道府县综合开发规划及市町村综合开发规划）。

全国层面的规划还有国土利用规划和土地基本规划（包括城市规划在内的各类专项规划）。它们的法律依据是 1974 年颁布的《国土利用规划法》和 1988 年颁布的《土地利用基本法》。其中国土利用规划偏重于国土的分类利用目标和规模控制，土地利用基本规划（主要包括专项规划）根据国土利用规划编制，针对不同区域类型，又分别设立相关的专项法。

除了全国层面的空间规划，区域层面的规划活动也积极开展。依据全国综合开发法（1950 年），日本区域规划层面主要包括：都市圈规划（首都圈整备规划，近畿圈整备规划，中部圈整备规划），地方开发规划，特殊地域开发规划、据点开发规划四类。日本大体上被划分为 8 个区域，包括以东京、名古屋和大阪为中心的首都圈、中部圈和近畿圈三大都市圈，以及北海道圈、东北圈、四国圈、中国（日本的地名）圈和九州圈（图 5-6）[25]，每个区域都已制订了各自的区域规划。最著名的三大都市圈的规划，旨在协调城市化发展，防止过分集中，促进进一步开发。

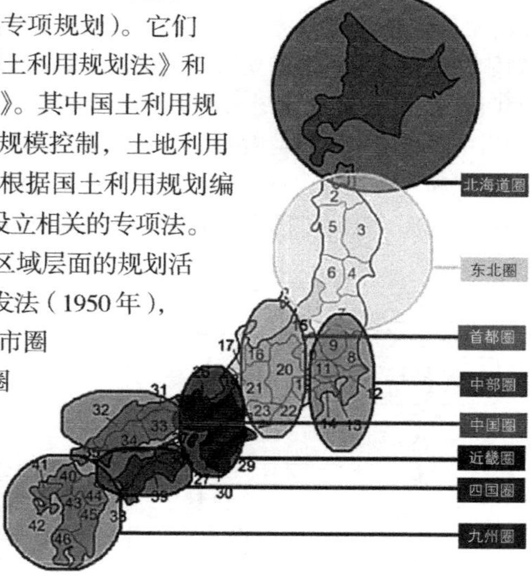

图 5-6　日本国土的地域化分

综上所述，该时期的日本空间规划体系发展与完善是为了适应经济发展需求。在自上而下的政府主导与自下而上的民众诉求的共同推进下，形成的以国土综合开发规划（贯穿各个行政级别）、国土利用规划（贯穿各个行政级别）和土地基本利用规划（以都道府县编制为核心，涵盖各个层面的专项规划）为核心，区域层面、都道府县和市町村层面的空间规划与之配合的完整空间规划体系[1]。

（3）改革阶段（1999 年～）

进入 21 世纪，随着经济全球化的进程加速，东亚经济界迅速崛起，信息通信技术发达。日本人口下降，老龄化和少子化现象严重。“一极一轴”型的国土结构造成人口过于集中和地区经济差距。为了增加与东亚直接交流的机会，面向地区独立发展的环境建设、超越都道府县的广域性课题增多。基于人口下降的问题，亟须重新构筑人与国土的理想形态。这些现状催生了 1999 年颁布的《关于为推进地方分权构建相关法律体系的法律》（以下简称《地方分权法》），根据这一法律包括城市规划相关法律在内的 475 部法律均做出了相应调整，在这次调整之后城市规划被作为地方政府的工作在事务性层面上基本脱离了中央政府主导的管理路线。

由于 20 世纪 90 年代初泡沫经济崩溃带来的经济萧条和各种国内外矛盾的影响，2001 年日本森内阁对日本行政体系进行了一次重大改革，主要包括中央政府的机构改组、地方行政制度改革和规制行政改革三个方面。其中对空间规划体系影响最大的是设立国土交通省，将空间规划所涉及的所有规划运行机构都归入统一大机构，以求得各规划的价值观层面的统一。设立国土交通省可以增强中央政府，特别是内阁在国家空间规划体系中的主导地位，重新界定了民间组织和政府机构在空间规划领域里的职权划分，将各类规划的运作整合在同一部门内部，使得“国土形成规划”、“国土利用规划”和土地利用的“基本规

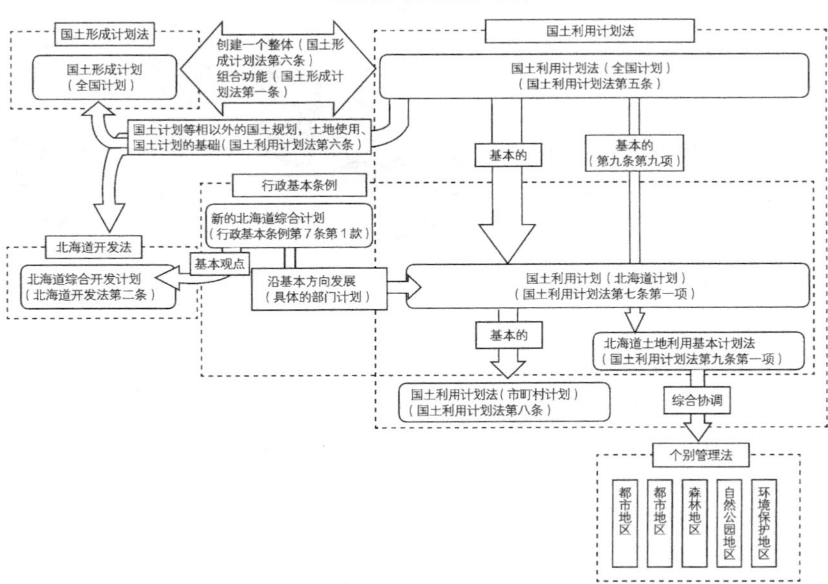

图 5-7 日本国土计划和相关规划关系（资料来源：日本国土交通省网站）

划”等各类规划由国土交通省统一负责。

日本5次全国综合开发规划都以“开发”为基调，以量的扩大为目标。进入21世纪，跨地区间的竞争日趋激烈，以及日本国内严峻的财政制约，日本急需向与成熟社会相适应的以实现提高国土质量为目标的国土规划转变。同时，从20世纪90年代末就开始的各种法律体系和行政体系的改革，也不断要求将规划事权下放。于是，日本规划改“开发”为“形成”，以更好体现可持续发展的理念。2005年，为了制定新的国土形成规划，日本对原来的《国土综合开发法》进行了修改，制定了《国土形成计划法》。所以，2005年后，日本不再编制传统意义上的“国土开发规划”（全综），而是着手编制新的国土形成规划，并提出了“安全、安心、安定”的国土和国民生活的未来面貌[26]。国土形成规划法有别于国土综合开发法对国土开发与资源利用的强调，而是注重国土的利用、开发和维护的综合协调与治理；强调规划的指导作用，并对中央与地方的职能进行了相对明确的分工。2000年日本城市化水平达到79%，2005年日本出台《国土形成计划法》之后，城市化率大幅提高至86.3%，城市效率大大提高[27]。

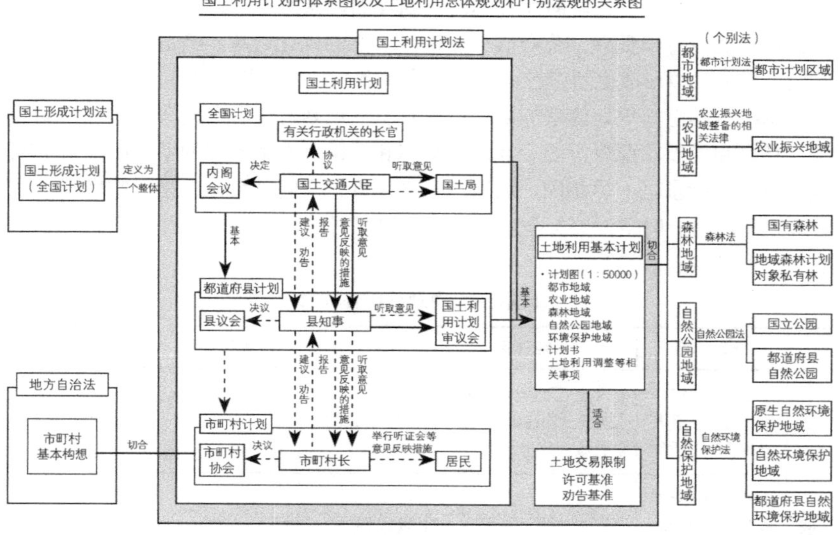

图5-8　日本国土利用计划体系图（资料来源：日本国土交通省网站）

2005年，日本对以《国土综合开发法》为代表的国土规划的法律体系进行了一系列大修改，主要包括：①规划方式由原来以开发为基调、强调量的扩张向提高国土质量方向转变；②编制主体由原来以国家为主导的模式向国家和地方合作的模式转变，并且突出社会各界参与的重要性；③在编制时序上规定国土规划与国土利用规划由国土交通省同时编制，以保证两个规划之间的协调性及其有效实施[28]。

《国土综合开发法》除了在名称上修改为《国土形成规划法》，在内容上的大修改主要包括：规划的目的由“利用、开发、保全”转变为“利用、整备、保全”；改变原有规划框架，由四层次规划体系转变为全国规划和广域规划两个层次。规定全国规划的主要内容是制订综合国土形成的政策，广域地方规划（包含两个以上都道府县区域的国土形成规划）的主要内容是制订该区域的国土政策。全国规划编制早于广域地方规划，指导地方规划的编制，广域地方规划是全综规划时代所没有的全新规划类型。《国土综合开发法》修正的原因之一就是要改变国土规划行政自上而下的做法，进一步听取地域的意见。在国土形成规划（全国规划）中，地方策定的广域地方规划与全国规划被视为具有同等的效力。

新时期日本规划改革，还废止了东北开发促进法、九州地方开发促进法、四国地方开发促进法、北陆地方开发促进法、中部地方开发促进法；对《国土利用规划法》、《首都圈整备法》、《近畿圈整备法》、《中部圈开发整备法》也进行部分修改。

根据以上分析，这段时期日本的空间规划体系改革是以行政体制改革为内部驱动；民主意识觉醒，公众参与加强、地方分权化运动、经济全球化等因素共同推进的，以形成更适合社会发展和资源利用的空间规划体系。

总结日本空间规划体系的演变可以看出，规划价值取向的改变是现实的经济、社会和发展状况决定的。经济、空间和城镇化水平发展的不同阶段对空间规划体系的诉求也不尽相同。从这个意义上看，空间规划体系是时空发展的一种外显，同时，时空发展又会反过来对空间规划体系的模式提出要求。

日本空间规划保障体系 1　　表 5-1

	行政体系	法律体系	运作体系		
国家	运输省、建设省、北海道开发厅等	《国土综合开发法》、《国土利用规划法》、《土地利用基本法》	国土形成规划	—	土利用规划
区域	中央与地方形成的合作机构	区域开发的相关法律	区域综合开发规划	—	—
都道府县	城市规划局、建设局、住宅局、交通局、供水局和城市规划审议会等	《城市规划法》、《农业振兴区域开发建设法》、《森林法》、《自然公园法》、《自然环境保护法》等	都道府县综合开发规划	土地利用基本规划（根据全国，地方国土利用规划编制）；城市、农业、森林、自然公园、自然保护区域规划	国土利用规划

续表

	行政体系	法律体系	运作体系		
市町村	市町村行政机构	《城市规划法》、《建筑基准法》	市町村综合开发规划	城市规划控制区、城市规划实施项目	国土利用规划

5.3.2　控制不平衡型空间规划体系演变——韩国

韩国空间规划发展经历了不到50年，从萌芽和产生阶段（1960～1970），到经历社会结构变化后的空间规划发展和完善阶段（1970～2000），直到当今的成熟和改进阶段（2000～）。空间规划从无到有，从应对首都极核的过度集中到控制全国土地平衡发展，在50年不到的时间内，不断调整与完善。

日本殖民时代结束对于朝鲜半岛的后续影响是国家分裂和经济萧条，1950年朝鲜战争的爆发对于国家发展更是雪上加霜。虽然社会动荡，经济水平落后，但是为了维护资本主义的意识形态，当时的韩国总统禁止任何社会主义政治运动，集中精力维持百姓生计和供应基本生活用品[29]。对城市发展的关注度都集中在建筑上，并没有强调城市合理规划和相互协调，所以，1960年以前在韩国谈不上城市规划。但是，在国家经济不断好转的背景下（图5-9，图5-10），韩国积极发展融入世界，城镇化和城市建设步伐加速，城市规划的需求度提升，从城市层面演变到全国层面的空间规划，从单一法规向逐渐完善的法律体系发展。

（1）萌芽和产生阶段（1960～1970年）

1961年军人政权上台后采取了“发展第一”的策略，在采用军事手段维持国家稳定的前提下，大力发展经济。城市建设为了更好适应经济发展需要合理的规划，因此在1961年韩国设立建设部，主管全国的规划发展工作。1962年

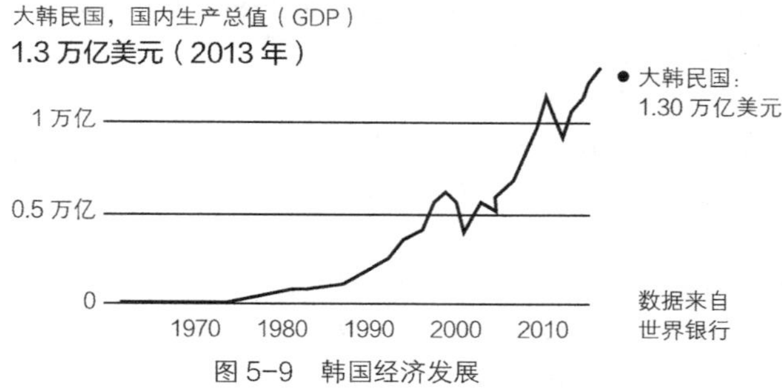

图5-9　韩国经济发展

图 5-10　韩国全球的自由贸易协定网络

从《朝鲜市街地计划令》中分离制定《城市规划法》（都市计划法）和《建筑法》。随后，1962 年颁布城市规划条例；1963 年颁布《国土综合规划法》，该法是基础性的国土规划法律；1966 年政府从《城市规划法》中分离和改编而制定《土地区划整理法》，来应对人口集中和住宅用地紧缺；1968 年韩国内阁审议通过《国土综合规划基本构想》。但是，60 年代这些关于土地规划的构想落地性不强，并没有根据这些法律和构想编制全国性的国土综合规划，而是将这些规划构想融入两次颁布的五年经济发展计划中。但是，正是由于这些法律和构想的创立，引发政府对于城市规划和发展的思考——如何通过合理的规划让城市适应经济发展，为后期规划发展的逐渐成熟奠定基础。

虽然全国性的国土规划没有实施，但是在区域层面，韩国引入了“特定地区开发制度”，为这些特区编制了 10～30 年的长期开发规划[30]。“特定地区”的划定是由建设部主导的，总共约占全国 1/4 土地。通过特定地区开发，形成了汉城和釜山为核心的国土空间结构，也是韩国极核式发展的萌芽，后期的全国国土规划最初就是针对该问题展开的。

通过以上梳理，将该时期韩国规划体系整理见图 5-11，总体来说，该时期韩国规划不成体系，落地性不强，还是停留在文字和构想层面，是韩国规划的探索时期。国家层面的空间规划没有实施效力，规划的编制滞后于城市问题的产生，不具有预见性。仍处于《城市规划法》一法独大的局面。

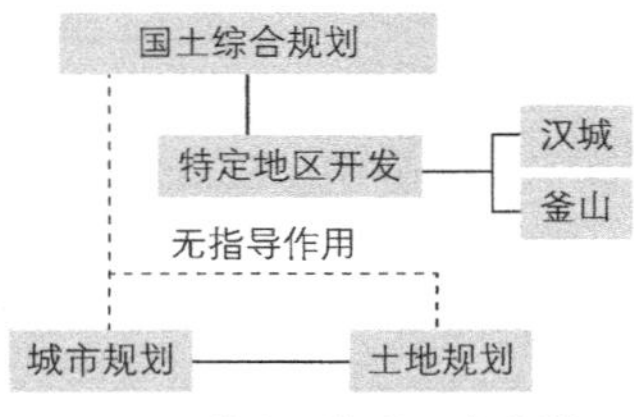

图 5-11　萌芽时期韩国规划体系

（2）发展和完善阶段（1970～2000 年）

韩国政府为了在短期内争取经济效益最大化从而实现国家快速发展的愿景，使城市超负荷运作，导致了如人口过分集中与地价飞涨等城市问题。加上规划体系不完善，上下衔接不到位，政府出台的各种政策常相互矛盾，使城市发展无序化现象严重。自从 20 世纪 70 年代起，针对其快速工业化和城市化进程中产生的大量问题，韩国先后进行了 4 次国土规划。其中在 1972～1999 年间颁布的三次国土综合开发规划都是由中央政府主导编制和实施的计划型国土规划，共同之处都是在控制汉城—釜山极核的发展过度集中，导致全国发展不平衡。在地域层面，在特定地区规划基础上，扩充和细分为首都圈整备规划、广域圈开发规划、特定地域综合规划和依据其他法律的地域开发规划。同时，各部门还根据需要制定相关的国土规划。

这段时期，规划蓬勃发展。规划手法越来越细致，规划领域不断扩充，规划立法落地性增强，规划体系不断完善。1972 年的住宅建筑改善法令，1973 年的促进工业发展条例年的城市更新法令，1976 年从《城市规划法》中分离并制定《城市再开发法》，1976 年的土地发展法令、城市公园法令及国家公园法，1981 年全面修订《城市规划法》划分出城市基本规划和城市管理规划两个概念，1990 年的混合工业区发展条例，1991 年的城市规划条例修正案、1994 年的中等企业振兴条例等。

在行政体系上，政府精简机构。最初从经济企划院中分化出来的建设部，在 1994 年与交通部合并，扩充为现在的建设交通部，用来主持国家范围内的城市规划，相应的地方分支机构负责地方的城市规划。

虽然该时期很多立法和规划实施都是自上而下的，但是由于规划与公民切身利益相关度不断提高，公众参与意识觉醒。公众参与的形式多种多样，包括公民咨询委员会、调查、研究会议和公众听证会等[31]。比如，1971 年颁布的绿色隔离带条例，政府期望通过绿色隔离带的建设抑制城市“摊大饼”式的不断蔓延，但是由于绿色隔离带只能用于发展农业，地价便宜，所以遭到农民的反对。虽然反对的效果不大，但是韩国政府还是做出了一定的妥协放宽了隔离地区的政策。

该时期，韩国空间规划体系各个方面不断完善（图 5-12），国家层面的空间规划起到了积极指导和控制作用，地方层面规划机构加强对上位规划的落实，提高规划运作效率。空间规划大发展时期对解决工业化快速发展时期大量的问题，如地区发展不平衡、城乡不协调起到了积极的作用。

（3）成熟和改进阶段（2000 年～）

进入 21 世纪，全球化进程带来国家各个方面的巨变，为了更好地融入世界，韩国的城市与区域政策改革应该是长期的目标。到 2000 年，在占全国国土面积 11.6% 的首都圈集中着全国 46.5% 的人口、88% 的大企业以及 84% 的

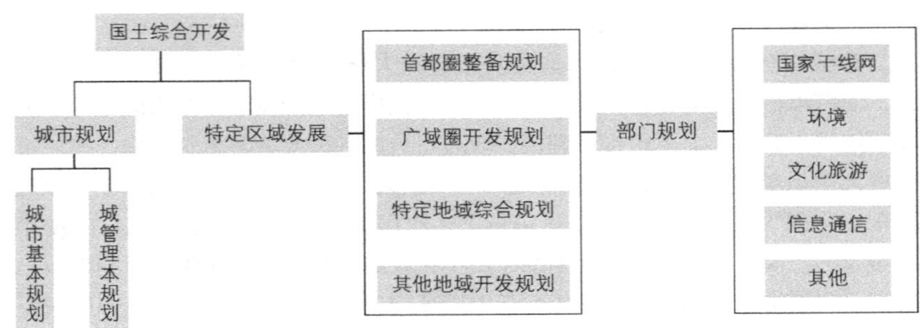

图 5-12 发展时期韩国空间规划体系

国家公共机构，极核化现象依旧严重。为了进一步控制和平衡区域发展，2000年编制的《第四次国土综合规划（2000–2020）》，运用新理念，希望彻底转变不平衡的空间格局。同时，和以往国土综合规划相比，《第四次国土综合规划》的年限从 10 年调整为 20 年，可以看出综合规划不仅仅是短期的实施，更是长久目标的实现。

在立法方面，为了应对新经济结构的变化，政府统一《国土建设规划法》和《国土利用和规划的法律》以及《城市规划法》制定《国土基本法》和《关于国土利用及规划法律》。2002 年《国土基本法》的制定和实行，构筑了新规划体系的核心理念，可以说是"先规划、后开发"和依据"城乡结合"的一元化体系的国土开发和管理。

综上，《第四次国土综合规划（2000–2020）》和《国土基本法》的颁布实施，是韩国空间规划走向成熟的标志。规划理念的转变，从重视"开发"到强调"环境保护"，是引导整个国家空间规划体系良性发展的核心。

《第四次国土综合规划（2000–2020）》时间年限降低，提升规划的预见性，做到规划指导发展。《城市规划法》也不断演变出新的法律适应城市发展和应对城市问题。作为亚洲的中等发达国家，为了积极融入亚太组织，放眼全球，韩国城市化进程加速。但是，韩国同样面临老龄化、经济结构调整等问题，空间规划体系也需要革新来与之适应。

综上，韩国空间规划体系为了控制国家极核化不平衡发展而不断完善，立法加强（表 5-2），保障体系健全（图 5-13），空间规划体系指导国家发展。

韩国规划立法 **表 5-2**

规划发展时期	主要规划立法
萌芽和产生阶段（1960～1970 年）	《城市规划法》、《建筑法》、城市规划条例、《国土综合规划法》、《土地区划整理法》

续表

规划发展时期	主要规划立法
发展和完善阶段（1970～2000 年）	三次《国土综合开发规划》、《城市再开发法》、修订《城市规划法》、《国家公园法》、城市规划条例修正案等
成熟和改进阶段（2000 年至今）	《第四次国土综合规划（2000–2020）》、《国土基本法》、《关于国土利用及规划法律》

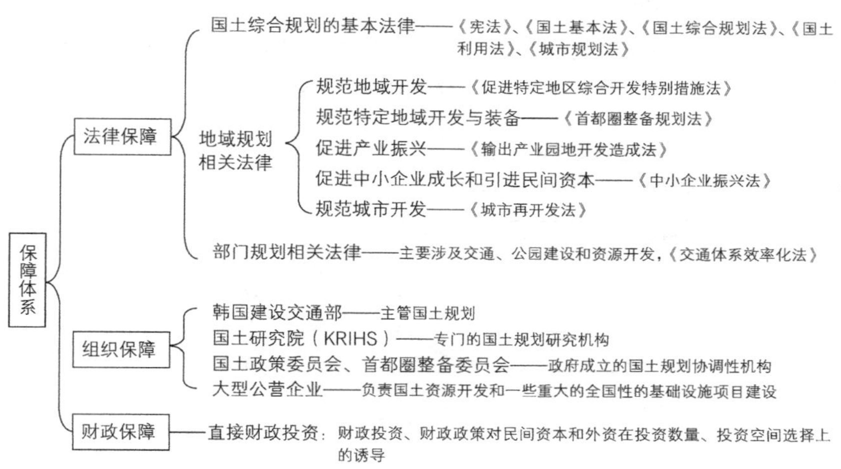

图 5–13　韩国空间规划保障体系

5.3.3　综合治理型空间规划体系演变——新加坡、中国香港、中国台湾

5.3.3.1　新加坡空间规划体系演变

新加坡是一个城市国家（city state），在历史上曾经沦为英国殖民地，1959 年摆脱了英国的殖民统治，1965 年又脱离马来西亚联邦，成为一个独立的主权国家。第二次世界大战末，新加坡饱受城市病折磨，城市矛盾日益突出，尤其是不断攀升的城市人口和相对有限的土地资源之间的矛盾。因此，阶段性规划应运而生（图 5–14）。

新加坡从独立后经济发展迅速，2013 年人均 GDP 为 52179 美元，位列世界第十。经济腾飞和城市合理规划建设相辅相成（图 5–15），尤其是合理利用相对紧缺的土地资源，这些得益于城市规划的指导作用和有效实施。为了充分运用有限的资源，每个时期新加坡都制定了相应的规划目标（表 5–3）。

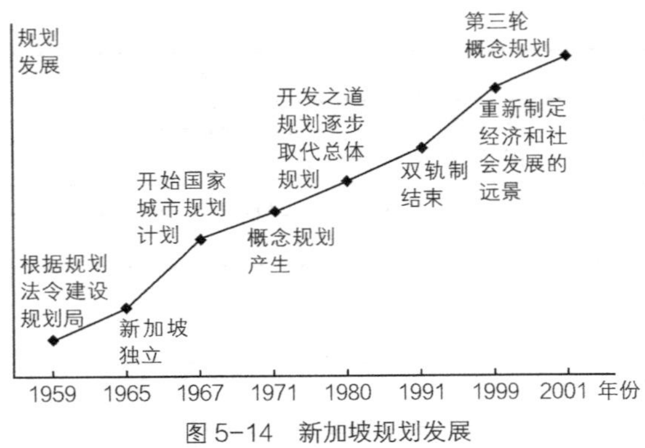

图 5-14　新加坡规划发展

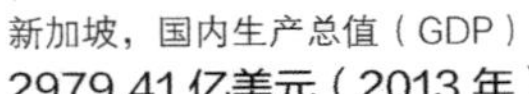

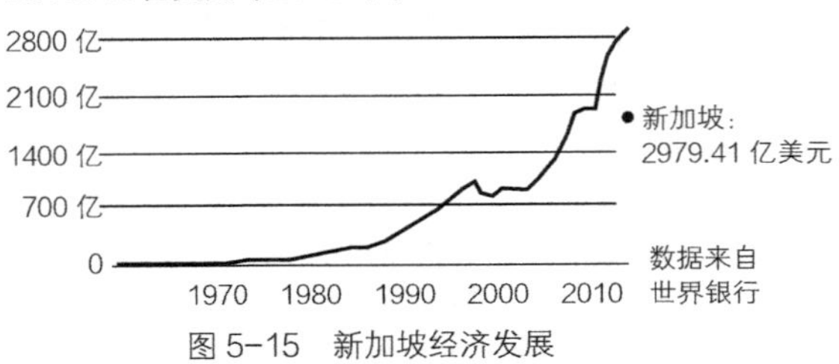

图 5-15　新加坡经济发展

规划目标演变　　　　表 5-3

时期	规划目标
20 世纪 60 年代	解决基本需求，积极发展经济
20 世纪 70 年代	加强经济发展
20 世纪 80 年代	提高生活质量，加强竞争力
20 世纪 90 年代	实现多中心区域发展
2000 年代	建设高质量生态和发展环境，不断迎接和适应新的国际挑战

（1）单一控制时期（1950～1970 年）

在 1951 年，英国殖民当局对新加坡改善法令进行了修改，授权 SIT（SIT 是通过新加坡改善法令建立的相应管理机构，即 Singapore Improvement Trust，负责编制总体改善规划和局部地区的改善计划，改善贫民区的公共卫生，并为无房者提供住房）进行人口、建筑、交通和产业等方面的调查，并在此基础上编制总体规划（Master Plan）。在 1955 年，殖民当局又颁布了土地征用法令的暂行条例，以防止总体规划可能引发的土地投机，确保规划目标的实施[32]。1959年新加坡正式颁布了《规划法令》，同时建立了规划局取代SIT。根据《规划法令》，总体规划是新加坡的法定规划（statutory plan），作为开发控制的法定依据。总体规划作为一种实施性规划在这个阶段起到单一控制的作用，为实现解决基本需求、大力发展经济的目标，指导城市进行开发建设。该时期，新加坡采用类似我国80年代初的“总体规划——项目详细规划报批”两层次的规划制定与审批模式，通过总体规划来指导规划管理工作。虽然没有完善的体系对于总体规划的制定和实施进行评估和反馈，但是《规划法令》授权于规划部门来控制开发活动，所有开发活动必须取得规划部门的许可才能动工，通过这样的手段来保证总体规划的实施。1964年的规划法令修正案增加了有关开发费和规划许可有效期限的条款，进一步加强了对于总体规划的开发控制。

1960年代后新加坡进入了快速发展时期，1960～1970年，GDP从21.9亿美元增加到58.0亿美元。人口从164.6万人增至207.5万人[33]，再加上大量移民的涌入，总体规划开始面临着前所未有的困境。城市快速发展带来人口压力和城市建设问题，让单一的总体规划无法应对，新加坡政府很快意识到问题的严重性，并寻求解决的办法。1961年，新加坡政府请求联合国派遣专家对新加坡的城市更新和再开发进行调查。从1967年开始，由联合国专家建议和帮助，新加坡开始了国家城市规划计划（State and City Planning Project，SCP），这一计划旨在为新加坡制定一个覆盖全岛的概念规划，以及中心区局部更新的行动规划。

虽然概念规划被提上日程，但是在该时期仅处于探索阶段。所以，该时期的规划体系是在总体规划指导下的单一控制型规划体系。单一的规划体系更多的是为了实施层面的需求，缺乏总体的上位控制和引导，总体规划的科学性得不到充分保证。

（2）双轨制时期（1970～1990年）

经济快速发展和人民日益增长的需求让城市问题进一步恶化，使得概念规划呼之欲出。经过四年的编制，概念规划于1971年产生。概念规划是对所有规划的总策划，是一种积极的引导，告诉人们如何安排规划活动。概念规划高度的前瞻性和科学性，为新加坡之后的城市发展奠定框架。为加强经济发展，提高生活质量，分别在1981年、1991年和2001年，概念规划进行了相应的修编。

1971年概念规划实施，开始从全国层面指导城市规划发展。首先对全国进行规划区域划分，并在区域的基础上进行规划分区。因此为了进一步落实规划分区的规划构想，需要细部控制，因此，出现了开发指导规划。通过编制和深化开发指导规划（DGP），使之成为开发控制的法定依据，其编制、修改和审批的程序是与总体规划相同，由市区重建局（URA）负责直接编制。于此同时，总体规划仍按部就班地每五年进行一次修改编制，直到1990年编制第七轮总体规划。总体规划的功能依旧是对开发建设活动进行指导控制。但是根据概念规划划分确立规划分区后，每个分区的开发指导规划以土地使用和交通规划为核心，根据概念规划的原则和政策，针对分区的特定发展条件，制定用途区划、交通组织环境改善、步行和开敞空间体系、历史保护和旧区改造等方面的开发指导细则。分区的开发指导规划比全岛的总体规划更为详细、更有针对性，因而对于具体的开发活动具有更强的控制作用[34]。在1989年的规划法修正案中规定，规划局并入市区重建局（URA），在国家发展部领导下开展工作。合并后规划机构的职能包括发展规划、开发控制、旧区改造和历史保护。机构的合并也可以看出总体规划的地位正在被取代。

通过总结，可以看出该时期总体规划和开发指导规划的作用和意义相近，开发指导规划是在概念规划的指导下进一步对科学构想进行落地实施，而总体规划依旧是自成体系。由于开发指导规划相比总体规划具有更好的可实施性，对开发活动可以进行更有力和详尽的控制，所以，开发指导规划的编制实施正逐步取代总体规划。覆盖全国的空间规划体系正在不断创新和发展，原有的单一控制规划体系也在发展中逐渐找到自己的位置，形成了该时期特有的双轨制空间规划体系。

（3）两级体系时期（1990年～）

经历了双轨制时期，总体规划已经被开发指导规划取代。1991年概念规划为新加坡憧憬了美好的未来，为了实现多中心区域发展、建设高质量生态和发展环境、不断迎接和适应新的国际挑战的目标。概念规划经过双轨制时期已经逐渐成熟，是一个覆盖全国的空间规划，从良好的生态环境与经济发展的相互平衡、相互协调、相互促进的理念出发，为新加坡建描绘了终极土地利用规划。

在概念规划逐渐完善的背景下，新加坡形成了两级层次的空间规划体系。概念规划作为一个广泛覆盖全国的战略规划，为国家和城市发展进行长期的构架，对下级规划进行战略指导和详细控制。概念规划的细化需要开发指导规划在相对小的区域对规划构想的落实。开发指导规划进一步指导“开发控制”。“开发控制”作为行政机构，是开发指导计划实现目标所需借助的工具。

该时期，国家发展部负责新加坡城市规划工作，国家发展部下设城市重建局全权负责全国空间规划的编制与实施管理，之后还编制了2000年、2010年、2030年和X年等几个分阶段的发展蓝图。在清晰前景的指导下，协调有序的行政体系也随之完善。最典型的就是总体规划委员会，总体规划委员会不仅代表不同部门的利益，还承担着保证国有土地得到最佳和最适当利用的任务。透明公开的规划系统也受到重视，政府在制定规划和政策方针时更加公开和透明，并鼓励更多的公众参与规划进程和提供反馈意见。

在这样的两级层次指导下，新加坡在面对经济全球化的洪流中依旧健康发展。该时期建立的两级结构空间规划体系适应并引导城市发展，在今后的发展中会遇到什么挑战，如何进行转变都有待关注。

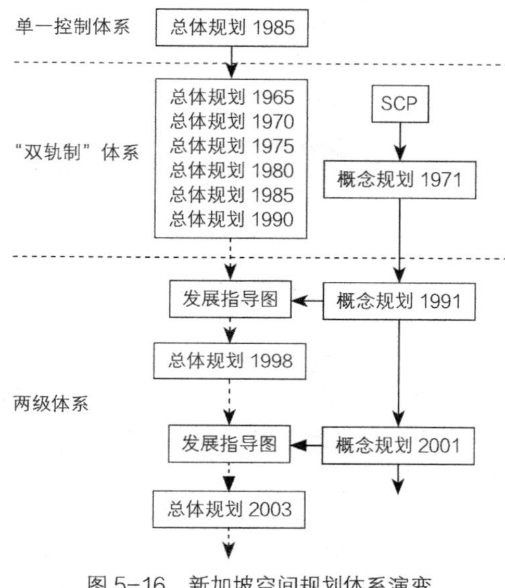

图 5-16 新加坡空间规划体系演变

通过梳理新加坡空间规划体系演变（图 5-16），结合新加坡发展现状，在 716.1km^2 的国土面积上容纳了 543 万人，充分体现面对相对紧缺的国家资源，需要贯彻落实规划指导城市发展和"三分规划，七分管理"的理念。因此，严谨的规划管理和透明的公共参与制度是新加坡空间规划体系良好运行的强有力后盾（表 5-4）。

新加坡城市规划管理框架 表 5-4

部门	职能
国家发展部	制定规划法的实施条例和细则、任命规划机构的主管官员、审批总体规划、受理规划上诉、并可直接审批开发申请
城市重建局 URA	发展规划、开发控制、旧区改造和历史保护、土地售卖等，与土地利用局和房屋管理局不存在权力交叉
总体规划委员会 MPC、开发控制委员会 DCC	MPC 负责讨论政府部门的公共建设项目，提交部长决策 DDC 可以修改 URA 开发控制建议，参与制定或修改与私人部门开发活动有关的规划标准、政策和规定

5.3.3.2 中国香港的空间规划体系演变

香港特别行政区面积 1104km^2，人口数为 713 万（2012 年 6 月统计），土地资源有限，可建设用地数量更少，是典型的人多地少地区，同时香港四面临海，还面临淡水资源缺乏。这促使香港的城市建设只能向"高密度、高层"方向发展，以达到节约土地，创造土地产出的最大值，在有限的空间中发挥效益最大化。在经济贸易高速发展下（图 5-17），更应该从资源控制入手来建立空间规划体系。

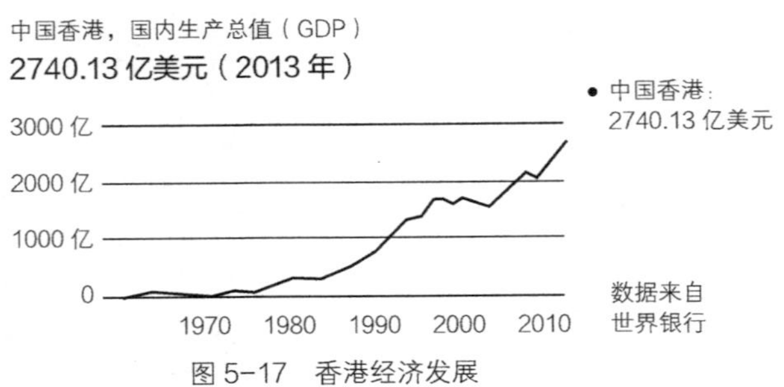

图 5-17　香港经济发展

（1）萌芽时期（1945 年以前）

早在 1922 年，港英政府制定了城市规划方案（Planning Scheme），以此作为城市建设的蓝图。因为香港人多地少，土地资源极其宝贵，所以在 1939 年颁布《城市规划条例》（Town Planning Ordinance）主要目的是规划和管制土地的使用和发展情况，奠定了城市规划条例作为香港城市规划的主要法律依据的地位。随后，城市规划条例的相关法规也在不断完善。这一时期，从土地管制入手，合理利用土地资源，但是对其他方面的控制明显不够，也缺少覆盖全港的空间规划。同时，规划主管部门欠缺，对规划实施的保障力度不够。最初拟成立城市规划委员会作为规划主管部门，但是由于第二次世界大战，直到 1947 年才正式成立。

该时期，规划体系单一且不完善，是规划体系形成的萌芽和基础时期。主要关注土地资源，没有做到全面控制，其他方面仍在继续探索。

（2）发展时期（1945～1990 年）

1947 年，著名规划师阿勃克隆比受英国政府委托担任香港总督的规划顾问。次年，阿勃克隆比提出了香港的总体规划，可以算是香港最早的长远规划文件，也是覆盖全港的规划雏形[35]。1965 年，港英政府开始编制"殖民地规划大纲"（Colony Outline Plan）作为全港长远发展的依据，1974 年更名为"香港规划大纲"（Hong Kong Outline Plan），并在当年和 1979 年两度修改。这标志着《城市规划条例》不再是全港规划唯一的依据，全港层面的空间规划指导已经被提上日程。80 年代开始，由于经济、社会和政治原因，香港的城市规划为增强适应性及时做了调整。在这期间，制定了"全港发展策略研究"（Territorial Development Strategy Study）、"港口及机场发展研究"（Portand Airport Development Study）、"次区域规划"（Sub-regional Planning）、"都会计划"（Metroplan）、"乡郊规划及改善策略"（Rural Planning and Improvement Strategy）[36]。在空间上丰富了规划体系的层次，从全港层面到此区域层面的空间规划体系正在补充和完善。

在规划运作体系转变的同时，规划行政体系也发生改变。1947 年成立城市规划委员会；1953 年，在当时的市政工务署（Public Works Department）下成立了城市规划处（Planning Branch），负责协调市政工务署内部及政府其他部门的工作，并制定香港的发展规划。

规划立法上，《城市规划条例》也衍生出《建筑物条例》和《建筑物（设计）规例》、《郊野公园条例》和《海岸公园条例》、《古物及古迹条例》等相关规划法规。从土地控制发展到绿地资源、水资源管理等各个方面。

空间规划体系在该阶段是改革和蓬勃发展时期。规划层级和行政体系逐渐明确，规划体系框架形成，对于后期的落实给予理念和技术支持。

（3）成熟时期（1990 年～）

经过 80 年代规划体系的改革，为了更有效地落实全港层面的发展规划，产生了《分区计划大纲和发展审批地区图》，从而形成全港层面到次区域层面再落实到地方层面的三级结构的规划体系。《全港发展策略》制定长远发展规划大纲，对土地利用、运输基础设施及环境做到政策上的融会；《次区域发展策略》是根据全港发展策略所制定的大纲具体化为五个次区域发展纲领及图则；《分区计划大纲和发展审批地区图》是对土地用途和用途许可获取的限制。对于非市区地区，根据行政长官的批示，以发展审批地区图来临时替代法定图则予以控制地区开发；政府内部图则中发展大纲图和详细蓝图只是规划部门决策时的参考指引，不具有法律效应。

进入 90 年代，规划行政体系层级分明、管理科学（表 5-5），逐渐适应不断完善的空间规划。1990 年香港成立了规划署（Planning Department），修订过时的城市规划条例，设立独立的规划上诉机构，扩大公众参与度，加强政府对乡郊土地的规划管制等等。1996 年，香港政府公布了城市规划条例草案（Town Planning White Bill）和全港发展策略检讨（Territorial Development Strategy Review）的咨询文件，公开征询市民意见，成为香港的城市规划和城市发展的重要指引。1997 年，香港回归，这对于香港空间规划发展又是一个新的机遇与挑战。如何对接大陆融入珠三角，带动区域和国家经济发展，这些都是涉及全港发展的重大问题，因此，全港发展策略要相应调整。

该时期香港已经形成覆盖全港到各区发展的空间规划体系（图 5-18），积极的公众参与和及时的反馈让规划体系在经济和社会发展中不断调整完善。

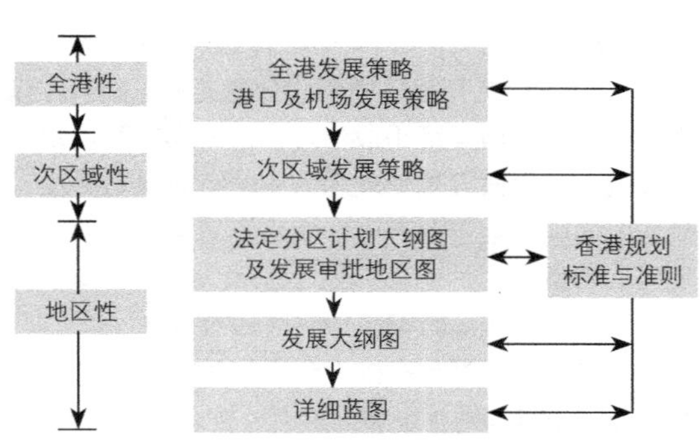

图 5-18　中国香港空间规划体系

得天独厚的地理位置和良好的经济基础让香港成为国际化都市，但是人多地少的现状一直存，各方面的资源必须进行严格的控制。以土地资源为中心，对其他资源合理规划并利用，形成完善的空间规划体系，才是香港健康可持续发展的必由之路。

香港空间规划管理机制　　表 5-5

<table>
<tr><th></th><th colspan="2">规划管理</th><th colspan="2">土地管理</th><th colspan="2">建筑管理</th></tr>
<tr><td rowspan="3">主要内容</td><td>规划环境地政局</td><td>负责制定有关规划标准、准则、政策及发展计划等</td><td rowspan="3">地政署</td><td rowspan="3">负责与开发商签订土地合约，在地契中根据规划委员会同意的规划要求明确有关的发展规划限制。如土地用途、覆盖面积、容积率、绿化要求等，以及投资量，完成发展时限等非规划要求</td><td>屋宇署</td><td>隶属于规划环境地政局，负责监管私营建设项目，依据《建筑物条例》及规划委员会通过的规划申请</td></tr>
<tr><td>规划署</td><td>负责全港三个层次 5 个阶段的规划编制，以及拟定规划标准、准则、政策、发展计划等的具体工作</td><td rowspan="2">建筑署</td><td rowspan="2">隶属于工务局，负责监管公营建设项目，依据是《工务政策》及规划委员会通过的规划申请</td></tr>
<tr><td>规划委员会</td><td>负责对规划申请作出决定（审议）或复核规划申请决定</td></tr>
<tr><td>作用</td><td colspan="2">规划编制操作部门、管理审议决策部门和政策制订部门分开，分别承担规划管理的工作量，避免规划编制部门参与管理造成不必要的主观性；由规划委员会决策有利于平衡多方意见</td><td colspan="2">在地契的签订中，地政署要征求规划方面的意见，这样土地管理部门与规划管理部门相互配合、相互协调</td><td colspan="2">屋宇署与建筑署分工负责，避免任一部门的权力过大；两个部门与规划管理部门的紧密协调，相互制衡</td></tr>
</table>

5.3.3.3　中国台湾的空间规划体系演变

台湾省位于中国东南沿海，总面积 3.6 万 km^2，2013 年人口数为 2337.35 万，是中国人口密度最大的省份之一。目前，台湾经济发展良好，2013 年人均 GDP 20706 美元，世界排名第 37 位。1895 年甲午战争失败，台湾沦为日本殖民地；1945 年抗日战争胜利，台湾光复。在日本殖民期间，日本人采用“殖民现代化”的政治经济手段治理台湾，在空间规划中引入的现代性价值对台湾影响深远，采用西方规划理念为主的空间规划手段[37]。虽然称之为“宝岛”，但是依旧面临土地资源有限、淡水资源紧张等问题。规划体系也在这样的背景下发展、转型。

（1）发展雏形时期（1945～1979 年）

光复后，国民政府接手台湾，对原来日本 1936 年颁行的《台湾都市计划法令》及其施行细则并未加以重大改变。随着经济和社会发展，在日本的规划基础上，台湾开始引入美国的规划制度，进一步组织城市空间，开展都市计划。

20 世纪 60 年代开展大量农地改革和经建计划，台湾推行出口导向型工业化战略实现经济腾飞。在经济和科技、社会发展和生活水平都有很大提高，造成都市化现象严重。1964 年，在《台湾都市计划法令》的基础上修改颁布《都市计划法》，将区域计划与市镇计划、乡街计划及特定区计划等都纳入都市计划当中，在单一的都市计划下融入区域计划。

1973 年《都市计划法》第二次修改，将都市计划与区域计划分别立法，并且区域计划为都市计划的上位指导规划。1974 年颁布《区域计划法》，实现了从都市区物质建设为主向跨越都市层级的区域土地利用转变。

（2）体系建立时期（1979～1996 年）

在各个都市自成体系的发展下，经济发展迅速，跨越行政边界的联系越来越紧密，原有的《区域计划法》已经不能满足需求，需要有覆盖更大范围的规划来指导区域发展和城市建设。因此出现了台湾地区综合开发计划，目的是为了规划全台湾的空间秩序。但是台湾地区综合开发计划只是政策性与纲要性的指导原则，缺少法定地位和主管机关单位。在全台湾地区的空间规划层级下，地方层级的空间规划也在进行。最初是台北市在 1978 年开始拟定综合发展计划，随后，内政部于 1987 年发布《县市综合发展计划实施要点》，作为区域计划层次与都市计划层次间的县市综合政策指导性计划，积极推动县市综合发展。

该阶段形成的台湾地区综合开发计划和地方层级的发展规划关注焦点都是城市开发，空间规划都是围绕都市体系建立和都市开发展开的。自此，战后台湾地区完整的计划体系开始确立。

（3）体系转型时期（1996 年～）

都市开发和都市体系的不断完善，导致台湾社会经济条件发生了重大变化，交通快速发展、环境污染等等，进入 21 世纪还面临经济全球化的冲击。由于 1979 年提出的《台湾地区综合开发计划》缺少法定地位和管理机构，所以并没有有效实施，无法积极应对社会发展带来的一系列问题。作为亚洲四小龙之一，台湾试图积极融入亚太地区，重塑地区竞争力，在台湾地区综合开发计划的基础上检讨修订国土计划。基于此，经建会开始重大检讨修订《国土综合开发计划》及研拟《国土综合开发计划法》（图 5-19），旨在对国土提出妥

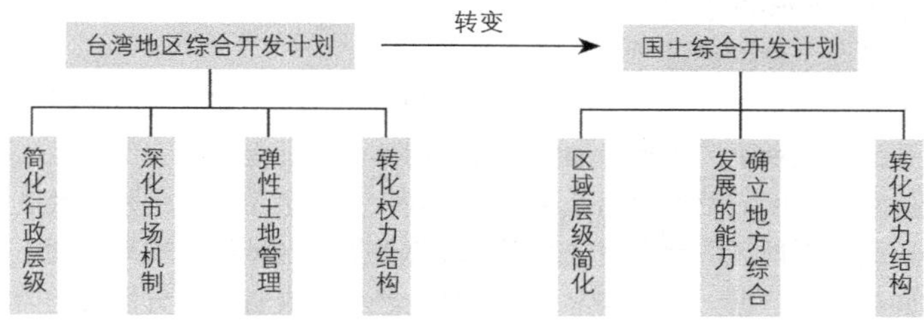

图 5-19　台湾空间规划调整

善的规划及研订新的开发政策，并建立法制，以期在环境保育与永续发展的前提下，对土地作合理的有效利用，进而提高国民的生活质量，并兼顾生产环境需要[38]。《国土综合开发计划》受到立法保护，从全岛层面控制开发。与台湾地区综合开发计划相比，国土综合开发计划实现了权力机构的转化，精简区域层级，确立地方综合发展的能力。

但是，目前国土综发计划法及城乡计划法仍在拟议阶段，尚属草案性质，属于未来引导台湾城乡发展的计划体制，还未能形成一套法定的空间规划体系。所以，该时期只是台湾在面临新时期新问题，努力实现空间规划体系的转型时期。

从上述三个过程可以看出自台湾光复后的70年中，规划体系在社会经济发展中不断完善，实现规划控制层级细分，立法完善，管理效率提高。但是，不能长期依赖美国等其他国家的规划理论和规划技术，需要自主思考，才能应对社会转型带来的挑战。应该把空间规划设计的权利回归到使用者，充分考虑到市民的利益。

5.3.4 其他类型的空间规划体系演变

5.3.4.1 从土地利用出发的哈萨克斯坦

哈萨克斯坦位于中亚地区，国土面积272.49万km^2，排世界第九位，人均GDP是12843美元，排世界第55位（图5-20）[39]。哈萨克斯坦拥有丰富的自然资源和较为雄厚的工业基础，农业发达，经济政治学家将其认定为新兴工业化国家。

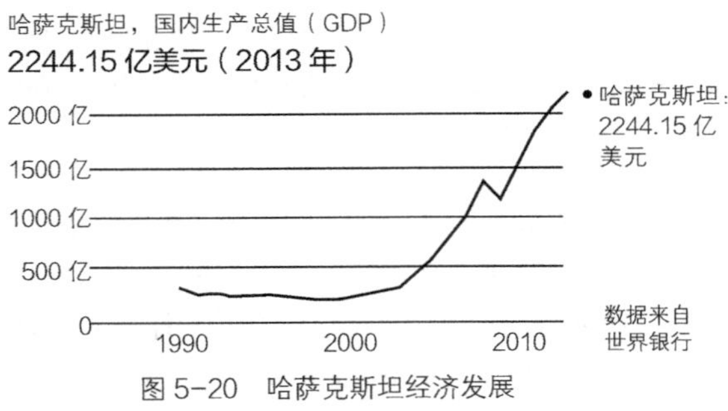

图5-20 哈萨克斯坦经济发展

在规划方面，哈萨克斯坦从土地利用入手，形成一套完整的土地规划体系。从全国层面逐渐细化，分别是国土规划、区域发展规划、区域综合规划和城市（居民点）总体规划[40]。

国土规划用于保证国家生产力的配置和布局，确定城市性质、定位和发展方向。并通过规划手段实现跨地区、跨部门的协调，促进社会经济发展，保障国家整体利益。区域发展规划基于国土规划，实现两个或多个州（及其部分）乃至于行政边界地区的社会经济发展和环境保护。区域综合规划以国土规划和区域发展规划为依据，用于确定地域的社会经济发展目标、分区及主要开发方向。城市（居民点）总体规划是对层层细化的上位规划进行落实，使开发建设按照规划进行。

在哈萨克斯坦层级分明的土地利用规划体系中，行政体系是保证规划有效实施的必要手段。法律中明确规定各级议会、各级行政长官在建设领域的职权范围与责任义务，其中，州长、市长负责规划的编制与提交，并负责规划的实施与协调。权利细分和责任明确可以确保各层级工作得力。

5.3.4.2　空间规划不成体系的印度

印度，作为世界第二大发展中国家，拥有10亿多人口，70多种语言群体，多种宗教类别。2013年GDP总量排世界第十位（图5–21），但是，人均GDP是1505美元，世界排名第144位。正是由于一直较为平稳的经济发展速度和占将近世界一半的贫穷人口，长期以来许多国家并没有把印度列入世界最重要的国家之列。但是不可否认印度在亚洲乃至世界都有较大影响力，因为印度的许多城市在面对经济自由化和全球化背景下，已经培育出成为世界级或是全球城市的愿望[41]。

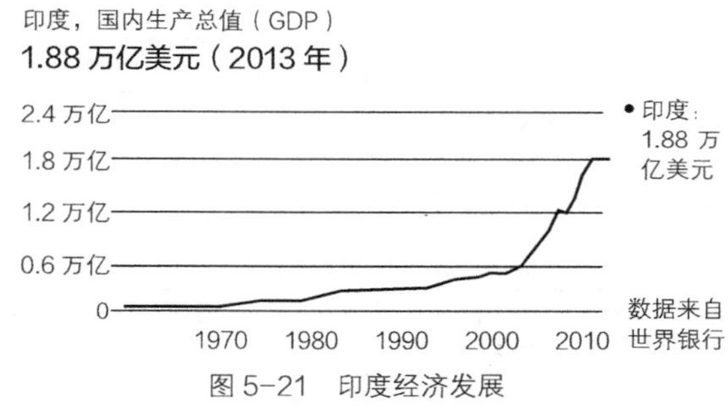

图5–21　印度经济发展

由于政党不一，在不同的区域管理方式不尽相同，造成印度的规划种类繁多、体系庞杂。各邦、地区的规划在不同部门主管下自成体系，名称也有差异，每一体系又有诸多不同层级、不同深度的具体规划类型。这些导致了整个印度的空间规划体系混乱。究其原因，一是联邦制使得国家对各邦的控制力度有限，无法实现自上而下的统一规划、管理；二是印度各邦发展极度不平衡，有的邦已经拥有了完整的规划编制体系和健全的规划部门，有的邦连基本的覆盖全邦的总体规划都没有形成。

基于现状梳理出印度的空间规划体系，主要有国家层面、邦层面、地区层面和乡及乡以下层面（表5–6）。其中国家层面主要有五年计划和年度计划，主要是全国政治经济文化发展的战略布局；地区层面有为落实国家层面五年计划和年度计划制定的相应的五年计划和年度计划，还有关注土地使用、道路建设、基础设施建设、环境保护等方面的发展规划；地区层面有地区规划，是当地政府综合考虑可利用资源做出的综合性的区域发展规划，是地区层面的最基本的规划，涵盖区域的各项活动、计划，并对下层规划起指导意义。还有在100万人口以上，包括1个或多个区级单位、城市的地区的大都市区规划，以及在大都市区规划下制定的分区规划和城镇总体规划。乡层面主要有乡发展规划[42]。

印度规划体系 表 5-6

类型	级别	职能任务	法律依据	规划管理机构
五年计划	国家	国家各项发展任务	《宪法》	Planning Commission
	邦	邦各项发展任务	《城市和区域规划和开发法范本》	State Planning Commission
年度计划	国家	落实国家层面五年计划	《宪法》	Planning Commission
	邦	落实邦层面五年计划	《城市和区域规划和开发法范本》	State Planning Commission
发展规划	邦	土地、基础设施、环境保护等	《城市规划与发展法》、《城镇和乡村规划法》	Development Authority
区规划	区（district）	整合区级及下级发展规划	《城镇和乡村规划法》	District Planning Committee
大都市区规划	邦直属	土地使用规定、发展计划	《城市规划与发展法》	Development Authority
分区规划	市	细化大都市区规划	《城市规划与发展法》、《城镇规划法》	Development Authority
总体规划	市	土地使用规定、发展计划	《城市规划与发展法》、《城镇规划法》、《土地利用分区管理条例》、《建设地方法》	Town & Country Planning Department
Block 规划	block	地区发展计划	《城镇规划法》、《土地利用分区管理条例》、《建设地方法》	Council
Panchayat 规划	Panchayat & ward	地区发展计划	《城镇和乡村规划法》、《建设地方法》	Council

经过漫长的时间，规划从无到有，不断发展。虽然类型和体系复杂，但是每个规划的制定都有严格的程序，规划的执行有相应的机构负责和立法保障。

5.4 亚洲国家空间规划体系演变过程对我国的启示

通过梳理上述国家空间规划体系演变过程，对我国空间规划体系发展的启示如下：

5.4.1 建立以空间规划为主体、国家经济等各方面发展相协调的调控体制

空间规划的内容涵盖了社会发展、生态环境保护等多个目标，也成为国家的综合发展规划[1]。完善的空间规划体系必然涉及多个领域。首先，要重视国家社

会经济发展，因为规划作为一种上层建筑的意识形态必须要与经济基础相适应。其次，要用全球化的理念和视角来审国土空间格局以及国土规划的编制，不要局限在封闭的国土空间内来编制规划，应该关注海、陆、空等交通网络的建立，重视资本和产业大量的跨境流动和转移对国家产业格局空间的塑造等。最后，调控体制在纵向上尊重不同等级政府对空间资源的配置要求；横向上要协调产业、土地、交通、环境等不同行业和部门的要求，同时也要吸纳市场和公众的意愿。例如，日本在不同发展时期遇到不同的社会问题，空间规划体系的调整总是针对社会发展某方面问题展开的。然后，在空间规划基础上调整经济发展和开发策略。

空间规划体系的建立，不是各种相关规划的堆砌。例如，印度相关规划众多，各个层面规划的名称和权责都不一致，这些规划虽然涉及城市发展的各个方面，但是缺少在空间上总领的规划。所以，空间规划体系的建立必须明确空间的概念，在最大范围的空间战略的指导下不断衍生各层级规划，最终有机组成空间规划体系。

5.4.2　健全的规划法规体系和科学的规划管理

由国家和地方制定的有关空间规划的法律、行政法规和技术法规，组成了完整的空间规划法规体系。从日本空间规划体系立法中可以看出，以《国土形成规划法》和《国土利用规划法》为核心，各层级和领域都有相关配套的法律法规；从新加坡空间规划体系中可以看出“三分规划，七分管理”；从哈萨克斯坦严谨的土地利用规划中可以看出权责分明的规划管理是规划有效实施的保障。这些都表明，我国空间规划想进一步发展，必须对现有的规划形式和层级进行梳理，删繁就简。只有每个层级规划内容明确，侧重点不同，才能有效避免政出多门、职责不清的问题。不同级别规划应该有自身的特点，级别越高宏观指导性越强，级别越低应越详尽完善。每个层级规划相关法律配套完善，针对性强，不论层级高低只有走法制化道路才能为规划实施提高保障，提高规划的科学性。

在严谨的规划法规体系下，科学的规划管理必不可少。配合各层级规划需要有权责分明的管理机构，避免权力的交叉和权力不能良好衔接造成管理机构责任不能覆盖所有规划的情况。

5.4.3　有效的公众参与

从日本和新加坡的规划中都可以看出，有效的、广泛的公众参与会提高空间规划实施的科学性，并让空间规划实施事半功倍。因为空间规划体系是串联国家战略层面到规划实施的西部层面的体系，无论规划覆盖面宽窄最终都是服务人的规划，以人为中心的规划当然要最大程度地让公众参与其中，符合公众利益和需求的规划才是能让公众满意，才能保证规划的顺利实施。

在规划过程中不仅需要对市民公示，对于规划申请者同样要遵守透明的告知制度。例如，我国香港，告知制度是针对开发商申请规划过程中而言的。一个是规划委员会秘书把规划委员会的决定告知申请人，对不批准规划申请的要告知其有申请复核的权力；另一个是规划委员会秘书将经规划委员会复核规划申请决定告知申请人，对申请人申请规划复核后仍不批准，则告知申请人有向上诉委员会提出上诉的权利[43]。从规划编制到规划管理，整个过程均是非常透明、公开，这是城市规划管理政务公开的真正体现。

近年来我国各类规划的编制过程中开始逐渐引入公共参与机制，但是公众参与程度比较低。公众参与程度低会导致规划的制定与实际情况不符，难以满足群众的需求，从而阻碍规划的实施。在我国，公众参与很多情况下还是停滞在形式化的阶段，虽然有公众参与环节，但是公众的参与度和话语权并不能得到保障，这样的制度没有实质效果，才会造成规划在公众参与结束后依旧会引起公众的各种不满。所以，我国应尽快建立和完善国土规划公众参与机制，借用网络、电视、广播等媒体平台，通过公众调查、听证会等形式，多手段、多方式地提高公众的知情和参与程度，从而最大程度地保障公众利益的实现和维护。

5.4.4 重视乡村地区的发展，注重区域协调

空间规划最高层面是覆盖全国的规划策略，所以关注的焦点不能只局限于城市地区，广大乡村地区的发展，同样需要重视。在日本和我国香港的空间规划体系中，都对乡村地域发展给予重视。日本在区域规划和城市规划层面都涉及乡村的开发和保护，中国香港在空间规划体系中也重视农业用地和郊野的保护。

2008年我国《城乡规划法》取代《城市规划法》指导我国规划编制实施，这标志着一直倡导的城乡一体已经有了法律保障。加上我国乡村地域广泛，还有大量非城镇人口落脚在乡村，说明乡村在我国空间规划中是不能被忽略的。所以在空间规划体系中应该注重乡村和城市地区的协调发展，城乡一体不是停留在文字上，而是要让城市和乡村都可以有充足的发展机会，发掘自身的潜力。城市发展迅速但是乡村发展滞后，不是空间规划体系完善和有效实施的表现。

5.4.5 建立市场经济体制下的规划实施手段与措施

每个国家或地区都有保障空间规划实施的措施，基本都是法律保障、组织保障和财政保障三类。但是在这三大类中每个国家或地区都有自己独特的保障措施。例如，韩国组织保障中除了有韩国建设交通部、国土研究院、国土政策委员会和首都圈整备委员会以外，还有大型公营企业也参与到规划保障中，主要负责国土资源开发和一些重大的全国性的基础设施项目建设。这是规划和市

场有机结合的表现。

我国也大力倡导让市场成为资源配置的主要手段，因此我国空间的协调发展必须突出市场的作用，在市场经济下加强财政、税收等经济政策为基础的规划实施手段与措施，将部分权力推向市场，减少政府过度控制。例如，建立“区域空间发展”基金来支持整个空间规划体系的运行；还可以通过市场对资源的配置，来实现欠发达地区的发展和衰败地区的振兴；在市场经济背景下，通过人力资源的流向，制定区域劳动就业政策，促进劳动力资源在区域间的合理流动和优化配置，同时防止欠发达地区知识型劳动力的流失，促进区域的协调发展。

我国空间规划体系是建立在市场经济条件下，用来实现国家经济、社会、环境和地区协调发展的重要手段，不仅仅是单一的政府职能。所以市场的参与是保障空间规划实施必不可少的因素。

5.5　未来亚洲空间规划体系展望

亚洲各国经济发展水平不一，空间规划体系发展完善程度差异较大，目前尚未形成覆盖全亚洲的空间规划体系。但是，空间规划在各个国家的重视程度显著提升，都试图通过建立合理的空间规划体系来促进本国资源利用、经济和社会等各方面良好发展。

分析亚洲各国经济和规划发展形势，明显东亚地区发展较快，可以采取东亚地区空间规划一体逐渐覆盖亚洲其他区域的过程。但是亚洲各国存在很多文化、宗教、战争和历史遗留问题，所以想构建覆盖全亚洲的空间规划体系需要各国更多的经济和文化交流，求同存异共谋发展。可以从以下两方面入手来建立跨国界的空间规划体系：

5.5.1　地域联系

亚洲国家众多，很多国家都在地域上联系紧密，比如中韩、中日等。这些国家可以利用地域优势在小范围内建立跨区域空间规划体系，从局部发展带动全国甚至更大范围的发展。在跨区域空间规划体系建立的过程中，合理利用各地区资源，取长补短，共谋发展。（图 5-22）

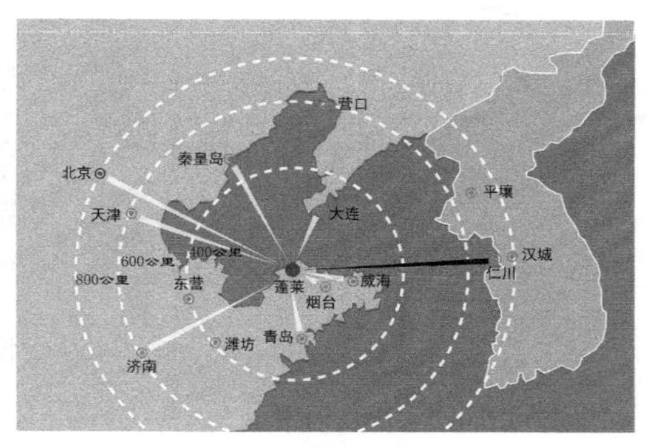

图 5-22　中韩渤海区域联合发展

5.5.2 资源合作

资源丰富的亚洲国家很多，例如哈萨克斯坦的石油资源、俄罗斯的天然气资源、东南亚国家盛产水果还有丰富的旅游资源。以这些资源为纽带，将亚洲国家联系起来，以资源开发利用为契机，建立跨国界的空间规划体系也是一种尝试。例如，中国和哈萨克斯坦的石油资源合作，新加坡、马来西亚和泰国的旅游资源合作等。通过这些，加强国家之间的交流合作，各个国家取长补短各取所需，也是在为今后建立统一的空间规划体系打基础。

第 6 章　美洲空间规划体系形成和演化规律及其机制研究

6.1　美洲简介

从政治地理学的角度分析，北美和广义上的拉美（包括使用非拉丁语族语言的部分中美洲和加勒比地区国家）即组成整个美洲。

6.1.1　北美简介

北美（North America）通常指的是美国、加拿大和格陵兰岛等地区，是世界上经济最发达的大洲，其人均 GDP 超越了欧洲。是世界 15 个大区之一。北美最主要的两个国家——美国和加拿大均为发达国家，其经济一体化水平很高[44]。

6.1.1.1　社会经济概况

北美的居民是世界上许多国家的移民及其后裔汇集而成的。其中欧洲各国移入的白人占 80% 以上，还有非洲、拉丁美洲、亚洲等一些国家的移民及其后裔。当地原有的居民是印第安人和因纽特人，他们是在一万多年以前由亚洲经过白令海峡过去的黄种人。

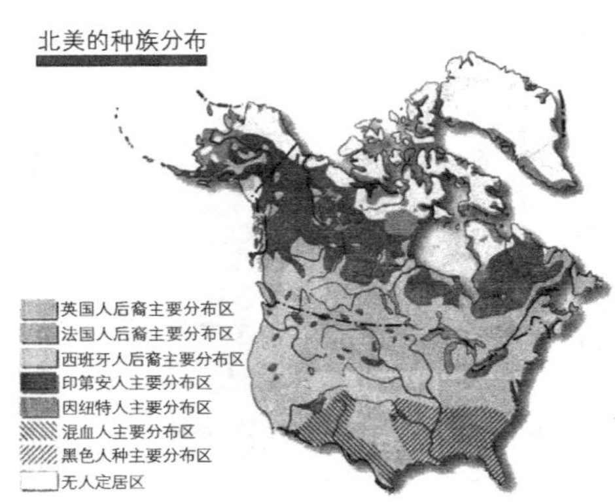

图 6-1　北美种族分布图

北美 GDP 降为第三，2010 年为 173592.08 亿美元、占世界的 27.59%、美国 145265.50、就占世界 23.09%、占北美 83.68%。发展速度和西欧相近、较慢[45]。北美主要国家人均 GDP 的情况如表 6-1 所示：

北美主要国家人均 GDP 比较（单位：美元）　　表 6-1

世界排名	国家	2000 年人均 GDP	2005 年人均 GDP	2010 年人均 GDP	2012 年预测人均 GDP	2013 年预测人均 GDP	2005-2010 年增长倍数
12	美国	34100	42076	47,240	49922	51248	1.39
20	加拿大	21130	32073	41950	52232	52364	1.99
35	格陵兰岛（丹麦）	—	—	26020	—	—	—

北美自由贸易区在促进北美发展的过程中起着举足轻重的作用。北美自由贸易区（North American Free Trade Area，NAFTA）由美国、加拿大和墨西哥 3 国组成于 1992 年 8 月 12 日就《北美自由贸易协定》达成一致意见，并于同年 12 月 17 日由三国领导人分别在各自国家正式签署。1994 年 1 月 1 日，协定正式生效，北美自由贸易区宣布成立。

就成员国经济政治发展来看，北美自由贸易区是世界区域组织成员属性最多样化的组织，当今世界所划分的四类国家，该组织占了三类，美国（唯一的超级国家），加拿大（发达国家），墨西哥（发展中国家）。政治方面，由于北美自由贸易区的经济贸易专业特性，政治协调和影响力方面不及欧盟。但就单体国家来看，经济政治发展也相当高，首先美国是世界核心主导国家，其次加拿大也是世界主要发达国家，西方七大工业领袖国之一。墨西哥近年发展也十分快速，在国际上影响也日渐增长[46]。

北美自由贸易区的动力机制是出于内在的互补和需求，北美自由贸易区目前仅有三个成员国，美国毫无疑问是当然的主导国家，由于欧盟联合带来的整体复兴，美国被迫也要稳固和寻求周边国家的市场以保持经济实力，而加拿大和墨西哥由于国家经济对美国依赖非常高，也需要一个合作平台来保证这一需求。加拿大国民生产总值超过 70% 要依靠美国的投资和社会消费来实现。墨西哥对外贸易出口额一半以上属于美国。

北美农业生产专门化、商品化和机械化程度都很高。中部平原是世界著名的农业区之一，农作物以玉米、小麦、水稻、棉花、大豆、烟草为主，其大豆、玉米和小麦产量在世界农业中占重要地位。中美洲、西印度群岛诸国和地区主要生产甘蔗、香蕉、咖啡、可可等热带作物。

北美铁路总长 42 万多 km。内河通航里程约 5.5 万多 km。公路四通八达。美国东北部是交通最发达的地区，其次是美国中部、东南部、西部沿海地区；加拿大东南部。加拿大中部地区的夏季河运、冬季雪橇运输也很重要。北部沿海地区以雪橇运输为主。

6.1.1.2　文化概况

北美建立在欧洲移民制度的基础上，北美的文化从某种意义上说，是欧洲文化的延伸，因为北美人的语言、人口构成、立国精神等都源于欧洲。另一方面，北美文化又与欧洲不同，因为欧洲移民在北美大陆上驱赶走印第安人后，在一片荒芜旷野之地创造了令人赞叹不已的灿烂文明。所以从总体上说，北美文化习俗与社交礼义时，既有欧美文化的相同性，又存在着相异性。

6.1.1.3 法律制度

在法律的形式上，判例法在北美仍占有重要地位。从传统上讲，英美法系的判例法占主导地位。但从 19 世纪到现在，其制定法也不断增加，但是制定法仍然受判例法解释的制约。判例法一般是指高级法院的判决中所确立的法律原则或规则，这种原则或规则对以后的判决具有约束力或影响力。判例法也是成文法，由于这些规则是法官在审理案件时创立的，因此，又称为法官法（judge-made law）[47]。

除了判例法之外，英美法系国家还有一定数量的制定法。同时，还有一些法典，如美国的《统一商法典》、美国宪法等。但和大陆法系比较起来，它的制定法和法典还是很少的，而且对法律制度的影响远没有判例法大。在判例法和制定法的关系上，是一种相互作用、相互制约的关系。制定法可以改变判例法，同时，制定法在适用的过程中，通过法官的解释，判例法又可以修正制定法。如果这种解释过分偏离了立法者的意图，又会被立法者以制定法的形式予以改变。

6.1.2 拉丁美洲简介

拉丁美洲（简称拉美；英语：Latin America；西班牙语：América Latina 或 Latinoam é rica）通常用来指称美国以南的美洲大片以拉丁语言作为官方语言或者主要语言的地区。拉丁美洲由墨西哥、大部分的中美洲、南美洲以及西印度群岛组成。自然资源丰富但经济水平较低。本区居民主要以农业生产为主，工业以初级加工为主。除了巴巴多斯，本区国家均为发展中国家。

6.1.2.1 社会经济发展水平

联合国拉美经委会预测，2013 年拉美地区经济年增长率约为 2.6%，低于 2012 年的 3.1%，也低于年中预测的 3.0%，呈近 10 年以来较低增长水平。

2008 年期间，拉丁美洲的 GDP 增长 4.5%，增长依然强劲，但低于上一年度强劲的 5.7% 增速。外汇储备高、经常项目盈余等缓冲机制在某种程度上减弱了对美国出口减速的影响[48]。美国进口的减少对墨西哥的出口产生了负面影响，2008 年降低 0.9%，而 2007 年则是增长 3.3%。阿根廷的经济增长也已下滑，从 2007 年的 8.7% 降至 2008 年的 6.6%，原因是消费者支出和出口放缓。与之相比，巴西的 GDP 增长依然充满活力，增速为 5.2%，巴西经济扎根于消费者支出和投资比较强劲，2008 年上半年有利的贸易条件进一步提供了支持（图 6–2）。

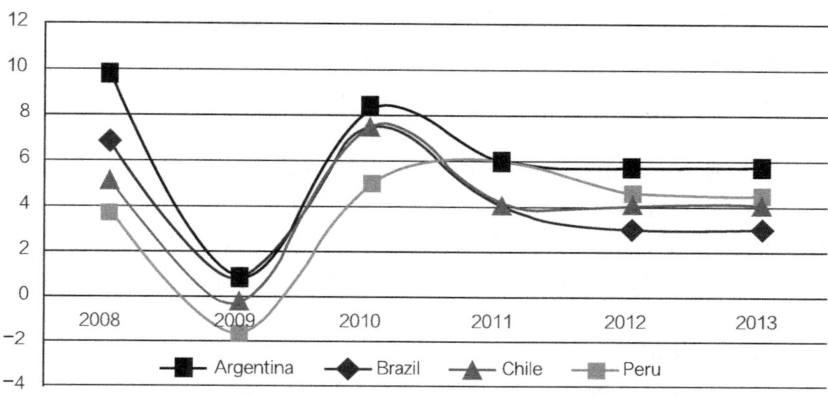

图 6-2 拉丁美洲部分国家 GDP 增长趋势图

拉丁美洲地区经济预测概况（年度百分比变化） 表 6-2

	1991~2000	2005	2006	2007	2008	2009	2010
市场 GDP（2000 年美元时价）	3.3	4.6	5.6	5.7	4.4	2.1	4.0
人均 GDP（美元）	1.6	3.3	4.2	4.4	3.1	0.9	2.8
GDP 产值（按购买力平价计算）	4.2	4.6	5.5	5.7	4.4	2.2	4.1
个人消费	—	5.8	6.3	6.9	5.4	3.1	4.6
公共消费	—	3.0	4.6	4.0	4.5	2.4	2.6
固定投资额	4.7	11.3	14.6	12.2	14.6	–4.1	8.8
出口货物和非要素服务	8.1	8.1	7.7	5.0	1.7	–2.1	2.4
进口货物和非要素服务	10.9	11.9	14.3	11.9	12.3	–3.9	6.9
净出口对经济增长的贡献	–0.4	–0.8	–1.6	–1.9	–2.9	0.6	–1.4
活期存款余额	–2/8	1.4	1.6	0.5	–0.6	–0.3	0.0
GDP 平减指数	11.3	5.7	8.0	7.5	10.2	6.7	5.5
财政收支平衡	—	1.2	1.4	1.3	0.9	0.6	0.4

（数据来源世界银行报告——拉丁美洲和加勒比地区发展情况）

通过表 6–2 可以看出拉美经济增速正逐渐减缓，由此带来的经济、社会问题，使拉美国家政府的执政环境复杂化，执政难题增加。2013 年，拉美地区许多国家爆发了高密度、高强度的游行示威活动。这些抗议不仅暴露出过去 10 多年间拉美经济急速发展过程中被掩盖、被忽视的问题，而且给各国政府的社会治理能力提出了严重挑战。

近年来拉美国家虽然在减贫、改善收入分配、促进就业等方面不断取得进步，但远未达到理想状态。2013 年拉美贫困人口比重虽继续呈下降趋势，贫困率从 28.2% 降至 27.9%，但赤贫人口比重却从 11.3% 增加到 11.5%，总数从 2012 年的 6600 万人增加到 6800 万人，净增 200 万。

黄皮书预计，2014 年拉美 GDP 增长将会有所恢复。按照联合国拉美经委会的预测，2014 年全球经济前景较之前稍微乐观，将增长 2.9%。在促进出口增长的外部条件有所改善的前提下，拉美经济增长率可能达到 3.2%。鉴于 2013 年墨西哥和巴西经济不景气严重影响了地区平均水平，2014 年拉美地区的经济改善将部分依赖墨西哥和巴西[49]。

6.1.2.2 文化概况

印第安人是南美洲文明的开拓者。安第斯山脉中段高原地带是南美洲古文明发祥地。早在公元 10 世纪前后，居住在这一带的印第安人部族——印加人，建立了以秘鲁南部库斯科为中心的印加帝国。光辉的印加文化是人类物质和精神文明的重要组成部分。哥伦比亚、智利南部和巴拉圭是印加帝国以外人口较集中的地区。

与中国文化不同，美洲原有的土著文化的传统被中世纪末期欧洲殖民者对美洲的入侵和殖民所割断，欧洲殖民者打断了拉美印第安土著文化的发展，使印第安土著文化没能成为拉美文化的主体[50]。移植来的欧洲文化成为拉美文化的主体，美洲印第安土著文化和非洲黑人文化则成为次要成分。如当今拉美大多数国家的官方语言是拉丁语系的西班牙语、葡萄牙语和法语，只有秘鲁、玻利维亚、巴拉圭等少数国家把克丘亚、艾马拉或瓜拉尼等印第安语同西班牙语一起并列为本国官方语言。第二，拉美文化是“杂交”文化或“混合”文化，是欧洲基督教文化、美洲印第安土著文化和非洲黑人文化的汇合和融合。第三，开放性和独创性。与中国传统文化相比，拉美文化极少保守性和排他性，善于引进和吸收其他文化的最新成果，具有很大的亲和力和很强的融合力。然而，拉美文化并不是生吞活剥，而是吸收、消化，变为己有，根据自身发展的需要，创造出具有自己鲜明特色的拉丁美洲文化。

6.1.2.3 法律制度

在拉丁美洲的 33 个独立国家中，有 29 个国家采用了单一制，而采用联邦制的国家只有 4 个，即墨西哥、委内瑞拉、巴西和阿根廷。在单一制国家中，中央行政机关与地方行政机关的关系也可分为三种主要类型：中央集权制、权力下放制和分权制。

在拉丁美洲现有的 33 个国家中，除古巴实行人民政权代表大会制度外，其他 32 个国家都实行三权分立制度，采用的政体形式包括总统制政体、议会制政体和混合制政体（半总统制政体）。由于在不同的政体中，其政府首脑在职权与地位上有很大的差别[51]。

在拉美的33个独立国家中，有19个国家采用了总统制政体。这19个国家是：墨西哥、危地马拉、洪都拉斯、萨尔瓦多、哥斯达黎加、巴拿马、海地、多米尼加、哥伦比亚、委内瑞拉、圭亚那、巴西、厄瓜多尔、玻利维亚、智利、巴拉圭、阿根廷、尼加拉瓜、乌拉圭。总统制政体下的总统一般是经过普选产生的，享有广泛的职权。在拉美各国，由于行使行政权的总统通常情况下要高于立法权和司法权，行政权几乎不受立法权和司法权的监督，因此也有人将拉美各国的这种特殊政体称为“超级总统制政体”。

拉丁美洲各国采用议会制政体的国家有12个，这些国家全是20世纪60年代以来获得独立的加勒比海地区的原英属和荷兰属殖民地。这12个国家是：苏里南、巴哈马、牙买加、多米尼克、圣卢西亚、巴巴多斯、格林纳达、特立尼达和多巴哥、圣文森特和格林纳丁斯、安提瓜和巴布达、伯利兹、圣基茨和尼维斯。这12个实行议会制的国家除了原荷属殖民地苏里南外，都是英联邦的成员国。议会制，这种政体具有以下特征：（1）议会制政体中国家元首是国家的象征，但并不掌握实际权力，行政权力掌握在由议会选举产生的总理/首相手里；（2）内阁总理/首相提名内阁成员，经国家元首批准后，组成责任内阁，内阁对议会负责；（3）当议会通过对内阁的不信任案时，内阁必须总辞职，或者提请国家元首解散议会，由新选举产生的议会来决定内阁的去留。

混合制政体，也称为半总统制政体，是存在于总统制和责任内阁制之间的一种混合政体，这种政体综合了总统制和责任内阁制的特征，既有由选民直接选举产生的总统，又有由议会产生并对议会负责的总理。由总统与总理共同掌握行政权。在拉美国家中实行混合制政体的国家只有秘鲁一个。秘鲁的总统是秘鲁的国家元首，对内对外均代表国家。

6.2　北美空间规划体系介绍

6.2.1　美国空间规划体系

6.2.1.1　研究背景

美国位于北美洲中部，国土面积约962万km^2，由50个州，1个直辖特区5个岛屿自由邦和十多个其他远洋小岛组成，截至2013年美国人口约为3.1525亿人。美国是世界最发达的资本主义国家之一，在经济、文化、工业等领域都处于全世界的领先地位（图6–3）。

下面从经济模式、权力构成、文化特征、法律制度等方面分别进行叙述：

（1）经济模式

美国经济模式，就是所谓消费者导向型市场经济模式，又称“自由主义的市场经济”。它十分强调市场力量对促进经济发展的作用，政府进行调控与否往往以是否有利于消费者利益为目标，政府的公共政策倾向于取悦民众。

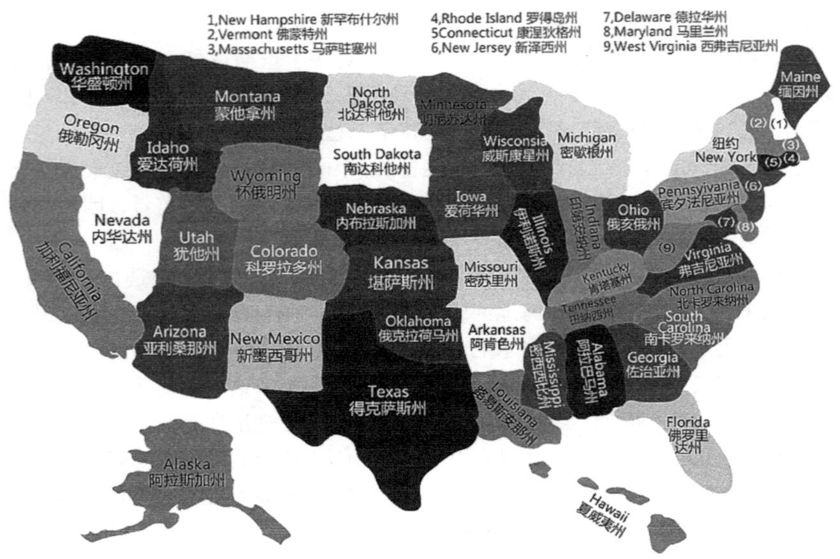

图 6-3　美国行政区划图

对于国家经济宏观调控，没有国家层面上的计划经济，但是有完善的宏观经济调控体系。依托美国的行政架构，美国实行联邦、州和地方的三级政策预算管理体系。联邦政府可以凭借其财力，对州和地方的发展进行干预与影响。联邦政府实施对地方控制的手段在本质上是经济手段，而不是行政手段。

美国空间体系规划的编制与运作巧妙利用了联邦政府的“经济平衡”和“经济干预”。在规划运作中以基金引导为主，法规控制为辅。联邦、州和地方政府的每一个政策的出台往往都有明确的经济机制，采用基金、贷款等方式进行激励。因此，空间规划体系表现出来一个各类空间规划类型多元化、网络化的组合，而不是一个自上而下的垂直结构。

（2）权利构成

同世界上其他国家相比，美国的政治生活是处于一种独特的权力结构之下，政治权利广为分散于社会各阶层之中，权力的安排不像英国、法国等级式的，而是竞争式的。美国的权力结构包括立法、行政、司法三个系统，每个系统起着各自的作用，同时又相互制约，它们是最直接的政策制定者。而参与和影响政策制定的还包括其他民间各种权力角色，例如企业界、金融界、法律界、基金会、大学、新闻界文化机构以及民间组织等。多元主义政体的本质特征是权力分散。权力多元化使得各种政治力量竞相对政府机构施加影响，力图使政策的制定符合它们的需要[52]。

另外，多元主义政治具体表现为三个方面：其一，美国社会存在着许多力量强大的利益集团，它们能以某种有效的方式参与决策过程。其二，各重要集团之间处于一种相对均势与相互制约的状态，没有一个集团强大到足以绝对地支配其他集团。其三，各种集团之间的均势是民主社会的自然状态。美国空间规划体系在这种权利结构下有如下特点：

第一，规划体系是多元权力分配体系中的一个组成部分，也是依托立法、行政、司法相互独立和制约的权力格局进行运作的。

第二，规划体系是行为主体权力博弈的产物。这也是造成空间规划体系多元化的一个重要因素。为了适应权力的多元博弈，空间规划体系也必须取悦于不同的主体和地域而表现出多元性。

第三，规划体系形成了以"州"权力为主轴的框架。在整个权力分配中，州层面上的权力是最具实力的，形成了多元政治权力分配架构下权力的相对集中。

（3）文化特征

自由主义、多种民族文化整合创新、政府的作用更多地表现在建立和维护供私人资本进行竞争的公共环境上。

美国是世界上最大的移民国家。它地大物博，人口众多，拥有极其丰富的自然资源。它的移民在种族、民族、文化构成上最为复杂，这是它作为移民国家的第一个突出特点。

第二个突出特点是它与"母国"文化的联系最少。美国是完成资产阶级革命的第三个国家，但它是第一个最彻底完成资产阶级革命的国家，所以它和封建主义的旧文化联系最少。

美国作为移民国家的第三个突出特点是它既有杂交文化的优势，又有绚丽多彩的多元文化的优势。这种全新的杂交文化继承了各种亲本文化的优点，表现为蓬勃的生机和创新的精神。另一方面，美国文化又是一种非均质的文化。虽然它有整合程度较高的一面，但是它没有走向排除多样性、提倡整齐划一、坚持大一统的极端[53]。

（4）法律制度

美国早期西部地区处于政府的权力管辖之外，不同的拓殖者所建立的法律制度也不同，早期定居的农场主自发组织起来保卫自己的土地，民主与法制共识，不仅维护了美国的初创价值，更重要的是维护了正常的社会和经济利益秩序，而成为整个美国社会公认的价值标准。

美国法律主体上来源于英国法。同时，又根据历史的发展和美国政治、经济、文化特点做了较多的改变。美国建国后，制定了成文的联邦宪法，但联邦和各州都自成法律体系。联邦除在国防、外交、财经政策、国际贸易和州际商业等方面外，无统一的立法权；刑事和民商事方面的立法权基本上属于各州。

历史基础造就了美国的空间规划必须建立在行为主体的广泛参与之上。同时，编制后的规划必须经过法律程序而成为法令。任何机构、团体和个人未经一定的法定程序不能随意修改。美国各类规划的运作都会经过法制化和程序化的通道来进行建构。

美国规划运作本身根植的法制化和程序化的法律社会基础，使得空间规划体系在没有全国统一的、完整的运作框架的情况下，依然能够维持正常秩序和合理运作。只要对“规划”存在争议，就必须经过法制化、程序化的渠道来解决。不会因为领导人的更迭，或者某些团体和个人的过激意见而发生变化。

6.2.1.2 发展历程

美国是先有城市后才出现的规划，城市不是规划形成的，而是市场经济的发展自发形成的。城市规划的目标是解决当时城市出现的突出问题和矛盾，所以美国城市规划的目标是治理城市而不是创造城市，城市规划当中首先考虑城市居民的需求，规划的主要内容也是围绕城市公共服务和美化城市环境。

美国的城市规划与其城市发展和政府城市政策是密不可分的。不同的阶段具有不同的特点。总的来说，先后共经历了七个阶段（图 6–4）：

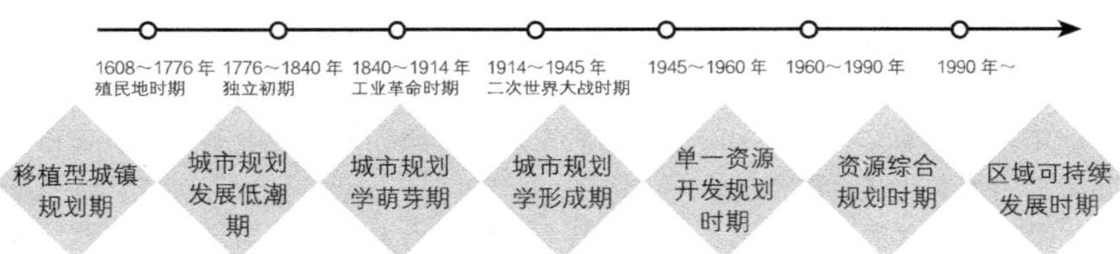

图 6–4 美国空间规划体系的发展历程

（1）殖民地时期的移植型城镇规划（1608～1776 年）

这一时期美国的城市规划传统主要沿袭欧洲宗主国的规划方法，这段时期城市规模小、空间结构简单。主要关注构建街道系统、营造公共空间，重点突出市中心的功能，例如 1682 年的费城规划。

（2）城市规划发展低潮期（1776～1840 年）

地方政府根据州政府的有限授权维持城市内部秩序和提供基本服务，市镇会议决定城镇事务，城市人口剧增，城市服务跟不上，土地投机拍卖盛行。主要建设铁路和公路，划分街区，例如 1791 年朗方的华盛顿规划[54]。

（3）城市规划学萌芽期（1840～1914 年）

受到英国城市卫生改革成功的鼓舞，美国也开始对城市卫生进行调查，为卫生规划提供数据，城市卫生调查和改革使得规划人员和居民逐步产生了城市意识，直接影响了城市规划学诞生的进程。同时城市美化运动于 1890 年代达到鼎盛。这个运动具体包括 4 个方面的内容：城市艺术（Municipal Art），市容改善（Civic Improvements），户外艺术（Outdoor Art）和古典设计（Classical Design）。城市美化运动的规划内容主要着重三个方面：市中心，街道和公园。1893 年在芝加哥举办的哥伦比亚世界博览会（the World Columbian Exhibition）标志着美国现代城市规划学的诞生。

（4）城市规划学形成期（1914～1945 年）

1920 年代以来，美国人口增长开始减缓，自然增长和移民日益减少。城市人口增长趋于饱和，人口迁移逐步变成城市之间的迁移，而非农村向城市的迁移。这一时期，城市逐渐变成都会区，郊区化（Suburbanization）开始出现。

在此期间，城市规划进一步专业化和法制化，促进了分区规划的产生与发展。美国商务部在胡佛部长（即后来的胡佛总统）的主持下颁布了标准州分区规划法（the Standard State Zoning Enabling Act），建议各州照此实施。从此，分区规划开始盛行，变成稳定和保护财产价值的重要工具[55]。

（5）单一资源开发规划时期（1945～1960 年）

美国经历了大规模的郊区化运动中心城区衰落，就业率低下，社会贫困现象严重。为此，1954 年的联邦住房法除了要求对旧区进行重建以外，还提出了城市改造（Urban Renewal）的口号，允许将项目经费的 10% 用于非住房类建设，这一比例在 1959 年又提高到 20%。因此，城市改造将建设重点逐步从住房向非住房转移，以符合开发商和其他利益集团的要求。最后城市改造经费中非住房类建设经费的比例实际上超过 50%。1956 年，美国国会通过了州际高速公路法（Interstate Highway Act），开始了长达 20 年的大规模州际高速公路建设，进一步加速了美国的郊区化发展[3]。

（6）资源综合规划时期（1960～1990 年）

1960 年代后期，为了更好地解决区域发展问题和协调城市与区域发展之间的关系，区域规划（Regional Planning）在美国开始形成高潮。1968～1970 年期间，作为区域规划机构的地方政府协会（Council of Governments，COGs）数目从 100 个增加为 220 个。全美 233 个大都会区都设立了各种不同类型的区域规划机构。当然，由于地方政府在土地使用方面有很大的自主权，美国的区域规划在人力、物力和财力方面一直比较弱。美国没有编制覆盖全国的区域规划，但是却有援助落后地区发展，缓解落后地区的高失业率和生态恶化状况，缩小地区发展差距的区域政策和与之配套的区域规划，最具代表性和最成功的则是“田纳西流域开发法案”。

1933 年美国国会通过了“田纳西流域管理局法”，成立田纳西流域管理局（简称 TVA）。经过多年的实践，田纳西流域的开发和管理取得了辉煌的成就，从根本上改变了田纳西流域落后的面貌。60 年代后，随着对环境问题的重视，TVA 在继续进行综合开发的同时，加强了对流域内自然资源的管理和保护，为提高居民的生活质量服务。据 TVA 称，田纳西流域已经在航运、防洪、发电、水质、娱乐和土地利用等 6 个方面实现了统一开发和管理。TVA 的管理也因此成为流域管理的一个独特和成功的范例而为世界所瞩目。

（7）区域可持续发展时期（1990 年～）

这一时期美国规划界注重区域协调，注重环境和经济的可持续发展。经过一个世纪的实践和调整，美国的规划体系已相对成熟和稳定，美国城市规划已建立了一套完整的法制化规划体系。

1996 年，RPA 以《一个处在危险中的地区为题》，发表了第三次区域规划。RPA 的分析表明，随着新世纪的临近，纽约的国际金融中心地位正在下降，纽约 – 新泽西 – 康涅狄格州大城市地区处于危险之中。

RPA 提出 5 个战役（five campaigns），即植被、中心、机动性、劳动力、管理等来整合 3E，提高地区的生活质量。其中，“植被”保证地区森林、分水岭、河口、农田等绿色基础设施，确立未来增长的绿色容量。“中心”致力于区域现有的市中心就业及居住的增长。“机动性”提供一个全新的交通网络，把重新得到强化的中心连结起来。“劳动力”为那些居住于中心的团体与个人提供必需的技能与联系，使他们能够融汇到经济主流之中，为此，需要通过新的途径来组织的政治机构与民众机构，并赋予它们以活力，而这就是所谓的“管理”[56]。

6.2.1.3 编制体系

美国宪法规定美国是一个联邦制国家，各州拥有较大的自主权；实行立法、行政、司法三权分立、相互制约。因此，美国是不同层级的“中央—地方”，还是同一层级地方都存在着权力的分配、制约与监督。

美国空间规划体系的独特个性也是在这种政体中形成的。美国的空间规划涉及了联邦、州、区域、城市、县、社区等层次，并没有像欧洲国家一样形成过一个完整的、集权的、自上而下的空间规划体系，也没有一个全国各州统一的空间规划法律。美国的规划体系与行政序列的对应关系不够明显，特别是在基层县与城市层面上。规划层面上主要包括联邦、区域、州、和地方四个层面的内容[57]。

（1）联邦

美国至今还没有进行国家级的系统的全国性国土规划，只有问题导向型的区域规划，国土规划相关内容也分散在相关规划中。整个规划体系由联邦的公共土地用途规划和区域开发规划以及有关的政策、独立的州综合规划（只有部分州）、州域内的区域规划、地方政府综合规划、公共基础设施建设计划、土地利用规划等组成[58]。

（2）区域

美国的区域规划已有近百年的历史，包括经济规划、物质规划、社会规划和公共政策规划4个方面，主要的规划有以下3种。

①流域综合开发规划，如田纳西河流域规划；

②跨州经济区划分与建设规划，如阿巴拉契亚区域整治规划；

③大都市区规划，目前，美国已有268个大都市区，80%以上的人口生活在大都市区，其中居住在百万人口以上大都市区的人口超过总人口的一半。

（3）州

在各州通过立法规定的总体规划中，土地利用是规划的基础和重点。每一个州自行制定本州的土地规划。州土地利用规划是近年来为了实施城市成长管理政策而逐步发展起来的，它本身并不具有法律效力，而是一种政策性指导文件。州政府要求地方政府制订包括土地使用计划、公共设施建设方案及成长政策等内容在内的地方土地利用规划。

（4）地方

在美国，地方国土规划最具体、最详细。各地方国土规划主要解决的是关于当地切身利益的问题。地方制定综合规划时，必须与州规划目标相衔接。

规划行政体系分为联邦、州、地方三个层次。一般而言，城市管理机构与城市规划相关的机构的组织形式有多种形式，如：议会—市长制、委员会制和议会—行政官制等。与规划相关的行政部门及其职责如表6-3所示。

规划相关的行政部门及其职责一览表　　表6-3

立法机构	决定是否成立规划委员会和规划委员会的成员构成
	对规划委员会的行动予以支持并划拨资金
	规划转变为政治决定而付诸行动
规划委员会	一般是社区内房地产商、银行家、商会或者是律师建筑师、医生、劳工代表、社会工作者
	对所有的建设和工程行为进行管理
	主要由技术人员组成，立法机构对一些政策的最后批准也需依赖于规划部门
规划部门	编制综合规划并依法编制区划法规和土地细分管理的条款
	对所有的建设和工程行为进行管理
	主要由技术人员组成，立法机构对一些政策的最后批准也需依赖于规划部门
区划管理机构	对具体的申请案提供区划条例的解释
	在授权的情况下可对区划条例作适当的修正
上诉委员会	受理针对规划委员会和区划管理机构所作出的决定而提出的上诉

城市规划的编制、审批、实施和立法都是由地方政府负责，联邦通过国会法案《州分区规划授权法案标准》(1922年)和《城市规划授权法案标准》(1928年)为各州授予地方政府规划的权利提供了可参考的立法模式。80年来，这两部法案至今仍然是美国城市规划的法律依据和基础。

由于美国城市规划由地方政府的规划部门制定，因此各州城市规划体系并不完全相同，从总体上大致可分为三个层次与阶段：一是区域规划（Regional Comprehensive Plan）；二是城市总体规划（The Comprehensive Plan）；三是分区规划（Zoning Control）(表6-4)。

美国城市规划体系与规划重点 表6-4

规划名称	规划重点	规划特点
区域规划 Regional Comprehensive Plan	1. 区域发展目标、政策、布局及开发程序 2. 制定优先发展区域的鼓励性政策或限制发展地区的控制性政策 3. 区域土地利用、交通运输、基础设施配置及环境保护	区域规划不需要议会批准，但需要和区政府合作
城市总体规划 The Comprehensive Plan	1. 未来城市发展战略、城市功能分区、土地利用 2. 交通、公用设施、住房、经济发展、自然灾害 3. 城市特殊地段的发展规划 4. 近期内的具体措施与优先项目	1. 是城市的综合发展规划，没有一定的期限 2. 城市土地利用规划是分区规划的基础 3. 5年修改一次。15年进行一次大的修改
分区规划 Zoning Control	1. 地段的设计，限制性规定每块土地的使用性质、建筑密度、容积率和密度 2. 建筑物设计要求，限制高度和层数、建筑面积、建筑占地面积、用途 3. 审批程序	1. 是在总体规划和地方政策基础上制定的规划法规 2. 各地根据需要制定区划分类 3. 区划一旦由立法机构通过后，就成为法令，必须严格执行

6.2.1.4 内在机制

美国空间规划体系的内在机制主要包含以下五个方面（图6-5）：

（1）经济繁荣发展

作为全球唯一的超级大国，美国经济的繁荣发展是通过生产力增长、包容性增长和可持续增长三个方面实现的。

生产力的主要驱动力是：创新。世界经济史表明，美国经济曾多次遇到风险或陷入困境，但美国总是率先突破难关，百年来一直保持世界第一经济大国的地位。美国不断进行体制和政策改革与创新的经验值得我们认真研究和借鉴。国与国之间的差距，最根本的是科学技术和人才素质的差距。美国能够保持科

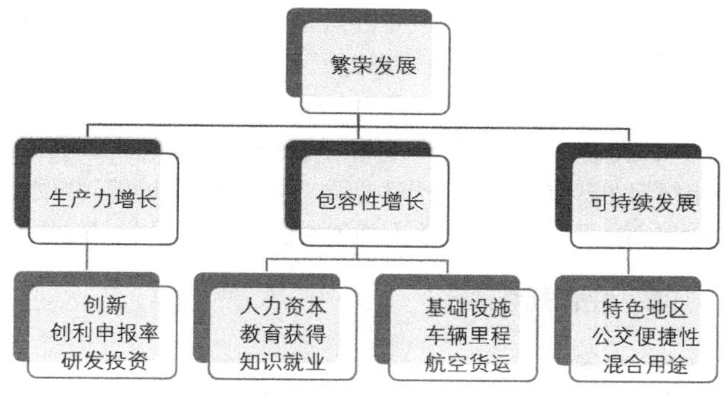

图 6-5　美国空间规划体系的内在机制

技和经济领先地位，主要受益于美国一贯重视教育和人力资源开发。美国比较重视科技研发力量的投资，注重人才的培养，并给予人才宽松自由的环境。

（2）美国自由主义的文化属性

从历史的角度来讲美国是个年轻的国家，也是一个开放度高且充满现代意识的国家。美国人的特点为：性格外露、坦率、真挚、热情、自信，办事比较干脆利落。善于长谈，谈锋甚健，并不断地发表自己的见解，注重实际，追求物质上的实际利益。在市场经营中往往会发挥自己的性格优势。同时与其他大国相比，美国政府对企业的直接干预较少，政府主要职责是为企业创造良好的经营环境。

（3）美国法律制度的完善

在联邦的构架内，每个州都保持相当的自治权，每个州都有自己的宪法，议会通过的法规以及州法院产生的一整套判例法。因此美国有五十一套法律，而不是只有一套统一的法律，五十个州各有一套法律，联邦又有一套法律。在这种制度框架下，美国形成了相对完善的法律体系，能够为市民提供具有法律保障的生活。

（4）美国职能明确的行政体系

美国是一个共和制国家，其政体是总统制共和制。“三权分立”为美国政治制度主要原则。国家权力分为立法权、行政权和司法权，三者相互独立，又相互制约。立法权属于国会（the Congress），行政权由总统行使，司法权属于最高法院。整体来说，具有明确的职能分工，可以更好地指导城市建设的各项工作。

（5）美国城市规划的指导地位

美国政府不仅从法律上确立公众参与城市规划的合法性，而且从组织机构、制度程序上保障了公众参与城市规划的实现。一是有法定的地位。从 1956 年美国的《联邦高速公路法》，到 20 世纪 70 年代的《国家环境政策法》，再到

90 年代的《联邦交通法》，均明确规定公众的知情、参与是规划合法性的前提，并对公众参与城市规划的程度、内容进行了不断深化。在美国规划协会所制定的 12 条道德准则中，第一条便是“为公众利益服务”；第二条是“规划中积极支持市民参与”，实施公众参与已成为美国规划师的基本职业要求和重要工作内容。美国城市规划在制定过程中，严格遵循“自下而上”的编制原则，非常注重民主化决策的程序要求，每个规划都有详细的公众参与计划，并严格加以执行。

6.2.2 加拿大空间规划体系

6.2.2.1 研究背景

加拿大位于北美洲北部，领土面积达 998 万 km^2，位居世界第二，2013 年人口 3502.5 万。拥有 10 省 3 区，首都是渥太华。加拿大的政治体制为联邦制、君主立宪制及议会制，是英联邦国家之一（图 6–6）。

图 6–6 加拿大行政区划图

加拿大的城市发展实际上是一个由外部人口（主要是英、法国家的移民）移入，并根据资源开发特点在加拿大地域上分布的过程（表 6–5）。

加拿大的城市发展过程 表 6–5

时间	时代名称	社会组织形式	政治背景
1608～1820 年	殖民地或贸易时代	活动基地	寡头专制
1820～1870 年	商业时代	商业服务中心	省与联邦政权的较量

续表

时间	时代名称	社会组织形式	政治背景
1870～1920年	工业时代	专业化城市（工业、交通、资源型城镇）	联邦政权的集权化
1920年～	现代阶段	大都市社区	联邦政权的危机

从经济模式、权力构成、文化特征、法律制度等方面分别进行叙述：

（1）经济模式

①移民国家的优势

不同时期的大量移民来自世界各地，他们带来了技术、生产经验和不同的文化背景，通过经济发展文化交流，对经济发展显然有利。而且，移民作为一个巨大的消费群体，也刺激了加拿大国内需求，推动经济的发展。现在，加拿大国内需求，推动经济的发展。现在，加拿大国内需求增长至4.8%，国民消费力增至6.3%。所有这一切都证明了移民的历史价值[59]。

②外国资本的输入

在加拿大的整个经济发展历史中，外国资本的输入一直是一个重要的因素，特别是早期阶段，外国资本在加拿大经济所使用的资本总额中占有很大比例，20世纪20年代为50%，第一次世界大战前比重更高。

③丰富的资源

加拿大自然资源产业主要包括：林业、渔业、农业、矿产业和能源业，不同的资源分布在加拿大的10个省及三个地区。林业方面约有90%属于原始森林，约有2.4亿公顷可用木材林。加拿大外接北冰洋、大西洋和太平洋，内拥五大湖，是世界主要渔业国之一。加拿大以品质上乘的谷物、油菜籽、蔬菜、肉类及奶制品闻名于世。加拿大矿产资源丰富，矿产品种60有余，采矿业发达，是世界第三矿业大国。加拿大能源工业在世界占有重要地位，是世界上主要的能源生产国和出口国。

④工业化的迅速发展

进入20世纪以后，矿产业的采掘和加工、石油天然气以及现代化农业成为它的主要生产部门。进入20世纪以后，矿产品的采掘和加工、石油天然气以及现代化农业成为加拿大经济的支柱，维持天然气产品的出口则是其基本的经济发展战略，显然，国外市场和对外贸易对加拿大工业化的意义非同一般，第二次世界大战前加拿大外贸在世界的排名约第五、六位，战后迅速上升到第三位。

⑤与美国相互依存的经济联系

由于自身工业化的特点，加拿大形成了在较大程度上依赖美国的市场和资本的状况。但是，又由于自己的资源禀赋和广阔市场；加拿大在对美经济依存关系中并不总是处于弱势地位，利用美国对自己资源产品和市场的需求，加拿大往往在与美国的经济摩擦中掌握主动。

（2）权力构成

加拿大是一个文化多元的联邦制国家，建制以来，加拿大形成了自己独特的政治体制。在权力架构方面，以一部宪法、三大政党、三种权力为政治格局；在行政体系方面，实行内阁制，总理是最高行政当官，负责国家治理，内阁控制国会；在立法体系方面，由众议院和参议院组成，担负着立法、财政控制、监督政府等职能，众议院的权力要比参议院大；在司法体系方面，分为联邦法院和省法院两大系统，保持司法独立；在政党体系方面，形成了自由党、保守党和新民主党三大政党，由自由党和保守党轮流执政的政治格局。

历史上加拿大的政治制度经历了五个阶段：寡头专制；联邦制的形成；省权与联邦权的较量；联邦政府的集权化；联邦制的危机。加拿大联邦制的演变过程说明，随着社会经济的变化发展，联邦制在实际运作中也在不断变化和发展。总的趋势是从高度集权的准联邦制向高度分权的联邦制演变。这一演变过程也是中央与地方冲突和协调的过程。

①寡头专制

加拿大历史上曾长期是英国的殖民地，其政治制度明显受到英国的影响。在自治领成立之前，加拿大各省实行寡头专制统治。

②联邦制的形成

19 世纪 20～30 年代兴起的改革运动使寡头统治集团成为众矢之的。领导这一运动的改革派可以看作是政党政治的发端。1840 年后，上、下加拿大省合并为联合加拿大省及各省建立责任内阁，随后保守党与自由党相继成立，议会成为政党政治的中心。

1867 年 7 月 1 日《英属北美法案》正式生效。安大略省、魁北克省、新斯科舍省和新不伦瑞克省共同组成统一的加拿大自治领，以约翰·麦克唐纳为总理的第一届自治领联邦政府同时宣布成立，这标志着加拿大联邦制的正式确立。

③省权与联邦权的较量

加拿大自 1867 年至 1896 年处于省权与联邦权较量的时期。期间加拿大各省提出了有关各省自治、财政安排和其他涉及各省利益的意见未被采纳，这是联邦内部结构发生危机的预兆，反映了各省对联邦政府集权化政策的日益不满，并要求重新调整中央与地方权力关系的强烈愿望，标志着“省权运动”的兴起。在省权与联邦权的较量中，英国的司法解释和司法裁决起了决定性的影响，其结果是限制了自治领政府的权力。

④联邦政府的集权化

1929～1932 年，联邦政府决定通过干预力量来解决世界性经济危机对加拿大所带来的经济和社会问题。虽然改革并未获得完全的成功，但联邦政府的活动范围得到了很大的发展。第二次世界大战的爆发加速了联邦政府的集权化趋向。从二战一直到 20 世纪 60 年代初，加拿大经济经历了空前的繁荣。与此同时，加拿大正朝着福利国家的目标迅速迈进，联邦政府的社会立法范围进一步扩大。

⑤联邦制的危机

20 世纪 60 年代以来，随着魁北克民族主义的兴起和西部地方主义的抬头，加拿大政治体制中的离心力量日益增强，联邦内部原有的和谐结构逐渐被打破，从而使中央与地方的关系呈现紧张状态。

面对国内所面临的一系列复杂问题，联邦总理和各省总理从 1963 年起每年召开联邦—省会议。各方平起平坐，共同商讨对策，迄今已成惯例。这种联邦和各省行政首脑通过平等谈判协商解决双方矛盾的方式，被称为“行政联邦主义”。行政联邦主义为打破联邦和各省由于某些重大问题的争论和分歧所陷入的僵局提供了重要的渠道，同时提高了各省总理作为地方利益代言人的地位。

（3）文化特征

加拿大是一个移民国家，同时也是一个拥有 100 多个族裔的多民族国家，造成了加拿大内部多样民族、多元文化、风俗各异的现象。加拿大文化发展经历了英裔文化、双元文化、多元文化三个阶段。

①英裔文化

加拿大在历史上一直是一个英法殖民者统治原始土著居民的国家，当时的英国定居者将加拿大规定为是一个“白人定居的国度”。自 1760 年英国攻克了新法国，也就取得了北美的主要统治权，英裔移民在加拿大就占有了最重要的统治权，形成了盘格鲁式的英裔文化。

②双元文化

1867 年，刚刚取得自治权的加拿大政府继续延续了对于种族限制的要求。英法两大主要民族在加拿大建国后进行了很好的共处。皮埃尔·特鲁多上台执政后在加拿大成立了“皇家双语与双元文化委员会”，结束了英裔文化在加拿大的主导地位，使英裔和法裔民族在加拿大享有了同等重要的地位。1982 年宪法把法兰西人和不列颠人都称为“建国民族”，两民族之间共处发展成为了主要内容。可以说，加拿大的英语文化和法语文化都经历了长足的发展，也都具有了独特的北美风格。

③多元文化

1971 年，特鲁多总理宣布了在双语框架内实施多元文化的政策，为多元文化政策提供了政府支持。为了保证多元文化政策的有效开展，政府对于少数民族给予了必要的资金支持，同时通过专门的多元文化董事会给与拨款支持。特鲁多将委员会对于多元文化支持的条例都列入了《加拿大自由和权力法案》。

《自由与权利法案》与 1988 年通过的《多元文化法案》有力并行，使得多元文化政策更加得法制化、正规化，通过这两项法案，少数民族移民的权利有了更充分的保证，当自己的利益受到侵害时，能够有效地诉诸法律手段来保护自己的合法利益。

政府在新世纪对于多元文化政策没有 20 世纪 60～80 年代支持，而是保持了一种更加客观的态度。1995 年后对于新进入加拿大的移民。政府恢复了征收“登陆税”。总之能为加拿大带来经济发展的技术性人才，政府保持了一种开放的政策，尊重这类移民的文化习俗，鼓励与主体民族的和睦发展，而对于危害国家安全，或者身无长技的少数民族移民，政府态度为强硬驱逐。

（4）法律制度

加拿大在历史上曾遭受法、英两国的殖民统治，从而使加拿大法律制度和司法制度形成了明显的、独特的英美法系交织大陆法系的“一国两法”。所谓“一国两法”，是指加拿大的民法、商法等私法，在魁北克省采用大陆法系传统，而在其他省（地区）则采用英美法系传统，民事诉讼法亦与此相对应，从而使加拿大法律体系具有了以英美法系为主交织大陆法系的两大法系长期共存的特色[60]。

至 1870 年，英国的法律制度在加拿大的大部分地区取得了统治权。而魁北克地区是法国移民聚居区，历史上一直奉行法国的法律制度，英国法律制度中的刑法等公法虽然能够在魁北克地区施行，但法国式民法传统在魁北克地区得以保留。1791 年英国议会通过了《1791 年宪法法》，进一步确认了该地区继续保持其法国式的民法传统，从而为加拿大“一国两法”的实行奠定了宪法基础。20 世纪 60 年代，魁北克省对其民法制度进行了大规模的改革，这一改革吸收和借鉴了英国、美国等采用英美法国家的立法经验使其法律制度呈现混合性特征。但“一国两法”的格局至今仍没有根本性改变。

6.2.2.2 发展历程

加拿大的空间规划的发展经历了四个阶段。

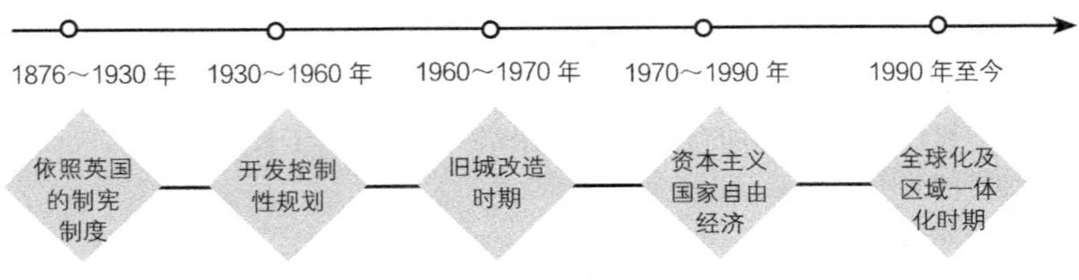

图 6-7 加拿大空间规划体系的发展历程

（1）1876～1930 年

在 18 世纪中叶之前的 150 年里，主导了加拿大居住地的形成与发展。这一时期以活动基地为代表的城市发展是由基地护卫队来保护，以确保基地及周围地区的安全。这些基地还为欧洲移民提供军事保障，帮助他们向其他地区发展。

这一时期的活动基地的建设是加拿大城市发展的雏形，由于生产力和国家主权的限制，并非所有的活动基地都发展成了城市。事实上，许多基地的发展并没有形成规模，并且在后期逐渐衰落。这一时期，活动基地建设的是自发因素占主导，没有固定的部门和体系制度来管理和约束。

这一时期主要依照英国的制宪制度，在加拿大的第一部宪法中，对省政府的行职法权，给予充分的自由，一战前后成立了规划委员会。

（2）1930～1960 年

20 世纪 30 年代加拿大经济萧条，规划也一度瘫痪，直到二战之后的一段时间（1945 年左右），规划才进入全盛期。加拿大联邦政府利用银行利贷直接刺激百姓住房的购买力，以刺激建筑业，和其他产业，提供就业机会，刺激国民经济。规划在这种环境中，特别重视住宅与交通问题。

加拿大一些城市在战前已经做了总体规划。如温哥华 1929 年在美国专家巴什洛米夫（Bathlomew）的指导下已经对整个城市的路网格局、分区用地、绿地系统等做了整理、联结。其中心主题就是：效率，美国人这种以效率为模式的规划在加拿大进入经济建设的时候便迅速风靡起来。

20 世纪 40～50 年代，注重培养本国产的规划师。规划理论家们在讨论城市社会学、人类学、城市行为学，以及城市形态（带型、环型、线型），城市化进程的问题。“社区”、“邻里”、“田园城市”、“国际式建筑” 等新的概念进入加拿大规划界[61]。

规划师已意识到光有总体远期规划和以场地设计为主的详细设计还不够，还必须加入一个中间环节以适应朝夕万变的土地市场和高速发展的经济。这样，开发控制性规划（Development Control）在 50 年代应运而生，对大部分城市的用地做了原则性的分析、评定、规定。

（3）1960～1970 年

20世纪60年代以后的城市规划，在规划的方向上，转而强调“民众参与”、“杜区繁荣”的重要性。加拿大的经济和市政建设在20世纪60年代初成就巨大。规划的中心又转向“旧城”。一方面，政府觉得“旧城”改造不如推倒重来经济；一方面，在现代建筑乌托邦式的幻想下，政府觉得现代化的标志就是高楼大厦，出于这些多重原因，加拿大联邦政府先后在多伦多、温哥华尝试着扫荡“贫民窟”的政策失败。

20 世纪 60 年代以后的城市规划逐步脱离了以往以工程建筑为轴心的模式，在规划的方向上，转而强调“民众参与”，“杜区繁荣”的重要性。

（4）1970～1990 年

这一时期资本主义国家大力发展自由经济，强调建筑、居住、与自然的和谐，强调城市规划理论的创新。同时强调规划与“亚文化”挂钩，以前规划一直是以中产阶级的价值观念为重心的，而在“亚文化”现象中，比如“女权运动”，常常包含着对主流文化深刻的批判与冲击，“女权运动”在这个意义上，不单单是强调男女同工同酬，或者是对女性尊严的尊重。城市规划技术方面，强调恢复生态的技术手段，领会生态的概念与系统，提供一系列定量测试手段去评定环境质量。

（5）1990 年至今

这一时期，强调城市规划有更多的公众参与、更注重人文价值和多元化；强调可持续发展，采取环境友善的城市开发方式。为了满足城市设计的目标，在开发控制中自由裁量的因素增加，开发控制变得更为复杂。规划控制中较普遍采用公开的、有公众参与的协商办法[62]。

总体来说，加拿大城市规划最主要的特色是多元化。加拿大规划界在整体上，还没有形成一个旗帜鲜明的流派，它既不像英国那样曾经注重规划的社会效益，也不像美国那样十分重视经济效益。在折中之中，加拿大的规划师们比较重视实际，而不被理论的名称所局限。

6.2.2.3 编制体系

城市规划的编制、实施、管理和审批历来是省、市两级政府的职责，联邦政府一般不直接介入规划事务。以城市政府为主，省政府主要起监督和协调的作用。

以加拿大土地规划为例，介绍加拿大规划的编制及审批程序如下[63]：

第一步，提出编制规划或申请修改规划。总体规划方案及区划法的编制由市议会提出，规划修改申请由提出修改意见者提出。

第二步，编制或修改规划。市政府或规划委员会在编制和修改规划时，必须与审批机关及公众进行协商，并负责将规划申请传阅给其他相关部门。市政府或规划委员会在对规划申请进行审核时，必须确保申请符合《省政策宣言》的政策框架性要求。

第三步，举行公众会议。加拿大制定规划十分注重公众参与，编制规划方案或修改规划时，政府必须至少举行一次公众会议，听取公众意见。任何团体或个人都有权参加公众会议并对所建议的规划发表自己的意见，会议通知必须通过报纸或邮件等形式至少提前 20 天公布。公众的参与可以使市民更容易接受政府的决定，更有利于规划目标的实现[64]。

第四步，市政府审定规划。

第五步，市政府公告经审定的规划并呈送审批机构审批。任何个人或团体如不服决定，可上诉至省城市事务仲裁委员会。

第六步，规划审批机构审批规划，并公告其决定。

在加拿大空间规划体系的审批方面，1996 年的《规划法案》确立了两种规

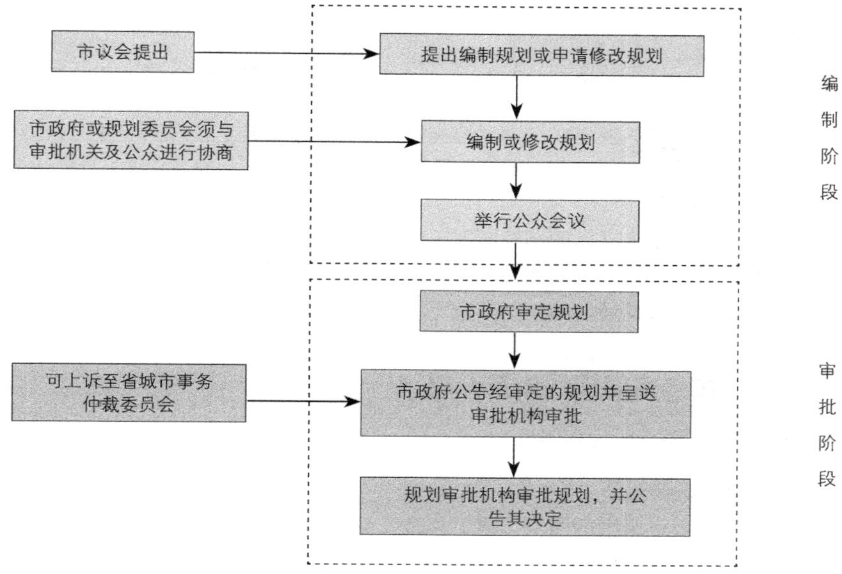

图 6-8 加拿大空间规划体系的编制和审批阶段

划审批制度，一方面简化了规划程序，另一方面赋予城市更大的自主权力。一是“城市规划审核”制度，另一是“省的一个窗口规划服务”制度。两制度的目的是一致的，都是给公众提供“一站式”即快捷、高效的规划服务，都是在保护省的利益基础上对规划进行审核、修改和审批，两者的基本区别在于是由谁作为规划审批机关[65]。

“城市规划审核”是指市政府或地方规划局作为审批机关对规划进行审批的制度。在这种审批制度中，省政府对规划申请不进行审核和予以评论，对规划申请有最终审批权的是市政府和地方规划局。

6.2.2.4 内在机制

加拿大空间规划体系的发展以城市为先导，它是在一定历史条件下，受包括经济、政治、法律、文化等在内的多重因素影响而形成的。

（1）多元文化

作为一个移民国家，加拿大具有多样民族、多元文化、风俗各异的现象，多元文化的法制化和正规化，对于少数民族地区的发展具有积极作用。

（2）法律制度

加拿大至今仍保持着“一国两法”的律法制度，至今没有全国通用的民法和民事诉讼法，而魁北克省至今仍游离于“宪法大家庭”之外，充分反映了加拿大英裔、法裔之间的矛盾，很大程度上影响了城市、区域的发展。

图 6-9　加拿大空间规划体系的内在机制

（3）政治体制

联邦制是加拿大立国的基本制度，而实际运作中经历着从高度集权的准联邦制向高度分权的联邦制演变，地方自治使得加拿大各省形成各自独立的制度体系从而影响城市发展。

6.3　拉美空间规划体系介绍

6.3.1　巴西空间规划体系

6.3.1.1　研究背景

巴西是南美洲最大的国家，国土总面积851.49万km^2，总人口2.01亿（2013年），居世界第五，人口密度：22/km^2。人口主要由47.73%白人、43.13%混血、7.61%黑人、1.09%亚裔及0.43%美洲原住民构成。巴西共分为26个州和1个联邦区（巴西利亚联邦区），州下设市，共有5564个市（2011年3月）。

（1）城市历史沿革

① 16世纪的沿海城市的建立（1500～1600）

巴西的发现还是来源于商业的动机。在1501～1503年期间返回的葡萄牙殖民者汇报了巴西存在丰富的矿产、香料以及宝贵的巴西红木，后来的20年里在海岸建立星罗棋布的贸易，这些小型的、简陋的、移动的定居点是以经济贸易为主的。

随着首领领地制度的到来，巴西定居点也开始出现了海岸永久定居点。在一定程度上受欧洲城市的结构，社会影响的价值观、种植园系统经济以及区域主义等的影响[66]。

② 17世纪的内地城市的发展（1600～1700）

16世纪晚期和17世纪早期，葡萄牙殖民者开始入侵巴西内地。葡萄牙殖民者从四个基本中心向内地开发的：亚马逊河口的贝伦向亚马逊谷地开发南方军队的驻地以及牛业经济发展的区域、东北牧业向内地的入侵以及巴西内陆的开发等。这四个定居点具有以下特点：出于地缘政治和经济因素，具有很强的实用性和军事目的。正如巴西的其他城市，向内陆发展的城市强烈的反映了巴西的地域性。

③巴西金矿时期的城市发展（1700～1800）

18世纪是巴西城市发展的黄金时期。自从17世纪末在米纳斯吉拉斯州和戈业斯发现了前所未有数量的金矿，巴西涌现了现代时期第一个庞大的淘金热。首批到达的移民潮水般地涌入这个国家的内地，矿业也为从非洲进口奴隶开辟了一个新的市场。随后又发现了更多的金矿，最主要的是在1718～1725年发现的，大量的金矿被开采，相应地也涌现出来一批大城市。

④巴西帝国时期的城市发展（1807～1822）

19世纪初期巴西城市发展的引人注目的特点就是在本质上是科技政治及文化的发展。1808年在里约热内卢建立葡萄牙王室。随着王室的到来，给巴西特别是里约热内卢的经济和社会带来巨大的变化。首先促使里约热内卢的人口急剧增加，城市基础设施和文化建设迅速发展。由于城市建设的需要，大批的技术人才进入城市。巴西开放了港口，也打破了葡萄牙的贸易垄断；对制造业禁令的解除使巴西减少了对外部市场的依赖。除此之外，葡萄牙王室实行的巴西港口对友好国家开放的政策以及1822年巴西政治上的独立，都极大地促进了城市的发展。在葡萄牙王室统治下，巴西沿海及内陆都得到广泛的开发和城市建设，里约热内卢作为商业、政治和文化的中心地位得到了加强。

⑤君主立宪制时期的城市发展（1822～1889）

在君主立宪时期的移民相对少，巴西的移民政策的性质明显带有民族和农村的特征。因此，虽然中国和非洲人被排除在外，但还试图从北欧吸引殖民者。由于许多移民对城市的偏见以及住房政策的缺失，在君主立宪时期存在奴隶劳动和相对少的人口流动。

⑥以总统制为基础的合众国时期（1889～）

第一部帝国宪法于1882年产生。1988年10月5日颁布巴西历史上第八部宪法，规定总统由直接选举产生，任期五年，取消总统直接颁布法令的权力。在公民权利方面，宪法保障人身自由，废除刑罚，取消新闻检查，规定罢工合法，16岁以上公民有选举权等。国会是国家最高权力机构，国会由参、众两院组成。两院议长、副议长每两年改选一次，可连选连任。参议长兼任国会主席。

（2）经济发展概况

巴西经济是自由市场经济与出口导向型的经济。巴西拥有丰富的自然资源和完整的工业基础，其国内生产总值超过1万亿美元。国内生产总值位居南美洲第一，为世界第七大经济体。巴西是金砖国家之一，也是南美洲国家联盟成员。同时是全球发展最快的国家之一，是重要的发展中国家之一[67]。

巴西的农业、采掘业、制造业和服务业较为发达，劳动力充足。主要经济作物包括咖啡、蔗糖、柑橘、玉米、鸡肉、牛肉、烟草、大豆等。以下用28种颜色分类描述该国的产品出口，每种颜色代表一类产品，其大小代表此产品在此国总出口产品中的比重。

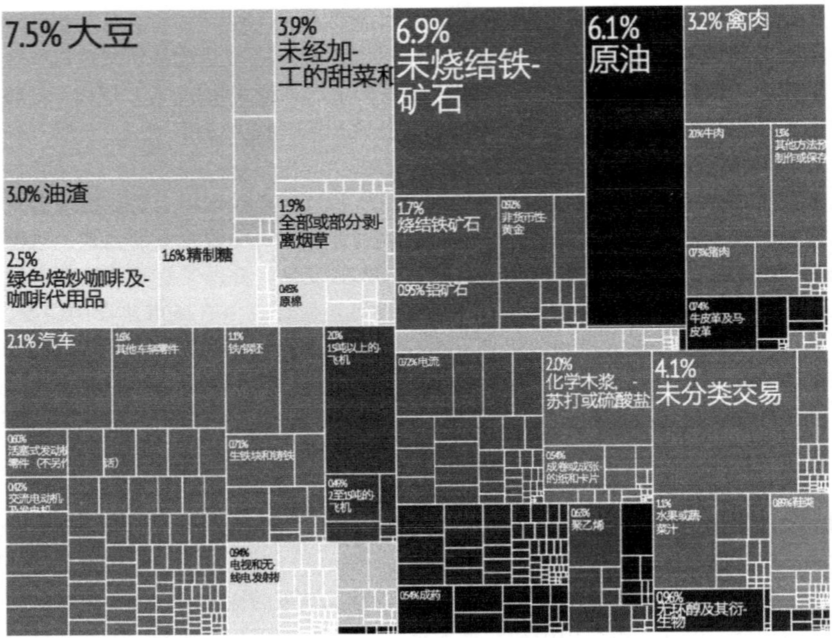

图 6-10 巴西主要出口商品所占比重

（资料来源：R Haussmann，Cesar Hidalgo，et. al. – “电子产品复杂性观察”，麻省理工学院传媒实验室，哈佛大学国际发展中心。http://atlas.media.mit.edu）

6.3.1.2 发展历程

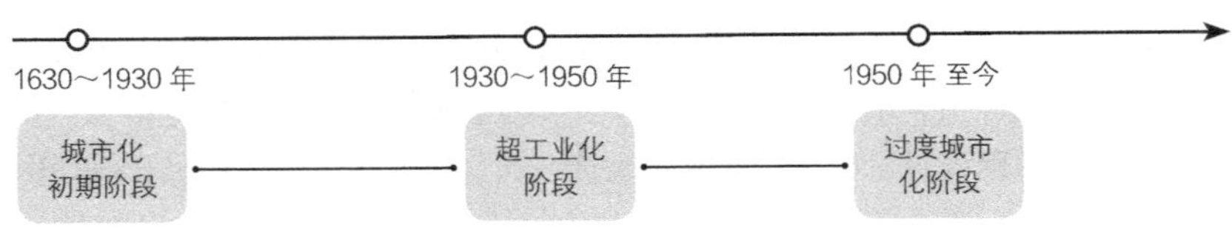

图 6-11 巴西空间规划体系的发展历程

（1）1630～1930 年

16 世纪 30 年代起，巴西开始沦为葡萄牙的殖民地，在政权上形成了“牛奶加咖啡”的农业寡头政治。这一阶段为城市化的初期阶段，由于其殖民地的性质，巴西在 1930 年之前为数不多的城市主要是服务于殖民经济。

（2）1930～1950 年

1930 年，巴西的瓦加斯革命后开始了工业化进程。在此之后巴西全面实施进口替代发展战略，带动了中心城市的快速发展。到 20 世纪 50 年代前半期，巴西经济仍然以初级产品和原料为主。

（3）1950年至今

50年代后半期，巴西工业化进程加快，注重重工业和耐用消费品工业的发展。在1950～1960年，约有630万人，即相当于年全国农村人口1/6的农民迁移至沿海地区城市，这段时期正是巴西工业化进程急剧发展时期。

20世纪后，巴西城市化的主要动因是工业化，工业化的发展带动了城市化的步伐，工业化与城市化互相影响，互相促进。在这一时期，城市不再是传统城市的延伸，而是工业生产的中心，重要的新的经济增长点。目前，巴西已经实现高度城市化，城市人口过度集中于少数特大城市中，并在区域上集中在东南沿海地区。近期巴西城市化速度较低，但仍然继续增长[68]。

6.3.1.3 编制体系

巴西各级政府设置序列为：联邦政府、州政府（相当于我国的省）、各州大中型城市政府及其卫星城市政府（相当于我国的小城镇）。

巴西为了加速城市发展，专门设立了全国城市规划委员会，负责全国的城市规划，并由城市发展秘书处下属的住房局和城市发展与住房银行具体实施。住房局负责制定城市发展政策和针对不同收入阶层制定不同的住房政策，并通过其在各州的办事处落实。城市发展与住房银行则主要负责城市发展资金的融通和个人住房贷款的发放[69]。

巴西的城市规划委员会由规划专家、当地官员和居民三部分组成。承担城市规划工作的规划院的费用支出由政府负责，议会负责审核规划预算。城市规划委员会负责制定规划政策，城市发展规划由住房局和城市规划设计院联合制定，规划的通过要经过法律程序。

1952年，巴西政府批准成立了巴西城市管理协会。该协会是一个为城市发展决策提供服务的民间机构，主要为城市发展提供人才培训和技术支持。

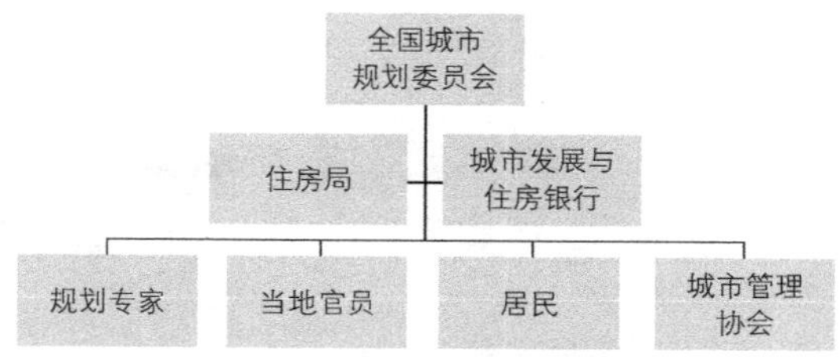

图6-12 巴西空间规划体系的编制体系

6.3.1.4 内在机制

巴西空间规划体系的发展以工业化为先导，它是在一定历史条件下，受到包括工业化战略、经济环境、人口流动等在内的多重因素影响而形成的。

（1）工业化战略

采用进口替代发展的工业发展战略，20世纪80年代初期，拉美地区爆发了空前严重的债务危机，许多国家陷入了危机。拉美地区制造业的年均增长速度由70年代的5.6%降为80年代的0.4%。90年代以来，拉美地区的制造业仍然在低水平徘徊，出现了工业化倒退现象。在此期间，巴西城镇基础设施、公共服务投资普遍减少，不能满足社会需求[70]。

（2）经济环境

由于经济发展倒退，造成城市中心区衰退、社会治安变差等现象。巴西城镇贫民窟房屋建筑质量安全及在减灾、防灾能力方面还存在着安全隐患，严重抑制了城市的发展。

（3）人口流动

巴西长久以来的发展模式是重城轻乡，由此造成农村生产、生活、公共服务及环境条件较差，因此导致大量农民涌入城市形成了大片贫民窟，城市无法提供一定数量的就业岗位，造成过度城市化的现象，使生活在贫民窟中的人们长期挣扎在温饱线上。

6.3.2 墨西哥空间规划体系

6.3.2.1 研究背景

墨西哥位于北美洲，北部与美国接壤。国土面积 197.26km^2，人口 1.18 亿人（2013），是拉丁美洲第三大国，仅次于巴西与阿根廷。

图 6-13 墨西哥主要城市分布图

墨西哥是一个自由市场经济体，拥有现代化的工业与农业，私有经济比重也在大幅提升。墨西哥是拉美经济大国，国内生产总值居拉美第二位，仅次于巴西、阿根廷。全国约 197 万平方公里的土地中，六分之五是高原和山地。

墨西哥工矿业门类比较齐全，但发展不平衡。制造业占重要地位，原先不景气的建筑、纺织、服装业开始恢复，运输设备、水泥、化工产品、电力各业持续增长。石油产量继续保持世界第四位，墨西哥是世界主要蜂蜜生产国，年产量达6000万公斤，居世界第四位。生产的蜂蜜90%用于出口，每年此项外汇收入约达7000万美元。

墨西哥是农业大国，主要农作物有玉米、小麦、高粱、大豆，水稻、棉花、咖啡、可可等。墨主要出口商品为原油、汽车、汽车配件、咖啡豆、蔬菜、钢材及化工、机械产品。进口商品为汽车材料、电器、化工产品、食品、饮料、纸浆、纺织、石化产品。墨西哥主要经济部门（石油行业、制造业、出口加工业、纺织服装业等）均面向美国市场。此外，海外移民汇款（主要来自美国）已经成为墨西哥仅次于石油收入的第二大外汇来源。因此，墨西哥对于美国的依赖程度很深，美国经济的情况往往决定着墨西哥的经济发展[71]。

6.3.2.2　发展历程

墨西哥的城市化进程，是与经济发展现代化以及人口的增长特点紧密联系在一起的。

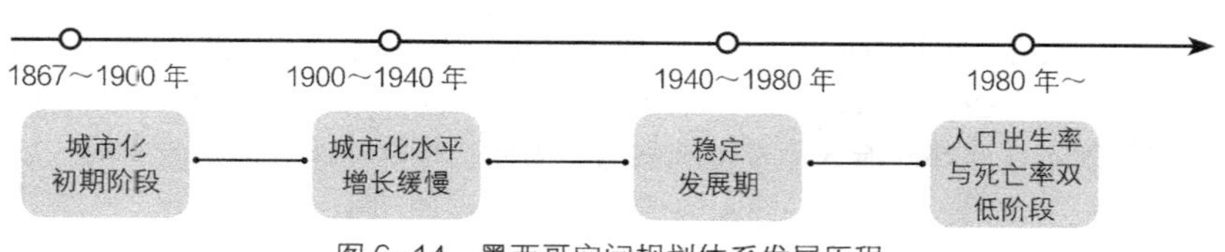

图6-14　墨西哥空间规划体系发展历程

（1）1867～1900年

现代墨西哥城市化起源于波菲利奥·迪亚斯总统执政期间经济活动的蓬勃发展，人口迅速膨胀。这一时期属于城市化初期阶段，城市规划和建设正在逐步完善。20世纪前40年，由于国内外政治经济因素的制约，墨西哥人口城市化进程迟缓而曲折。这一时期经济虽然有较大的增长，但在庄园制生产关系的束缚下，农业劳动生产率低下，农村剩余劳动力无法自由向城市迁移。城市人口的增长主要靠城镇居民的自然增长。

（2）1900～1940年

这一时期人口出生率与人口死亡率双高并存，城市化水平停留在增长缓慢的水平上。1910～1930年，城市人口比重由1.7%上升到17.5%，城市人口增加到298万，年平均增长率为24.5%。城市人口增长的原因，一是1901年的革命既推动了人口国内流动，使得涌进城市避难谋生者众多，二是加强了墨西哥城作为全国政治、经济、社会和文化中心的重要性，招徕众多破产农民。

1930～1940年，人口城市化速度又有所减缓，年平均增长率由1921～1930年的3.6%下降到3.1%。这首先是由于当时的世界经济危机严重阻碍了墨西哥工业的发展，使其出口萎缩，百业萧条，墨西哥城市的发展也随之减速。其次，卡德纳斯总统推行土地改革政策，大大激发了农民安心农业生产的积极性，离乡背井流亡城市的现象显著减少[72]。

（3）1940～1980年

这一时期实施了以进口替代战略为代表的工业化发展模。1940年，墨西哥进入了高速城市化阶段，无论是城市人口数量和比重，还是城市的数量及规模，均呈现迅猛而持续的增长势头。

1940～1970年，移民潮的流量最大，迁居城市的农民达60多万。移民潮主要流向首都墨西哥城，移民使该城人口由1904年的176万剧增到1907年的678万；其次是流向农业发达地区的商业中心或地方工业中心[73]。

（4）1980年至今

自1980年之后，墨西哥城市化的发展速度呈现出递减的现象，人口出生率和死亡率呈现双低的状态。这一阶段，墨西哥陷入过度城市化的状态，生产力低下，城市的各项产业萎缩，经济发展迟缓，城市规划与建设也进入瓶颈阶段。

6.3.2.3　编制体系

联邦政府特执政力量非常强大，即所有的决策都在首都墨西哥城进行，州政府几乎没有控制和管理权。联邦政府作出的任何决策必然影响着各州，但城市规划不在联邦政府的职责范围之内。因此，规划立法成为州政府的一项职责。

（1）新莱昂州空间规划的编制体系

新莱昂州在1927年颁布了与规划相关的第一部法，即蒙特雷规划和新建设法（LPCNM: Law of Planning and New Construction of Monterrey），重点是控制城市的物质空间扩张，还提供了建筑和基础设施的技术标准。

1975年，州议会颁布了州城市规划法（LUPENL: State Law of Planning and Urbanism），要求成立规划委员会（Planning Commission）。

规划委员会由州政府官员和城市政府的领导组成，州人居秘书处是它的技术支持机构。规划委员会有权为辖区内主要城镇制定基本政策并实施。由于实行了州城市规划法，一方面州政府负责规划和土地使用细分；另一方面，城市政府能够批准居住用地和建设许可[74]。

（2）墨西哥区域开发规划

墨西哥是发展中国家中区域开发规划做得比较好的国家。针对本国区域差异的不断扩大和大量贫困地区存在的现状，近年来，墨西哥的国土空间开发模式采用“以小区域和中间区域划分为基础，依靠地方区域优先发展”的区域综合开发模式。

①小区域空间开发模式

消除贫困是小区域空间开发的重点。小区域空间开发是基于地方之间平行的合作方式，它是在贫困地区为了整体发展而实行的地方平行的项目合作和政策。它集中在1338个被高度边缘化的地区（全国共有2347个地区），人口

2000 万，约占全国的 21%。根据各地区的自然条件，结合联邦各项计划，将这 1338 个地区划分成 263 个小区域，在每个区域统一实施教育、医疗、基础设施等规划建设项目[75]。

②中间区域空间开发模式

2001 年墨西哥政府提出了中间或中央区域发展模式。其实质是通过各级政府的交互作用，促进各级政府（联邦、州、地区）的垂直合作和同级政府间的水平合作。根据这种开发模式，将全国 32 个州划分成 5 个大的相互联系的中间区域或中央区域（图 6–15）。它找到了一个将全国作为一个整体提升政府管理功能的新方式。在宪法的框架下建立了联邦之下所有州和地区的自由和独立。在该模式取得一定成效的基础上，目前，正在进行法律改革以便提高它的法律地位并保证其在未来的连续性。六年来，中央区域开发模式取得了显著的成效，一些中央区域已制定了它的发展规划。未来，联邦政府还需要成立多部门委员会以协调五个区的工作[76]。

图 6–15　墨西哥的五大中央区以及可能确定的其他区域

6.3.2.4　内在机制

墨西哥空间规划体系的发展以工业化为先导，它是在一定历史条件下，受殖民主义影响、工业化战略、城市区位、依赖美国、移民问题等在内的多重因素影响而形成的。

（1）殖民主义

墨西哥是一个拥有几千年古代文明历史、三百多年殖民地历史和近二百年民族国家历史的国家。西班牙的殖民统治将古代印第安人的文明进程打断，在高度发达的印第安文明基础上建立起一套殖民政治、经济体制，原先印第安人社会的政治、经济及社会结构遭到严重破坏，甚至被完全毁灭。墨西哥的历史发展轨迹掺杂了太多的外来因素。

（2）工业化战略

在20世纪40年代以后的三十多年里，墨西哥实行了进口替代工业化战略，寻求自主发展，实现了经济以年均6%的速度持续增长，迎来了繁荣发展时期，但是，从70年代始，墨西哥经济出现了衰退。这主要由于当时的发展模式出现了问题，在实施进口替代工业化战略方面走了弯路。80年代发生经济危机，社会动乱此起彼伏，经历了“失去的十年”。总统萨利纳斯执政期间（1988～1994年），全面推行新自由主义改革，取得了一定的好转。加入北美自由贸易协定近10年，墨西哥的经济正在经历“去农业化”，尤其是2008年实行全面自由化政策以来，政府解除了农产品关税，导致农业发展状况进一步恶化。墨西哥由农产品净出口国变成净进口国，这个昔日“玉米大国”的粮食安全受到严重威胁。由于农业丧失优势地位，大部分农民破产，农村贫困问题日益凸显，同时，大量农村人口流入城市，被迫进入“被城市化”进程，造成新的社会问题[77]。

（3）城市区位

由于山地地形问题，墨西哥的主要城市分布较为分散，难以形成城市群，造成高首位度的现象。

（4）依赖美国

墨西哥工业化进程缓慢，在北美自由贸易协定中，严重依赖美国，根据贸易协定，墨西哥将进口大量农产品，这将严重冲击墨西哥传统农业的生产，农民的利益将受到伤害，农村的贫困问题将进一步加剧。目前墨西哥经济发展中的诸多结构性问题亟待解决，何时能走出“中等收入陷阱”取决于国内的经济改革。

（5）移民问题

2009年美国的非法移民约有1080万，从美国南部偷渡入境的墨西哥人大约占到55%～60%。几乎大部分墨西哥家庭都有一个成员在美国，侨汇成为墨西哥收入的主要来源之一。但是墨西哥本国大量年轻劳动力流失，也影响了本国的经济发展。另外，政治腐败等也是无法回避的社会问题。解决社会问题依赖于国家经济的健康发展。毒品、移民的出现和难以根除，说到底归结于贫困。

6.4 美洲国家空间规划体系演变过程启示与借鉴

在中国，空间规划的编制绝大多数是“自上而下”的模式，各级空间规划对应着不同等级的空间范围，上级为纲指导下级，下级规划制定目标是对上级规划目标的分解和具体落实[78]。吸纳国外的一些经验，我国应该将现有的城市规划、国土规划、土地利用规划、区域规划以及重要的部门性规划整合在统一的空间战略或者框架之下，着重做到以下五个方面：

（1）整合规划相关单位的职能

我国在城市规划法律体系建设上相对完善，而土地利用规划和经济社会发展规划的法律体系尚未建立，而这三个规划在我国分别属于三个部委管理实施，每个规划依照各自部门的相关规定进行管理，导致三个规划不能充分衔接。需要整合相关职能，制定完善的法律体系[79]。

（2）形成适合于我国的规划参与机制

我国在规划中公众参与机制仍然属于半空白状态，现行的规划模式不重视公众的参与，这也导致了公众参与度不高。这一方面应该借鉴美国的相关经验，经过深入的专业咨询论证、广泛的公众参与，然后经这个城市的规划委员会审查同意后，提交市议会讨论通过，成为法定文件，严格执行[80]。借鉴国外地方化经验，空间规划的各个环节都应该引入公众参与，公众参与应通过法律或条例的形式予以确定，避免流于形式，以共同参与、共同负责、共同受益为原则，尽快建立有效的地方化空间规划和管理模式。

（3）在增强约束性的基础上注重空间规划的灵活性

在现有的规划体系中控制自由裁量权的范围，由侧重于蓝图式的规划方案编制转向弹性规划，增加规划的灵活性和可操作性，便于应对可能出现的问题。

（4）强化区域层次的空间发展规划

现有的规划体系中对于区域层面的空间规划实施力度不够，应加大实施和执行力度，并完善理论体系。

（5）突出空间规划的公共管理职能

明确各类成文规划的法律效力，回应市场经济环境的要求，保护公共利益，实现政府的功能转型，将空间规划的公共管理职能落到实处。

第 7 章　大洋洲空间规划体系形成和演化规律及其机制研究

7.1　大洋洲空间概况

大洋洲（Oceania）位于太平洋西南部和南部的赤道南北广大海域中。在亚洲和南极洲之间，西邻印度洋，东临太平洋，并与南北美洲遥遥相对。狭义上，大洋洲仅包括太平洋三大岛群，即波利尼西亚、密克罗尼西亚和美拉尼西亚群岛，广义上的大洋洲除三大岛群外，还包括澳大利亚、新西兰和新几内亚岛，共约 1 万多个岛屿，现通用广义定义。大洋洲陆地总面积约 897 万平方千米，约占世界陆地总面积的 6%，是世界上面积最小的一个洲。

大洋洲总人口约 3500 万人，其中城市人口占总人口的 60% 以上，是各洲中城市人口比重最大的一洲。主要国家：澳大利亚、新西兰、巴布亚新几内亚、斐济。主要城市：悉尼、奥克兰、堪培拉、惠灵顿、帕斯、墨尔本、基督城。

7.2 主要国家空间规划体系分析——澳大利亚

7.2.1 国家概况

澳大利亚四面环海，是大洋洲领土面积最大，人口最多的国家，其领土覆盖整个澳大利亚大陆，总面积 769.2 万 m^2，位居世界第六位。总人口约 2320 万人（2014），人口密度约 3.02 人/km^2（2014），远低于世界平均水平 43 人/km^2（2013）。澳大利亚有近一半的人口居住在悉尼和墨尔本，各州首府的首位度也很高[81]。

作为后起的发达资本主义国家，澳大利亚 2013 年国内生产总值（GDP）达 1.56 万亿美元，全球排名第 12，人均生产总值达 67742 美元，排名世界第 5。澳大利亚农牧业高度发达，自然资源丰富，素有“骑在羊背上的国家”、“坐在矿车上的国家”等称号。

澳大利亚为联邦制国家，现由六个州和两个领地组成。六个州分别是 1901 年之前曾各自独立的英国殖民地，其他当时没有被殖民区管辖的地方，在 1901 年之后就成为联邦政府直接管辖的领地。具体如下：

新南威尔士州，位于澳大利亚南部，其首府是澳大利亚第一大城市悉尼，全州人口大约为 680 万人，是现在全澳人口最多的州；昆士兰州，位于澳大利亚南部，人口约为 418 万人，是澳大利亚面积第二大，人口第三多的州，首府为布里斯班；南澳大利亚州，占澳大利亚大陆的八分之一，是澳大利亚的第三大州，面积达 98 万平方公里，人口约 160 万，首府为阿德莱德；维多利亚州，位于澳大利亚东南部，面积不大，约为澳大利亚的百分之三，全州人口约为 500 万人，首府为墨尔本；西澳大利亚州，位于澳大利亚大陆的整个西部地区，首府为珀斯，全州人口约为 200 万人；塔斯马尼亚州是澳大利亚所有州中最小的一个，其首府霍巴特市是澳大利亚第二古老的城市；北领地，首府为达尔文市，全领地人口约为 20 万人；首都领地，面积约为两千平方公里，人口约为 32 万人，其中最重要的城市是首都堪培拉，位于悉尼和墨尔本之间。

7.2.2 社会经济发展回顾

7.2.2.1 殖民地经济时期（1788～1900）

17 世纪初澳大利亚大陆为西方殖民者所发现，1770 年英国宣布拥有澳大利亚主权，1788 年正式成为英国殖民地，基于国内与日俱增的人口压力和市场需求，特别是处在原北美殖民地宣告独立的背景下，英国将殖民中心转移至澳大利亚，殖民地经济开始发展，城市化进程开始。英国通过在澳大利亚设立海外监狱的方式，将大量流放犯人和士兵、官员转移至此，同时建立起在随后的几十年中维持犯人、士兵和官员的生活的殖民地中心，成为最早的沿海城市雏形。

1830 年后英国纺织业的繁荣拉动了澳大利亚牧羊业的发展，殖民地经济进入第一个高速发展期，人口激增。1850 年后黄金的发现掀起了淘金潮，西方移民大量涌入澳大利亚，城市规模与城市人口迅速扩张，城市化率飙升。1850～1890 年是澳大利亚城市建设的第一个快速时期，不少沿海大城市从无到有"一夜建成"，1851 年还属于小城市的墨尔本（2.9 万人）和悉尼（5.4 万人），到了 1891 年已达到了 49 万人与 40 万人的规模，成为世界级的大城市。截至 1891 年，全澳大利亚人口的 2/3 生活在城镇里，30 年间的殖民地建设投资有 1/3 被建筑业吸收。

1890 年后随着经济的阶段性萧条，澳大利亚债台高筑，海外资本撤回，投机公司倒闭，失业率猛增，贫民窟现象开始凸显，进而引发城市在健康、犯罪方面的城市问题，以 1900 年悉尼鼠疫的灾难性后果为典例，致使城市发展策略发生转折[82]。

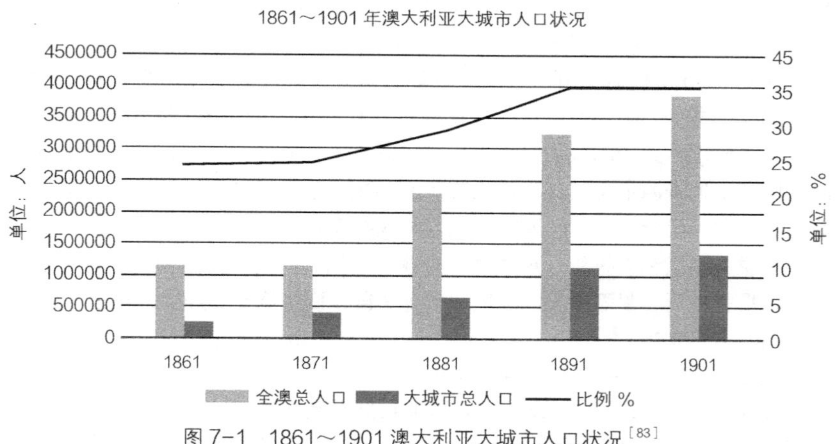

图 7-1　1861～1901 澳大利亚大城市人口状况[83]

7.2.2.2　自治领时期（1901～二战）

1901 年，澳大利亚的六个殖民区共同宣布建立澳大利亚联邦，并且建立联邦议会和联邦政府，也成为澳大利亚独立的开端。不过在经济方面，澳大利亚的经济结构仍然在很大程度上还带有殖民地色彩，仍以农产品和初级工业品出口为主，发展在很大程度上还依赖于英国。初期的联邦政府集中力量发展经济，把重点放在建立统一的国内市场上。1914～1918 年参加第一次世界大战后，1920～1930 年澳大利亚再次面临世界经济大萧条，这两次事件使澳大利亚金融体系受到严重冲击。1931 年依据英国议会通过的《威斯敏斯特法案》，澳大利亚获得独立，但澳大利亚议会迟迟不予批准，独立只是名义上的。

7.2.2.3　战后繁荣时期（二战后～1970 年）

二战期间，英国放松对澳大利亚的经济控制，使澳大利亚获得了独立支配和发展经济的机会，军火市场的旺盛需求给制造业的发展带来了极大的推动力，政府掌握巨资并对军事工业进行投资，从而大大推动了工业化，从 1941 年到 1944 年工业总产值增加了 42%，城市人口飞速增长。战后，澳大利亚进入了大规模建设和工业化时代，经历了 20 年的经济相对稳定发展期。国民经济结构日趋合理，工业部门有较大的发展，制造业在国民经济结构中从战前的 15% 上升到 30% 左右[84]。农牧业又有较快的发展，与此相适应的农牧产品加工业也稳步前进。同时，矿业、建筑业和服务业也有了迅速发展。一个部门结构合理、门类齐全、经济均衡发展的工业化国家基本上形成。20 年间澳大利亚完成了从农业国向工业国的转变，奠定了其跻身发达资本主义国家行列的物质基础。首都及各州首府城市进一步成为经济和人口中心，伴随小汽车的广泛使用，城市基础设施建设不断扩展，零售商业中心等服务业设施也开始在“城区外”布局，从 60 年代起出现郊区化及内城衰败现象。

7.2.2.4　发展停滞时期（1970～1990 年）

进入 1970 年代后，由于石油危机导致西方经济普遍萧条，澳大利亚经济发展陷入停滞，以第一产业和初级制造业为主的产业结构难以满足持续增长的城市生活要求，通货膨胀加剧，失业率居高不下。同时城市蔓延造成的城市空间无序，土地资源浪费，环境污染等问题涌现。政府面对不利的经济环境，采取了“务实”政策[85]。于 1983 年上半年实行工资冻结，抑制物价上涨，同时采取减税、刺激私人投资、加强私人企业的作用、改革经济结构、提高出口竞争力、吸引外资、紧缩开支、降低利率等手段，使经济开始好转，1987 年国民增长总值增长 4.2%[86]。

7.2.2.5　恢复稳定时期（1990 至今）

进入 1990 年代后，随着冷战的结束和世界经济的复苏，澳大利亚的经济也逐步走出低谷，进入持续增长时期。1997 年的亚洲金融危机使澳大利亚的经济也受到了不良影响，但并没给澳大利亚带来严重的伤害[87]。因此，从 1990 年代初期至 2000 年被称为澳大利亚的经济增长“奇迹”。

进入 21 世纪后受美国网络泡沫危机的影响，澳大利亚的经济增速开始放缓，针对该危机，澳大利亚政府也采取一系列的应对措施：采取提供购买住宅补助政策促进购买住宅需求的急剧回升；采取澳元降值和抑制物价上涨政策支持扩大出口；澳大利亚联邦储备银行采取了“预防性的而且是连续性的调低官定利率”政策等。之后经济进入了持续的增长阶段，年均增长率为 3.5%，但由于 2008 年美国次贷危机泡沫，经济再一次下滑。虽然如此，但澳大利仍然保持着经济的持续增长。

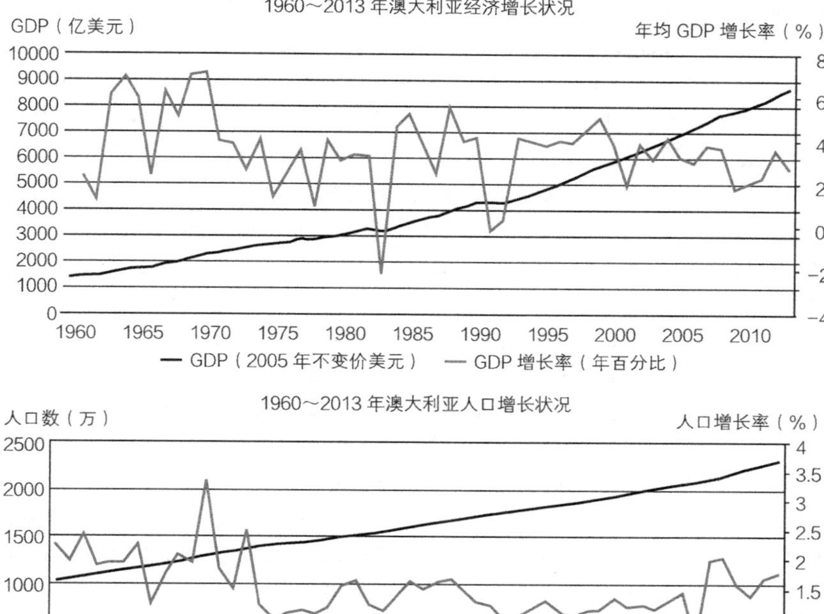

图 7-2　1960～2013 澳大利亚经济与人口增长状况

（数据来源：世界银行 http://data.worldbank.org.cn/country/australia）

7.2.3　空间规划体系演化历程

7.2.3.1　阶段一：殖民地环境下西方规划思想的植入

澳大利亚空间规划体系的构建萌发于殖民地时期，从一开始深受西方，特别是母国英国规划运动发展的影响。从 1830 年代开始，随着流放制度的瓦解和牧羊、淘金热吸引大量移民进入澳大利亚，经济资源集聚于各殖民地中心城市，城市化迅速发展。1831 年《澳大利亚土地条例》出台，土地制度改革开始实施，主要内容为废除土地恩赐制度、转变为土地出售制度，客观上为城镇化对土地的需求奠定了基础。同一时期英国转变移民政策，减少向澳大利亚流放囚犯并加大力量资助贫困的英国公民移民，以低廉的价格出售殖民点土地，至 1852 年彻底结束流放政策，直接推动了城镇化快速发展。至 19 世纪末大城市建设已成为澳大利亚经济发展的突出特征。随着城市问题的出现，对规划的需求逐步显现，以霍华德“田园城市”规划思想的传入为代表，在“澳大利亚城镇规划巡回宣讲团”的大力推动下，西方规划的理念及方法论在19世纪末至20世纪初这段时间在澳大利亚迅速普及。成为自治领后，各州效仿英国的两部《住房与城镇规划法》，纷纷开展规划立法尝试，1917年和1918年分别在阿德莱德和布里斯班召开城镇规划协会会议，空间规划逐步走向政策化与体系化。总的来说，在这一阶段的近90年时间中，澳大利亚处于殖民地经济时期，属于西方资本主义经济附庸，由于发展水平较低与没有独立自主的行政与立法权，城市发展基本处于自由放任状态。这一阶段澳大利亚在西方规划运动的影响下开始进行空间规划的初步尝试，尚未构建真正意义上的空间规划体系。

7.2.3.2　阶段二：以中心城市为核心的空间规划体系萌发

澳大利亚成为自治领后逐步进入独立国家建设时期，首都建设被提上议程。联邦政府高度重视对新首都堪培拉的规划，首都规划也成为第一个国家层面上的空间规划内容。1920年代后随着维多利亚州出台了《大都会城市规划委员会法》(Metropolitan Town Planning Commission Act，1922)，以及墨尔本制定了第一部大都会规划（1929），跨地方行政区的城市规划开始有了法律基础，并新增了规划内容。这一时期政府主导下的空间规划开始出现，但由于受到世界经济危机和战争的影响，城市与都市区域发展缓慢，空间规划的发展也一波三折，并在曲折与失败中不断向前推进[88]。

7.2.3.3　阶段三：战后城市扩张背景下的抑制规划

二战后，澳大利亚工业迅速发展，经济在短期内迅速繁荣，首都和首府城市规模持续扩张，城市发展突破了原有的以公共铁路交通为支撑的空间结构，随着小汽车的普及，城市空间由于交通可达性的提升迅速扩张，郊区化逐步显现。此形势下，1957年国会立法成立国家首都发展委员会，由联邦政府直接加强对堪培拉的规划管控。州政府和地方政府也积极应对，新南威尔士州率先拥有法定规划；墨尔本修订大都会发展规划。这一时期，联邦政府开始使用行政与财政的双重手段来介入地方城市的发展，规划的任务主要是被动应付大城市的郊区化问题，以科学合理的大都市区规划来推动城市发展由低密度、郊区化、蔓延式发展向集合式、多核心的城市结构转变，空间规划体系的核心是以首都及区域中心城市为核心的都市区规划。

7.2.3.4　阶段四：政府主导下的“务实”规划

进入1970年后，受石油危机的影响，世界经济形势不景气，国际投资减少，澳大利亚本国经济发展尚不足以支撑城市的持续蔓延扩张。这一背景下，当时的工党联邦政府启用空前的规划干预政策，设立城市和区域发展部和土地委员会这样的专门机构，加大针对大城市的财政资助力度，力避因郊区化带来的内城衰退，保持CBD竞争力。州政府同样致力于控蔓延，维持内城价值，墨尔本规划中引入轴向发展(Corridors)和楔形(Wedges)的郊区城市化发展模式；

70年代中期政府试图推行分散城市人口的计划，因经济危机受阻后，各州相继制定区域发展规划，实施扩大政府支出，增加社会保障和福利费用等措施以刺激经济；同时强调城市的凝聚力和集约发展，提高规划容积率标准，致力于内城和CBD的价值[89]。进入1980年代后，随着国内政治氛围的缓和，政府更多地实施"务实"的规划政策，规划的权力重心由联邦政府逐步转移至州政府，州层面的规划开始包含城市开发与区域经济发展策略，以及规划实施的各项保障机制，重点是对区内的都市区域发展实施管控。首都堪培拉也成立了拥有一定规划自主权的市政府[90]。这一时期，空间规划体系的核心由联邦政府主导下的中心城市规划正式转变为州政府主导下的城市与区域规划，空间规划的内容与形式迅速完善。

7.2.3.5 阶段五：空间规划引导发展与实施更新

1990年代后，随着冷战的结束，世界经济恢复平稳发展。政府更多地关注经济和就业的增长，规划政策进一步"务实"，开始积极引导郊区发展。以维多利亚州为例，通过调整行政区划，设置专职的重要开发项目负责人，以及筹资设立游憩项目的方式，在强化中心城区的同时促进郊区的产业发展。1992年，城市与区域发展回顾委员会成立，这是澳大利亚空间规划体系中特有的机构，致力于加强区域规划，加强基础设施战略投资以及建立各级政府更加亲密的伙伴关系[91]。此外，联邦层面还设置了服务于空间规划的统筹协调机构。这一时期，空间规划体系不再是单纯的"政策干预体系"，而是整合各级政府、各类规划之间的合作体系，更加注重保障规划实施的投资与金融渠道。

进入21世纪后，为应对新的国际与国内发展环境（如全球化一体化和气候变化等因素），澳大利亚空间规划开始注重国家基础设施网络的规划与建设，注重对空间增长的控制，以及从公众需求的角度出发实施城市更新。2007年后，澳大利亚多数城市开始更新城市空间总体规划或重新编制中心城市的空间规划。这一时期，空间规划体系由实施发展导向向保障公众参与，实施实时更新的类型转变。

7.2.4 现状空间规划体系框架

澳大利亚空间规划体系 表7-1

层次	联邦政府	州政府	地方政府
行政体系	没有行政机构有关部门：如运输与地区服务部诚实与区域发展回顾委员会（1992）	设置多元，各州不同城市事务和规划部（新南威尔士州） 交流与信息、地方政府和规划部（昆士兰） 基础设施部（维多利亚）	设有城市管理机构 城市管理局、居民社区服务局（昆士兰）等

续表

层次	联邦政府	州政府	地方政府
法律体系	没有统一的空间规划法“环境保护法”	不同的州规划法律体系不同综合规划法案 1997（昆士兰）规划与环境法案 1987（维多利亚）	建设法典
	“文物保护法”	开发法案（南澳大利亚）	
运作体系	国家交通网规划	区域规划（非法定规划，但是一旦通过就成为有法律约束力的文件，多跨行政区）	地方规划小区规划

澳大利亚行政体系对应空间规划体系特点　　表 7-2

行政体系	联邦—领地—地方	联邦—州—地方
规划主题	空间规划体系的权利中心偏向联邦	空间规划的主体是“州”，联邦政府不干预州的规划事务
说明	以首都领地为例： 国家首都规划署制定“国家首都规划”，规划要划出具有国家首都特征的制定区域，这种规划政策和策略是从首都规划署垂直到空间和地域的 地方规划署负责上述制定区域以外的首都地区的详细规划编制与实施。地方规划不得与国家首都规划相抵触	州政府对首府城市实施的规划控制比较直接，常常覆盖以首府为核心的整个都市区。 地方规划必须根据区域规划进行编制，也是澳大利亚空间规划体系中的唯一一个层面上的法定规划
特点	垂直集权性质 控制覆盖全部层次	“门户准入” “地方规划编制追踪系统”

7.2.5　空间规划体系特征

7.2.5.1　基于行政体系的“二元制”空间规划体系结构

根据空间规划实施所依托的行政体系，澳大利亚空间规划体系大体上可分为联邦—州—地方和联邦—领地—地方两大子系统。“联邦—州—地方”的实施主体是州政府和州层面的职能部门，联邦政府不干预州内部的具体规划事务。州政府直接负责首府及周边都市区域的规划工作，并统筹州内部各地方当局的实施规划。一些州政府还对其规划体系进行改革，包括建立“门户准入”标准，“地方规划编制追踪系统”等较为先进的方法，保证州政府能够从全局上统筹和确认某些区域的地方规划是否符合州的战略规划。“联邦—领地—地方”子系统的实施主体则是联邦政府，具有垂直管理的性质，由联邦政府实施或参与领地各层次的空间规划。以首都领地为例，隶属联邦政府的国家首都规划署负责制定“国家首都规划”，该规划中主要包括整个首都地区的规划原则、政策及标准[92]。并划定具有国家首都特征的指定区域，对指定区域实施建设管理。而市政府的地方规划署只能负责上述指定区域以外的首都地区的详细规划编制与实施，并不得与国家首都规划相抵触。

7.2.5.2　空间规划以中心城市和都市区域为重点

澳大利亚地广人稀，基于殖民历史背景，人口高度集中于首都及各州的首府城市，以及周边都市区域，因而政府对城市的规划管控一般比较直接。联邦政府历来高度重视首都地区的规划建设，即便在 1988 年堪培拉成立地方性市政府后，联邦政府仍旧通过国家首都规划署牢牢掌握“首都指定区域”的实施性规划。州政府也直接负责以首府城市为核心的都市区域的规划工作，维多利亚州通过设立墨尔本及大都会工务局（MMBW）掌握墨尔本大都市区范围内的规划工作，区内地方政府编制的规划必须与州政府编制的墨尔本大都市区规划（MMPS）相符合，区外地方政府相对而言规划自主权限更大一些。

7.2.5.3　相互独立的各州空间规划子系统

澳大利亚各州在殖民地时期均是相互独立的各殖民片区，不同的经济结构与文化背景使得各州在制定与实施空间规划的理念、方法与行动上存在差异。独立后澳大利亚建立起类似美国的联邦制度，各州均拥有较大的发展自主权，特别在“联邦—州—地方”的空间规划行政体系下，联邦政府不干预州内部的规划事务，各州得以建立起多元化的空间规划法律与行政体系。南澳大利亚州的空间规划宗旨是实施“战略规划”，以 1994 年颁布的州《发展法案》和《发展法规》为法律依据，由州政府设立的战略规划更新小组编制适用于不同地区和不同领域的州战略规划，再交由地方政府落实到地方开发规划中去；新南威尔士州的空间规划宗旨是实施“环境保护规划”，以 1979 年颁布的《环境规划与评估法案》为依据，州政府设立环境规划部负责编制《州环境规划指导方针》与《区域环境规划》，再由地方政府编制《地方环境规划》，并接受州政府派出的环境规划部地区办公室监管；昆士兰州的空间规划宗旨是实施“整合规划”，以 1998 年实施的《整合规划法》和《整合规划条例》为法律依据，由州规划部门制定州规划策略，配合州区域规划咨询委员会制定的区域规划，与地方规划整合，进而转变为法定规划落实实施[93]。另一方面，各州的空间规划体系又有着许多制度上的共同点，包括规划法律基础完善，规划工作的分工权责明晰，以及州内部的规划垂直管理特征。

7.2.5.4　科学的规划制定与保障机制

澳大利亚注重规划的空间经济效益，在土地开发之前，规划师会遵循市场经济规律对用地进行经济分析，对土地的现状，经济状况进行客观的分析评估，对土地价格和土地级差效益做出正确判断，从而合理确定用地性质及各种技术经济指标，使得规划成果符合市场经济规律。同时，确保规划的公众参与是规划工作的重要内容，规划草案制定后必须进行规划公示、征求意见，如果公众对规划内容不满意或希望改变规划，可以有两种方式解决：一是政府请市场上的相关公司来做研究形成书面报告，二是做公共咨询。使得规划制定可以在政府决策和市民意愿之间达到某种平衡，规划一旦制定，就是一个公平的、各方均满意的成果，不被轻易被修改，规划的严肃性得到了保证。此外，新南威尔士州的土地与环境法院是世界上第一所环境规划法院，根据澳大利亚 1979 年颁布的《土地与环境法》设立，拥有与州最高法院相同的司法裁判权，负责审理与环境保护和规划制定相关的诉讼，以及代为行使原来做出决定的行政机关的权力，具有一定的行政功能与自由裁量权。环境法院赋予了公民在空间规划和生态环境事务领域广泛而完善的参与权和诉讼权，是最为强有力的规划保障机制。

7.3 主要国家空间规划体系分析——新西兰

7.3.1 国家概况

新西兰位于太平洋西南部，领土由南岛、北岛两大岛屿组成，以库克海峡分隔，南岛邻近南极洲，北岛与斐济及汤加相望；国土面积 270534km^2，人口 447 万人（2013），人口密度 16/km^2（2012），城市化率 86.2（2010），国内生产总值 1700 亿美元（2013），人均 GDP38221 美元（2013）[94]。

新西兰实行包括大区和分区在内的两级区划体制："大区"（Region）：新西兰的一级行政区划，现新西兰全国共划设 16 个大区，包括惠灵顿、奥克兰、怀卡托等，大区权力机构为"大区议会"（Regional Council）；"分区"（Territory）：新西兰的二级行政区划；在大区内部分设，现全国共有 67 个分区，包括其中包括 13 个"城市"（City）、53 个"地区"（District）和查塔姆群岛，权力机构为分区当局（Territory Authority）。全国有 6 个分区当局（奥克兰议会、吉斯伯恩区议会、塔斯曼区议会、纳尔逊市议会、马尔伯勒区议会、查塔姆群岛议会）兼具一二级权力机构的职能，因而被称为"单一行署"（Unitary Authority，单一管理区当局）。

7.3.2 社会经济发展回顾

7.3.2.1 殖民地经济时期（1840～1900 年）

新西兰的原住民为毛利人，约从 14 世纪起定居于此。17 世纪，西方殖民者发现新西兰岛，1769 年 10 月 9 日，英国航海家詹姆斯·库克以英王乔治三世的名义宣布拥有对新西兰的主权，新西兰的封闭状态就此被打破，来自英国为主的西方移民逐步进入新西兰，建立定居地，进行殖民开发。1840 年 2 月 6 日，43 位毛利酋长与移民代表在怀唐伊岛签署了一项具有历史意义的建国文件——《怀唐伊条约》(Treaty of Waitangi)，该条约的主要内容为：(1)毛利人放弃领土主权，正式将新西兰纳入大英帝国的管辖之下，所有的毛利人平等地成为大英帝国的合法公民，拥有自治权，并得到大英帝国的保护；(2)确立西方移民在新西兰拥有定居权，是合法的公民；(3)毛利人仍拥有他们的土地、森林、河流，可以保持本民族的传统文化。《怀唐伊条约》的签订标志着新西兰正式成为英国殖民地[95]。

此后，新西兰从封闭自然经济状态迅速融入资本主义世界市场，通过复制英澳资本主义经济制度，借力英、澳市场发展需求，以此来开发新西兰国内的社会生产，同时注重于创立适合本土的经济发展模式。基于殖民地经济的外向型发展所产生的巨大对外贸易需求，沿海港口城市迅速兴起，同时，1840年成立的新西兰公司运用“足够的价格理念”的运作，很好地实现了土地、资本、劳动力的综合交易，使得城市建设不断扩大(图7-3)三大城市(奥克兰、惠灵顿、基督城)的雏形在这一时期奠定。19世纪下半叶，新西兰作为英、澳稳定的畜牧与粮食生产基地，加上金矿的发现，移民激增，城市经济迅速发展。至19世纪末，随着农产品价格的下降与金矿产量的下降，殖民地经济逐步瓦解。

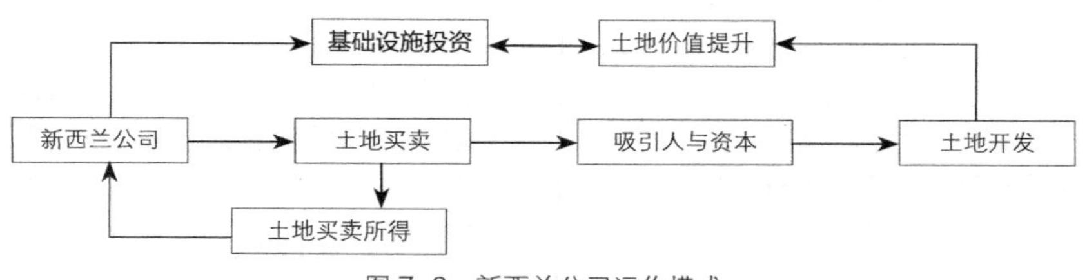

图7-3 新西兰公司运作模式

7.3.2.2 自治领时期(1900～第二次世界大战)

19世纪末20世纪新西兰初殖民地经济瓦解，但农牧业仍是国家经济的基础。1907年新西兰成为英国的自治领，开始获得发展自主权。新时期的西方移民及早期移民后裔中新兴的资产阶级对国内政治生活有较大影响，资本主义工业经济得到建设与发展。特别在自由党执政时期，政府积极改革，开发土地，鼓励基础设施建设，不断完善资本主义政治经济体系。一战期间，新西兰作为后勤基地利用战时出口使得工业有所发展，经济一度繁荣，同时作为战胜国获得西萨摩亚。1920年后受经济危机的影响，海外市场收缩，新西兰经济受挫。此后凯恩斯主义成为国家政治的主旋律，城市化继续推进，城市公共事业管理得到重视。1930年代工党执政时期致力于提供就业机会，缩短工时，兴建公共工程与住宅，扩大社会福利事业。这一时期城市的进一步集聚化发展，城镇化率超过70%[96]。

7.3.2.3 战后繁荣时期（二战后～1970年）

二战时期，新西兰借助军工的快速发展经济不降反升。战后，西方的恢复重建工作使得对新西兰的农产品需求增加。此时政府继续施行凯恩斯主义，进行了一系列的改革，加强了农业的现代化发展，使得第一产业经济比重持续下降，二、三产业显著发展。成为战后新西兰经济发展与结构变化的主要标志，也是城市化进一步发展的经济基础。1947年新西兰接受《威斯敏斯特法》，获得完全独立。到1950年代，工业空前繁荣。同时，政府高度参与民生、工业、商业、服务业等各项活动，努力解决经济社会各方面的问题。

7.3.2.4 发展停滞时期（1970～1990年）

进入1970年代后，英国加入欧洲经济共同体，废除了对新西兰产品的进口特惠关税，由于对肉类、奶制品和羊毛出口的长期依赖，新西兰产品的出口贸易受到很大影响。1974年后，又受石油危机和资本主义世界经济危机的冲击，直至1977年后，对外贸易才逐渐转为顺差。1980年代中后期，新自由主义逐渐取代凯恩斯主义，工党政府开始进行新的货币政策、工业解除限制、取消津贴以及将许多政府部门私有化等大范围的改革，自此经济开始逐渐好转，失业人数开始下降。70年代初召开的“物理环境会议”使得社会思潮发生转变。

7.3.2.5 恢复稳定时期（1990～）

逐步走出经济颓势后，基于新自由主义的顶层设计，使得“政府向后走”，不再直接参与经济，而是通过法律以及宏观政策的发布来积极引导经济的发展。1995年新西兰加入WTO时经济结构已达到了非常合理模式，表现出了强大的国际竞争力。2000年后随着可持续理念的兴起，新西兰敏锐地把握了未来的趋势，结合传统优势——农林业和畜牧业的改造升级，通过科研将传统较为低端的基础产业高附加值化，走向了高利润的知识经济型产业发展道路，为经济模式带来了新的转型[97]。

7.3.3 空间规划体系演化历程

7.3.3.1 阶段一：殖民地时期的自主空间开发行为

《怀唐伊条约》签订后，为了加强殖民经济的发展，西方移民制定了《土著土地法》，以公开的手段从毛利人手中获得土地，从而为沿海城市的扩展奠定了物质空间基础。1870年代，基于殖民地经济的繁荣，时任总督沃格尔推行“开发”政策，通过借债加强城市基础设施建设，增加城市人口，实现了沿海大城市的迅速崛起。1890年代后，随着殖民地经济的逐步瓦解，政府改革土地制度，颁布《土地与收入评估》、《土地安置法》等相关文件，为构建资本主义经济制度做出物质空间的铺垫。这一时期，新西兰的空间规划处于原生态的萌发状态，表现为通过实施各种开发指引为空间的发展做出阶段性的安排，缺乏系统性与稳定性，严格意义上的空间规划尚未出现。

7.3.3.2　阶段二：自治领时期空间规划体系初步建立

自治领建立后，城市规划管理拥有了权力制度方面的基础，部分城市开始了早期的规划尝试工作。随着工业化进程加快，产业和人口大规模向城市聚集，城市交通、住房及卫生等问题日益突出，由此引发的社会问题阻碍了城市经济的发展，城市公共管理事业得到重视。1909 年，英国颁布《住房与城镇规划诸法》(The Housing，Town Planning Etc. Act，1909)，对新西兰的规划立法产生了重大影响，先后于 1911 年、1912 年、1917 年和 1918 年进行了规划立法的尝试。1926 年，新西兰颁布了第一部全国性的规划法律——《城镇规划法》(the Town Planning Act，1926)，这版的《城镇规划法》效仿英国立法，规定地方政府有权编制规划，以控制引导城市新区的建设发展，但规定并不具有强制性，对改变建设环境的影响甚微。因而，后续的立法更加注重处理住房和城市规划之间的关系，致力于改善居住环境和优化城市结构，内容上更多体现为土地利用规划和资源配置，从而营造出独特的规划体系[98]。但由于规划行政体系尚未完善，中央和地方政府在规划的编制工作上存在，加上经济危机和二战造成的外部环境动荡，规划收效甚微。

7.3.3.3　阶段三：战后空间规划体系的调整

战后经济的快速繁荣凸显了规划工作的缺位，1926 版《城镇规划法》相关内容未能得到贯彻落实，中央及地方政府缺乏有效的规划管理体系，私人投资者追逐市场利益导致城市公共设施投资主体不明确，城市中心区衰退和无法抑制的城市蔓延与郊区化导致土地资源的浪费。1953 年，第二版《城乡规划法》应运而生，新的规划法案更加重视基础设施建设，地方获得更大的自主权，规划方案的审批不再需要经过中央政府，调高了规划的灵活性，可以更好地为当地居民的安全、便利、健康服务。同时针对土地开发中利益纠纷问题，城乡规划上诉委员会成立，第一次在法律上给空间体系规划提供了保障机制，有效地解决了土地问题。进入 1960 年代后，空间规划体系又出现新的变化。规划师开始以政府专业顾问，民选议员的方式进入政府机构，政府的行政官员和工程师依然负责城市规划的工作；土地利益纠纷的不断涌现，作为利益协调者的律师行业也逐渐进入规划界；“判例”的积累为土地诉讼案的处理，提供了一种刚性的、均匀的解决方案。

7.3.3.4　阶段四：经济社会转型背景下空间规划的调整

进入 1970 年代后，经济社会发生重大转型。经济方面表现为经济颓势促使凯恩斯主义逐步被新自由主义所取代；社会方面则表现为“物理环境会议”的召开标志着规划价值观开始发生由空间物质性规划向社会文化价值观方面转变。在此背景下，1977 年对《城乡规划法》的修订突出生态保护意识，开始制定全国性的规划战略，同时认识到第三方权利的重要性，进一步完善规划法院制度，突出公众参与，强调规划引导社会经济环境的发展。进入 1980 年代后，经济发展与环境保护、资源利用的关系引起关注，政府“新公共管理改革”，使公共部门走向市场化和私有化，为规划机制中主体变化提供了契机，也标志着战后强调快速增长阶段的终结。同时，经济发展与环境保护、资源利用的关系引起关注，围绕环保、风景资源利用的立法工作全面展开，逐步建立以环境治理和社会管治为基础的规划体制。

7.3.3.5　阶段五：以《资源管理法》为核心的空间规划体系的确立

进入1990年代后，新自由主义思想开始延伸到空间的规划和发展管制，基于生态优先的可持续发展理念成为国家环境规划政策和立法的基本原则[99]。1991年，《资源管理法》（RMA）颁布，该法案整合并废止了包括《城乡规划法》、《水资源与土地资源保护法》、《土地保护及流域治理法》、《矿产法》等共计69部法律和19部法规的内容，成为新西兰空间规划的基本法。《资源管理法》摒弃了传统的分散、单因子管理而采纳了与荷兰和加拿大类似的综合的、全面的资源与环境管理，宗旨为把维持资源和环境的质量为作为经济发展的基石，使得国家受益于资源与环境对经济社会的良性反馈，以对空间生态环境质量的维护与优化作为空间规划的基本导向。此后，除根据经济发展变化的阶段性调整外，新西兰基本确立了以《资源管理法》为核心的空间规划体系[100]。

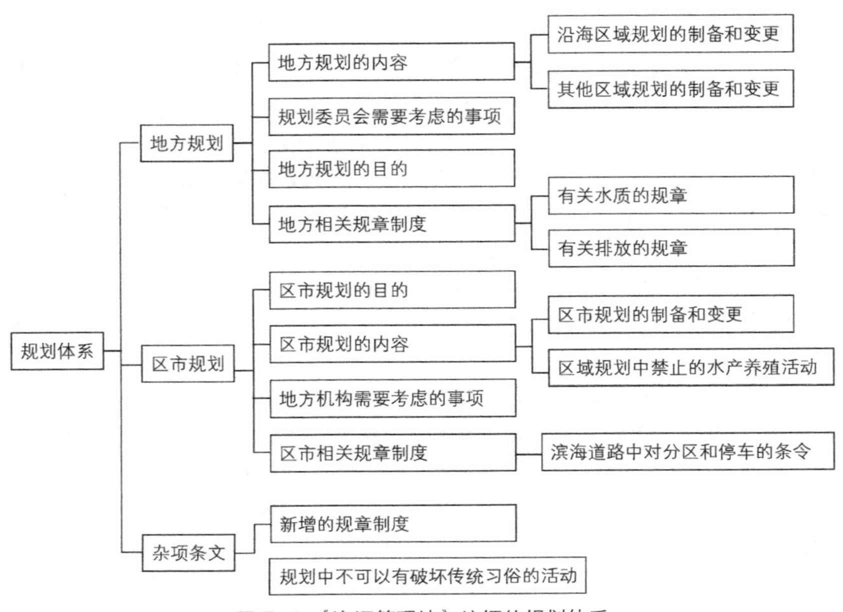

图7-4 《资源管理法》统领的规划体系

7.3.4　现状空间规划体系框架

新西兰空间规划体系框架　　表 7-3

<table>
<tr><th colspan="2"></th><th>法律体系</th><th>行政体系</th><th>规划体系</th><th>动作体系</th></tr>
<tr><td colspan="2">国家</td><td>两部规划统领性法律
《资源管理法（RMA）》1991
《保护法（CA）》1987
专项法律
《陆路交通管理修正案》2003 等</td><td>中央政府、职能机构
环境部
财政部国家基础设施司（NIU）
交通部
商业、创新和雇佣部（MBIE）国家交通局等</td><td>规划相关政策标准
《国家环境标准》
《国家政策咨文》
《政府政策咨文》
《国家陆路交通方略》
纲领性规划
国家陆路交通项目
国家基础设施规划
保护地规划</td><td>中央政府负责确立规划的标准和纲领，不涉及具体建设领域</td></tr>
<tr><td>大区</td><td rowspan="2">单一行署</td><td>《地方政府法》（LGA）
《综合管理协定》（JMA）
根据 RMA 制定地方性法规</td><td>大区议会
单一行署议会
区域规划和发展政策委员会</td><td>《区域政策咨文》
区域规划（资源管理、环境保护、灾害防御、岸线利用等方面）
长期规划</td><td>大区议会负责实现区域环境保护和制定经济发展方略</td></tr>
<tr><td>分区</td><td>制定 RMA 实施细则</td><td>城市议会
地区议会
规划部门 & 地区管理机构</td><td>地区规划（土地利用、住房建设等方面）
年度规划
协同战略规划
行动规划</td><td>城市、地区议会负责具体实施土地利用、城市建设、公共卫生安全等工作</td></tr>
</table>

7.3.5　空间规划体系特征

7.3.5.1　完备的环境法院保障机制

环境法院是新西兰专设的司法机构，前身为根据 1953 年《市镇与乡村规划法》设立的规划上诉委员会和根据 1977 年《市镇与乡村规划法》所合并而成的规划法院，《资源管理法》颁布后，规划法院的职能架构发生转变，于 1996 年正式更名为环境法院。环境法院的职能为审理一系列与规划有关的诉讼议案，通常是由日常规划决策过程中对规划方案内容的反对而产生；规划法庭致力于维护第三方（公众）的权益，不受政府或皇室的影响。累计“判例法”依据，受理个人因“规划对个人或团体产生的影响，或一些有关公众利益方面的问题”而提出的诉讼，规划在各个阶段所采取的行动和所做的结论都有可能因受到质疑而在公众面前被审查。环境法院是空间规划体系的重要保障，一方面保障社会公众的参与权和知情权，确保空间规划编制过程的科学与民主，另一方面以法律手段监督空间规划的实施落实，保障了规划的时效性和严肃性。

7.3.5.2　广泛的空间规划景观评估

新西兰于20世纪70年代初期建立风景园林行业，在《资源管理法》统领的空间规划体系下，风景园林师积极参与到规划和资源管理的各项工作中。其中尤为突出的两大关键领域为：新开发项目的景观与视觉影响评估（ADE）和分布于全国各地的地域景观价值评估（TLA），不论是对原生态地域的游憩开发抑或是对公共设施的开发建设都需要在景观效果上做出预设与安排。这体现了新西兰的空间规划体系将现状环境价值的解释和景观影响的评估被置于中心地位的独特之处。

7.3.5.3　经济与生态效益并重的保护地规划

保护地规划是国土空间规划的一种独特形式，指为实现长期保护自然、生态系统和文化价值而通过法律或其他有效方式进行管理的明确的地域或海域。新西兰是世界上最早建立保护地的国家之一，国土面积的1/3为保护地，包括国家公园、保护区公园、森林保护区等，形成了相对完整的保护地体系。基于"拉姆萨公约"（世界上第一个致力于保护单一生态系统的国际公约）的"合理利用"原则，保护地规划大多应用"游憩规划"的形式，以最小的开发强度实现国土资源生态效益的充分发挥。保护地规划凝结了多方共识，广泛的公众参与使得保护管理决策十分透明，在众多利益相关者的博弈和监督中，实现保护地的有效保护。

7.4　大洋洲空间规划体系演变总结

7.4.1　演变机制

空间规划作为一系列综合的空间实施策略，促使其形成的背景因素往往是极其复杂的。总结澳、新两国的空间规划体系演变历程可以看出，大洋洲空间规划体系大致形成于20世纪后的100年间，是一种外来规划范式与内生物质空间发展动力相结合的综合产物。根据空间规划体系演变驱动因素的更迭，可分为两个阶段：

7.4.1.1　早期城市的扩张发展与外来规划的启发

澳、新两国在20世纪以前都处于殖民地状态，主要城市都因殖民地经济的对外贸易兴起，建立于殖民聚落的基础上，属于白手起家。早期城市的开发建设完全为殖民地经济的发展服务，城市的兴衰与殖民地经济发展的繁荣与否休戚相关，客观上使得城市的发展动力机制单一，城市空间发展所受的干扰因素和所需解决的问题很少，因而有关规划引导空间发展的考虑微乎其微。直至19世纪末，殖民地经济趋于瓦解，城市问题日益突出，西方城市规划的思想主张开始传入时，规划引导空间发展的问题才第一次为人们所关注。进入20世纪后，两国相继成为自治领，拥有了发展的自主权，工业化带动城市化高速发展，这时才开始真正运用规划的手段对城市空间的发展进行安排，通过法律、政策等方面的干预实现对经济发展带来的城市空间问题的缓解或解决。同一时期，两国在很大程度上学习了西方成熟的规划思想与实施策略，引入科学的规划范式，特别是借鉴英国在规划立法方面取得的成就，都在以立法引导空间规划发展方面做了大量工作，使得空间规划体系从无到有，发展迅速。只是受制于特定时期动荡的历史环境，已经形成雏形的空间规划体系进一步的发展并不顺利。总的来说，第一阶段大洋洲的空间规划体系是在一方面致力于解决内部城市扩张发展所面临的问题，另一方面积极从西方的规划发展中汲取经验。

7.4.1.2　对城市蔓延的控制和经济社会转型的需求

澳、新两国在二战中并未遭受严重破坏，反而作为后勤基地有所发展。战后，两国又都获得了难得的发展历史机遇，经济在 20 多年间飞速发展，而空间规划体系的完善却未能及时跟进，导致城市的蔓延扩张达到了前所未有的程度。为了限制城市的无序发展，保持内城竞争力，规划国土空间的开发行为，两国均以行政、立法等多方面的手段对空间规划体系作出调整，空间规划体系的影响范围和内容深度进一步加强。进入 1970 年代后，经济运行的客观环境使得社会价值取向发生转变，战后的快速繁荣期基本结束，两国的工业化也基本完成。社会的价值取向更多地转变为关注物质空间的生态质量，确保公众的规划参与权与发展选择权，以及建立长期稳定的规划运行机制等方面。空间规划体系的演变驱动逐渐从推动经济发展转变为实现物质空间的发展优化上来，空间规划的层级网络结构也逐步稳定。经过第二阶段的发展，以强调空间质量，实施多层级协为特点的大洋洲空间规划体系基本建立。

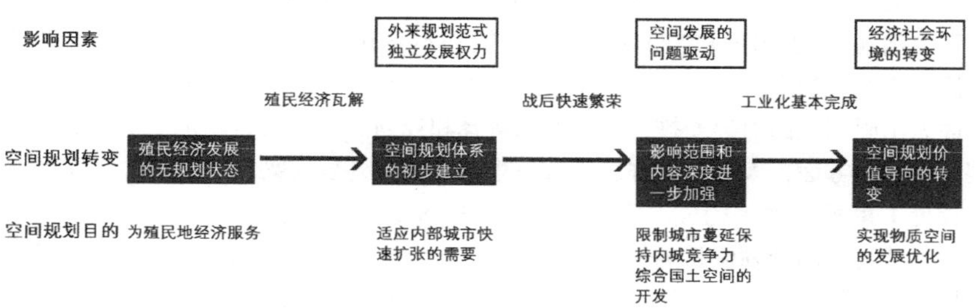

图 7-5　大洋洲空间规划演变机制分析

7.4.2　特征分析

7.4.2.1　“舶来”的空间规划体系

大洋洲发展历史短暂，基本没有历史悠久的文明分布，物质空间的发展全部集中于殖民地历史时期，没有丰厚的本土规划传统与范式的积淀，基于西方移民所建立的物质空间背景，空间规划体系的框架和许多方面的内容均来源于西方。在20世纪上半叶空间规划体系形成之初时，与规划相关的立法与政策制定在很大程度上借鉴了英国的成熟经验，成功将英国的空间规划内容“复制”到了本土。在20世纪下半叶空间规划体系的调整过程中，大洋洲所面临的问题与所实施的方略也和同时期的北美地区相类似，最终的发展结果为空间规划体系引导高质量的，可持续的空间发展，这也和北美地区树立的“精明增长”发展理念殊途同归。

7.4.2.2 强调“空间发展与品质”并重

大洋洲自然条件优越，因而空间规划对于空间品质的注重独树一帜。在20世纪80年代后，随着澳、新两国的工业化进程基本结束，对城市空间的更新和生态环境的保护逐渐成为空间规划的主旋律。在城市地区，空间规划的主要任务是完善人居环境建设，引导新城科学发展，维护并增强内城的发展竞争力；在非城市区域则强调空间利用的可持续性，通过发挥空间的生态效益实现空间价值。大洋洲空间规划体系很好地实现了“发展”和“保护”的动态平衡，从而避免走上欧美曾经历的“先污染后治理”的老路，取得经济和生态的双重发展效益。空间规划体系的全方位考量使得大洋洲具备持久的发展竞争力。

7.4.2.3 空间规划体系结构的多元化

以澳、新两国为主，大洋洲国家大都采用了英式的议会民主制的政治体制，国家与地方政府的关系更多表现为一种分权合作的状态，而不是单纯的领导与被领导，因而地方的空间规划实施自主权较大，包括行政、立法等多个方面。同时，殖民经济的历史背景使得地方强调发展的个性。以澳大利亚最为典型，各州建立在原先各自独立的殖民地基础上，在保留发展自主权的基础上以签订契约的形式组成联邦国家，各自都有完备的空间规划“子系统”，由联邦政府所统领的全国性空间规划体系其实并不存在。新西兰虽有以《资源管理法》为基础的全国性空间规划体系，但也只是在国土利用、生态保护等宏观方面做出限制性的引导安排，对法律的解释和规划的落实权力还是集中于地方层面。另一方面，大洋洲的许多大城市当初都因对外贸易兴起，城市人口在很大程度上由外来移民构成，因而城市与周边区域的发展联系较弱，城乡差异较大。从对空间规划体系的分析可以看出，城市空间始终是规划的重点，空间规划对城市的安排和对非城市区域的安排一般采用平行设置的方式，具有一定的“二元”特征。从国家与地方的关系和空间规划的城市与非城市区域的差异可以看出，大洋洲空间规划体系具有多元化的特征。

7.4.2.4 空间规划的保障成效显著

由于没有历史文化传统的羁绊，大洋洲的空间规划体系构建过程中充分吸收了西方的成熟经验，并能够将空间规划的实施与解决城市经济发展过程中出现的问题紧密结合，充分发挥规划的作用。这一方面体现在规划制定过程的充分科学化与民主化，空间规划保持与时俱进，在各级政府以及各个部门的冲突与合作中，以不断变化的公众利益为前提，通过不断修正发展目标并引入新的规划手段而进行，使得空间规划能够切实反映社会需求，提出解决方案；另一方面体现在强效的空间规划全过程保障机制方面，澳、新两国都将对空间规划的制定、落实、追踪以法律的形式确立下来，并成立了配套的司法机构，充分保障了空间规划能够得到切实执行，并接受多方面的监督。

7.5 大洋洲国家空间规划体系演变过程的启示

大洋洲的自然条件和发展历史与我国迥异，因而在空间规划体系的结构与运作机制方面的参考借鉴意义有限。但是，大洋洲空间规划在法律化的多元主体参与的保障机制和空间生态效益发挥方面取得了举世瞩目的成就，也正好契合了我国新型城镇化战略的发展目标，是宝贵的成功经验。

7.5.1 保障空间规划的多元主体参与

从大洋洲的空间规划体系构成中可以看出，规划过程的社会参与是空间规划工作的重要组成部分。一方面，澳、新两国的规划公示、意见征求的形式多样，包括会议、宣讲、媒体宣传、印制说明册、网络、问卷调查和书面意见等；内容设计上也特别注重通俗易懂、生动活泼。另一方面，两国共有的环境法院制度充分确保了社会公众的规划参与可行性，使得空间规划各方面工作的全过程都有多元主体参与。所以规划一旦制定，就是一个公平的、各方均满意的成果，规划很少被修改，严肃性得到了保证，便于贯彻落实。

在我国，虽然目前的规划公示程序已经比较完善，公众参与规划的意识也越来越强，但规划编制中的公众参与制度依旧停留在简单的政府网站公示层次，公众参与的手段单一，依旧停留在初级阶段。提高规划编制中的公众参与是紧迫的必要的，首先按照政务公开的要求，开放城市规划建立公众参与城市规划的实施细则和“自下而上”与“上下结合”的公众参与机制，同时加强对公众参与城市规划的专业培训和业务指导，逐步深化公众参与活动的形式与内涵。

7.5.2 注重空间规划的生态价值发挥

大洋洲短暂的发展历史和得天独厚的自然条件使得生态资源成为宝贵的财富。基于生态优先的考量，空间规划体系的核心内容之一便是最大限度发挥物质空间的生态价值，这不仅体现在非建设区域的生态环境保护与可持续利用中，也体现在开发建设项目中的生态附加值效益发挥上。换言之，大洋洲的空间规划体系很好地体现了经济发展与生态效益的并重，而不是为了保护生态环境而简单地限制发展。这基于大洋洲独特的地理环境与发展背景，我国应结合国情积极借鉴其中的规划策略与实施方法。

相比而言，我国现有的环境保护规划仍基本停留在“舍增长求环保”的初级阶段，并且环保法律体系仍然缺失。这种缺失体还现在环保规划与城市总体规划、土地利用规划的功效对比上，出于发展的考量环保规划往往被边缘化，城市总体规划、土地利用规划对环境的影响则往往缺乏妥善安排。同时，有关环境保护的监督薄弱，公众参与程度低也一定程度上造成了环境保护规划的效力不够。

第 8 章　非洲空间规划体系形成和演化规律及其机制研究

8.1　非洲简介

非洲是世界上古人类和古文明的发祥地之一，自然资源丰富，但经济发展水平较低。（图 8–1）根据世界银行的相关资料，截至 2013 年，非洲大陆包括周边岛屿在内，拥有约占世界陆地总面积 20.2%，约为 3020 万平方公里的土地；占世界总人口 15%，约 10 亿的人口；占世界 GDP 总量 2.7%，约为 1.7 万亿美元的 GDP 总额[101]（图 8–2）。

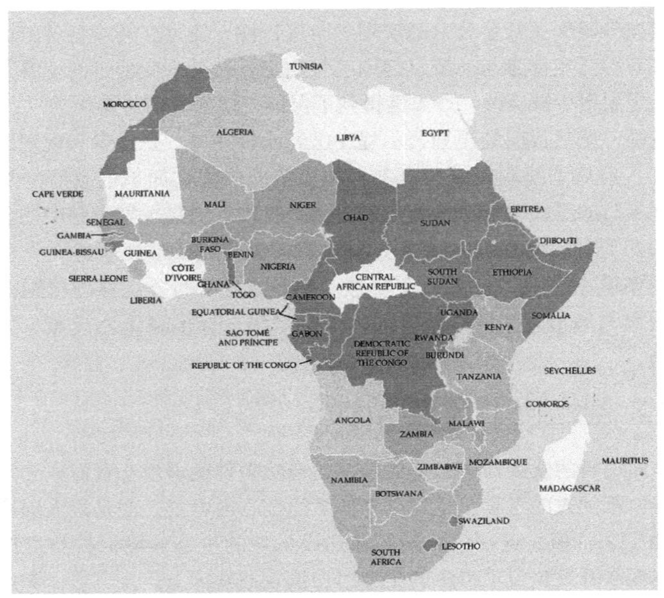

图 8–1　非洲国家分布情况统计

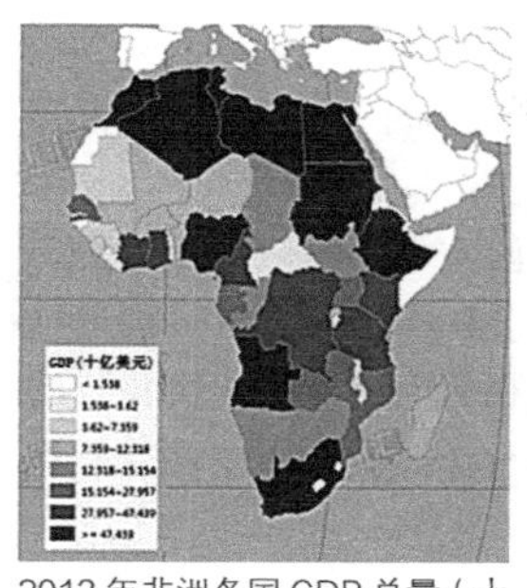

2013 年非洲各国 GDP 总量（十亿美元）

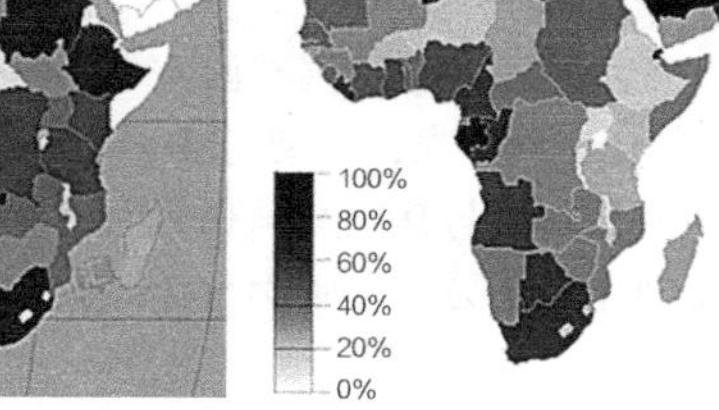

2013年非洲各国城镇化水平（%）

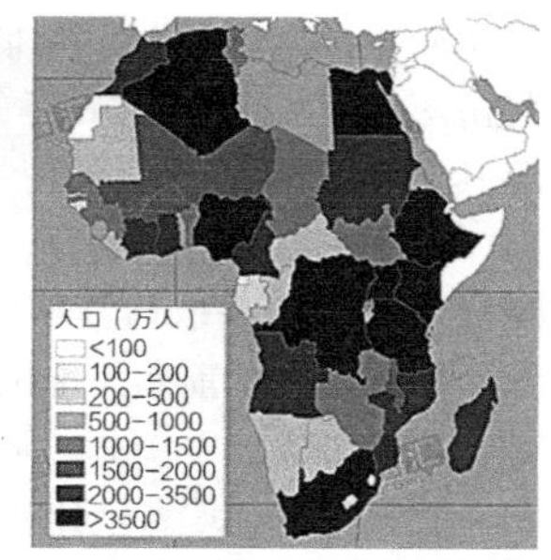

2013年非洲各国人口数量（万人）

图 8-2　2013 年非洲国家发展情况统计

由于历史、宗教、政治及社会经济等多方面因素的制约，非洲在全球属于城市化进程启动最晚、平均发展水平最低的大洲。然而仅就发展速度与城市化速度而言，非洲却是全球最快的地区。相关资料显示，1950 年非洲总人口比例中城镇人口仅占 14.4%，仅相当于当时世界平均城市化水平（28.4%）的一半，是当时世界上城市化水平最低的地区[102]。从第二次世界大战之后，国际局势趋于和缓，经济发展成为主线，非洲的城市化进程也进入了快速通道。近年来整个非洲在民主和经济增长方面取得了十分重大的进展，目前非洲的经济增长率平均约为 5%，正是通过建立国家空间规划体系等宏观规划手段，促进消除贫困、促进经济和城市建设发展的大好时期[103]。然而，非洲国家的空间规划体系建构与发展进程起步时间却相对较晚，与其城市化进程相比明显滞后。非洲的规划工作者们从 21 世纪初起开始致力于通过规划和管理手段改善非洲城市的发展状况，曾经先后组织了多次全球性的规划大会。由于在过去相当长的一段时间里，大多数非洲人从来没有试图塑造过他们正在居住或期望居住的城市的，2008 年非洲规划大会以此为背景，首次提出“21 世纪，非洲人民希望生活在什么样的城镇和城市?”的议题[104]。学界关于非洲国家空间规划体系的研究与讨论也随之形成一阵热潮。

8.2　非洲概况

非洲在政治、文化和社会经济发展水平方面，呈现出地区间差异显著、地区内存在较大同一性的特点。根据相关统计口径以及大部分学术研究的界定，习惯上以撒哈拉沙漠为界，将非洲分成撒哈拉以南非洲（又称黑非洲，Sub-Saharan Africa）和北部非洲两大部分进行研究。其中北部非洲以埃及、摩洛哥等国家为代表，其发展时间相对较长、经济水平相对较高，空间规划工作的启动也较早；南部非洲除南非、埃塞俄比亚、尼日利亚等少数国家以外，大多数经济落后，并被贫困与战争等问题长期困扰，多数国家的空间规划工作远不能满足其发展需求[105]。

从国家政治体制而言，非洲受前殖民地宗主国与西方主要经济援助国的影响较大，大多采取与其相同的政治组织方式，主要分为两种模式。一种是前英、法、西属的前殖民地国家，主要采取与其宗主国相仿的单一制中央集权国家形式，如埃及、南非、阿尔及利亚等；另一种则学习美国，形成了联邦制中央集权国家，如埃塞俄比亚、尼日利亚等。

从文化类型而言，撒哈拉以南非洲属于传统非洲文化区，北部非洲属于地中海－阿拉伯文化区。

当前非洲的城市化进程与规划发展状况呈现以下特点。

8.2.1 城市化起步晚，发展快

非洲的现代城市化进程主要起步于20世纪50～60年代。1950年非洲城市人口占总人口的14.4%，为同期世界平均水平的一半（28.4%）。从1960年代开始非洲城市化率迅猛增长，1960～1970年间，非洲城市化年增长率为4.9%，1970～1980年为5.0%，1960～1980年代非洲城市人口年均人口增长率居世界第一[106]。1970年非洲城市人口比重为23.18%，2007年非洲城市化率为37%，2008年非洲城市化率达39.1%[107]。2009年非洲城市化率达到39.6%[108]。尤其是近年来，非洲国家的城市人口增长速度，远高于同期亚洲、拉丁美洲等发展中国家城市人口增长速度和世界城市人口年均增长速度。据预计到2030年非洲城市人口将达7.6亿人，届时城市化率将达到50%（图8–3）。

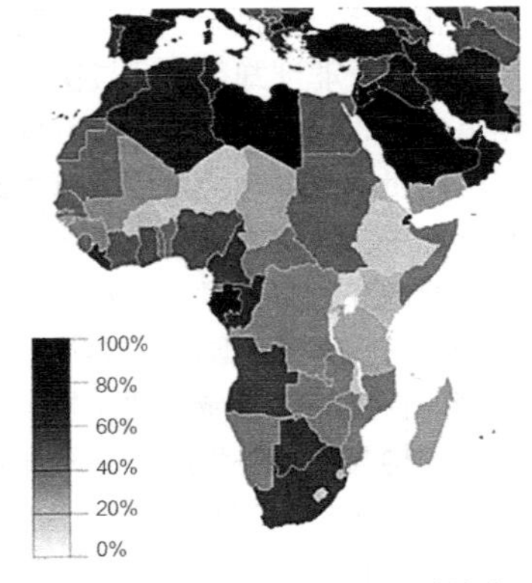

图8–3 2013年非洲各国城镇化水平情况统计

8.2.2 殖民地痕迹明显，经济基础与城市化进程不匹配

当代非洲的发展不会、也不可能离开独立时的基础和条件[109]。殖民主义仍制约非洲社会发展与城市化进程。殖民时期建立城市构成非洲城市基本格局。19世纪后半叶，欧洲各国殖民主义势力大举入侵非洲，非洲各国几乎全部沦为殖民地，为了满足殖民国家经济掠夺和政治统治需要，殖民者在非洲建立诸多殖民城市，非洲许多国家首都及大城市，如达喀尔、巴马科、拉各斯、内罗毕、达喀尔、阿比让、尼亚美、约翰内斯堡、金伯利、哈拉雷、卡萨布兰卡

等大都建立或形成于这一时期。在殖民初期城市的军事功能往往被列为选址的首要因素，因而城市多建在具有战略意义的军事要冲。交通方式和矿业集中地区是殖民城市建立另一因素，大多殖民城市建在河流沿岸和大河交汇地带，铁路枢纽和铁路沿线地区，公路枢纽和公路沿线地区。这种以满足殖民掠夺为目的而形成城市布局不尽合理，对非洲内陆经济缺乏拉动效应，它们仅仅是殖民者原料掠夺和商品输出的中转站，无论在经济、文化，还是在政治方面，殖民地的大城市都缺乏应有的竞争力。其共同特点之一是大多在被禁止发展本地工业基础的背景下建立的，仅仅旨在服务宗主国经济，城市化与工业化严重脱节。此时非洲的城市多数没有本地工业和经济发展的支持，仅靠大量农业人口涌入，导致城市人口急剧增多，城市规模迅速扩大。

畸形的经济结构也是导致非洲城市化与经济发展脱节的重要原因之一。从发达国家城市化进程上看，城市化水平高的国家，其经济发展水平也较高，两者之间呈现出密切的正相关。但是非洲高速增长城市化并未带来经济快速发展，城市化与经济发展长期脱节[110]。由于规模庞大的非正规经济存在，政府通过空间规划体系的调整改变国家经济发展的方向与方式的努力显得阻力重重，非洲部分国家的经济发展趋势甚至与高速增长的城市化率形成反差。非洲国家除 1960 年代初至 1970 年代中期经济发展较快外，1970 年代后大多国家经济出现停滞甚至衰退迹象。撒哈拉以南非洲 1970～1980 年工业增长率为 3.8%，1980～1993 年竟降至 0.6%，非洲多国贫困化趋势加剧[111]。全世界 48 个最不发达国家中非洲有 33 个，撒哈拉以南非洲地区 50% 的人口生活在贫困线以下[104]。

8.2.3 城市首位度高，城镇体系不平衡

非洲城市化进程中，所有城市并非均衡发展，首位城市、特大城市对人口的聚集作用较为明显，几乎所有非洲国家都越来越呈现出人口向少数几个较大城市集中的趋势，在某些情况下甚至集中到一个主要的城市中心。非洲长期遭受自然灾害和战乱影响。高人口增长率、重视工业轻视农业、重视城市轻视农村的经济发展政策，导致大量农民流入大城市。例如安哥拉的城市首位度高达 13.43，毛里塔尼亚为 11.41，几内亚为 10.19[101]，其他较为极端的例子还包括，马普托集中了莫桑比克 83% 的城市居民，而达喀尔、洛美、坎帕拉和哈拉雷的这一比重分别为 65%、60%、52% 和 50%。唯一例外的是尼日利亚。在尼日利亚，中心城市分布比较合理，在 1995 年有 14 个城市的人口均超过 100 万。

此外，非洲大城市的规模逐渐扩大，数量越来越多，这种现象在撒哈拉以南地区尤为显著。1960 年，在撒哈拉沙漠以南的非洲地区只有一个居民 100 万以上的城市中心——约翰内斯堡。至 20 世纪 80 年代末，阿比让、阿克拉、亚的斯亚贝巴、达喀尔、达累斯萨拉姆、德班、东兰德、哈拉雷、伊巴丹、喀土

穆、罗安达和内罗毕等也纷纷成长为100万以上人口的大城市。目前，100万以上人口的城市由1970年的8个增至2013的17个，50万～100万人口的城市由11个增至30个，甚至有两个城市已超过500万，一个城市（拉各斯）拥有超过1300万居民[112]。

过高的首位度导致城镇体系的严重不平衡，各类资源、政策、发展机会和建设项目大多集中在国家首都与少数几个大城市，这又进一步加剧了农村人口向少数大城市流动的现象，在加重政府公共管理与财政支出压力的同时，社会公平受到严重挑战。

8.2.4 两极分化情况严重

非洲城市两极分化体现在两个层面。从国际层面而言，非洲有南非这种的较为发达的地区，有约翰内斯堡、开普敦这样的服务现代化城市，也有几内亚、刚果这样的贫穷落后地区。在同一城市内，财富分配严重分化，2010年南非城市基尼系数高达0.73，纳米比亚高达0.62。城市中现代化的中心区及环境优美的城郊别墅区往往与贫民窟隔街相望。

造成此种现象的原因主要是殖民时期形成的城乡二元社会经济结构，以及殖民者在城市内环境条件较好的地段聚居的特权，这严重影响了非洲城市的发展。在西方殖民统治期间，非洲大陆的沿海、沿河、沿铁路和公路等交通枢纽处兴起了众多殖民城市，这些殖民城市具有较高的经济起点和发展水平，凸显现代城市的属性[113]。在这些城市里有电灯、自来水、卫生设施、交通设施、娱乐场所、医院、居民住宅、商店等现代设施，而在同一座城市中，殖民者聚居的地段，此类公共服务设施的质量更是远高于当地人居住的地段。现代化的大城市与传统落后的农村社会之间、交通便利设施齐全的殖民者聚居区与环境恶劣的当地人聚居区之间，形成了鲜明对照[110]。一边是财富的集中和文明富有的积累，而另一边却是贫困的加剧和愚昧、饥饿的增长，在同一个国家、同一座城市内出现两种世界的格局[114]。非洲国家独立后不仅没有改变这种二元制经济结构，而且进一步加剧其二元分化。

就空间规划角度而言，在漫长的殖民统治岁月中，非洲大部分城市所采用的城市规划法规、程序、机构设置和技术地图等都被深深地打上了其欧洲宗主国的烙印。宗主国无视这些非洲国家的生产力发展水平、文化政治背景和资源条件，强行照搬发达国家城市治理模式和调控办法带来的“殖民式城市化”，其恶果日益彰显。在许多非洲国家，城镇体系的原始结构是为追求殖民地的资源剥夺而建立的。在殖民地的城市体系下，社会被严格地进行分割，社会阶层也因特权而被定位。因此，殖民城市规划最突出的特点之一就是城市空间被用来分离和控制殖民者与当地居民之间的联系，这样就形成了殖民者生活的“现代”城市和当地居民生活的“当地”城市两个明显不同的区域。这种双极特征保存至今，在空间上表现为新城市精英们所生活的正规结构地区和大多数城市贫民所生活的非正规结构地区。

8.3 非洲国家空间规划体系构成及特点

8.3.1 非洲国家空间规划体系构成

当前非洲国家空间规划体系的构成主要包括两种类型的规划内容，一是空间规划，二是经济发展规划。二者均可细分为国家、省际、地方三个层面。

就空间规划而言，部分非洲国家正在开始着手制定国家层面的空间体系规划，部分国家，如埃及和南非，已经完成了相应的规划编制，实施情况也相对理想。在省际层面，非洲国家往往将空间规划与经济发展紧密相连，尝试制定省际空间经济发展战略，从而从宏观战略角度，以经济增长为出发点，安排省内空间利用开发方式与方法。在地方层面，空间规划通常被纾解为微观的地区空间体系框架与地区土地利用计划，从总体规划和详细规划两个层面科学、合理地管控当地空间的开发与利用。

而就经济发展规划而言，非洲部分国家积极学习其他发展中国家的经验与教训，尤其是金砖四国中中国的发展经验。在国家层面，组织编制综合性的国家经济发展规划，例如埃塞俄比亚已着手编制符合本国国情与特色的“一五计划”——《埃塞俄比亚联邦民主共和国五年增长与转型计划（GTP）》[115]。与此同时，部分国家如南非，还制定了国家层面的行业政策及发展规划，以期为具体行业的发展制定适当的战略。在省际层面，大部分非洲国家均着手制定省级经济增长与发展战略规划，对国家经济发展规划进行具体的分解和安排。在地方层面，非洲国家通常采取编制地区综合发展计划与居住、交通等行业政策及规划，对上层经济发展规划进行进一步的细化。

非洲国家当前的空间规划体系与经济发展规划体系在各级层面上均呈现密切的相关，表明非洲国家政府已经意识到空间合理管控与有效利用对于经济发展的巨大影响，以及经济发展过程中对于空间的特殊需求。因此，在各级层面上，空间规划体系和经济发展规划呈现相互补充，互为表里的特点。在经济发展过程中，遵循经济发展的自身规律，合理安排空间开发与利用；在空间开发过程中，尊重市场规律，合理引导资本与技术的空间流动，合理布局重大基础设施，促进经济的快速、健康发展。

8.3.2 非洲国家空间规划体系特点

由于受到殖民主义残留的影响，部分非洲国家已经习惯于接受外部势力强加给他们的事物，空间规划体系也不例外。作为殖民地遗产和不协调发展策略的产物，非洲国家的城市以极端的社会经济不平等和不平衡为特点。殖民地时期的规划也一直是作为帮助政府实行种族隔离政策和划分社会经济空间工程的手段。然而，到了后殖民地时期，伴随着城市人口的快速增长，以及复杂的社会经济因素，原有的殖民地城市体系机能遭到损害，而原有的民族文化和基本国情也没有得到足够的尊重，以至于在崎岖不平的城市化道路上城市危机逐步突显，规划由此被赋予了新的任务，包括重整社会经济空间，文化空间以及环境景观空间等。

通过 1989 年“华盛顿共识”等经济配套政策，西方将一整套“民主制度”照搬给非洲，包括民主、廉洁而高效的官僚体系和司法体系，保护私有财产等。然而在照搬西方政治、经济和民主制度的同时，很多相关配套机制并未建立。非洲大部分国家规划实施和管理尚处在起步阶段，尚未形成完整的体系。

当前非洲国家空间规划基本呈现以下特点：

1. 在国家层面，已经编制完成了大量的空间规划项目，主要作为政策工具；

2. 中微观规划项目相对缺乏，配套政策不足，缺少有效的实施和监督机制；

3. 主要从经济发展角度编制空间规划，无法有效影响现存规模庞大的非正式经济；

4. 规划实施缺乏持续性，多随政局变动而改变，随意性较大；

5. 多由外部国家或组织帮助编制，本国自主编制能力有待提升；

6. 部分经济条件较好的国家广泛开展空间信息基础设施建设，积极参与国际合作项目，大量使用 GIS 等数字化工具辅助规划工作。

总体而言，由于非洲部分国家采取多党制，各政党轮流执政，受到各方面因素的影响，政治局势缺乏稳定性，导致政府频繁更迭。在多党竞选的过程中，宏观层面的国家空间规划与微观层面的地方及社区空间规划经常被政客作为其施政理念的展示工具，甚至是用于争取选票的短期竞选红利。因此，国家空间规划和微观空间规划被大量制定，但中观层面起到承上启下作用的空间规划就处于缺失的状态，上不能细化分解宏观规划的目标与安排，下不能对微观规划起到有效的引导与管控，处于尴尬的境地。联合国开发计划署非洲开发计划委员会高级官员指出，考虑到非洲当前的经济发展水平与社会发展条件，合理的非洲国家空间规划体系因由“国家—省际—地方”三级体系构成，就规划项目的数量与内容而言，应呈现中观丰富，宏观与微观精简有效的“纺锤型”空间规划结构体系（Masoom Hamdard，2012）[116]。但非洲当前的情况是空间规划体系呈现“沙漏型”结构，在宏观与微观层面空间规划数量庞杂，但在中观层面的规划严重缺乏，导致了空间规划体系的不平衡，宏观目标难以具体落实，微观规划缺乏上位指导（图 8–4）。

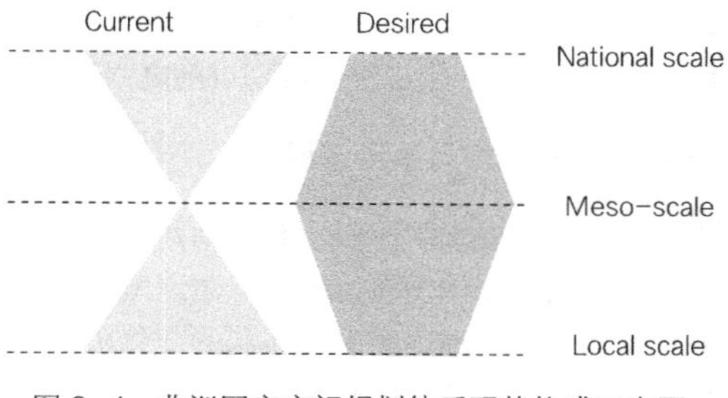

图 8-4　非洲国家空间规划体系现状构成示意图

8.4　非洲国家空间规划体系分类与演变发展历程

8.4.1　非洲国家空间规划体系分类

非洲各国空间规划体系与行政区划、政府组织形式密切相关。空间规划主要目的是为经济发展服务。

从空间规划的关注重点来看，主要可分为以下三类：

1. 区域经济发展政策：重要的、国家投资建设的工业或基础设施项目的空间分布。反映作为中央集权国家的行政本质。国家主导经济发展型。

2. 土地利用规划：城乡建设发展通常以市场为主导，规划的主要目的是调节市场开发，对土地利用进行一定程度的限制，避免资源浪费。

3. 城市设计和环境美化：集中关注城市建筑或风景优美的地区，强调通过规划引导自然和文化遗产的保护与合理再利用。

从空间规划的规划内容来看，主要可分为以下五类：

①资源（区）开发规划：非洲各国在早期经济较为落后的时期，主要依靠资源出口维持国家经济，空间规划主要服务于资源或资源区的开发。

②基础设施开发规划：在资源开发至一定程度之后，围绕资源周边和国内重要城市之间形成了工人集聚的居民点和交通运输的廊道，逐渐演化为“节点—廊道”型的区域空间体系。针对经济和社会生活需求，非洲国家进而进行了基础设施开发规划。

③经济开发区空间规划：伴随全球化进程，非洲国家进一步开放，针对外资投资的具体需求，开展了经济开发区建设，空间规划内容侧重于经济开发区内部空间合理布局，以及各经济开发区与国内主要城市之间联系通道的规划布局。

④城市绵延带规划：非洲部分经济发展水平较好的国家，随着资源开发和经济开发区建设的逐步完成，国内部分区域形成了城市绵延带，如埃及北部地区和南非豪登（Gauteng）地区等，外国政府和组织开始尝试介入研究和空间开发规划。

⑤跨国 / 区域经济合作开发区规划：少数经济发展水平较高的非洲国家间，正逐渐形成跨国 / 跨区域的经济合作，空间规划也随之跟进。

8.4.2 非洲国家空间规划体系演变过程

非洲多数国家由于经济发展水平有限，政局动荡，大部分国家空间规划尚处于起步阶段，成熟的空间规划体系有待形成。非洲国家空间规划的发展与政治格局的变化紧密相关，参照非洲国家政治体制的变化历程，作为重要政策工具之一的国家空间规划体系的发展过程也可归为四个阶段[117]：

（1）大独立初期的 20 世纪 60 年代——多样化探索时期

第二次世界大战之后，非洲大陆掀起了一阵民族国家独立的浪潮，在这一过程中，各国均就其政治体制与发展战略进行了多样化的尝试，多数国家迅速选择了多党制，各国空间规划也对各类不同的模式进行了探索。部分选在留在宗主国政体内的国家，其规划模式也同样遵照宗主国空间规划模式进行，例如南非在退出英联邦之前，一直遵照英国空间规划体系确立的模式与方法进行运作。另一部分非洲国家与西方主要援助国达成妥协，寻求经济、政治、军事援助，但由于受到西方主要援助国的强力影响与控制，这些国家大多被强加了西方规划模式，生搬硬套之下产生了诸多的问题，有些甚至绵延至今。其余国家选择保持或谋求独立地位，此类国家的空间规划体系大多选择学习当时发展较为成功的先进国家模式，结合自身特点，做出了有益的探索，为今后的发展提供了经验与教训。

（2）20 世纪 70～80 年代——宏观强力规划确立时期

20 世纪 70～80 年代，随着非洲多数国家走出此前相对动荡的政治局面，民族主义政党纷纷取得政权，并逐渐形成一党专制的权威统治格局，部分国家开始了长达数十年的强人统治甚至是独裁的政治模式中。在这一时期，各国大多呈现强烈的中央集权趋势，各国政府得以在全国大部分地区执行一套持续时间较长的宏观强力空间规划，在此影响下，非洲国家的重大基础设施建设得到部分推进，部分空间发展战略逐渐显露雏形。

（3）20 世纪 90 年代～21 世纪初——西方模式移植时期

自冷战之后，非洲大陆再次兴起了一股追求西式“民主”的热潮，多数独裁政府在西方力量的干预与支持下被推翻，多数国家一党专制的政治局面被打破，形成了自 20 世纪 60 年代以来，第二次多党制的浪潮。在这一过程中，伴随着外部力量的政治、经济、军事援助，非洲各国在经济发展的同时，受到外部力量的影响也逐渐加强。部分国家基于前期探索的失败经历，转而选择移植西方现代空间规划理念与模式。少数国家的空间规划进程随政局变动而产生频繁变化，甚至一度被战争打断。

（4）21 世纪初至今——结合自身国情，渐进改革时期

进入 21 世纪，和平与发展成为世界政治的主题，对非洲国家主权与尊严

的重视也成为各大外部力量的共识之一，非洲逐渐从动荡的政局和战乱中走出。在这一过程中，部分地区大国积极参与地区事务，其区域影响力日渐提升；大部分国家，结合自身国情，推进渐进式改革，在国内进行综合统筹，在国际间鼓励交流合作。部分经济条件较好、政治格局相对稳定的国家，经过一段时期的假设，国内形成了相对平衡的城镇体系，少数大区极核得以建立，并成为带动区域经济发展和技术进步的新中心。

8.4.3　非洲国家空间规划体系发展模式

整体而言，非洲国家现代空间规划体系的建立与发展，主要可分为两种模式。

（1）城市群（Megalopolis）模式

在全球化动力机制下，城市空间向外扩张，城市与区域结合速度加快。传统以城市为基础的城市化，开始向以区域为基础的城市化转变，形成巨型城市区域。这些城市区域沿交通干线延伸便形成了带状或线状城市走廊（Urban Corridor）。对于埃及、南非等经济条件相对较好的国家而言，随着其城市化发展，城市空间开始向外围扩张，在主要核心城市的影响下，临近的大城市之间逐渐形成了以城市群为发展模式的城市化空间。与此同时，这些远离都市污染、交通拥堵且地价昂贵，而又紧邻市场、服务设施和各种办事机构的城市群外围地区迅速吸引了大批企业和定居点聚集在它们周围[110]。这样，城市化就开始沿线状走廊地域不断推进，开始从一个城市中心蔓延到另一个城市中心。

就非洲城市群发展状况来看，埃及北部三角洲城市区及其内部三大城市群发展最为显著，是整个非洲区域城市化的典型代表。2007 年埃及北部三角洲拥有占全埃及 76% 的人口，集中了埃及几乎全部工业活动。在该区域内部，经济与人口又高度集聚在以大开罗为核心的大开罗—苏伊士，大开罗—亚历山大，大开罗—伊斯梅利亚–塞得港等三条城市群地带，超过 50% 的区域内工业产值集中在这三大城市群沿线。目前该区域城市群具有两大特征：

第一，城市交通便捷。良好的交通运输网络对城市群经济的运行具有十分重要的作用，目前埃及北部三角洲城市走廊已经形成了通达性较强的交通设施网络。其中，区域内便捷的高速公路网主要包括：大开罗–伊斯梅利亚—塞得港高速公路；开罗—苏伊士高速公路；开罗—亚历山大高速公路等骨干交通线路以及围绕它们展开的各级交通体系[110]。区域内高效的国际航运体主要包括：开罗国际机场和西吉萨（Giza）国际机场。2001 年开罗国际机场的旅客流量为 830 万人，2007 年超过 1250 万人。区域内繁荣的海运—港口体系主要由塞得港、苏伊士港和亚历山大港共同组成。其中亚历山大港是埃及最重要的港口，目前埃及外贸出口总量的 60% 是经由亚历山大港完成的，2006 年该港口承载货物运输量高达 74 亿吨。完善高效便捷的交通网络，使区域内城市联系与合作进一步加强，促使地区一体化趋势加快发展。

第二，在土地利用方面呈现出由单一功能向复合利用发展的趋势。在早期，沿高速公路发展的带状土地主要是用于开发荒漠发展农业的，但是随着大开罗地区地价上涨以及商贸服务业的快速发展，城市经济功能迅速外溢，土地利用方式开始由农业用地向工业用地和城市建设用地类型转化。目前区域城市群内土地利用可分为三类。其一为农业用地，如大开罗—亚历山大城市群内有4200公顷的土地用于种植出口型农业作物，约占全部土地面积的40%，据统计1982～2006年的农业产品产量占到了埃及农业出口总量的37%。其二为工业用地，城市群内部便利的通达性使得那些受交通因素影响重大的公司企业迅速向链接大城市间的交通走廊沿线聚集。这种工业用地沿线集聚的现象在大开罗—亚历山大城市群、大开罗—塞得港城市群中表现得尤其明显。连接大开罗与塞得港的这条成群被埃及政府规划为联系埃及与东南亚制造业的重要枢纽地区。其三为住宅用地。埃及北部三角洲的城市群地区中除了两侧的主要城市外，其内部还存在着许多节点。这些节点以住宅区为主要空间利用形式。值得一提的是，在这三种主要用地功能以外，近年来在开罗—亚历山大城市群中还出现了集商业、旅店与高科技园区等多种功能于一体的"智慧谷"（smart village），至2008年底这些智慧谷已容纳2万多专业工人，120多家国际公司。

埃及北部三角洲城市群是非洲各区域城市化的典范。随着城市群的进一步发展，空间规划必将发挥更大的影响。同时，非洲的城市化或许也将大多沿着线性地域不断推进。但在城镇群发挥重大经济效能与社会效能的同时，也产生了许多问题，如对农业用地的侵占、交通设施需求提升以及环境污染扩大等。

（2）资源—交通开发模式

对于大部分非洲国家而言，现代城市化进程启动的时间并不遥远，国家空间规划体系的作用与影响也较为有限。对于以初级资源出口为支柱的非洲国家而言，在经济发展的同时，围绕资源点与其之间交通线路而自发形成的空间利用模式更为多见。这种模式的空间发展历程主要包括以下四个阶段：

第一阶段，资源开发时期。在这一时期，空间利用的重点在于资源点的开发与建设，规划的重点在于增加资源点数量与产能，兼顾大量涌入的工人的日常需求。

第二阶段，基础设施开发时期。随着对资源点的进一步开发，大量的工人与服务业者聚集在以重要资源点为核心的地区内部，人口密度提升的同时，对基础设施和公共服务设施的需求压力日渐增大。为了保持对资源相对稳定的开发，非洲国家中央与地方政府纷纷选择加快重要资源点周边的基础设施建设进程，相应的空间规划也随之被制定实施。

第三阶段，经济开发区时期。随着世界经济全球化进程的进一步推进，部分受劳动力成本影响较大的企业纷纷将目光投向非洲，在部分基础设施建设较为完备、社会局势相对稳定的地区进行投资开发，逐渐形成了一批由外来资本主导的经济开发区。在此类经济开发区的规划建设过程中，中国规划师广泛参与其中，完成了一批诸如尼日利亚—广东经贸合作区规划、晋非经贸合作区规划、埃塞俄比亚东方工业园规划、苏伊士经贸合作区规划等高质量的规划项目[118]。

第四阶段，城市群时期。随着区域内要素的高速交换以及围绕区域支柱产业展开的产业链的进一步延伸，配合区域重大基础设施在大城市之间的建立，非洲少数经济条件较为优秀的国家，如埃及、摩洛哥、南非、尼日利亚等国的部分地区，出现了城市群。作为区域经济高效发展的重要载体，城市群的规划建设逐渐被各国政府所重视，国际组织和各国学者也纷纷参与到非洲城市群的规划研究与建设进程中。

8.5　非洲国家空间规划体系发展趋势

根据发展中国家城市化发展的一般规律与当前非洲国家发展中所呈现出的特点，预计非洲未来的国家空间规划体系将出现以下发展趋势：

8.5.1　中小城市迅速发展，大城市的相对重要性有所减弱

20 世纪 60 年代非洲国家全力以赴推行工业化战略，力图以工业化带动经济的全面发展，工业化推动城市化，该时期非洲城市人口增长速率一直居世界前列，2005～2010 年非洲城市化年均增长率达 3.31%，同期西非和中非地区更是高达 4.03%[110]。尽管非洲城市人口仍将保持持续的增长趋势，但是 20 世纪 90 年代后，非洲城市人口增长速度呈现出了下降的趋势。1980～1990 年间非洲城市人口增长率为 1.7%，1990～2000 年降为 1.5%，2000～2010 年间下降为 1.3%。由此可见，非洲各地区的城市增长率均出现下降趋势（表 8-1）。

1980 ～ 2010 年非洲各地区城市增长率（%）情况比较　表 8-1

地区	1980～1990 年	1990～2000 年	2000～2010 年
非洲	1.4	1.2	1.1
北非	0.9	0.5	0.5
东非	2.1	1.8	1.5
西非	1.2	1.5	1.4
南非	1.5	1.4	1.1

非洲城市增长率下降趋势与以下两个原因密不可分：（1）结构性调整计划实施和农村地区经济状况改善。“结构性调整”是非洲国家自独立以来第一次

大规模的经济改革运动，该项改革涉及 3/4 的非洲国家，通过多种政策措施调动农民生产积极性，促进农业发展。结构性调整计划在农村创造了比城市更高的收入，因此削弱了农村居民向城市地区移民的动力[119]。(2) 城市生活环境恶化。人口的大幅增长与极度贫穷成为非洲城市发展过程中的主要现象。大批农民的涌入使得非洲城市正逐渐面临崩溃的边缘，城市性贫困已经成为非洲城市化瓶颈。据统计，2000 年苏丹、中非共和国城市居民生活在贫民窟中的比例分别高达 94.2% 和 94.1%。在非洲较为发达的国家南非，其基尼系数从 1995 年的 0.596 上升为 2001 年的 0.635，在一些城市甚至达到了 0.7，这种不公平造成了严重的社会问题。此外，非洲大部分城市的基础设施建设滞后于城市人口增长，在伊巴丹只有 3% 的城市居民能够使用自来水，在拉各斯只有 9% 城市居民可以享受到市政服务。城市人口畸形膨胀，超越了城市自身承载力，这就造成了严重的“城市病”。城市生活环境恶化减弱了城市吸引力，致使非洲城市增长率有所减缓[120]。

由于大城市承载能力有限，中小城市的发展成为一种必然趋势。随着非洲城市人口的不断上涨，可以预见在未来的 20 年里，非洲城市将不得不为越来越多的城市人口提供各种生活与服务设施。因此对于非洲国家来讲，发展中小城市对于缓解大城市的人口压力是一条可选途径。当前中小城市迅速崛起、大城市相对重要性减弱的趋势在非洲已经初露端倪。目前非洲城市增长人口中的约 2/3 都被人口在 50 万人以下的中小城镇所吸纳[110]。这种现象的出现一方面是由于政策的影响，如埃及为了缓解首都开罗的人口压力，在开罗外围兴建大批卫星城，如十月六日城，萨达特城等。另一方面农村人口向城市迁移率的下降也是促使中小城市发展的一个原因。近来一些东非中小城市发展的经验表明，中小城市完全有可能成为区域内新的发展核心。如肯尼亚的埃尔多雷特和基西，坦桑尼亚的阿鲁沙和姆万扎，乌干达的恩德培，马达加斯加的塔马塔夫和马任加。这些中小城市的发展显示，如果政府能为中小城市发展创造良好环境，加强对公共领域进行投资（尤其是基础设施方面），那么这些城市有可能吸引更多私人企业进入。这些中小城市在生产、分配、商贸以及生活服务等方面所承担的职能，在地缘上将有利于国内城市发展的平衡，有利于区域内部经济与社会发展平衡。总之，中小城市迅速发展是未来非洲城市发展的一大趋势。

8.5.2 跨国城市群是非洲未来发展的重要趋势

目前非洲绝大部分城市群主要集中于一国范围内，如埃及的开罗、亚历山大、塞得港、伊斯梅里亚和苏伊士间的城市群；尼日利亚的拉各斯—伊巴丹城市群；摩洛哥的盖尼特拉—卡萨布兰卡城市群；南非的豪登城市群。可以预见在不久的将来，随着非洲区域一体化的加强，城市群的发展将跨越国界。这一趋势已初见端倪，最显著的例子是伊巴丹—拉各斯—科都努—洛美—阿克拉城市群。该走廊将尼日利亚、贝宁、多哥以及加纳等国重要的沿海城市连接起来。随着城市化水平的提高以及各城市间的协调发展，跨国城市群的形成将成为必然。从当前角度看，跨国走廊的形成可能是自发而无序的，由于跨国城市群规模巨大，再加上跨国城市群所面临的领土、主权等方面的复杂问题，必将给跨国城市群带来诸多发展的困难。但是考虑到跨境走廊的巨大经济潜能，对跨国城市群空间发展的研究与规划将是非洲国家政府必须正视并妥善解决的问题。

8.5.3　解决城市发展顽疾将是非洲国家空间规划的重要任务之一

非洲畸形的城市化给非洲城市带来了住房拥挤、失业加剧、自然灾害应对性差等方面的城市问题。由于非洲各国政府很难在短期克服城市发展顽疾，城市发展顽疾将长期存在于非洲各大城市中，并成为制约非洲城市发展的主要障碍。因此妥善运用空间规划手段解决城市发展的问题，将是相关规划师与研究人员的重要课题。

8.6　小结

总体而言，非洲空间规划体系发展尚处于起步阶段，部分较为发达的国家（如南非、埃及、尼日利亚），或是具有规划传统的国家（如埃塞俄比亚）的空间规划体系发展历程中，充满值得非洲各国学习的经验与教训。

随着成功国家及国际组织的帮助与支援，非洲各国正逐渐驶入社会稳定、经济发展的正常发展轨道。洲内各国、各区域和各城市的规划法案、规划编制、职能分工正逐渐得到明确，未来伴随着非洲一体化进程的推进，空间规划体系将得到进一步的完善，并向现代综合型转变。

第 9 章　欧洲空间规划体系形成和演化规律及其机制研究

9.1　欧洲简介

9.1.1　欧洲经济社会发展概况

欧洲位于东半球西北部，是世界上经济较为发达的洲。大多数国家为发达国家。欧洲大陆架面积为 318 万平方公里，岛屿面积为 75 万平方公里。2014 年统计总人口数约为 7.4 亿。欧盟成员国（28 国）2013 年人口总数约为 5.06 亿。欧洲经济较为发达，2013 年人均 GDP 为 34038 美元，在各大洲排名中位于前列。但欧洲内部差异较大，总体来说，西欧和北欧、中欧较发达，而西南欧、南欧和东欧相对落后。下文将从经济（人均 GDP）、受教育程度（入学率）和劳动力市场（就业率）三个角度进行分析[121]。

欧洲的核心地区（包括伦敦、巴黎、米兰、慕尼黑和汉堡等大都市在内）容纳了近40%的人口，创造了占欧盟50%的GDP，覆盖了20%的疆域。而在欧盟的南部边境，葡萄牙、西班牙和意大利南部，人均GDP仅达到欧盟平均水平的50%～65%。（数据来源于欧盟统计局）。下图为欧盟28个成员国2011年人均GDP的高低空间分布。以购买力标准（PPS）为衡量标尺，设定欧盟成员国平均值为100，各成员国的PPS数值范围如下。北欧和中欧人均GDP较高，西欧、南欧次之，东欧、东南欧人均GDP较低。从成员国来衡量，最高成员国为卢森堡（266%），最低成员国为保加利亚，为平均值的43%；从划分区域基本单元来衡量（NUTS2），最高值为英国内伦敦地区，3倍于平均水平（321%），最低地区为罗马尼亚东北部，仅为平均值的29%。

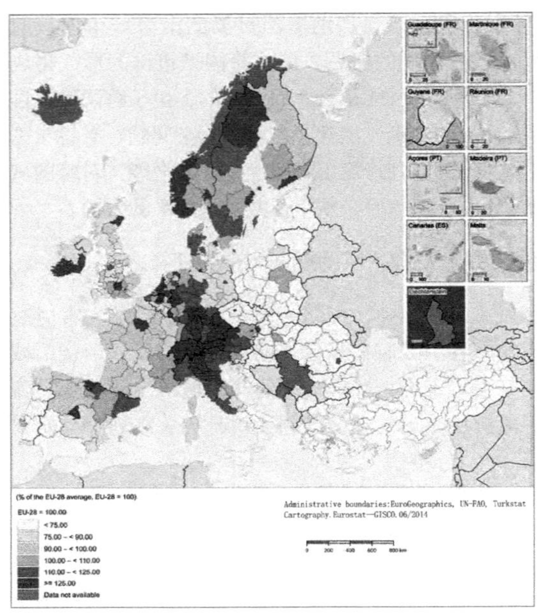

图9-1　欧盟各区域人均GDP比较

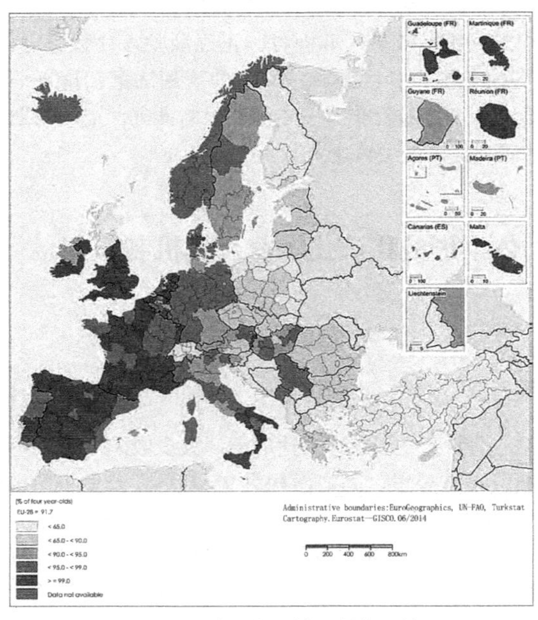

图9-2　欧盟各区域入学率比较

从受教育程度来比较，下图为欧盟成员国2012年4岁儿童的入学和进入学前教育率分布。北欧各国、英国、法国、丹麦、比利时、卢森堡等国接近达到95%；而希腊、克罗地亚、波兰等国不及70%。

从就业角度来看，下图为欧盟成员国2012年就业率空间分布图（NUTS2）。高就业率的区域为西北欧和中欧，特别是瑞典、德国、荷兰、奥地利等国，达到75%以上，瑞典某一区域甚至达到了86.4%；而西班牙南部和意大利、希腊、克罗地亚、匈牙利等国与之形成鲜明对比，基本低于60%，最低的区域仅为43%。

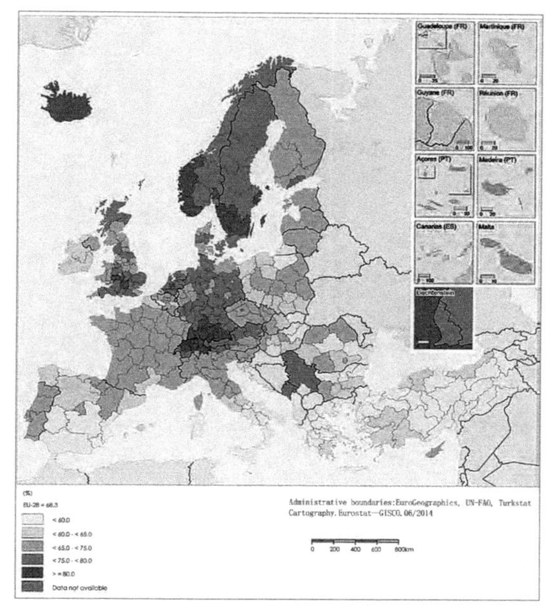

图 9-3　欧盟各区域就业率比较

而欧洲人口版图与经济版图基本相似，但伴随着人口老龄化程度的增加，核心区域的人口有下降趋势，边缘区域（南欧、东欧）人口增长较快。根据2011年的统计数字，人口密度较大的区域仍为西北欧和中欧，但老龄化趋势也十分明显，从出生率和抚养率来看，土耳其未来将成为欧洲人口增长最迅猛的地区，而西欧一些国家，德国和西班牙则面临人口衰退的颓势。

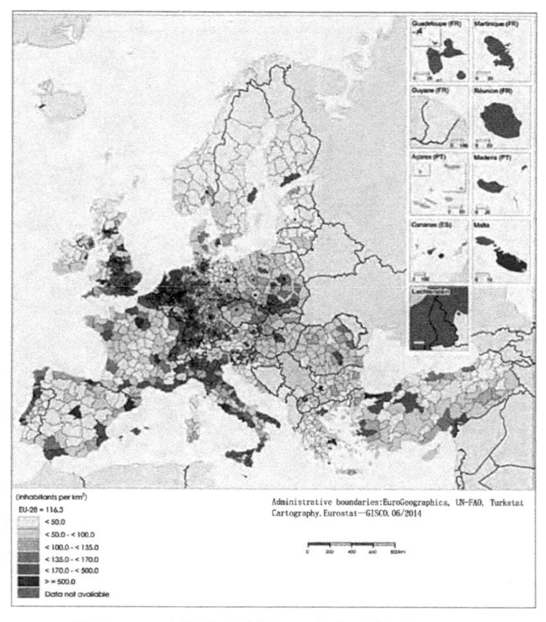

图 9-4　欧盟各区域人口密度比较（2013）

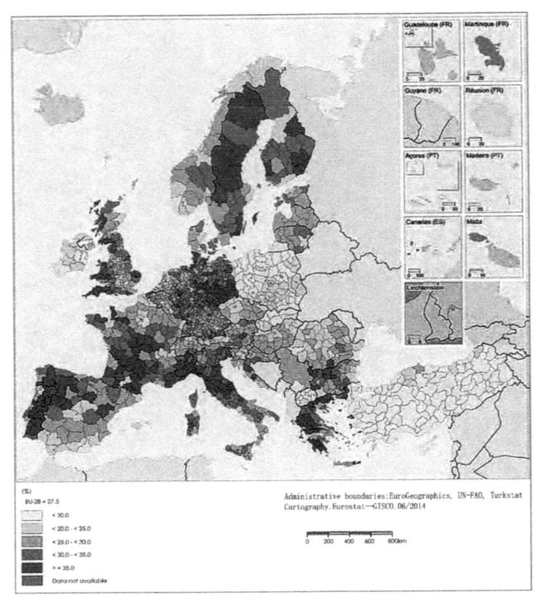

图 9-5　欧盟各区域老龄化率比较（2013）

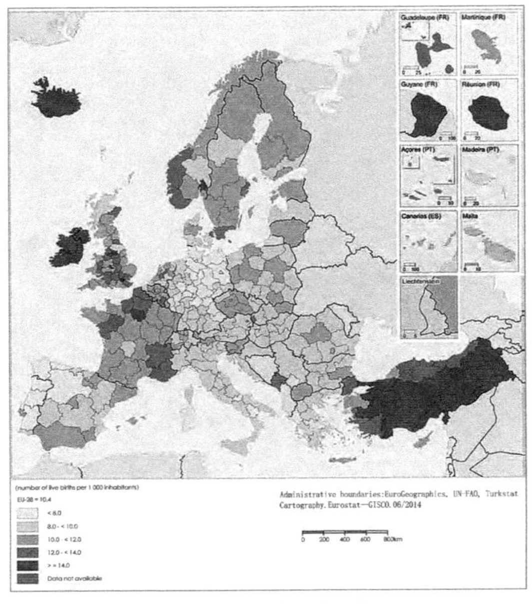

图 9-6　欧盟各区域出生率比较（2012）

9.1.2　欧洲历史发展

欧洲历史悠久，曾诞生过古希腊、古罗马这样著名的古典奴隶制国家，也在近现代历经三次科技革命浪潮，在二战之前成为世界的中心，目前正在以欧洲一体化、构建欧盟为强力推进器，力图重新在多极化世界中占有一席之地。

古希腊是世界著名的文化古国，其实行的雅典民主制度和民主精神至今对欧洲仍有深远影响。古罗马的强盛，加速了欧洲内部的文明进程，加速了地中海文明向欧洲更大范围的拓展。中世纪时期，基督教的广泛传播及对欧洲的精神统治，从侧面上来说也提高了欧洲同质化程度。古希腊、古罗马古典文明随着基督教的传播和日耳曼文化融合在一起，希腊人关于自然和世界的抽象概念以及民主政治观念、罗马帝国政治制度和罗马法的法律精神以及日尔曼的习俗观念都蕴涵在全面基督教化的西欧社会中，形成欧洲文明的基础。

文艺复兴、资产阶级革命以来，则形成民主政治和资产阶级文化，民主政治、人文精神、个人主义、理性主义等一些重要的价值观念，各国实行本质上相同的资本主义民主政治制度和市场经济体制。

9.1.3　欧洲统一性与差异性并存

相比于其他大洲，欧洲幅员较小，除英国及其他少数岛国外，大部分国家均处于欧洲大陆，地理分割作用弱，相互之间经济、社会、文化交流程度高，并且从古至今多次区域性大帝国的建立也大大加速了欧洲各国经济、政治、文化之间的融合。但从欧洲内部来说，差异性也一直存在。从经济角度来看，欧洲内部存在着严重的经济不平衡。欧盟的中心地区，包括伦敦、巴黎、米兰、慕尼黑和汉堡等大都市在内，集中了大量的资本和高尖端人才及发展机会，与西南欧和东欧相比差距较大，形成了明显的"核心—边缘"结构。

从政治角度来说，各国形成之初的政治根源不同，此后的发展路径也不同，中央与地方的关系不同，集权与分权的程度不同，到今天形成了不同的国体和政体。1990 年以前，东欧国家照搬苏联模式，实行社会主义制度；西欧则继续使用资本主义制度，形成"两大阵营"。即使在西欧普遍的资本主义民主制度中也存在差异，以西欧的"三驾马车"为例，法国为单一制中央集权型国家；英国为单一制地方分权型国家；德国为单一制联邦分权型国家。从法律体系角度来看，以征服了全世界的两大法律体系为例，一是安格鲁——撒克逊法（或称普通法），而是罗马日耳曼法（或称成文法），前者产生于英国，而后者产生于欧洲大陆。

从文化角度来说，不同时间欧洲文化的主流不同，不同区域，英国与欧洲大陆，北欧与南欧之间均存在明显差异。例如希腊神话与北欧神话的共存与对立，浪漫主义与理性主义的此起彼伏等，埃德加·莫兰（Edgar Morin）在《反思欧洲》中认为："欧洲的特质不在于新东西的产生，而在于新旧事物的对立。换言之，在欧洲文化生活和发展进程中重要的是多样化、竞争和互补性之间多产的结合，也就是它们之间的对话机制[122]。"

欧洲政治、经济、文化等方面的统一性和差异性的影响在各国的空间规划体系发展进程中均有所体现，由于差异性，各国的空间规划起源类型不同，但发展的趋势，中间的波动有相似性，并且都向着一个方向，一个既定的、理想的空间规划模式演进。

9.2　欧洲空间规划体系概述

9.2.1　空间规划体系分类

空间规划并不是专指某一类规划，而是一个整合的、协调的、具有战略性的规划体系。国家空间规划体系是一个国家工业化和城镇化发展到一定阶段，为协调各类各级空间规划的关系，实现国家竞争力、可持续发展等空间目标而建立的空间规划系统。各国的经济、社会发展历程和现状不同，空间规划体系的建立初衷、管制手段、主要内容和实施效果均不尽相同。世界上通常可以分为以下四种类型的空间规划体系，对于欧洲而言也是一样，欧洲国家既有每一种类型的典型代表，又有混杂了多种体系的混合空间规划体系。

（1）区域经济发展政策型：这一类型的空间规划的编制目的是追求一定的社会经济发展目标，是增长和发展的规划[6]。规划重点是确定重要的、国家投资建设的工业或基础设施项目的空间分布，由国家来主导和调控经济发展。更关注公平，消灭不平等，追求广泛的经济目标。反映作为中央集权国家的行政本质。以法国和葡萄牙为典型国家。

（2）综合型：依靠国家强制力从经济、社会、环境、交通等各个方面引导城市和乡村的发展[123]。更关注于全面的、可持续的发展。重点更多地放在空间协调而不是经济发展上。以荷兰和德国为典型国家。德国的联邦空间规划法要求必须通过综合性、系统性、不同层级的空间规划来确保联邦全部空间均衡发展，保障人均生活条件的均等化。为此，必须协调不同需求下的空间并平衡与规划有关的各种空间冲突。

（3）土地利用型：城乡建设发展通常以市场为主导，规划的主要目的是调节市场开发，对土地利用进行一定程度的限制，避免其对自然环境和公共利益造成过大的负面影响[123]。以英国、爱尔兰为典型国家。作为混合市场经济国家，地方发展规划在英国的空间规划体系中发挥更大作用，尤其强调土地利用的管控。

（4）城市设计和环境美化型：这是一种还未发展成熟，尚未健全的规划体系。主要手段是城市设计和建筑控制，集中关注城市建筑或风景优美的地区，强调通过规划引导自然和文化遗产的保护与合理再利用。以意大利，西班牙为典型国家。

9.2.2 空间规划体系形成影响因素

形成以上四种类型的空间规划体系的因素是多种的，而且他们之间的作用机制是非线性的，并不清晰。一个国家的空间规划体系形成及发展是内外因共同作用的结果，政权组织形式、规划和法律传统、行政区划、所面临的经济社会发展形势（内外）以及空间规划体系建立的时间长短都是影响因素。这些因素在具体作用过程中有强有弱，因此很难判断其具体的影响机制。

从政权组织形式来看，具有中央集权传统的国家，政府干预经济社会发展的能力强，多形成综合型和区域经济型的空间体系，如法国；地方分权传统且市场化程度较高的国家，常形成土地利用型的规划，如英国。德国虽具有地方分权传统，但严谨的大陆法律体系传统以及深厚的区域规划和地方规划控制传统使其成为综合型规划的典范。

从国家面临的经济社会发展形势来看，以荷兰和丹麦为例，人多地少，虽然市场化程度也较高，但必须采用行政力约束各类低效的经济社会活动，从各方面进行管制和协调，因此形成综合型规划；地中海沿岸的国家，如意大利，自然和历史文化遗产数量众多，并以旅游业为国家的主要收入来源（旅游业占意大利 GDP 的 10% 以上）[124]，规划更注重这些重点保护区域，手段则更多是城市设计和建筑形态控制，而缺乏一个整体的，具有战略性和协调性的规划体系。

从空间规划体系自身发展角度看，成熟度较高的体系多为综合型；成熟度较低，尚未形成完整的体系网络的则为城市设计和美化型。

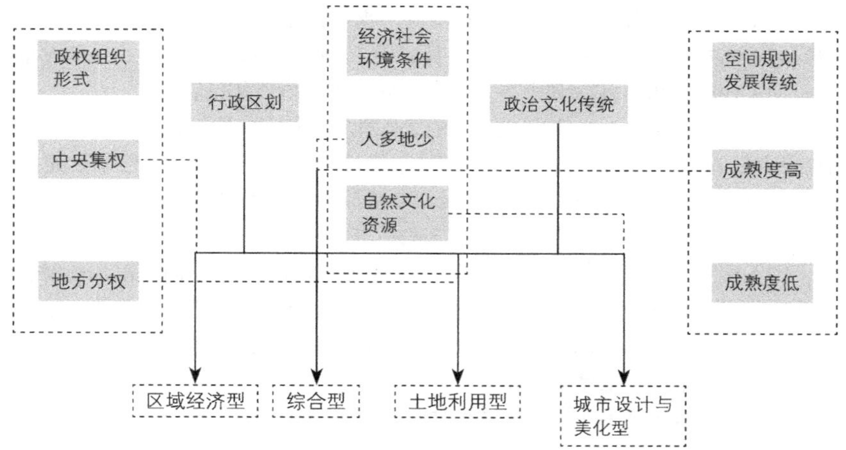

图 9-7 欧洲空间规划体系的分类及其影响

9.3 典型国家空间规划体系演变历程

通过对以上四类空间规划体系所属的典型国家空间规划体系发展演变过程的梳理，了解每一次空间规划体系变动背后的经济、政治、社会、文化、生态环境要素，总结欧洲主要大国空间规划体系在不同时空阶段的演变模式、特点及其机制，力图从个性中发现共性。本研究中，区域经济型的国家空间规划体系以法国为研究对象，综合型以德国为例，土地利用型以英国为例，城市设计和美化型以意大利为例，构建主要以 20 世纪以来 4 大国家的空间规划体系的发展历程（重要法律的颁布、废除、规划结构、重点的调整）和其国内外面临的经济社会形势变动（经济社会发展轨迹、重要政治事件、行政区划调整等）之间的关系。

9.3.1 区域经济型空间规划体系演变历程——法国

法国的空间规划体系从萌芽到建立到完善历经了100多年。第二次世界大战结束后，其空间规划体系权力上的变动总体上是中央向地方下放权力的体现，内容上的变动是由区域经济型向综合协调型的转变。

法国在地方上实施双重的行政管理，在各级地方中央政府的派出机构与各级地方政府在各自不同的职权范围内共同管理地方事务[123]，即代表国家整体利益的由上至下的地方政府和代表地方居民集体利益的由居民直选的地方集体共同管理地方事务[125]。分权化的过程就是地方政府的规划权力向地方集体的转移过程。

这100多年可分为五个时期：即萌芽时期（1919年以前），中央集权时期（1919～1967年），中央—地方合作伙伴时期（1967～1983年），中央—地方整合时期（1983～2000年）和中央—地方默契时期（2000年以后）。

（1）萌芽时期（1919年以前）：此时法国尚未有完整的城市规划体系，只有个别城市进行了从物质空间形态的城市设计和控制（如豪斯曼巴黎改建）。19世纪颁布的一些空间开发法令法规，着重道路建设和卫生健康；20世纪伊始，一些城市开始制定建筑控制的法律法规。

（2）中央集权时期（1919～1967年）：工业革命的推动，城市化发展加快，无政府主义城市建设，迫于人口大量涌入城市密集区和一战后重建被毁城市的压力，迫使法国政府开始重视城市规划。Cornudet的法案于1919年3月获得通过，这是法国的第一部城市规划法案。

第二次世界大战结束后，为适应战后快速重建的需要，中央政府迅速建立了垂直的规划管理体系。以1967年《土地指导法》的颁布为标志，法国的城市规划编制体系基本形成。确立了由"城市规划整治指导纲要（SDAU）"和"土地利用规划（POS）"组成的城市规划编制体系，基本适应了当时法国战后重建的需要，1960～1970年间法国人均GDP由1343.36美元上升到2818.55美元，城镇化率增长更为迅速，1960年为61.88%，1970年为71.05%，近10个百分点。

（3）中央—地方合作伙伴时期（1967～1983年）：这段时间从人均GDP变化来看，从1967～1980年间人均GDP增长较快，由2352美元增长到1.25万美元；但1980年后的三年开始回落，1983年又回到1万美元以下；城镇化率仍处于增长状态，但速度相对于前十年有所回落，10年增长不到2%。由于石油危机、中产阶级扩大和人口负增长，政府失灵的负面效应开始逐渐显现，新自由主义开始走上历史舞台，以巴黎的"单中心"的格局也必须得以改变。这些因素都促使法国开始走分权化的道路。1964年，为制定了22个《地区发展计划》，将"大区"作为新的国家行政区划单位，为规划的分权化奠定了基础；

第六个五年计划（1969～1974 年）起，国家政府进一步尝试通过签署合约的方式，和地方集体进行对等合作[113]。

1982 年 3 月 2 日至 1983 年 7 月 2 日之间，法国议会颁布了一系列有关调整国家政府与地方集体职权分工的法律，这些法律统称为《地方分权法》，将“城市规划指导纲要（SDAU）”的名称简化为“总体规划纲要”（SD），规划本身没有变，但规划编制和审批权确实由中央向地方集体转移。

（4）中央—地方整合时期（1983～2000 年）：20 世纪 80 年代后期和 90 年代，经过短暂的回落后，法国经济于 1986 年再次开始腾飞，1986 年人均 GDP 为 1.33 万，再次突破 1 万美元；1990 年突破 2 万大关；2002 年突破 3 万；城镇化率则保持稳步有升的势头，1996 年突破 75% 大关。2000 年 12 月 13 日颁布的《社会团结与城市更新法》（SRU），彻底的改变了原有的规划体系，用国土协调纲要（SCOT）代替总体规划纲要（SD），规划重点不再只是重大经济项目与设施布局，范围更加广泛；用地方城市规划（PLU）代替原有的土地利用规划（POS），规划内容也不再只是土地控制。

（5）中央—地方默契时期（2000 年以后）：当代的法国空间规划体系已发展成熟，经济社会同样快速发展。历经 100 多年，法国空间规划体系形成了自上而下与自下而上相结合，中央与地方职能分工明确、包括不同层次、不同专业角度的各种规划集合，包括综合政策、分区政策和专项政策。

总体来看，区域经济型特点逐渐淡化，不再以国家重大项目和投资分配为重点，尊重市场规律，更多地转向对地方经济、土地利用、交通、公共服务设施布局等综合内容，关注社会和环境问题。例如《国土开发与规划法案》中关注具有公益属性的重点服务设施、基础设施的布局；《空间规划指令》中要求平衡有限度的城市发展和乡村发展、保留农业空间和森林空间、保护自然空间、保持社会混合和城市功能的多样性。

下图展示了法国空间规划体系的演变历程与经济发展的关系。法国空间规划体系在网络化的基础上，未来将进一步向分权化、市场化、公共政策化、综合化、欧洲一体化的方向迈进。规划权力在国家政府和地方集体之间进一步合理分配，规划内容和重点将由区域经济型转向综合协调型。

9.3.2 综合型空间规划体系演变历程——德国

与法国有所不同，德国的空间规划更注重空间协调，不仅包括实体性物质设施和环境空间的适宜性安排，更重要的则是不同利益主体之间冲突和关系的协调，表现为缩小不同区域之间的经济社会差距、不同公私部门之间规划权力的协调等，到后期更是不同代际之间的协调和国家核心竞争力的构建。

德国空间规划自 1855 年形成以土地利用规划和城市规划为核心的空间规划体系后，共经历了 5 个时期，其中第二次世界大战和 20 世纪 70 年代的石油

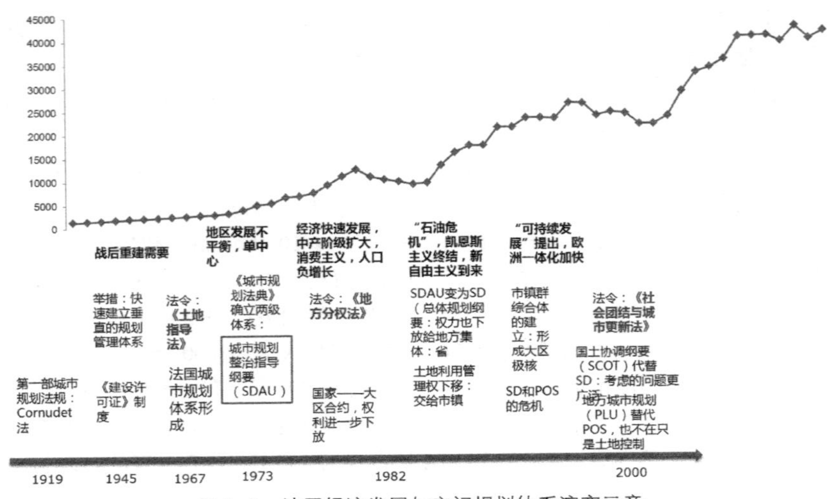

图 9-8　法国经济发展与空间规划体系演变示意

危机是转折点，分别为二战前初步发展时期（1855～1945）、战后恢复重建时期（1945～1960）、稳定发展时期（1960～1973）、停滞时期（1973～1990）和两德统一后新时期（1990 至今）。二战后到两德统一之前的研究对象以联邦德国（西德）为主[126]。

（1）二战前（1855～1945）：19 世纪中后期到 20 世纪，德意志帝国统一，由农业国转变为先进工业国，城镇化水平迅速提高，在此过程中出现了大量社会问题。空间规划以城市建设规划为主，着重解决住房问题，并将其纳入空间综合规划；同时也编制了以柏林和慕尼黑等大城市为中心的区域规划以及 1923 年编制鲁尔区的区域总体规划。两次区域规划反映了国土空间规划的显著作用；1935 年成立“帝国居住和区域规划部”，各州也相继成立“区域规划管理局”，负责编制州的区域整治规划[4]。

（2）战后恢复重建时期（1945～1960）：二战结束后，两德分裂，原有土地被美、英、法、苏占领，没有统一的联邦政府。此时的主要任务是恢复生产、医治创伤，各州自行颁布《重建法典》，缺乏统一的联邦政府规划法令，直到 1950 年国家议院通过了《联邦德国国土规划法》，规定了国土整治的任务、目的和原则，联邦政府一级的规划法令才初步形成[127]。

（3）稳定发展时期（1960～1973）：1960 年，联邦德国已基本完成战后重建，发展社会化体系和确定经济增长政策成为首要任务。颁布了一系列城乡规划法令，规划体系也逐渐形成。1960 年《联邦建设法》的颁布，是德国城乡规划立法的里程碑；1965 年颁布《联邦地区规划法》，对区域规划目的和原则作出规定[128]；1971 年颁布《城镇建设促进法》，旨在推进住房建设和城市更新，此时的国土空间规划注重协调国土空间利用的不同需求及其冲突[9]。

（4）停滞时期（1973～1990）：1973 年石油危机爆发，20 世纪 80 年代初对联邦德国的经济社会发展都造成了较大冲击，生态危机的观念也深入人心，爆发了多场环境保护运动。与法国类似，联邦德国的人均 GDP 在 1973～1980 年间增长了近 7000 美元，城镇化率此时每年约增长 1 个百分点；但 1980～1985 年间回落了 2500 美元，1982～1987 年城镇化率由 73.1% 下降到 72.2%。此时空间规划的发展也陷入停滞时期，只是各州颁布了一系列国土规划法律。1986 年，《建设法典》颁布，成为地方建设规划的根本大法，沿用至今。联邦德国建设方面最权威的法律文件，这个法典对建设的各个方面都做了详细规定，有关规划的内容渗透在很多具体的条款中[9]。

（5）两德统一后新时期（1990 年至今）。1990 年，两德实现统一，东德地区发展加速带来了大量的城市建设需求。统一后的德国经济社会发展迅速，人均 GDP 有所波动，但总体呈现上涨趋势，1990 年为 2.16 万美元，2000 年为 2.29 万；城镇化率在这些时间有所下降，总体维持在 73% 左右，进入城镇化后期。东西德在经济、政治层面的整合也带动了此前为“两个阵营”的国家空间规划体系的整合，此时空间规划体系调整迅速，于 1993，1995，1998 年相继颁布了一系列法律，如《空间秩序规划报告 1993》、《空间秩序规划政策措施框架》；1998 年颁布的《联邦区域规划法》，是宏观层面的又一部空间规划大法，对德国空间的不同功能划分作了战略性的规定[129]。

下图表示了德国空间规划体系演变历程与经济社会的发展关系。21 世纪以来，全球环境问题，经济全球化、欧洲一体化视野下的国家和地区发展问题，人口变化与日益变化的土地发展需求都成为德国空间规划新的着眼点，德国空间规划的重点目标变为缩小东西部生活水平差距、利用结构脆弱地区的发展潜力、解决失业和住房市场问题、提高基础设施的服务能力、维持城市多样性功能、保护生态环境与后代人的生存需求等，内容更加综合化，公共政策化[130]。正由传统的重控制、重政府力作用的传统综合型向重协调、重公众参与和市场力作用的现代综合型转变。

9.3.3　土地利用型空间规划体系演变历程——英国

由于市场化程度高、土地私有制的特点，英国最初形成的空间规划目的在于规范各类土地使用，是为完成既定目标而规范土地利用开发的政府行为。英国是单一制地方分权国家，行政区划较特殊，由英格兰、苏格兰、威尔士和北爱尔兰共同组成，四大区域分别由郡和区组成。

20 世纪开始，英国逐步开始建立起空间规划体系。主要以英格兰为例，其他三大区域类似，大致可分为 5 个阶段。即二战前初步发展阶段（1900～1945）、

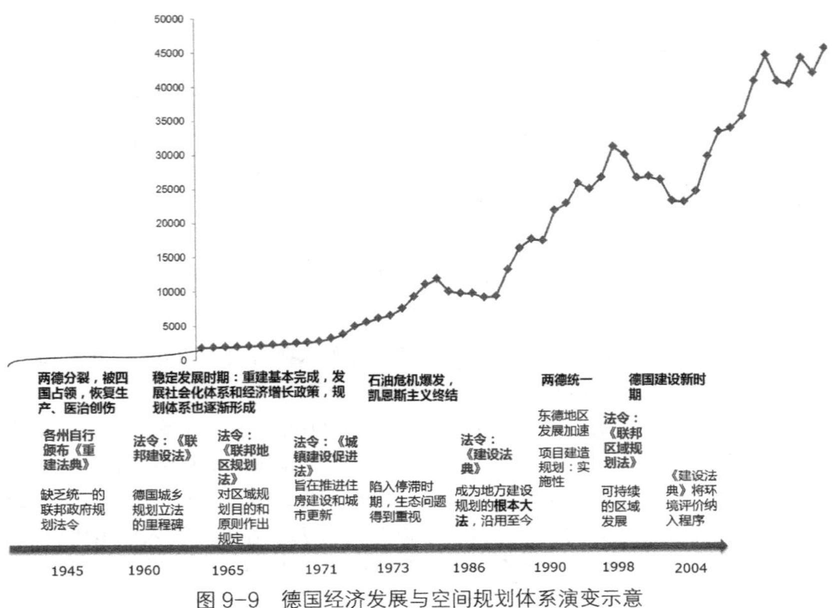

图 9-9　德国经济发展与空间规划体系演变示意

二战后重建阶段（1945～1968）、旧二级体系阶段（1968～1985）、双轨制阶段（1985～2004）、新二级体系阶段（2004～）。

（1）二战前初步发展阶段（1900～1945）：20 世纪初英国工业化、城镇化进程加快，带来的住房等开发活动的现实需求。1909 年，颁布了第一部城镇规划的法律——《住房及城市规划诸法》；1932 年出台的《城乡规划法》是英国第一部城乡规划法，成为将农村也列入规划范围的第一部立法，要求编制城镇发展大纲。

（2）二战后重建阶段（1945～1968）：二战结束后，英国面临大量的战后重建工作，城市建设需求量大。1947 年，颁布《城乡规划法》，以“终极蓝图”为倾向，进行了一系列根本性的变革，奠定当代英国空间规划体系的基础。

（3）旧二级体系阶段（1968～1985）：经过战后近 20 年的发展，1960～1967 年英国人均 GDP 由 1380 美元增长到 2023 美元，城镇化率却下降了 1%。工党上台后，对发展规划，对 1947 年规划体系进行批判。发展规划的关注点主要集中在城市土地利用问题，而忽视了对社会、经济和环境问题的考虑[131]；审批时间过长，远远滞后于开发控制的需要；“蓝图式”发展规划已不适应经济社会发展，规划体系被认为过分僵硬，缺乏灵活性，在形式上过于复杂化[132]。1968 年新版《城乡规划法》公布，建立了规划二级体系，将原先“发展规划”一分为二变为结构规划（Structure Plan）和地方规划（Local Plan），结构规划作为指导性的战略政策，它指导较为详细的地方规划，作为城乡土地开发规划管理的依据。

（4）双轨制阶段（1985～2004）：20世纪70年代后期至80年代，石油危机，“布雷顿森林体系”彻底瓦解，从而引发了大面积的经济危机，结束了资本主义世界长达20多年的经济发展“黄金时代”。1980年至1985年，英国人均GDP由9622美元下降到8209美元，城镇化率则保持在78%。1979年撒切尔政府上台，开始了一系列市场化、自由化改革，包括当年取消了区域经济规划委员会，在80年代早期则不存在任何中央批准或赞助的区域规划行为[133]，规划的作用开始下降。1985年则对现有行政区划进行大调整，撤销了部分郡政府[132]，这些地区改为由区政府编制，包括结构规划与地方规划的单一发展规划，其他地区仍然采用原来的由结构规划和地方规划构成的“二级”体系[132]，这种编制模式被称为“双轨制”。

（5）新二级体系阶段（2004～2011）：进入新世纪以来，英国经济再次呈现良好发展示头，2000～2005年人均GDP由2.51万美元增长到3.79万美元，城镇化率也增长了1%。随着经济全球化和可持续发展原则成为社会发展的核心，欧洲一体化进程加快，政府机构、规划界和社会团体开始反思英国的城乡规划。2004年《规划与强制性购买法》的颁布，在国家层面提出规划政策宣言（PPS），并确定了新二级体系：区域空间战略（RSS）和地方发展框架（LDF），首次将区域层次的规划纳入到法定规划体系中。而地方发展框架（LDF）取代了原先的结构规划和地方规划，包括社区参与、地方发展构想、年度监测报告，注重多种专项规划的协调[132]。

（6）新二级体系的优化（2011至今）：2010年，新一届的政府宣布废止区域空间战略（RSS）。目前英格兰9个区域有8个已经不再实施区域空间战略，只有伦敦地区继续实行伦敦规划（The London Plan）。2011年英国颁布《地方主义法》（Localism Act），主要目的之一就是增加地方政府的权利。

右图为英国空间规划体系现状示意。

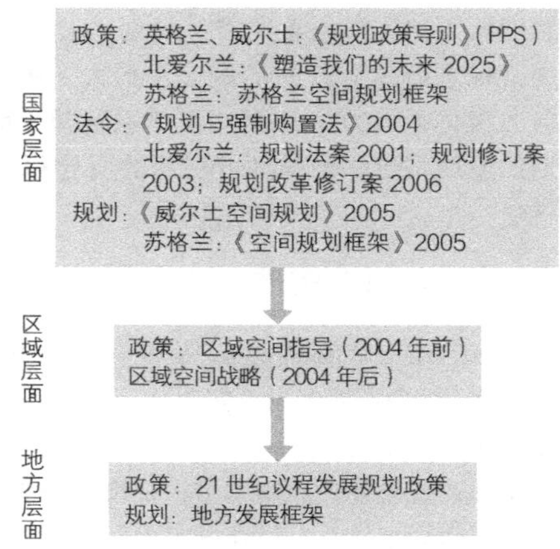

图9-10　目前英国空间规划体系示意

右图展示了英格兰空间规划体系发展历程和与经济发展的关系，其法定规划模式的演变与经济和社会发展、政治变动（行政区划、执政党变动）密切相

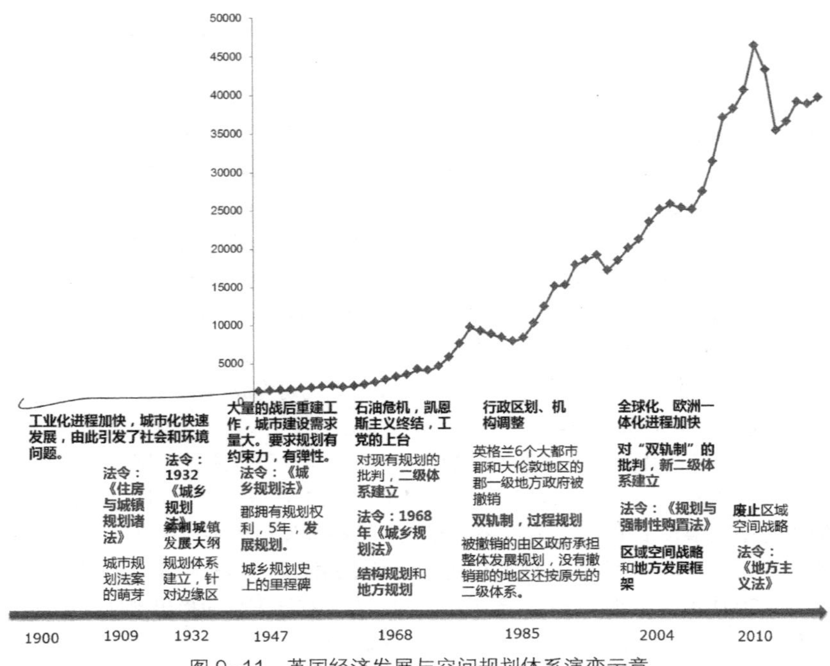

图 9-11　英国经济发展与空间规划体系演变示意

关。规划模式从简化单一、机械的管理体系，逐渐向复杂的“二级”体系、多层次的“双轨制”模式，乃至灵活的“新二级”体系发展，其实质是为了适应趋于复杂，细致且繁琐的行政管理工作的需求[131]。2004 年颁布的《规划与强制性购买法》标志着英格兰规划“双轨制”模式的结束，而 2011 年的地方法规又标志着地方权力的进一步扩大。从旧二级体系（1947）、双轨制（1985）新二级体系（2004）、新二级体系优化（2011）的内容对比来看，未来空间规划的发展将更加增强区域层面的引导和规划内容范围的扩大，向综合协调型转变。

9.3.4　城市设计与美化型空间规划体系演变——意大利

与上述三个国家不同，南欧、沿地中海诸多国家（如意大利、希腊、西班牙）经济社会发展水平不如西欧“三大马车”，但风景秀丽，历史文化遗产较多，旅游业在国家财政收入中占据较大比重。以意大利为例，规划以城市物质空间形态和建筑设计、控制为主，并没有形成严密的、职能分工明确，上下层级清楚的空间规划体系，但在城市更新、历史文化遗产保护、增长收益平等分配和补偿方法（Equalization and Compensation）等方面的工具技术创新均有借鉴意义。

意大利的行政区划也可分为国家、大区、省、市镇四个层级，国家层面具有规划立法的最高权力，但没有涉及全部国土范围的战略规划编制权利，战略规划只是一个自愿的规划形式，没有在地方、区域或者国家层面被任何法律规定下来[134]。规划的编制权利都在省和市镇层面。

二战前的意大利城乡规划多强调设计城市物质空间形态和主要建筑外观，规划具有很强的物质空间背景，这与其自古罗马文明后2000多年遗留下来的诸多辉煌建筑和建筑传统有关。而其空间规划体系的形成可分为4个阶段：

（1）初步建立时期（1942～1960）：意大利的空间规划体系于1940年代正式建立，其标志是1942年国家层面的《城镇规划法》（Legge urbanistica Nr. 1150,17.08.1942）的颁布，强调整体的、综合的对城市空间、部门之间的整治[135]，并确定了规划的旧二级体系：即在省域层面的区域协调规划（Co-ordinate Plan）、市镇层面的总体规划和详细规划。但在规划编制理念、规划审批和实施的诸多方面存在缺陷，如不鼓励地方项目在规划措施、主题、资源以及部门干预上实行一体化，对土地所有权、发展权、公共角色的忽视，对城市边缘区的忽视等[136]。直到今天，尽管在70年内受到诸多质疑，也经过一些修修补补，意大利空间规划的最高法律仍是1942年《城镇规划法》。

（2）权利初步下放时期（1960～1980）：二战后，战后的经济社会在意大利并没有体现的很明显，其重建速度快于其他国家，工业化和城镇化进程在欧洲令人瞩目，被称为“意大利奇迹”[137]，同时出现了“二元模式”，即北部的发达工业化地区与南部落后的农业化地区形成鲜明对比[136]。此时市镇层面的总体规划在城市建设中起到了一定推动作用，但总体而言那个时期城市的增长是失去控制和急躁的。20世纪60年代，区域不平衡，社会不平等问题显著，面对城市增长的压力，规划更多关心数量的控制和质量问题[138]，也对1942年《城镇规划法》开始提出质疑。1967年，765号法令（Act 765）批准了开始空间规划体系部分改革的建议，即在省和市镇层面开始规划体系改革，而国家层面仍维持现状。1972年开始“地区自治”改革，权力下放，区议会成立，开始拥有立法权，1975年后拥有行政权，这为区域政策，特别是规划政策和技术手段的创新奠定了基础。

（3）转型时期（1980～1990）：1980年代，无论是从国际大环境和国内小环境来看，对意大利来说都是转型时期。第二次“意大利奇迹”开始于这一时期，并持续到20世纪90年代，特征是一个中小型工业“地区”的复杂网络的发展成功地代替了传统的重工业结构[139]。而从全国来看，城市扩张速度减缓、停滞，引发了对城市形态和设计品质的重新关注。此时，规划师就相当关注景观和生态，也有几部法令涉及环境问题。转型时期，针对1942年《城镇规划法》的批评层出不穷，但整个国家的空间规划体系仍未改变。

（4）规划改革全面推进时期（1990～）：1995年提出规划改革建议文件

（INU reform proposal 1995），批判了 1942 年的旧二级体系，用结构规划（The piano strutturale）和可操作性规划（The piano operativo）替代原先的总体规划和详细规划，结构规划是指事关城市发展全局长期的、战略性的谋划和选择；而实施性规划则是短期的，能更快适应经济社会发展、城镇建设的快速变化，用于指导具体的城乡建设工作。此外，一些建筑控制导则（The regolamento urbanistico）也作为实施性规划的补充，并提出不同机构之间合作和不同规划之间协调的必要性。2001 年意大利政府进行机构改革（114、117、118 号法案），立法权的区域化（立法权下放），规划改革在不同次区域层面开始实践，自 1967 年批准地方规划改革到真正开始实践，已经过了 34 年。空间规划地方化改革最先在托斯卡（Tuscany）和艾米利亚—罗马涅大区（Emilia Romagna）开始，第一个结构规划最先在都灵开始编制[136]，此后其他地区开始了类似实践。此外，在规划工具的创新方面，平等性和补偿性技术工具（Equalization and Compensation），旨在将因公共利益或其他用途征收的土地，其上项目的发展带来的收益退还一部分给社区和城市居民，保证增长成果的均等分配，这两种规划工具实践的开展代表了地方层面的规划改革主要方向，但目前也缺乏国家层面的合法性确认[139]。

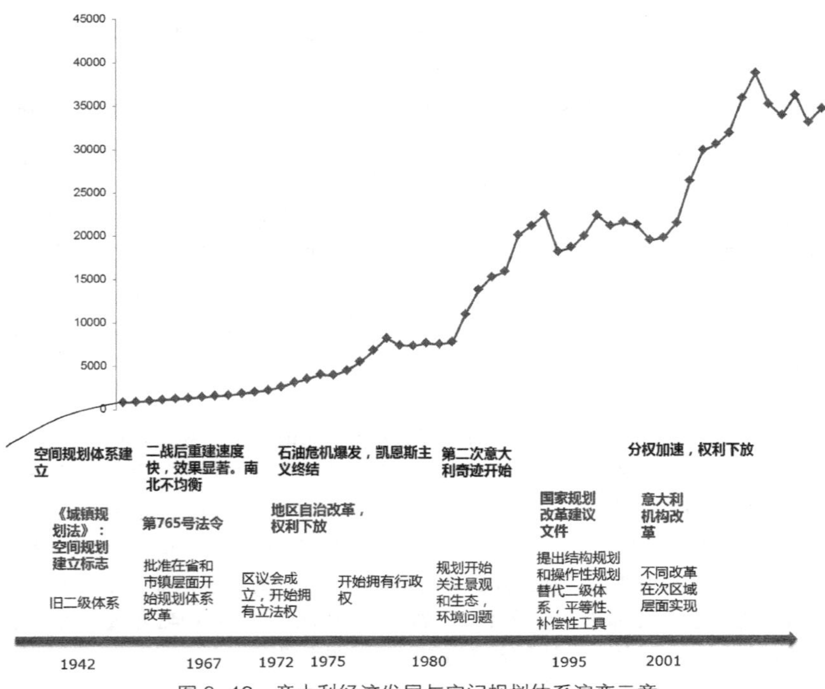

图 9-12　意大利经济发展与空间规划体系演变示意

目前，意大利空间规划体系如下表所示。

意大利国家和地方层面空间规划体系　　表 9-1

行政层面	规划法令	规划内容	详细规划工具
中央政府	1942 年国家《城镇规划法》自然景观和历史文化遗产导则及补充、修订文件	只提出一些指导文件，内容包括规划导则，总体目标	城市总体规划和其他详细规划工具设计和实施
区域层面	区域规划法（如《撒丁岛区域规划法》，1989）	区域景观规划	
省域层面	没有规划立法权	省域区域规划、省域城市规划	
地方层面	也没有立法权，但有总体规划和详细规划编制权	城市总体规划——城市建设管制	各类实施性工具和实施性规划

意大利现今的空间规划体系特征可以用“碎片化”、“总体过时化”和“部分现代化”来描述。第一，经过地区规划改革，各区根据自身情况形成了不同的规划体系，全国层面难以整合。第二，其面临一个困境，即地方层面的规划创新“百花齐放”，与国家层面的“纹丝不动”形成鲜明对比。自 1942 年《城镇规划法》颁布已有 70 余年，虽经历过一些修修补补但国家层面的最高规划指导性法令却没有做出重大调整，而已有的地方层面的规划改革也只是碎片化的，难以在全国范围内达成共识和得到法律确认，这使得规划改革成果无法进一步推广。国家层面迫切需要一部适应时代发展、反映各地区规划改革成果的最高空间规划法来指导全国城乡建设和保护工作。

尽管体系仍不完善，中央和各大区、各大区之间执行不同的规划编制和管理系统（已开始改革和未开始改革），但同欧洲其他国家一样，意大利空间规划体系也开始走向整合和协调之路，未来也将向现代综合型体系转变，空间管治，城乡统筹，经济发展环境保护和社会融合之间的协调，不同部门（公与私，垂直和水平）之间的整合和公众参与将成为改革和实验的重点。

尽管如此，意大利的自然和文化历史遗产保护在欧洲独树一帜。其历史传统悠久，1902 年和 1909 年批准的两部法律是关于文化遗产的最早法规，大部分法律于法西斯时代公布，如 1089/39 法令和 1497/39（1939 年）法令分别规定，具有显著价值的建筑、城镇和自然景观的周边地区要进行特别控制[140]。

意大利自然和历史文化遗产保护的最主要成功因素在于强烈的地方认同感和社会资本（和信任有关，包括紧密型资本或链合性资本）的存在。其他因素还包括文化遗产保护和实施的立法与系统构架、高水准技术体系；公共所有权的力量（正面和负面）；税收政策和旅游业对意大利经济的支撑作用等[140]。

意大利城市更新和自然、文化遗产保护的创新点和成功之处在于四点。第一，其将城市更新和自然、历史文化遗产保护看作涉及某地域全部资产的更加综合的规划过程。第二，对城市和地域转型过程中参与者和利益的复合性与多样性的认可；第三，以公私合作和跨机构合作的形式，向多种参与者间谈判协商及联合规划的方向发展。第四，由地方当局承担的综合行动实施的重要性日益增强。最新在各地区实行的遗产保护政策被称为"文化分区"，即以同步和统一的方式，具有功能的综合性，强化并整合地域核心资源（文化、海洋、旅游、环境、城市住区以及手工业等等），将自然和历史文化遗产打造成核心竞争力，具体做法为考虑文化领域的所有维度，实现纵向与横向的整合，设定公共资源分配的规则，对在文化领域进行直接管理的设施和工具进行创新[141]。

9.4 欧洲一体化空间规划体系演变历程

与其他各大洲不同，自二战结束后欧洲就已开始一体化进程，1992 年欧盟的成立和欧元的使用，标志了欧洲一体化程度进入了一个新的阶段。欧盟（EU）是一种由主权国家之间为求得利益最大化而达成协议关系的区域一体化组织。在欧洲层面的空间规划整合则是欧洲一体化的高级阶段，也是欧盟 27 个成员为应对空间发展形势变化的必然结果。下文将对欧洲一体化进程和欧盟层面空间规划体系从无到有，从简单到系统化的形成过程进行简单梳理，并对欧盟各项促进地域整合、缩小发展差距，体现空间发展原则和保证规划实施的各项政策进行梳理，总结其发展规律和未来趋势。

9.4.1 欧洲一体化进程

二战结束后，欧洲经济与社会萧条，已不再是世界的中心。为了更好地获得美国马歇尔计划的援助，保证各国的共同利益和促进发展，欧洲大陆的一些国家率先走在了一起。一体化进程大致经历了五个阶段：

（1）萌芽阶段：即二战刚结束的 5 年，战争的深重灾难和战后的严峻形势使"欧洲观念"日益普及，同时美国为控制和扶持西欧、遏制苏联而提出了"马歇尔"计划。西欧各国形成以联合求和平的现实，通过欧洲联合，重建经济，维护西欧安全，实现复兴和繁荣。

（2）尝试阶段：自 1951 年欧洲煤钢共同体成立直到 50 年代中后期。冷战局势下，为迎合"舒曼计划"（美国为对抗苏联重新武装西德），西欧 6 国"煤钢共同体"成立（法国、西德、意大利、比利时、荷兰及卢森堡），这是欧洲一体化正式开始的标志。为了更大的国家利益，这些国家出让部分主权，在关系到国家经济基础和军备的煤钢部门实现一体化。涉及关键主权问题出让的防务共同体条约破产[142]。

（3）深入阶段：1957 年签署罗马条约，欧洲经济共同体，欧洲原子能共同体成立。此时欧洲各国面临美苏争霸和失去海外殖民市场的双重夹击，决心继续推行一体化合作。欧洲经济共同体建成关税同盟和实施共同农业政策，增强了各国的地位。

（4）相对停滞阶段：1969 年海牙会议后一体化进程缓慢发展。成立欧洲理事会作为统管共同体全局的最高政治机构。70 年代到 80 年代，冷战局面的稍显缓解，外部压力的缓和使得一体化进程放缓。60 年代后期，遭遇美元危机、能源危机、金融危机，但各国却各自为政，采取自认为有利于本国的方法解决危机，缺乏统一协调行动。

（5）全面发展阶段：80 年代中期以来以《单一欧洲法令》和《欧洲联盟条约》为标志。大背景：欧洲经济落后于美、日。《单一欧洲法令》使得欧洲统一市场开始放开。90 年代初，东欧剧变、苏联解体，《欧洲联盟条约》的签署和欧洲联盟的建立，标志着欧洲一体化的一个飞跃。

与一体化进程相反的则是“去一体化”进程。“去一体化”（disintegration）总是与“一体化”相伴相随。部分国家担心加入欧盟会使国家主权受损，重要的经济利益丧失，受到大国控制，主要包括国家层面的“去一体化”——担心国家核心利益受损，区域（地方）层面的去一体化—— 一体化战略不利于地方层面的发展导致对抗，民众层面的“去一体化”——不理解欧盟的运作模式，所以也谈不上对欧盟政治的认同[143]。“一体化”和“去一体化”是矛盾的两个方面，对立统一，其关键在于对国家和地方的核心利益有否有利。

从欧洲一体化的发展历程中，可以看出，一体化发展速度的变化和关键节点的质变（重要条约的签订）受到了外部环境和内生动力的影响，二战结束后美苏对抗局势的紧张与缓和的变化对一体化进程有着直接影响，而欧洲各国的国家利益、共同发展需求变化则从根本上决定了欧洲一体化的推进程度。大洲层面的一体化只有在历史基本同根，现状差别不大，趋势大致相同、需求总体一致的条件下才能实现，这也可以解释为何目前只有欧洲、只有二战后一体化进程才能开启，只有冷战结束后欧盟才可以成立等一系列问题。

9.4.2　欧盟层面空间规划体系演变历程

空间规划体系在超国家层面（transnational）的整合是一体化进程的高级成果。这从 ESDP 的最初提出时间可以看出，1988 年欧盟立法委员会正式启动欧洲标准区域划分（NUTS）工作，1991 年欧洲空间发展委员会（CSD）成立，这两个事件标志着欧洲空间规划开始正式编制[144]。欧洲空间规划体系大致包括以下几个部分：1）规划的前期研究和规划单元划分依据：欧洲标准区域划分（NUTS）；2）核心规划文件：欧洲空间发展愿景（ESDP）；3）空间规划及政策的实施效果评价研究文件：欧洲空间规划研究计划（SPESP），欧洲空间规划观测网络（EPSON）和2010年最新颁布的地域议程2020（Territorial Agenda，2020）。

欧洲标准区域划分（NUTS）是指根据区域自然、人文特征划分的一定面积和人口空间单位，共分为3级（NUTS 1、NUTS 2、NUTS 3），是欧盟空间规划的基本单元，下一步的规划和政策多根据其的划分而来。欧洲空间发展愿景（ESDP）是欧盟超国家层面空间规划的纲领性文件，从大尺度协调和整合欧洲各国的空间发展，并对各国空间发展体系提出调整意见，寻求欧盟地域范围内平衡的和可持续的发展。欧洲空间规划研究计划（SPESP）是为提高规划政策的科学性，在城乡合作、空间划分标准、空间图像可视化、网络化工作等方面进行研究，为ESDP提供科学依据。欧洲空间规划观测网络（ESPON）建立的目标在于支持政策发展，构建在地域发展领域的科研团体（ESPON website），主要研究欧盟区域发展的政策基础和实施办法，以及未来相邻国家的空间关系。而最新颁布的地域议程（Territorial Agenda，2020）则提出欧盟各国目前共同面临的挑战和空间规划的主要议题，并针对此提出可行的政策建议和实施计划，是空间规划的指导和参考性文件。

自1988年到2009年，上述几个方面的主要欧洲空间规划体系文件颁布时间如表9-2[145,146]：

主要欧洲空间规划体系文件颁布时间　　表9-2

时间	事件
1988年	NUTS项目正式启动
1989年	Roger Brunet报告：对欧洲空间结构进行研究，提出“蓝色香蕉”（欧洲核心地带）。
1991年	成立空间发展委员会（CSD）
1993年	首次提出ESDP设想
1994年	“莱比锡准则”通过
1996年	ESDP编制委员会成立，开始绘制地图，提出对角线
1998年	ESDP官方第一稿完成，SPESP开始立项
1999年	ESDP定稿
2002年	开始启动EPSON最初的9个项目
2005年	决定制定地域议程（Territorial Agenda）
2010年	地域议程（Territorial Agenda）通过

从制定这一系列规划和研究文件的过程来看，其中历经了无数次的正式与非正式会议，整体和部分的矛盾无时不在，为国家发展利益进行的政治博弈无

处不在。空间规划体系一体化进程与欧洲一体化何等相似，其本身就是欧洲一体化进程中的一部分。例如在 ESDP 制定过程中存在“管控竞争”[147]，各国都想成为规划原则的制定者，希望自身规划模式得以运用。在 ESDP 的制定过程中始终充满着反对的声音，在其漫长的 6 年制定和讨论中，协商系统在处理各派间高层次的分配时效率不高[148]、欧共体擅长“消极整合”而不是“积极整合”等矛盾一直存在，其问题在于如何将单纯的网络转化为一种联合或者可能更进一步转化为一种等级明确的组织，负责决策规则、相互的责任和义务[146]。其中需建立多种协调机制，如跨境合作发展项目（INTERREG），旨在加强跨界、跨国、跨区域的多种维度下的合作，为构建多中心格局，建立在欧洲核心区域外的“国际一体化区域”（Global Integration Zones）提供合作支持[149]。

从其发展过程中，国家层面、区域层面、地方层面的博弈之道值得深思，跨行政区的区域规划，跨部门间的合作机制和利益冲突协调过程中的经验，值得我国在空间规划体系完善过程中学习和借鉴。

9.4.3 欧盟空间规划体系理念及最新发展趋势

从欧洲空间发展愿景（ESDP）、欧洲空间规划研究计划（SPESP）和地域议程 2020（Territorial Agenda）对空间发展关键问题的梳理中，可以了解欧洲空间规划体系构建理念、规划原则、实施政策等的变化趋势，总结出欧洲空间规划体系在现在和未来致力解决的关键问题。

1999 年定稿的欧洲空间发展愿景（ESDP）体现了德国和荷兰的综合型规划特点，这可以从其基本政策目标，政策导则和空间发展指导方针三点中看出。

其基本政策目标包括三点：经济和社会整合；自然资源和文化遗产的保护和管理；实现欧洲地域范围内更加平衡的竞争态势，其关键词为平衡和可持续发展，并认为区域和地方机构在未来必须跨越国家界限协力合作。这与德国空间规划体系注重空间协调和荷兰的各利益共享团体相互合作、协商、妥协的规划传统相似。

其政策导则包括：发展一个平衡的和多中心的城市体系以及一种新的城乡关系；确保平等地享有基础设施和知识；实现可持续发展，明智的管理以及对自然和文化遗产的保护。多中心发展原则主要是针对目前欧洲空间发展极化，地区差距大的现状提出。1989 年，RogerBrunet 报告在对全欧洲经济社会发展进行考量的基础上划出了代表欧洲核心地带的“蓝色香蕉”（见下左图），即从伦敦到意大利北部，包括伦敦、巴黎、阿姆斯特丹、慕尼黑、米兰、都灵等大城市。而在 1999 年 ESDP 将“蓝色香蕉”升级为“五角”区域（见下右图），即以伦敦—巴黎—米兰—慕尼黑—汉堡为核心的地带，20% 的领土，40% 的人口，50% 的 GDP 集中在这一区域[148]。ESDP 的目标之一就是在“五角”区域之外建立新的“国际一体化区域”，即欧洲新的增长极，减少人才、资源、信

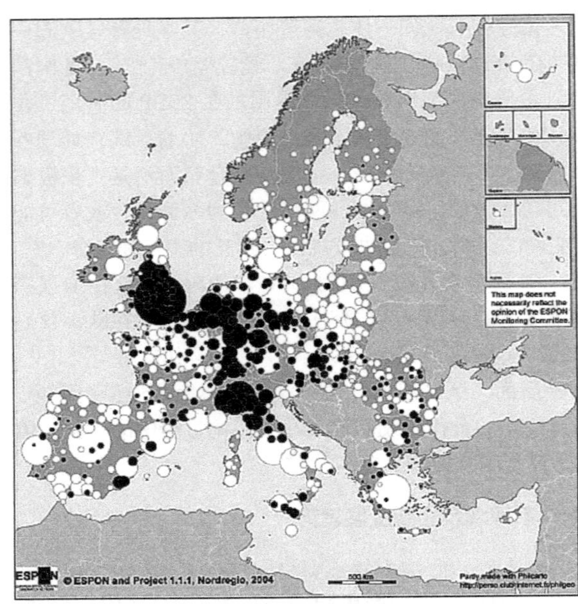

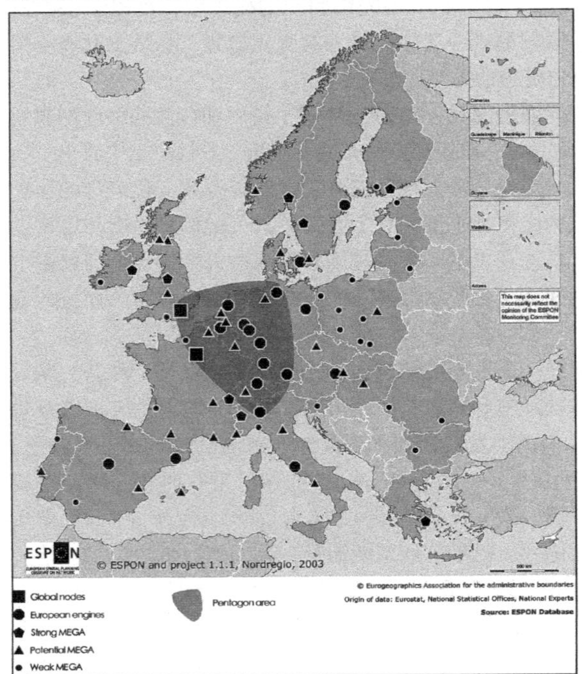

图 9-13 "蓝色香蕉"和"五角"区域

息向"五角"区域的过度集中。需要以多中心的空间安排来为边缘地区的发展提供一种全新的战略背景，物质层面的主要手段是创建交通网络通达国际化地区及辐射腹地，组成国际一体化区域，在核心区外更多考虑建设世界级高品质的服务设施。非物质层面主要是指各项政策，如结构及投资基金（ESIF）等。

而在构建新型城乡关系问题上，ESDP提出将合作关系变为伙伴关系，即共同承担投入和分享利润。ESDP提出与我国类似的小城镇发展战略。中小城镇及其腹地对乡村地区来说是重要的交通与活动中心，能提供经济活动所需的基础设施和服务，提供较大的劳动力市场就业机会。

平等获得基础设施和知识目的在于通过便捷的交通和电子通讯是提高边缘化和未被关注地区竞争地位以及欧盟社会与经济凝聚力的前提。必须制定政策保证所有的区域，包括岛屿和边缘地区均可获得足够的基础设施服务。获得知识与基础设施对增强欧盟的竞争地位是同等重要的。劳动力的培训水平、素质与职业技能同样对一个区域的经济吸引力有决定作用。同时，欧盟的自然和文化遗产正持续受到来自多方面的威胁，需将自然和文化遗产已遭破坏地区纳入更大范围的空间发展战略更为实际。针对自然遗产的保护，“自然2000”（Natura，2000）提出了欧洲生态网络，包括在具有区域、国家、国际和欧盟意义的自然生态区和保护区之间建立必要的联系通道。针对文化景观，提出创造性的开发和恢复比仅仅保持现状更为重要，必须制定适应各自实际情况又富有创造性的景观政策，对新的开发项目采取综合的管理手段。

2010 年，欧盟委员会通过《欧洲战略 2020》（Europe Strategy，2020），提出欧洲未来致力于实现精明、可持续、包容式发展。精明发展以知识和创新为基础，可持续发展以提高资源效应、提倡“绿色”、强化竞争力为内容，包容式增长则以扩大就业、促进社会融合为目标。为实现这三个目标，欧盟委员会设立了一系列具体指标，如到 2020 年，20～64 岁适龄人群就业率由目前的 69% 提升至 75%；研发投入占欧盟总体 GDP 比重由 1.9% 增加至 3%；二氧化碳排放量在 1990 年基础上削减 20%，可再生能源占最终能耗来源的比重达到 20%，能耗下降 20%；削减贫困人口 2000 万左右。该计划并未设定 2020 年欧盟 GDP 增长目标，但欧委会主席巴罗佐认为，2020 战略的实施将可能使欧盟潜在增长率达到 2%。由此可见，欧洲未来空间规划的重点也突出教育、创新、就业、气候变化和减贫几个方面。

相应的，欧盟空间发展也适应形势变化不断出现新的主题，已有规划原则的重要性排序也在不断的更替。在地域议程 2020（Territorial Agenda，2020）中，特意列出了不同时期针对空间发展主题优先顺序的变化[150]：

不同时期地域议程优先权变化　　表 9-3

芬兰轮值时期议题	德国轮值时期议题	最终确定议题
1．多中心模式发展（Polycentric patterns of development）	1．跨国创新集群，包括精明和中等规模城镇和乡村地区发展（Transnational innovative clusters, including small and medium-sized towns and rural regions）	1．多中心发展和通过城市网络的创新活动（Polycentric development and innovation through city networking）
2．城乡伙伴关系（Urban-rural partnership）	2．城乡空间地域管治（Territorial governance between urban and rural areas）	2．城乡空间地域管治（Territorial governance between urban and rural areas）
3．跨国创新集群（Transnational innovative clusters）	3．生态结构，文化资源（Ecological structures, cultural resources）	3．竞争和创新集群（Clusters of competition and innovation）

续表

芬兰轮值时期议题	德国轮值时期议题	最终确定议题
4．泛欧技术网络（Trans-European technological networks）	4．泛欧技术网络（Trans-European technological networks）	4．泛欧技术网络（Trans-European technological networks）
5．泛欧风险管理（Trans-European risk management）	5．泛欧风险管理（Trans-European risk management）	5．泛欧风险管理，包括气候变化（Trans-European risk management, including climate change）
6．生态结构，文化资源（Ecological structures, cultural resources）	6．多中心模式发展（Polycentric patterns of development）	6．生态束，文化资源（Ecological clusters, cultural resources）

可以看出，在传统的ESDP三大原则下，不同时期的地域议程又对此进行了补充和更改。对创新活动的重视，对城乡地域空间管治的关注开始成为空间规划的核心议题，多中心发展则是一直坚持的主要原则。不仅如此，可持续发展中又包含了对区域自然和人为灾害关注的风险管理议题。

9.4.4 欧盟空间规划实施政策

真正使欧洲空间规划得以在大洲层面得到实施的关键因素在于规划框架背后的一系列实施政策。其中最重要的是一系列财政基金的设置，使各国为争取发展基金调整自身发展战略和空间规划体系，为欧洲整体的空间发展战略的实现提供了可能。

（1）凝聚力政策（Cohesion fund）

凝聚力政策致力于降低欧盟内部发展差距，实现欧盟各国的经济和社会融合[151]。在1957年《罗马条约》中就提出“增强欧洲每个空间单元的经济实力，降低不同区域之间的差距，弥补不发达地区的发展劣势。”在2010年《里斯本条约》中，提出“欧盟应增强经济、社会和地域凝聚力”。

凝聚力政策特别重视根据各地发展的特色性，包括优势和挑战，提出多样性是宝贵的财富，每一区域需要根据自身特色增强优势。其通过制定各国共同的策略框架、制定不同部门的合作协议和可操作程序、设立基金、项目管理和年度实施效果监督报告体现。

在《欧盟凝聚力政策（2014～2020）》（EU Cohesion Policy 2014～2020）中实施现状及未来发展趋势提出改革措施：包括与“欧洲战略2020”相协调；将资源调整到关键的增长部门；保证良好的投资环境；提升欧洲社会基金的地位；增强在规划编制、实施和控制中政府以外的各参与者的地位；增强跨行政边界的合作等。

改革计划中还提出未来1/3的预算将投入到其的实施中去，具体分为三个基金：欧洲区域发展基金、欧洲社会基金、凝聚力基金，也是下文中提到的欧洲结构与投资基金（ESIF）的重要组成部分。

（2）欧洲结构与投资基金（ESIF）

欧洲结构与投资基金（ESIF）是一系列基金政策的总称。包括5个方面的内容：欧洲乡村发展农业基金、凝聚基金、欧洲社会基金、欧洲区域发展基金、欧洲海事和渔业基金，是明确欧盟内部投资重点，实现欧洲区域协调发展，资助落后地区和基础生产部门的有利经济政策工具。其设置旨在完成以下11个目标：

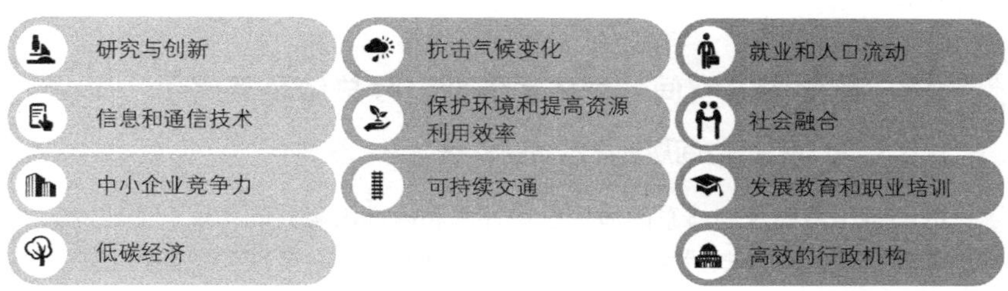

图9-14 ESIF需完成的目标

欧洲区域发展基金（European regional development fund，ERDF）旨在支持成员国在跨国界、跨区域意义上的一些重大社会问题的合作，实现区域的综合协调与均衡发展。2014～2020年计划投入100亿欧元，希望完成3个层面，及跨界、跨国、跨区域的合作，重点区域为北海、西北欧、北冰洋周边区域、巴尔干半岛、大西洋沿岸、阿尔卑斯山周边等。

欧洲社会发展基金（European Social Fund，ESF）主要用于国家就业推荐计划的实施，增加就业，扩大社会包容。在2014～2020年计划中，欧洲社会发展基金的地位将提升，总计金额将达到800亿欧元。其中20%将用于促进社会包容，对抗贫困和各种形式的歧视；60亿美元将于促进年轻人就业。

凝聚力基金（Cohesion fund，CF），用于加强对不发达地区的经济援助，主要用于NUTS二级区域统计上人均GNP低于原欧盟平均水平75%的区域，以及人均GNP低于原欧盟平均水平90%的特别支持区域。

欧洲乡村发展农业基金（European Agriculture Fund for Rural Development）和欧洲海事和渔业基金（European Maritime and Fisheries Fund）则针对农业部门和渔业部门的资助，鼓励各国发展农业和渔业。

（3）其他政策简介

为实现欧洲一体化，增强整体竞争能力，欧盟委员会还制定了其他具有空间影响的政策。如竞争政策、泛欧网络、环境政策等。如竞争政策，旨在提倡市场自由化，鼓励城市与区域之间竞争，避免垄断，控制并购行为。为此，欧盟建立了一系列标准规范，其确实对欧盟内经济活动的地理分布和贸易模式产生影响。泛欧网络旨在建立一个运转良好的可持续的交通体系。不仅要求共同体在开发泛欧交通、电信和能源供应基础设施网络化上做出贡献，也要求各成员国对各自的网络及其接口进行整合，尤其应促进岛屿和内陆以及边远地区和中心地区之间的关系。共同体环境政策特别强调重视与空间发展的联系，尤其是与土地利用的联系。如在全欧盟范围内确定保护区，制定《共同体硝酸盐导则》减少现有农田硝酸盐污染，实行“沿海地区整合管理示范计划（ICZM）”等。近年来，更重视城市地区的发展，并通过对废弃物和水处理、噪音和空气污染的立法来实施。

9.5 欧洲国家空间规划体系演变过程总结及其启示

9.5.1 欧洲各国空间规划体系演变机制

欧洲各国空间规划体系的演变是在外部和内部因素共同作用下完成的。外部因素追根溯源可以概括为全球大气候和欧洲小气候：全球大气候为二战，冷战，石油危机，金融风暴等经济、政治、社会大变动；欧洲小气候包括美国援欧计划，欧盟的成立，结构基金的发放等，两者都对欧洲各国及整体经济社会产生影响，进而使不同时期空间开发重点和建设任务不同，完成外部作用机制；内部因素包括各国本身在政治、文化传统，政权组织结构的固有差异，及经济社会发展形势的变化、管理体制和行政区划动态调整等。

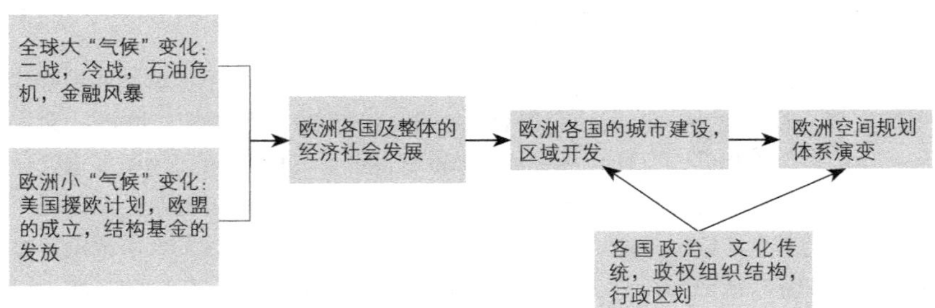

图 9-15　欧洲空间规划体系影响因素

从四大典型国家（法国、德国、英国、意大利）的空间规划体系发展历程中可以看出，各国的空间规划演变大致趋势基本相同，二战后随着重建任务的大量增加，空间规划体系开始建立（除战败的德国外），1950～1960 年代经历一段时间的平稳发展后，随着石油危机和新自由主义开始唱主角，规划控制一度为政府所忽视，空间规划体系完善速度趋缓甚至停滞；1990 年代以来，伴随欧洲一体化进程加快，可持续发展理念得到重视，规划控制又开始走向前台，规划体系完善速度再次加快。不论是哪种类型的空间规划体系，最终在经济全球化、区域一体化、市场化、分权化、空间整治综合化、政策化的国际大背景下，都向着以注重公平、可持续发展、缩小地区发展差距为目标，以横向协调、多方参与管治、部门合作、多种规划整合的现代综合型转变，殊途同归。

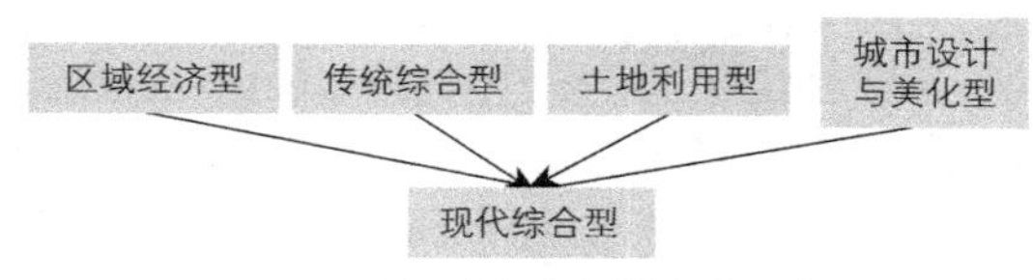

图 9-16　欧洲空间规划体系发展趋势

9.5.2　欧洲一体化空间规划体系演变机制

整体上看，欧洲一体化阶段的空间规划体系一直在曲折和协调中不断前进，其中关键因素是在各国关于空间开发的目标、核心利益是否一致。在欧洲空间发展愿景（ESDP）中体现的发展目标、原则与发展对策和综合协调型空间规划基本一致，最终目的是促进欧洲整体融合、增强欧洲竞争力。

一体化阶段的空间规划之所以能够实施，关键依靠各项经济、行政政策和监督机制，如凝聚力政策、欧洲结构与投资基金等。这些政策在评估各国经济社会发展实际情况的基础上，通过各项手段促进劳动力、资本、基金、技术等在欧洲范围内合理流动，支持不发达国家的发展，鼓励跨国、跨区合作。

在未来全球化和区域化大背景下，欧洲一体化层面的空间规划体系将进一步整合，以欧洲空间发展愿景（ESDP）为主体的空间规划指导文件发挥的作用将更加巨大；关于欧洲空间发展方向的讨论将继续开展下去，信息化、可持续发展、社会融合、促进就业等目标将成为下一步空间开发的重要目标；各成员国政府及其地方政府，与欧盟委员会及其部门，各个区域性或地方性的、自身利益与空间开发利益相关的非正式组织的对话、协商、合作将更加频繁。

9.5.3　对我国的启示

我国目前处于城镇化高速发展阶段，国民经济也在稳步提升，社会融合和环境保护、治理略落后，整体呈现乐观的发展势头。空间规划则是市场经济条件下政府宏观调控的重要手段。

从经济和社会发展阶段来看，2013 年我国人均 GDP 为 6767 美元（来源于世界银行），城镇化率为 53.7%（来源于国家统计局），大约相当于 30 年前的西欧发达国家；但全球化、市场化、分权化的大气候也着实影响到了我国，因此，我国空间规划体系发展可借鉴这 30 年欧洲发展经验，抓住黄金发展时期更好更快地完善规划体系，但必须与现今世界总体趋势一致。

通过对欧洲各国的空间规划体系发展进程及最新趋势的学习分析，给予我国空间规划体系建构和“多规融合”一定的启示：

（1）加快修订《国土空间规划法》。从依法调控和管理空间发展的高度，切实完善空间规划体系的法律基础实乃当务之急。从西欧“三驾马车”和意大利的发展经验来看，一个全国层面的空间规划法对全国整体的开发作用极其重要，并且其要根据经济社会发展的形势对规划结构做出适时、合理、可行的调整。

（2）整合现有城乡规划体系。现有的城乡规划体系包括区域层面的城镇体系规划、城市层面的城市总体规划和详细规划，详细规划又包括控制性详细规划和修建性详细规划。层级过多，上下级之间关系不明确，城镇体系规划和总体规划法律效力较低，指导作用较弱。建议参考英法经验，变为二级体系，区域及城市层面出台具有指导性、战略性作用的规划，地方层面则以控制和可操作性为主。

（3）重新分配空间规划的权利和职能。在分权化大背景下，学习法国经验，将空间规划的编制、审批权进一步下放；借鉴意大利经验，鼓励地方根据自身实际创新规划编制、审批体系并定期评估、对比，效果良好的话可在全国推广。

（4）注重多方参与，改变单一主体编制规划的局面。重视全纳性的参与（各个利益主体的话语权），重视非正式规划的作用。鼓励非政府组织、专家团体和市民代表协商，参与正式规划编制的各个阶段，共同编制非正式规划，各利益相关者求同存异，正式规划与非正式规划相互互动，互为参照，提高规划编制的科学性和透明性。

（5）建立一种在国家、区域和地方自治之间的协调机制。兼顾各城镇利益，兼顾国家和区域的利益；既最大限度地体现多数公民的意志，又避免了大城市可能主导区域规划的倾向。为区域的横向联合提供法律依据；注重跨行政区的发展和资源管理问题，建立多个平台促进不同区域、不同部门的协商与合作，必要时可借鉴欧盟委员会经验设置各项基金，给予不发达地区财政支持。

（6）提高规划的综合性和公共政策属性。整合现有的国民经济与社会发展规划、土地利用总体规划、城乡规划、生态环境保护规划等，注重对实施政策的研究。转变规划理念，不再只是“以增长为目的”的规划，更加关注公平与区域协调；空间规划最终应变为协调、整合各类规划和政策的管理体系。

第 10 章　中国空间规划体系形成和演化规律及其机制研究

10.1　我国空间规划体系内涵和构成

空间规划通过公共部门设定空间发展框架和原则，但由于目的、问题、需求不同，它将区域划分形成不同的、相互交叉的复合型层次结构[152]，并通过综合规划设计，实现社会发展、文化创新、环境友好的总体目标，为人们提供和谐美好、可持续的发展空间[153]。空间规划本质上是一种政府行为，是政府进行公共资源管理、保证可持续发展、纠正市场失灵、调控社会公共资源，从而实现科学的空间安排的系列手段[154]。空间规划体系这个概念在我国并无明确的法律定义，大多学者认为现行的空间规划体系主要包含国民经济和社会发展规划、国土规划和城乡规划三大规划体系，也涉及生态规划、基础设施规划和与以上规划相关的法律、行政体系（涉及发改、城建、国土和环境等多部门）。它们从不同层次、不同视角对空间实行调控，共同构建有序科学的城乡空间[155-157]。

具体来讲，国民经济与社会发展规划是全国或者某一地区经济、社会发展的总体纲要，是具有战略意义的指导性文件，统筹安排和指导全国或某一地区的社会、经济、文化建设工作。土地利用规划是实行土地用途管制的依据，它根据国民经济和社会发展计划，运用组织土地利用的专业知识，对土地的利用提出构想和设计，突出解决土地利用需求与供给之间的矛盾，协调平衡社会经济发展对土地利用组织的要求与限制土地利用组织的经济因素之间的矛盾。城乡规划是国民经济与社会发展在城市建设、乡村建设上的规划，对一定时期内城乡的经济和社会发展、土地利用、空间布局以及各项建设的综合部署、具体安排和实施管理，是土地利用规划的重要补充和延伸[157]。我国全面的空间规划体系构成如下：

我国空间规划体系构成　　表 10-1

<table>
<tr><th>体系</th><th>规划主体</th><th>规划名称</th><th>规划层级</th><th>依据</th><th>目标与侧重点</th></tr>
<tr><td rowspan="4">发展规划</td><td rowspan="2">发改部门</td><td>国民经济和社会发展总体规划</td><td>全国、省级、市级、县级、乡级</td><td rowspan="3">由《宪法》授权，依据《国务院关于加强国民经济与社会发展编制工作的若干意见》编制</td><td rowspan="4">注重远期发展，侧重总量指标</td></tr>
<tr><td>国民经济和社会发展区域规划</td><td>国家级、省级、市级、县级</td></tr>
<tr><td>多部门</td><td>国民经济和社会发展专项规划</td><td>国家级、省级、市级、县级、乡级</td></tr>
<tr><td>发改部门</td><td>主体功能区规划</td><td>国家级、省级</td><td>《国务院关于编制全国主体功能区划的意见》</td></tr>
<tr><td rowspan="3">城乡建设规划</td><td rowspan="3">建设部门</td><td>城镇村体系规划</td><td>全国、省级、市级、县级、乡级</td><td rowspan="3">以《城乡规划法》为主要法律依据，以众多部门规章、规范性文件、技术标准为指导</td><td rowspan="3">关注城乡与区域用地安排与功能协调</td></tr>
<tr><td>城市发展战略规划</td><td>直辖市、市级、县级</td></tr>
<tr><td>城镇总体规划</td><td>直辖市、市级、县级、乡级</td></tr>
</table>

续表

体系	规划主体	规划名称	规划层级	依据	目标与侧重点
城乡建设规划	建设部门	城镇分区规划	市级、县级	以《城乡规划法》为主要法律依据，以众多部门规章、规范性文件、技术标准为指导	关注城乡与区域用地安排与功能协调
		城镇详细规划	直辖市、市级、县级、乡级		
		村庄（集镇）规划	乡级、村级		
		城镇近期建设规划	直辖市、市级、县级、乡级		
	多部门	城镇专项规划	直辖市、市级、县级、乡级		
国土资源规划	国土部门	国土规划	全国、省级	以《土地管理法》为法律依据和若干部门规章、规范性文件、技术标准为指导	关注土地资源指标控制，侧重耕地总量控制
		土地利用总体规划	全国、省级、市级、县级、乡级		
		土地利用专项规划	全国、省级、市级、县级、乡级		
		矿产资源规划	全国、省级、市级、县级	《矿产资源法》	审批采矿项目及相关用地
	农业部门	草原保护建设利用规划	全国、省级、市级、县级	《草原法》	草原保护与建设
	林业部门	林地保护利用规划	全国、省级、县级	《森林法》	林区保护与建设
	水利部门	水资源规划	全国、省级、市级、县级	《水法》	水资源配置与使用
生态环境规划	环保部门	环境保护规划	全国、省级、市级、县级、乡级	《环境保护法》	
		生态功能区划	全国、省级、市级、县级		
		生态示范区规划	省级、市级、县级、乡级、村级		
		……			
基础设施规划	交通、铁路、电力、能源部门	公路网规划、航道发展规划、港口规划……	全国、省级、市级、县级、乡级、村级	《公路法》、《港口法》、《铁路法》……	基础设施建设

（资料来源：根据相关资料整理[15,154,155,158–162]）

我国的空间规划在地域上曾有六个层次：

全国性的国土整治和国土综合开发规划：这是在全国范围内进行资源配置的一种综合规划，也是国家宏观调控表现极为明显的一种方式，如国家对东中西的宏观调控等；

跨省、直辖市、自治区的区域发展规划：如环渤海经济区、上海经济区、长江三角洲经济区和黄河上游多民族开发区等；

省级规划：是在一个省范围内建立各具特色、不同水平、相对独立的区域经济体系的规划形式，此级规划在我国的经济建设中一直占据主要地位；

省以下的地区（包括省内经济区）的区域规划：这是在省内地级市所辖范围内进行的规划形式。这一级的区域规划在我国按行政区划分的各级区域规划体系中起到了承上启下的枢纽作用，对发挥中心城市作用，加速地区经济发展具有尤为重要的意义；

城市（镇）总体规划：是确定城市的性质、规模和城市的发展方向，对城市中各项建设的布局和环境面貌进行全面安排，选定规划定额指标，并制定规划的实施步骤和措施，城市（镇）总体规划在我国的城市发展中具有举足轻重的地位；

县乡农村规划：是我国区域规划的基层地域规划，主要是以县域或县级市辖域为范围。此级规划有利于更好地发挥基层经济组织的能动性和创造力，有利于更好地实现城乡结合、工农结合的布局原则，推进经济建设城乡一体化的进程。

上述六个层次的规划中仅城市（镇）规划有明确的法律地位，国民经济和社会发展规划（五年计划）从全国到地方基层按行政区编制，在地域上是连续的，而且都涉及少量空间布局内容，但也不是系统的空间资源利用规划[155]。

10.2　我国空间规划体系历史演变

我国规划历史悠久，唐长安、明清北京城等宏伟的城市规划建设，以及江南匠心独运的园林布局和美轮美奂的建筑设计，都展现出我国古代传统的空间设计造诣。历史证明空间设计与布局影响着我国的历史变迁与社会经济发展。目前我国现代意义的空间规划体系内涵已经发生转变也更加丰富，初步形成于建国初期，因此本节对空间规划体系的历史演变总结时间跨度在1949年至今。

10.2.1　空间规划与法制建设

我国空间规划的发展与法制建设基本同步。在空间规划体系中，城市规划编制的时间较早，但长期没有立法保证。1979年2月，我国颁布《中华人民共和国森林法（试行）》，首次在法律层面提出规划编制的要求，标志着规划体系步入法制轨道。随后，土地管理法、城市规划法、环境保护法、水法等重要法律相继出台，规划的空间色彩不断加强。20世纪90年代后，随着我国的法律体系进一步完善，空间规划编制种类日益增加。法律与管理相适应，多从行业管理的角度出发，提出规划编制的相应要求，具有很强的部门色彩。在编制和实施中，管理部门根据实际情况通过行政法规、部门规章等形式逐步扩展规划内涵，延伸出许多以其为总纲的专项规划，基本自成体系，如城市规划体系、土地规划体系、流域规划体系、道路规划体系等。近年来，国家发展改革委又重点组织编制了长江三角洲地区和京津冀都市圈区域规划，进一步充实了空间规划的内容。总体而言，我国空间规划体系的形成是在部门和行业规划的建设过程中，各种规划相互协调，并围绕若干骨干性空间规划建立起来的[163]。

10.2.2 五年规（计）划与空间规划

作为社会主义国家，五年计划是中国政府对经济社会发展开展管理的重要手段之一。五年计划实质是经济规划，是政府促进国家经济增长的管理手段。中国的五年计划具有其独特的综合性特点，涵盖社会、经济、空间发展等多重领域。"十一五"时期，五年计划改名为"五年规划"。目前我国的五年规划是伴随着政治经济改革不断调整适应的结果[163]。

五年计（规）划划分为3个阶段，分别为："一五"计划到"五五"计划、"六五"计划到"十五"计划，及最近的"十一五"和"十二五"规划。改革开放之前，国家采取计划经济体制，国民经济由各中央部委直接管理，由于过度注重积累和压缩城市消费，尽管初步建立了国民经济体系，也造成了企业效率低下，产业结构失衡的发展态势[164]。改革开放后到"十一五"之前，随着市场化和一系列分权化改革的实施，逐步培育了多元的市场主体。同时，地方政府崛起，成为区域经济的实际管理者，地方战略、政策和规划的制订者和实施者。中央通过划定特殊的政策区（如经济特区、对外开放区域和经济开发区等）、三大经济地带以及地方政府通过制度创新与制订发展战略，积极促进区域经济增长。这一时期实际上处于计划和市场经济并行的运行机制之下，但前者的比例在逐渐下降。随着地方政府增长主义的盛行，区域性的发展问题越来越突出，例如区域差异和城乡居民收入的扩大，生态环境的恶化等。面对着经济增长所产生的负面效应，以及中国区域经济不断融入全球化进程的现实，"十一五"以来，在空间发展方面，中央政府开始加强管治力度，在空间发展中引入了主体功能区划等空间规划手段，弥补缺失的区域性空间规划政策，进而促进了国土的全面协调可持续发展。

与计划经济时代市场受到政府压抑不同，改革开放后市场经济逐步建立，市场主体得到培育，直接参与空间经济的发展。中央和地方关系也在变化。地方政府的角色从中央政府在地方事务的被动延伸，转变到积极地参与组织和规划地方经济的发展事务，成为地方最重要的利益主体。但由于空间问题的凸显和国内外区域经济发展新形势的出现，中央政府通过空间规划手段加强了对盲目的地方增长主义的约束，趋向形成一个多层级管治的制度架构。从空间政策角度来看，改革开放之前，五年计划体系并无空间规划，空间发展只是工业项目布局形成的被动结果；其后空间规划的思想体现在划定特殊的政策区域和空间分类引导市场主体发展；“十一五”以来，五年规划体系通过加强空间规划手段，达到了分类引导和管治规划的双重目的[14]。

五年规（计）划发展历程　表 10-2

时间节点	时期	运行体制	特点	存在问题	与空间规划的关系
1953 年（土改完成）	“一五”计划到“五五”计划	计划经济体制	国民经济由各中央部委直接管理	企业效率低下、产业结构失衡	无空间规划，空间发展通过工业项目布局形成
1981 年（改革开放以后）	“六五”计划到“十五”计划	计划和市场经济并行	市场化和分权化改革的实施，市场主体走向多元；地方政府崛起，成为区域经济的实际管理者	地方政府增长主义的盛行，经济增长负效应凸显，城乡二元，环境问题凸显	划定特殊的政策区域和空间分类引导市场主体发展
2006 年（市场化改革与全球化深入）	“十一五”和“十二五”规划	市场经济体制	中央政府开始加强管治力度，引入了主体功能区划，期望促进国土的全面协调可持续发展	区域不协调加剧，城乡差距加大，生态环境恶化	为达到分类引导和管治规划双重目的，开始加强空间规划手段

（资料来源：根据资料[163,165]整理）

空间规划在五年规（计）划体系中的演变特点可总结如下：

（1）1953～1980 年：空间作为部门项目的载体

改革开放之前，五年计划作为经济发展计划主要目的是分配资源和工业项目，空间只是作为部门项目的载体。总的来看，改革开放之前的计划经济时期并没有明确的空间规划内容，但是空间作为五年计划发展项目的载体，决定项目布局并影响区域经济的发展。

（2）1981～2005 年：设置特殊的政策区

在此期间五年计划关于社会、资源环境的内容不断增加，但仍以经济增长为主，其他因素的考虑在某种程度上也是为了服务于经济增长，缓和经济发展所带来的负面效应。这一时期的空间规划开始设立不同类型、不同地理尺度的特殊政策区域，主要分布在东部沿海地区。此外，全国交通、水利水电和能源等基础设施总体空间布局投资计划也同时展开。总的来说，由于政府在微观经济活动上的放权和市场机制逐步建立所释放的制度优势，这一时期的政策条件大大促进了市场主体积极参与经济发展，特别是推动了沿海地区经济的快速增长。同时，分权制改革使得地方政府得以直接参与地方经济活动，使得中央和地方的关系在空间政策制订层面趋于复杂化。一方面，地方充分利用国家五年计划中的特殊政策区所赋予的机遇，促进了沿海地区经济的快速发展；另一方面，盲目追求地方经济增长也导致了局部地区生态环境恶化、省际与省域内的区域差异显现，以及农村与城市居民收入差距拉大等区域问题。然而，这些空间问题在缺乏有效空间管治手段的五年计划体系中无法得到实质性缓解。

（3）2006 年以来：构建引导和约束相结合的空间政策框架

“十一五”以来的规划改革在政府让位于市场的同时也增强了制度对市场主体，尤其是对地方政府的空间约束，使得市场秩序更加规范，进一步促进了区域的可持续发展[166]，并提升了重点地区的国际竞争力。自“十一五”规划明确提出区域总体发展战略和主体功能区战略以来，五年规划对于区域发展统筹协调和国家总体开发格局影响巨大，并对空间规划体系产生重要影响[163]。

10.2.3 基于土地的空间规划发展

空间规划指导了城乡空间的有序构建，我国土地规划理论的发展历程经历了“点、线、面”空间系统化的理论进化脉络，可以划分为初始期、发展期和成熟期 3 个阶段[164]。

土地空间规划发展历程　　表 10-3

发展阶段	时间	内容	特点
初始期	20 世纪 40～80 年代	人民公社规划、农业资源区域考察、农业区划、土地利用调查、乡村规划等等	呈现出空间规划的影子，但未形成系统的空间规划体系
发展期	20 世纪 80～90 年代	国土整治工作，开展国土规划、土地利用规划、环境整治规划等等	与土地空间开发利用的特殊时代背景紧密相连，城乡土地空间规划中较多运用了带有竞争性特质的基础理论
成熟期	21 世纪以来	创新提出国土资源配置与国土空间开发利用为核心的国土开发理念	随城镇化的内涵和方式的发展革新，融入“反规划”、“低碳发展”、“城乡一体化”等理念，实现了多学科方法的交叉融合

（资料来源：参照资料[160]整理）

20 世纪 80 年代以来，中国在城乡土地空间结构和布局的动态实践中逐步将区位理论、中心地理论、地域分异理论、外部性理论、市场失灵和政策失灵理论、有机规划理论、报酬递减理论、地租地价理论、土地产权理论、影子价格理论、比较优势理论等地理学、生态学、经济学相关经典理论融入城乡土地空间规划的研究和实施过程中。快速城镇化的初级阶段，城乡土地空间开发利用具有较强的竞争性特质，具体表现为：城乡土地空间开发利用主体间的竞争性；城镇建设用地空间的快速非均衡性竞争；不同建设用地空间类型之间的开发性竞争等。近年来，随着城镇化进程的不断推进，城镇化的内涵和方式也不断发展革新，单纯以竞争性优势为主要指向的城乡土地空间开发利用方式出现了诸多弊端，对生态环境、居住适宜性、交通能源保障能力和建设用地的可持续高效利用等方面都产生了负面影响。随着部分城市产业转型的不断深入，"反密集化概念"、"城镇体系集散原则"、"均衡化功能空间理念"、"景观生态学理论"、"有机规划理论"、"等价生存关系理念"、"田园城市理论"等地理学、经济学、生态学中的重要理论与城乡土地空间规划实践相结合，呈现出理论融合与目标转变，从"竞争性"转向"共生均衡性"，并融入了"反规划"、"低碳发展"、"城乡一体化"等理念[167]。

10.2.4　城乡规划与经济社会发展回顾

现代城市规划起源于霍华德的田园城市，而新中国成立以后的城市规划基本沿用苏联模式，并在实践中不断发展[29]。2008 年新的《城乡规划法》实施，城市规划更名为城乡规划。总体而言，我国的城市规划经历了计划经济的物质空间规划到社会主义市场经济下的物质空间与国民经济社会发展互动的转变，具体可以分为六个时期：

（1）新中国成立后的恢复重建期（1949～1966 年）；

（2）"文革"中的停滞期（1966～1977 年）；

（3）"文革"后的快速发展期（1977～1986 年）；

（4）改革开放后的不断创新期（1986～1996 年）；

（5）走向市场经济的调整变革期（1996～2004 年）；

（6）面向科学发展的更新转型期（2004～）。

由图 10–2 可知，改革开放以前，我国经济社会发展较为曲折。具体为：1949～1950 年处于整顿时期；1950～1956 年经济迅速恢复并有所发展，完成第一个五年规划；1956～1959 年持续发展；1959～1961 年三年自然灾害，经济不断下滑；1961～1965 调整期，曲折发展；1965～1976 十年"文革"，经济发展停滞。改革开放以来中国经济发展大致可分为四个阶段，第一阶段（1978～1984 年）为"自主发展"的工业化准备和初级产品的起步阶段；第二阶段（1985～1992 年）为我国经济发展在经历从初期向中期的过渡后，进入实现工业化的起步阶段；第三阶段（1993～2002 年）为工业化实现和经济发展加速度阶段；第四阶段（2003 至今）为工业化逐渐成熟、开始迈进工业化高级阶段和经济稳定增长阶段[168]。

从城乡与社会经济发展的关系来看，从建国至今可分为三个阶段：城乡对立阶段（1949～1977），它以重工业发展为战略，以赶超英美为目标，造成重工业发展畸形，农村经济严重伤害，最终致使城乡差距被拉大，城乡二元结构形成；城乡经济一体化阶段（1978～2001），它以城乡经济发展为战略，以缩小城乡经济差距为目标，实现了农村经济的发展，城镇化速度加快，但由于各种原因城乡二元结构不但没有被打破，反而呈现出固化的趋势，城乡社会矛盾也逐渐显现；城乡经济社会一体化阶段（2002 年至今），它以城乡经济社会和谐发展为战略，以形成城乡经济社会一体化新格局为目标，以农业现代化、城镇化、农民市民化、新农村建设以及相关配套措施为手段，逐步实现城乡经济社会融合发展[167]。

从我国 1961 年以来的 GDP 和城市化率（以城市化率表征空间发展状况）的变化趋势可以看出：经济发展趋势与城市空间发展趋势基本一致，1961～1978 年发展较为平缓，1978 年以后进入快速增长期，并保持至今。

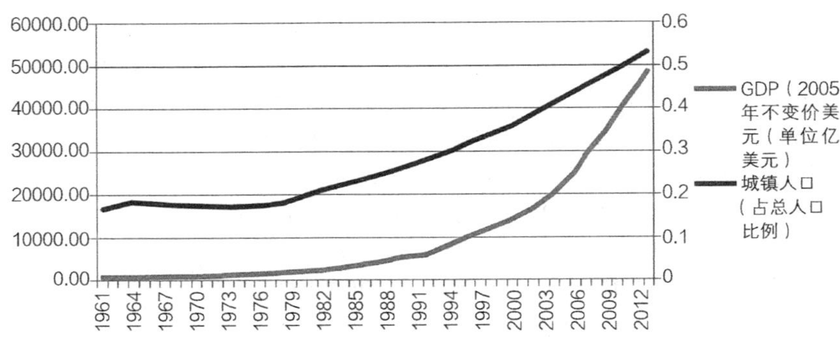

图 10-1　1961～2013 年中国 GDP 与城市化变化趋势（数据来源：世界银行）

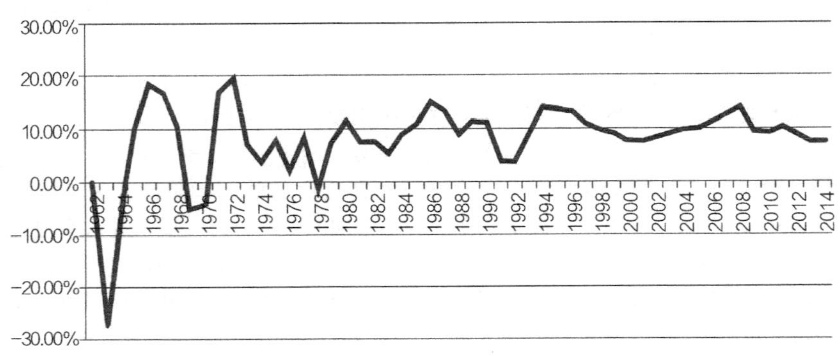

图 10-2　1962～2014 年经济增长速度（数据来源：世界银行）

10.2.5 空间规划发展回顾

我国的空间规划成形于计划经济时期，始于 20 世纪 50 年代中期[154]，80 年代伴随着改革开放得到不断深入与蓬勃发展[156]，至今我国的空间规划仍伴随着国家公共政策和各时期主要矛盾与核心议题的变化而不断调整[169,170]。

初期，受政治社会环境影响，空间规划发展较为波折，后来主要依靠城市规划布局空间发展，随后与土地利用规划结合，空间规划体系得到进一步完善，现今，我国的空间规划体系已逐渐向国民经济和社会发展规划—国土规划—城乡规划—生态环境规划等多规共同参与的协同管治转变。

空间规划发展历程　　表 10-4

时序	主要矛盾	核心议题
起步期（1949～1977）	国内外战略环境、政治运动	战后重建、建设社会主义工业化国家
快速发展期（1978～1986）	市场与计划	城市建设、经济增长
创新期（1986～2000）	开发建设与资源保护利用	耕地红线、用地指标
调整变革期（2000～2008）	社会公平、环境污染	科学发展、人居环境
更新转型期（2008 至今）	权益、利益分配	全面协调可持续发展

（资料来源：参考资料[171]整理）

10.3 我国空间规划体系现状及问题

空间规划不仅要建构区域共同价值以及跨地域的文化与利益，还要统筹不同地域主体与体制的异同，分析制定经济、社会、文化、生态和环境的长期发展规划，并确保各部门、各行业规划和政策的协调与整合[172]。有学者认为规划需要演绎经济、社会、文化的空间内涵[173]，而近年来以人地关系为主的人居环境[154]的全面协调发展已经成为空间规划的关注重点。但随着社会、经济的飞速发展，特别是市场经济的发展，我国的空间规划出现了许多问题，规划的过程、方法甚至体系受到严重挑战[174]。

计划经济时期，我国规划长期严重忽视空间布局问题[175]，而五年规（计）划按行政区从全国到地方编制，虽在地域上具有连续性，但却较少涉及空间布局问题，对空间资源的规划也不成系统。目前我国空间规划体系较为复杂，在不同空间尺度上，各种空间规划有所交叉[14]。此外，由于各部门之间缺乏有效的协调性，各种规划在同一空间存在较大差异[176]，存在“规划体系紊乱、规划数量过多、规划功能定位不清晰”[13]等问题。

（1）各规划之间与各规划部门之间难以统筹协调。受我国前期计划经济以及传统部门权力制衡管理模式的影响[177]，目前空间规划体系中主要的国民经济和社会发展规划、国土规划和城乡规划、生态规划、基础设施规划等规划分别由发改部门、国土部门、城建部门和环境部门等多部门独立管理。不同管理部门体系对规划进行编制和实施，缺少统一的运作协调机构，导致规划衔接、各规划价值取向调控等皆出现问题，多规各行其是[8]。此外各部门规划重点、编制标准、依据与技术的差异也使得规划在实施过程中利益难以协调[15]，致使矛盾重重，加大了规划统筹难度[155]。

（2）规划调整难度大。由于法定规划在编制技术要求、编制标准、审批程序、修改程序等方面均有严格的规定，从规划编制、规划审查直至规划批准需要一个漫长的过程。而规划调整亦是如此，且更加繁复，因此规划调整的时效性较差，而多规的联动调整更是困难重重[142]。

（3）法定性规划过“硬”、非法定性规划过“弹”，难以找到契合点。我国空间规划体系中的法定规划部分在规划内容上通常过于庞杂，实际操作性不强，难以有效解决经济建设中的亟需问题[178]，“硬性”过强。而根据市场需求产生的非法定规划，具有“时间短、见效快、针对性强”的特点，有利于实际问题的解决，但也存在缺乏技术标准、编制要求不明，主观性太强，“弹性”过度[154]等缺点。

（4）规划缺乏公众参与。空间规划是全面整体的，其最终目的是实现以人为本的可持续发展。但目前我国空间规划的编制主体仍是政府行政部门，公众参与仍然停留在理论层面，规划既缺乏民众意识的听取，也缺乏多元主体的参与互动。

（5）区域冲突。跨省以及省内跨县市的区域空间规划缺乏实体性的政府机构来实施，即不能通过区域内资源、资金及人力资源的空间配置以及政策法规等限制性手段实现规划区域的总体目标，区域之间协调程度不够。与国外发达国家比，我国国内跨区域之间缺乏有效的磋商协调机制[179]。

（6）可操作性差。空间规划的可操作性差主要表现在：一则空间规划实施本身的影响因素甚多，一些不定因素常常使得空间规划的假设前提与实际条件相差甚远，从而导致本应具有长期指导意义的空间规划的经常性修编；二则由于缺乏保证规划实施的、明确的、完整的对策措施，即空间规划实施的保证体系，从而造成空间规划操作上的困难。

（7）理论与方法的不足。由于我国经济体制的急剧转轨以及经济、历史、文化及社会等特点，即国情不同，引入的理论并不能十分有效地指导中国的空间规划，不能适应现阶段的社会发展，中国空间规划的理论和方法还在形成之中。

（8）法律保障不够完善。我国现有的专业性的空间规划法规远远不能满足各个层级规划的要求，很多内容仅停留在共识的层面，没有法律的制约和保障，规划的法律体系亟需改革和完善。

第 11 章　现阶段我国空间规划体系的理想模式

他山之石可以攻玉。经过对 5 个大洲 11 个国家的空间规划体系的研究和解读，结合上文对空间规划内在机制和规律的总结，在本节尝试提出现阶段我国空间规划体系的"理想模式"，希望能为我国空间规划体系模式的变革提供一定的参考。

现阶段我国的空间规划体系的调整需要立足于协调人与地的关系，顺应区域发展的要求，建立具有统一性、协调性的空间规划行政体系，建立独立的空间规划编制、咨询机构，同时建立合乎时宜的、与时空发展耦合的空间规划法律体系，以将规划的时空错位和运作摩擦降到最小。

11.1　理想的空间规划行政体系

11.1.1　国家层面——建立国家空间规划统筹委员会

整合空间规划行政机制，以实现空间分析与规划价值取向的统一性，建立空间规划的"大部门体制"可以使得国家规划行政机构具有很强的协调能力。但在我国当前的行政体制下，要真正实现一个规划"一统天下"并不现实，而且目前这种"分割"的规划体制在一定程度上、一定条件下还有其存在的必要性与合理性。

现阶段建立国家空间规划统筹委员会（以下简称规划委）是我国空间规划体系变革中较为理想的模式。在规划委对各部门利益的协调以及对空间发展的思路与价值的理性认知基础上，专门进行规划的研究、编制与咨询，并对规划的实施进行监督检查。实际上，1990 年代末建立的"城市总体规划部际联席会议制度"为改革规划行政体系和建立规划委提供了很好的启示，但是关键之处在于如何将这种运作模式完善化、制度化、程序化[12]。

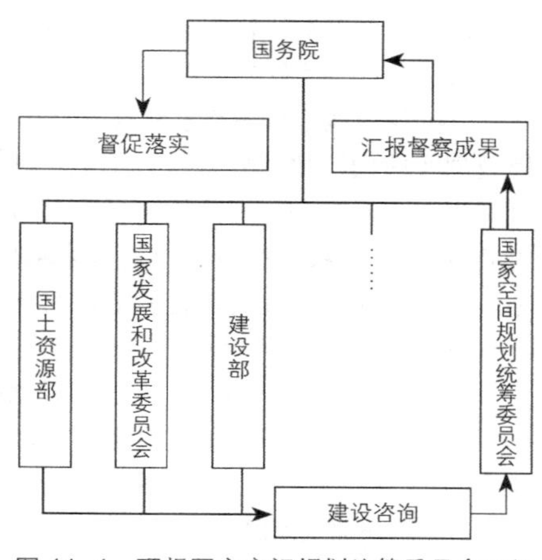

图 11–1　理想国家空间规划统筹委员会职能

西方国家的规划行政机构具有很强的协调功能，协调的任务在纵向上尊重不同等级政府对空间资源的配置要求；横向上要协调产业、土地、交通、环境等不同行业和部门的要求，同时也要吸纳市场和公众的意愿。比如澳大利亚维多利亚州在州一级设立了协调委员会和规划咨询委员会等机构，协调多种与规划相关的行政事务[33]；欧洲空间一体化规划的运作中也引入谈判与协商等协调机制，以便理顺国家与国家、部门与部门之间和规划有关的价值取向[180]。

11.1.2 省级层面——整合区域空间规划，明确其法律地位

目前我国省级层面主要有四种空间规划：省级主体功能区划，省级城镇体系规划、省级土地利用总体规划和省级生态功能区划，各规划在指导城市“点”建设时由于缺乏相关的法律依据，不能形成有效的协调衔接机制，建议进行整合，并给予较为明确的法律定位。这点可以借鉴日本的经验，虽然同为并行体系，但日本以国土综合开发规划作为区域整合的综合指导，还有相应的《国土综合开发法》保障规划的编制和实施，在指导下级规划编制时有明确的法律依据。因此，我国省级空间规划的理想模式是：主体功能区规划“定政策”，城镇体系规划“定需求”，土地利用规划“定供给”，生态功能区划“供底图”，在相关目标的引导下，综合平衡国土空间的需求和供给，通过相关的政策引导有限的资源配置到“底图”上。省级层面的空间规划应以政策引导性为主，不需要落实到具体的空间[15]。

11.1.3 地（市）和县级层面——加强城乡规划和土地利用总体规划的有效衔接与协调

我国地（市）级和县级层面主要存在城镇体系规划、城市总体规划和土地利用总体规划三类。而由于这两个层面的城镇体系规划是包含在城市总体规划中，因此实际上是两规协调。

目前我国地市级城市总体规划对区域的协调主要通过城镇体系规划实现，但规划实施的法律基础却没有跟上。到县级和镇级城镇为了多争取资源，盲目做大人口规模和用地规模，导致其城市总体规划突破上级规划的规模限制时有发生。而土地利用规划是国土部门的主导编制，必须严格依照上级规划的指标控制，往往对城镇发展的实际需求缺乏考虑。因而可以适当调整地（市）级和县级城镇体系规划和土地利用总体规划的编制内容，整合协调两个规划的编制时序。编制城市总体规划时同步编制土地利用总体规划，在定建设用地规模时综合考虑“供给”和“需求”，使二者达到一个较好的平衡状态[15]。

目前有的地方城市规划部门与土地管理部门合并，成立国土规划局，实行“一张图”管理。虽然有利于两规的协调，减少项目申请者的手续，但容易权

力过于集中，造成腐败。这两个层次的空间规划应注重引导性和实施性并重，既要通过政策引导下级规划编制，又要具有一定的可操作性，是“政策”到“空间”的过渡。

11.2　理想的空间规划编制体系

完整统一、层次分明、协调有序的空间规划体系是实现规划协调的基础。目前，多部门协作并行、共同参与的空间规划管理模式本身并不一定就是“问题”。在当前多规并行的空间规划管理体制制度下，任何企图以单一部门、单一规划来掌控全局，涵盖所有内容的“多规合一”做法都不切实际，也难以奏效。构建分工明确、协作统一的空间规划体系框架，实现“多规协调”才是解决当前规划矛盾的有效途径。

以主体功能区规划为基础，以城乡规划、土地利用规划和其他专项规划为支撑，各级各类规划定位清晰、功能互补、统一衔接的国家规划体系是现阶段较为理想的空间规划体系模式。

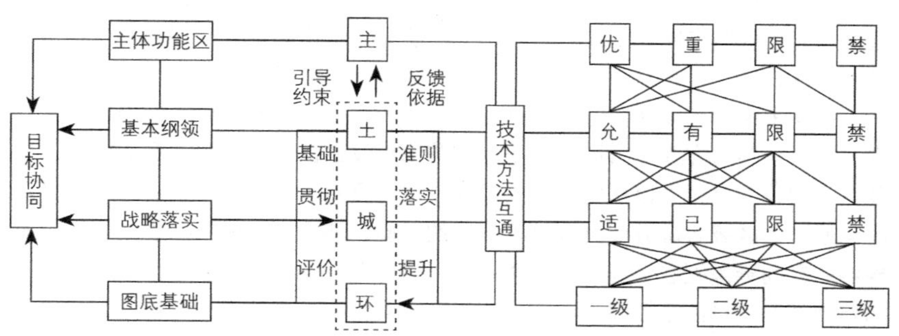

图 11-2　以主体功能区为基础的“理想”空间规划协调机制

将主体功能区放在基础地位主要由于其宏观政策特征属于政策引导层，城乡规划、土地利用规划及环境规划由于突出客观实体可操作性而归属实体调控、空间落实层。在空间规划体系中，主体功能区划定政策，即鼓励优化、重点开发还是限制、禁止开发；土地利用规划控数量即确定耕地及矿产资源保护范围、用地总量和年度指标等；环境规划保质量，即确保环境质量达标，满足环境硬性约束；城乡规划做协调，即以土地规划和环境规划为依据，结合主体功能区划政策，统筹协调各类土地开发与空间利用，维护长期的公共利益和社会公平。可以说，这样的体系结构划分也符合科学发展观全面协调可持续的基本要求。

11.3 理想的空间规划法规体系

空间规划法律是实施规划公共政策目的的根本保障。发达国家和地区十分重视保证空间规划实施的法制建设。其空间规划都具有法律地位，而且还有相应的空间规划法以法律形式明确各级空间规划的实施主体的责任和义务，以及实施的保障措施等内容。

理想的空间规划法规体系需要包含《空间规划法》以及完善的《土地管理法》和《城乡规划法》，从法律层面上明确空间规划的地位作用，严格界定空间开发的战略目标、调控重点、配套政策以及空间规划体系的类型组成、功能定位、管理机制等重要内容。考虑到立法工作的长期性、复杂性，可考虑先行制定《空间规划管理条例》或《空间规划管理办法》明确空间规划管理的基本原则、主体内容、程序规范与保障机制。

11.4 理想的空间规划协商治理机制

我国目前的空间规划存在多部门交叉管理、规划地域空间的重叠等现象，应逐步建立我国空间规划协商新机制，才能有效解决多种空间规划并行带来的负外部性效应。

具体来说，可以从推进更广泛的公众参与、加强区域合作和部门协调来实现。在公众参与方面，可以借鉴德国和英国等发达国家的经验，利用网络，以及在规划编制过程中以法定文件的形式反馈公众意见等方面来促进政府和民众的沟通。在区域协调方面可以借鉴英国的经验，即设立区域空间规划的专门机构协调空间资源配置；在部门协调方面可以借鉴德国的部长会议机制，负责不同规划的部门可以定期召开会议，交流各自对空间规划的设想，以达到沟通和协调的目的，从而最大限度地减少不同类规划之间的冲突。

11.5 小结

空间规划的体系并没有“一劳永逸”的方案。必须把握各类空间规划在协调人地关系上的逻辑共同性，以及空间规划体系与时空发展所具有的耦合性这两条基本价值，进而探索并建构理想的空间体系方案。

将国民经济和社会发展总体规划为统领，以主体功能区规划为基础，以专项规划、国土规划和土地利用规划、区域规划、城市规划为支撑，形成各类规划定位清晰、功能互补和统一衔接的规划体系是现阶段我国空间规划的“理想模式”。

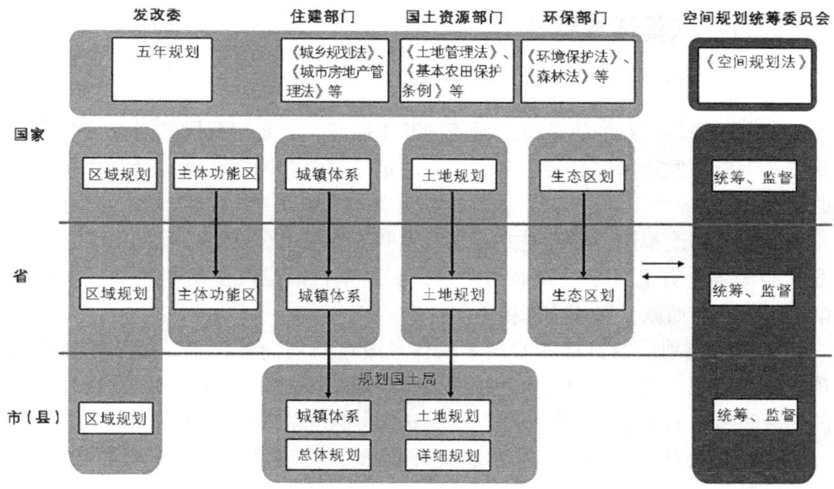

图 11-3　国家空间体系"理想结构"

国际上空间规划经验表明，规划的单一体系和并行体系是同时存在的。关键要形成内容协调、分工明确的格局。我国空间规划由于行政制度、发展历史等原因，多规并行、互有交叉乃至发生冲突的状况客观存在。过分强调某一规划主导于事无补，做好规划间的相互衔接，建立有效协调机制是解决问题的正道。规划协调机制需要处理好上下级规划的衔接，也要解决好横向规划间的分工和协调，这在省级、地（市）级以及县级层面都应该有所侧重，而且协商治理机制应积极推进。

第 12 章　健全和完善我国空间规划体系的路径选择

吸取各国建设空间规划体系经验，反思我国空间规划体系问题。基于此，前文提出了我国空间规划体系的"理想模式"。摆在我们面前的，是如何去实现它，而这恰恰是一个需要认真思考的问题。

空间规划体系的革新不单纯是规划的问题，它涉及经济社会发展的方方面面，也牵扯到行政部门的利益划分。我国空间规划正站在十字路口，既应保持现有行政体制的稳定性，保证经济社会的良好运行，规避变革可能带来的风险，进一步健全和完善我国空间规划体系；也应把握住深化改革的时代机遇，使我国空间规划体系真正达到"理想"状态。

12.1 改革基本思路

12.1.1 基本原则

①空间规划体系的改革应遵循我国基本国情，立足于我国的经济社会发展状态，不应将发达国家经验照搬照抄，改革应该符合国情，能经受时代和历史的考验。

②规划的改革应遵循渐进式原则，空间规划涉及公众利益、部门利益、企业利益等各个方面，牵一发而动全身，必须坚持渐进改革基本原则，规避风险，不可一蹴而就，保证改革稳步前行。

③空间规划改革目标的实现不仅仅是改革规划内容技术，更是体制的变革，因此必须突破单纯的技术理性的改革思路，关键在于通过国家在行政职能的划分和机构的调整上采取行动，使规划获得制度基础和体制保障。

④空间规划体系的改革不仅是自上而下的调控过程，也是自下而上的自我完善机制。

12.1.2 改革基本方向及时序

①规划行政层级的统一性

从长远来看，应推进将空间规划现有的行政部门机构整合在同一个系统之中，实现“大部门体制”，统一空间规划价值取向，统一空间规划内容、统计口径、编制方法等，利于空间规划相互协调，共同发挥效能，并对空间规划实施进行有效监督[168]。

在国家层级推进部门整合牵扯到各个部门的利益分配和行政人事调整，难度较大，应遵循逐步推进原则，现阶段应首先成立空间规划统筹委员会，统筹空间规划各项工作。

在地方层级现阶段就应积极推进部门融合和多规融合，并成立空间规划统筹委员会进行统筹部署。

②规划编制体系的系统性

建构完整空间规划编制体系，核心是将“国土规划”、“区域规划”和“城乡规划”多规体系进行整合，使得编制体系也建立在价值取向和对空间发展认知的统一框架下。长远看来，应建立独一的具有顶层指导意义的“全国规划”。

近期应提升主体功能区规划的顶层设计作用，作为龙头规划界定国家空间发展基本原则，同时不同空间规划内容各有侧重，避免重复规划，在纵向层级上也应体现明确分工，做到调控有效，互不冲突。

提升区域规划地位，作为顶层空间规划在区域层面的体现，使其成为仅次于主体功能区规划的重要层级，重点解决跨行政区规划的体制性问题。

③规划法律体系的完备性

积极推进空间规划的立法工作，适时完善《土地管理法》和《城乡规划法》等相关法律，从法律层面上明确空间规划的地位作用，严格界定空间开发的战略目标、调控重点、配套政策以及空间规划体系的类型组成、功能定位、管理机制等重要内容[2]。

在近期可先行考虑施行空间规划相关法规、管理办法等指导空间规划编制、实施，逐步推进空间规划立法。

建立区域规划层级的立法，目前我国区域规划处于法律真空，然而我国现阶段区域规划编制如火如荼，缺乏相应法律界定区域规划的地位、作用及与其他规划的关系，也不能有效发挥区域规划职能。建立完整的区域规划法律体系较为复杂，近期可施行区域规划管理办法等作为替代。

④规划编制实施的公共性

应努力推进公众参与，在三个方面体现公共性，一是在规划体系发展过程中，能够不断地将各种空间规划逐渐整合到体系之中；二是各类规划能够适应不同地域空间和不同发展阶段的主体需求，进行适时地调整；三是在规划制定实施过程中，能够充分听取各个方面的意见[178]。

制定配套法规，确保公众参与贯穿于空间规划制定、实施与管理的全过程，确保市场经济体制下空间规划能够成为综合平衡各方利益关系的重要载体。充分利用各类媒介，广泛宣传规划制定实施的重大意义，不断提升社会各界对空间规划的认识和参与能力。

12.2　现阶段重点内容

12.2.1　行政体制改革

①国家层面“双级推进”

行政体制的改革难度较大，应当在实现“大部制”远景目标之前，首先成立空间规划统筹委员会（规委会），一方面指导现有涉及空间规划的部门工作协调，另一方面以规委会为核心，逐步推进大部制改革。

所成立的规委会应相对于三大空间规划部门较为独立，在现阶段的主要工作是整合规划资源、统筹规划工作、监督规划编制实施、规划咨询及推进公众参与等，协调空间规划整体价值取向和逻辑体系一致性，同时，规委会上下层级之间也应体现分工明确，共同促进空间规划体系稳步建构。

②市级层面推进多规、部门融合

目前已有市级层面将国土资源部门和规划部门合二为一的做法，成立国土规划局等、实行“一张图”管理，事实证明在市级单元推进多规、多部门融合的制度阻力要较小，在现阶段具有推行的可行性，但同时也应注意到，不同城市现实情况不同，应根据实际情况，稳步推进，并应成立空间规划统筹委员会，统筹部门融合工作，同时由于部门过大，权力集中，容易滋生腐败，规委会还应担任起监督职责，与“大部门”相互制约。

12.2.2 规划编制体系革新

我国现行规划体系由多规主导，缺乏单一龙头，规划之间互有矛盾、难以融合是主要问题，而主体功能区规划作为一种战略性、基础性和约束性规划，回归了主动引导和公共政策的本性，规划体系的转型必须突出主体功能区规划在空间规划体系中的基础性地位，推进主体功能区规划作为顶层设计，借由主体功能区规划的驱动力，由政府主导推动，完善公众参与制度，促进规划体系转型[2,181–183]。

以主体功能区规划为核心还需要“三规”必须明确各自的规划重心，做到规划内容上相互补充，相互衔接，同时还需要建立起多规共同的规划信息基础。

12.2.3 空间规划立法体系建设

我国现有空间规划体系各类法律有各自分管范围，如《城乡规划法》《国土资源保护法》等，相互之间缺乏联系，互有重叠，不成体系，应和有关空间规划的法律、行政法规和技术法规，组成完整的空间规划法规体系，这是行政体系和编制体系整合的重要支撑，也是当下工作的重点。

构建空间规划法律规范框架的核心就是建构《空间规划法》作为基本法，以及其他与之配套的行政法规组成的国家空间规划行政法规体系；并逐步完善与之相配套的地方行政法规、部门章程和技术标准以及技术规范，同时还应有相关的审批、监督法规，保障空间规划法规的顺利实施和执行。

第三篇　国际空间规划体系的指标与监测

通过对我国及主要发达国家不同层级的空间规划的典型案例的收集和分析研究，梳理国际空间规划的指标体系，刻画国际空间规划的空间特征，理清国际空间规划实施的空间监管措施，研究对比不同国家指标体系的选取原因以及监管措施的优缺点，采众家之长，结合我国社会经济发展阶段和未来发展目标，构建出一套适合我国空间发展要求的指标体系和监管制度，建立健全我国空间规划服务体系。

第 13 章　我国空间规划与主体功能区规划

13.1　我国空间规划的内涵及其构成

空间规划通过公共部门设定空间发展框架和原则，但由于目的、问题、需求不同，它将区域划分形成不同的、相互交叉的复合型层次结构[1]，并通过综合规划设计，实现社会发展、文化创新、环境友好的总体目标，为人们提供和谐美好、可持续的发展空间[152]。空间规划的本质上是一种政府行为，是政府进行公共资源管理、保证可持续发展、纠正市场失灵、调控社会公共资源，从而实现科学的空间安排的系列手段[153]。空间规划体系这个概念在我国并无明确的法律定义，大多学者认为现行的空间规划体系主要包含国民经济和社会发展规划、国土规划和城乡规划三大规划体系，也涉及生态规划、基础设施规划和与以上规划相关的法律、行政体系（涉及发改、城建、国土和环境等多部门）。它们从不同层次、不同视角对空间实行调控，共同构建有序科学的城乡空间[154–157]。

具体来讲，国民经济与社会发展规划是全国或者某一地区经济、社会发展的总体纲要，是具有战略意义的指导性文件，统筹安排和指导全国或某一地区的社会、经济、文化建设工作。土地利用规划是实行土地用途管制的依据，它根据国民经济和社会发展计划，运用组织土地利用的专业知识，对土地的利用提出构想和设计，突出解决土地利用需求与供给之间的矛盾，协调平衡社会经济发展对土地利用组织的要求与限制土地利用组织的经济因素之间的矛盾。城乡规划是国民经济与社会发展在城市建设、乡村建设上的规划，对一定时期内城乡的经济和社会发展、土地利用、空间布局以及各项建设的综合部署、具体安排和实施管理，是土地利用规划的重要补充和延伸。我国全面的空间规划体系构成如下：

我国空间规划体系构成　　　　表 13-1

体系	规划主体	规划名称	规划层级	依据	目标与侧重点
发展规划	发改部门	国民经济和社会发展总体规划	全国、省级、市级、县级、乡级	由《宪法》授权，依据《国务院关于加强国民经济与社会发展编制工作的若干意见》编制	注重远期发展，侧重总量指标
		国民经济和社会发展区域规划	国家级、省级、市级、县级		
	多部门	国民经济和社会发展专项规划	国家级、省级、市级、县级、乡级		
	发改部门	主体功能区规划	国家级、省级	《国务院关于编制全国主体功能区划的意见》	

续表

体系	规划主体	规划名称	规划层级	依据	目标与侧重点
城乡建设规划	建设部门	城镇村体系规划	全国、省级、市级、县级、乡级	以《城乡规划法》为主要法律依据，以众多部门规章、规范性文件、技术标准为指导	关注城乡与区域用地安排与功能协调
		城市发展战略规划	直辖市、市级、县级		
		城镇总体规划	直辖市、市级、县级、乡级		
		城镇分区规划	市级、县级		
		城镇详细规划	直辖市、市级、县级、乡级		
		村庄（集镇）规划	乡级、村级		
		城镇近期建设规划	直辖市、市级、县级、乡级		
	多部门	城镇专项规划	直辖市、市级、县级、乡级		
国土资源规划	国土部门	国土规划	全国、省级	以《土地管理法》为法律依据和若干部门规章、规范性文件、技术标准为指导	关注土地资源指标控制，侧重耕地总量控制
		土地利用总体规划	全国、省级、市级、县级、乡级		
		土地利用专项规划	全国、省级、市级、县级、乡级		
		矿产资源规划	全国、省级、市级、县级	《矿产资源法》	审批采矿项目及相关用地
	农业部门	草原保护建设利用规划	全国、省级、市级、县级	《草原法》	草原保护与建设
	林业部门	林地保护利用规划	全国、省级、县级	《森林法》	林区保护与建设
	水利部门	水资源规划	全国、省级、市级、县级	《水法》	水资源配置与使用
生态环境规划	环保部门	环境保护规划	全国、省级、市级、县级、乡级	《环境保护法》	
		生态功能区划	全国、省级、市级、县级		
		生态示范区规划	省级、市级、县级、乡级、村级		
		……			

续表

体系	规划主体	规划名称	规划层级	依据	目标与侧重点
基础设施规划	交通、铁路、电力、能源部门	公路网规划、航道发展规划、港口规划……	全国、省级、市级、县级、乡级、村级	《公路法》、《港口法》、《铁路法》……	基础设施建设

（资料来源：根据相关资料整理[15,156,158-162]）

13.2 国家主体功能区规划

13.2.1 国家主体功能区规划的内涵及构成

国家层面的空间规划涉及多个方面，包括发改部门编制的国民经济与社会发展规划、主体功能区规划；城乡建设规划部门编制的全国城镇体系规划，国土部门编制的国土规划，环保部门编制的环境保护规划，交通、铁路、电力、能源等各个部门编制的各项基础设施规划等。全国性的国土整治和国土综合开发规划：这是在全国范围内进行资源配置的一种综合规划，也是国家宏观调控表现得极为明显的一种方式，如国家对东中西的宏观调控等。

在各项空间规划中，主体功能区规划的地位尤为显著，这是因为《全国主体功能区规划》是根据中国共产党第十七次全国代表大会报告、《中华人民共和国国民经济和社会发展第十一个五年规划纲要》和《国务院关于编制全国主体功能区规划的意见》（国发〔2007〕21号）要求而编制，是推进形成主体功能区的基本依据，是科学开发国土空间的行动纲领和远景蓝图，是国土空间开发的战略性、基础性和约束性规划[184]。主体功能区的含义是指基于不同区域的资源环境承载力、现有开发密度和发展潜力等，按照区域分工和协调发展等原则，将特定区域确定为特定主体功能定位类型的一种空间单元和规划区域[185]。推进形成主体功能区，就是要根据不同区域的资源环境承载能力、现有开发强度和发展潜力，统筹谋划人口分布、经济布局、国土利用和城市化格局，确定不同区域的主体功能，并据此明确开发方向，完善开发政策，控制开发强度，规范开发秩序，形成人口、经济、资源环境相协调的国土空间开发格局，构建高效、协调、可持续发展的美好家园。

国家层面的《全国主体功能区规划》对于我国的国土空间开发格局可归纳为“1、2、3、4”战略任务，“1”是建设一个美好家园，“2”是促进陆地与海洋两大国土空间的统筹发展，“3”是构建我国国土空间的“三大战略格局”，即形成“两横三纵”为主体的城市化战略格局；形成“七区二十三带”为主体的农业战略格局；形成“两屏三带”为主体的生态安全战略格局。“4”是形成我国4类主体功能区域[186]。4类主体功能区域的基本内涵与特征如下图所示。

主体功能区基本内涵和特征[14] 表 13-2

类型	开发密度	资源环境承载力	发展潜力	内涵
优化开发区域	高	减弱	较高	开发密度较高，资源环境承载力有所减弱，是强大的经济秘籍和较高的人口密集区
重点开发区域	较高	高	高	资源环境承载能力较强，经济和人口集聚条件较好的区域
限制开区区域	低	低	低	资源环境承载能力较强，大规模集聚经济和人口条件不够好并关系到全国或较大区域范围生态安全的区域
禁止开发区域	较低	很低	很低	依法设立的自然保护区域

13.2.2 国家主体功能区规划的指标体系

国家所出台的《全国主体功能区规划》中对于指标方面仅在空间开发方面做了明确的指标体系，而在其他方面仅提出各功能区所应注意的方面及要达到的目标等。

2008～2020 全国主体功能区空间开发指标（目标）[184] 表 13-3

指标	内容	目标
空间开发格局	“两横三纵”为主体的城市化战略格局	基本形成
	“七区二十三带”为主体的农业战略格局	
	“两屏三带”为主体的生态安全战略格局	
	海洋主体功能区战略格局	
空间（用地）结构	全国陆地国土空间的开发强度	3.91% 以内
	农村居民点占地面积	16 万平方公里以下
	城市空间	10.65 万平方公里以内
	各类建设占用耕地新增面积	3 万平方公里以内
	工矿建设空间	适度减少
	耕地保有量	不低于 120.33 万平方公里（18.05 亿亩）
	基本农田	不低于 104 万平方公里（15.6 亿亩）
	林地保有量	312 万平方公里
	森林覆盖率	23%
	草原面积占陆地国土空间面积的比例	40% 以上
	河流、湖泊、湿地面积	有所增加

续表

指标	内容	目标
空间利用效率	单位面积城市空间生产总值	提高
	城市建成区人口密度	
	粮食和棉油糖单产水平	
区域发展协调性	不同区域之间城镇居民人均可支配收入差距	减小
	不同区域之间农村居民人均纯收入差距	减小
	基本公共服务均等化	提高
可持续发展能力	生态系统稳定性	提升
	环境质量	

13.2.3 国家主体功能区规划的空间特征

（1）现状分析指标的空间特征

国家主体功能区规划的对于现状分析指标的空间特征，可分为资源、生态、自然灾害、经济、环境、人口社会、交通评价等 7 个方面，具体情况如下：

资源方面的评价：人均可利用土地资源、人均可利用水资源评价。

生态方面：生态脆弱性评价，生态重要性评价。

自然灾害方面：自然灾害危险性评价。

经济方面评价：开发区分布，地均地区生产总值。

环境：水资源开发评价，多年平均降水量，二氧化硫排放分布，化学需氧量分布。

人口社会：人口集聚度评价；交通：交通优势度评价。

（2）空间演化特征

1949 年以来，中国区域发展战略和空间功能格局可以分为三个阶段，均衡发展阶段（1949～1978 年）主要培育了中西部地区的工业生产功能；非均衡发展阶段（1979～1995 年）极大地提升了东部沿海地区的经济功能；统筹协调阶段（1996～2010 年）促进了区域空间利用的多功能协调。

（3）规划应对路径

规划应对路径主要包括 3 大战略：城镇化战略格局，农业战略格局，生态战略格局，对于生态战略有国家重点生态功能区，国家禁止开发区域。

13.2.4 国家主体功能区规划的空间监管

（1）绩效评价指标体系

《全国主体功能区规划》提出，要建立健全符合科学发展观并有利于推进形成主体功能区的绩效考核评价体系。要强化对各地区提供公共服务、加强社会管理、增强可持续发展能力等方面的评价，增加开发强度、耕地保有量、环境质量、社会保障覆盖面等评价指标。在此基础上，按照不同区域的主体功能定位，实行各有侧重的绩效考核评价办法，并强化考核结果运用，有效引导各地区推进形成主体功能区。对此，国务院发展研究中心课题组在《主体功能区形成机制和分类管理政策研究》中提出了详细的说明（表 13-4）。

优化开发区域绩效评价指标体系[16] **表 13-4**

<table>
<tr><td rowspan="5">经济增长及质量指数（0.2）</td><td rowspan="2">经济增长指数（0.3）</td><td>人均 GDP 指数（0.3）</td><td></td></tr>
<tr><td>地区增长指数（0.7）</td><td></td></tr>
<tr><td rowspan="3">经济增长质量指数（0.7）</td><td>第三产业比重指数（0.4）</td><td></td></tr>
<tr><td>现代服务业和生产性服务业指数（0.3）</td><td></td></tr>
<tr><td>先进制造业指数（0.3）</td><td></td></tr>
<tr><td rowspan="9">资源利用和生态环境（0.2）</td><td rowspan="3">资源利用和环境保护状况（0.5）</td><td>土地资源指数（0.3）</td><td></td></tr>
<tr><td>水资源指数（0.3）</td><td></td></tr>
<tr><td>环境容量指数（0.4）</td><td></td></tr>
<tr><td rowspan="6">资源利用和污染排放强度（0.5）</td><td rowspan="3">资源利用强度（0.5）</td><td>能耗强度（0.4）</td></tr>
<tr><td>水耗强度（0.3）</td></tr>
<tr><td>土耗强度（0.3）</td></tr>
<tr><td rowspan="3">污染排放强度（0.5）</td><td>废物排放强度（0.4）</td></tr>
<tr><td>废液排放强度（0.2）</td></tr>
<tr><td>废气排放强度（0.4）</td></tr>
<tr><td rowspan="4">自主创新能力指数（0.2）</td><td rowspan="4">自主创新投入（0.5）</td><td rowspan="2">经费投入（0.5）</td><td>经费投入总量（0.3）</td></tr>
<tr><td>经费投入强度（0.7）</td></tr>
<tr><td rowspan="2">人员投入（0.5）</td><td>人员投入总量（0.3）</td></tr>
<tr><td>人员投入强度（0.7）</td></tr>
</table>

续表

<table>
<tr><td rowspan="3">自主创新能力指数（0.2）</td><td rowspan="3">自主创新成果（0.5）</td><td>发明专利（0.4）</td><td></td></tr>
<tr><td>实用类型专利（0.3）</td><td></td></tr>
<tr><td>外观设计专利（0.3）</td><td></td></tr>
<tr><td rowspan="8">对外开放指数（0.2）</td><td rowspan="4">外资利用数量和质量（0.5）</td><td rowspan="2">外资利用数量（0.3）</td><td>实际利用外资总量（0.3）</td></tr>
<tr><td>实际利用外资比重（0.7）</td></tr>
<tr><td rowspan="2">外资利用质量（0.7）</td><td>高技术产业比重（0.5）</td></tr>
<tr><td>外资税收与利用外资累计额比值（0.5）</td></tr>
<tr><td rowspan="4">对外贸易数量和质量（0.5）</td><td rowspan="2">对外贸易数量（0.3）</td><td>对外贸易总量（0.3）</td></tr>
<tr><td>对外贸易比值（0.7）</td></tr>
<tr><td rowspan="2">对外贸易质量（0.7）</td><td>一般贸易比重（0.5）</td></tr>
<tr><td>高技术产业在出口加工贸易中比重（0.5）</td></tr>
<tr><td rowspan="5">区域协调发展指数（0.2）</td><td>区外直接投资（0.2）</td><td></td><td></td></tr>
<tr><td>区外技术转移（0.2）</td><td></td><td></td></tr>
<tr><td>专业人员输出（0.2）</td><td></td><td></td></tr>
<tr><td>横向转移支付（0.2）</td><td></td><td></td></tr>
<tr><td>外来人口公共服务覆盖面（0.2）</td><td></td><td></td></tr>
</table>

——优化开发区域。实行转变经济发展方式优先的绩效评价，强化对经济结构、资源消耗、环境保护、自主创新以及外来人口公共服务覆盖面等指标的评价，弱化对经济增长速度、招商引资、出口等指标的评价。主要考核服务业增加值比重、高新技术产业比重、研发投入经费比重、单位地区生产总值能耗和用水量、单位工业增加值能耗和取水量、单位建设用地面积产出率、二氧化碳排放强度、主要污染物排放总量控制率、“三废”处理率、大气和水体质量、吸纳外来人口规模等指标[13]。

——重点开发区域。实行工业化城镇化水平优先的绩效评价，综合评价经济增长、吸纳人口、质量效益、产业结构、资源消耗、环境保护以及外来人口公共服务覆盖面等内容，弱化对投资增长速度等指标的评价，对中西部地区的重点开发区域，还要弱化吸引外资、出口等指标的评价。主要考核地区生产总值、非农产业就业比重、财政收入占地区生产总值比重、单位地区生产总值能耗和用水量、单位工业增加值能耗和取水量、二氧化碳排放强度、主要污染物排放总量控制率、“三废”处理率、大气和水体质量、吸纳外来人口规模等指标[184]。

重点开发区域绩效评价指标体系[187]　　表 13-5

经济增长及其质量指数（0.25）	经济增长指数（0.5）	人均 GDP 指数（0.3）	
		地区 GDP 增长指数（0.7）	
	经济增长质量指数（0.5）	财政收入协调性指数（0.5）	财政收入总量（0.3）
			财政收入比重（0.7）
		资源利用和环境保护指数（0.5）	
工业化发展指数（0.25）	工业化水平指数（0.4）	工业增加值总量（0.3）	
		工业增加值比重（0.7）	
	区内产业转移承接指数（0.3）	产业转移总量（0.3）	
		产业转移比重（0.7）	
	区内产业集群指数（0.3）	产业集群总量（0.3）	
		产业集群比重（0.7）	
城镇化发展指数（0.25）	城镇化水平指数（0.25）		
	区外人口转移指数（0.25）	人口转移总量（0.3）	
		人口转移比重（0.7）	
	新增城市人口与新增城市建设用地比重（0.2）		
	外来人口公共服务覆盖面（0.3）	养老保险覆盖面（0.25）	
		卫生保险覆盖面（0.25）	
		公共住房覆盖面（0.25）	
		公共教务覆盖面（0.25）	
基础设施改善指数（0.25）	基础设施固定资产投资（0.5）	基础设施固定资产投资总量（0.3）	
		基础设施固定资产投资比重（0.7）	
	区内基础设施状况（0.5）	公路密度（0.4）	
		铁路密度（0.3）	
		手机和本地电话容量（0.3）	

——限制开发区域。限制开发的农产品主产区，实行农业发展优先的绩效评价，强化对农产品保障能力的评价，弱化对工业化城镇化相关经济指标的评价，主要考核农业综合生产能力、农民收入等指标，不考核地区生产总值、投资、工业、财政收入和城镇化率等指标。限制开发的重点生态功能区，实行生态保护优先的绩效评价，强化对提供生态产品能力的评价，弱化对工业化城镇化相关经济指标的评价，主要考核大气和水体质量、水土流失和荒漠化治理率、森林覆盖率、森林蓄积量、草原植被覆盖度、草畜平衡、生物多样性等指标，不考核地区生产总值、投资、工业、农产品生产、财政收入和城镇化率等指标[184]。

限制开发区域绩效评价指标体系[187] 表 13-6

<table>
<tr><td rowspan="4">资源利用和生态环境保护指数（0.5）</td><td rowspan="2">生态保护指数（0.4）</td><td>生态系统脆弱性（0.5）</td></tr>
<tr><td>生态重要性（0.5）</td></tr>
<tr><td>资源和环境状况指数（0.3）</td><td></td></tr>
<tr><td>资源利用和污染排放强度指数（0.3）</td><td></td></tr>
<tr><td rowspan="6">区域发展指数（0.5）</td><td rowspan="2">特色经济发展指数（0.4）</td><td>特色经济总量（0.3）</td></tr>
<tr><td>特色经济比重（0.7）</td></tr>
<tr><td rowspan="2">区内人口转移指数（0.3）</td><td>人口转移总量（0.3）</td></tr>
<tr><td>人口转移比重（0.7）</td></tr>
<tr><td rowspan="2">公共服务水平指数（0.3）</td><td>公共支出总量（0.3）</td></tr>
<tr><td>公共支出比重（0.7）</td></tr>
</table>

——禁止开发区域。根据法律法规和规划要求，按照保护对象确定评价内容，强化对自然文化资源原真性和完整性保护情况的评价。主要考核依法管理的情况、污染物“零排放”情况、保护对象完好程度以及保护目标实现情况等内容，不考核旅游收入等经济指标[184]。

禁止开发区域绩效评价指标体系[187] 表 13-7

<table>
<tr><td rowspan="2">生态环境保护指数（0.5）</td><td>生态保护指数（0.3）</td></tr>
<tr><td>经营性建设与投资指数（0.3）</td></tr>
<tr><td rowspan="2">文化遗产保护指数（0.5）</td><td>文化遗产保护支出总量指数（0.3）</td></tr>
<tr><td>文化遗产保护支出比重指数（0.7）</td></tr>
</table>

主体功能区监测是对主体功能区发展的行为、特征、趋势等进行监视和测量，是动态掌控国家主体功能区运行状态的基础；主体功能区评价是对主体功能区发展现状与规划设计目标吻合程度的评判，是评估主体功能区规划实施效果和效益的基础。

（2）监管指标

我国主体功能区监测评价指标体系分为两个层次，分别是指标组和指标。初步设立资源、环境、生态、自然灾害、经济、人口社会、政策、交通、运行等 9 个指标组。这是在参考《国家主体功能区规划技术规范》中 9 个综合性核心指标基础上，综合各方面意见后所达成的一个平衡。

主体功能区空间监测评价指标[188]　　**表 13-8**

指标	数据项	底层数据	数据精度
可利用土地资源	适宜建设用地面积	建设用地中的城镇、农村居民点、独立工矿、交通、特殊、水利设施等面积，耕地面积，地形数据	行政区域尺度：县级自然区域尺度：1：5 万～1：25 万地形图，1km 栅格
	已有建设用地面积		
	基本农田		
可利用水资源	可开发利用水资源量	地表水、地下水可利用量，农业、工业、生活、生态用水量，多年平均入境水资源量	行政区域尺度：县级自然区域尺度：三级流域
	已开发利用水资源量		
	入境水资源可利用量		
环境容量	大气环境容量（SO_2）	大气、水污染物排放总量控制区域标准，主要污染物（SO_2、COD）排放量，建成区面积，地表水可利用量	行政区域尺度：县级自然区域尺度：三级流域
	水环境容量（COD）		
生态系统脆弱性	沙漠化脆弱性	水力、风力侵蚀区域和强度分级，沙漠化、石漠化、盐渍化区域和强度分级	行政区域尺度：县级自然区域尺度：1km 栅格
	土壤侵蚀脆弱性		
	石漠化脆弱性		
	盐渍化脆弱性		
生态重要性	水源涵养重要性	森林、草原、草甸、湿地、荒漠生态系统分布，土壤侵蚀区域和强度分级，沙地及其类型分布，生物物种分布和重要性评价	行政区域尺度：县级自然区域尺度：1km 栅格
	土壤保持重要性		
	防风固沙重要性		
	生物多样性维护重要性		
自然灾害危险性	气象灾害（旱灾、涝灾、洪灾、冻灾、雪灾等）	主要自然灾害发生频次与强度，主要自然灾害发生区域与程度，主要自然灾害成灾区域与程度	行政区域尺度：县级自然区域尺度：1km 栅格
	地质灾害		
	地震灾害		

续表

指标	数据项	底层数据	数据精度
人口集聚度	人口密度	总人口，暂住人口，土地面积	行政区域尺度：县级
	人口流动强度		
经济发展水平	人均 GDP	总人口，GDP 总量，近 5 年 GDP 增长率	行政区域尺度：县级
	GDP 增长率		
交通优势度	交通网络密度	公路通车里程，铁路、公路、港口、机场分布与等级，中心城市可达距离，主干交通线可达距离，干线港口、机场可达距离	行政区域尺度：县级
	交通干线影响度		
	区位优势度		

（3）监管重点

首先，对主体功能区监测评价的内容与主体功能区类型有关，但综合概括主要有以下三点：一是对有形地物及对象的监测评价：如区域内的自然资源、生态环境、城市、乡村、工厂等；二是对经济社会对象和过程的监测评价：区域经济社会活动中的各种现象和过程，主要涉及区域经济社会活动中的各种现象和过程，如产业结构、科技投入占 GDP 的比重、每万人医生数等。这些监测对象和过程通常没有特定的空间形态，但它们是区域内部各种有形对象联系的纽带；三是对政策措施带来的效益的监测评价：这是对区域经济社会活动涉及的现象和过程规范程度的掌控，其关注点是政策措施的经济效益、社会效益和生态效益是否符合设计要求。

其次，对于不同层级的主体功能区规划，由于监测评价对象的差异，监测评价的主体也有所区别。国家层面的主体功能区监测评价，其监测评价主体为中央政府，监测评价的责任对象是省级政府；省级主体功能区监测评价，其监测评价主体是省级政府，监测评价的责任对象为市县级政府。

（4）保障措施

从 2011 年国务院正式发布的《全国主体功能区规划》中可见，保障措施主要由区域政策、绩效考核评价、规定相关各部门职责三大板块构成。一是区域政策涵盖了投资、产业、土地、农业、人口、民族、环境和应对气候变化等九个方面；二是绩效考核评价：建立健全符合科学发展观并有利于推进形成主体功能区的绩效考核评价体系；三是规划实施中各部门职责：国务院有关部门和县级以上地方人民政府要根据本规划调整完善区域规划和相关政策，健全法律法规和绩效考核评价体系，并严格落实责任，采取有力措施，切实组织实施。国务院层面由发展改革部门负责规划实施的组织协调；省级主体功能区规划由省级人民政府负责并推动实施。

（5）监管路径

建设主体：国家发展和改革委员会与有关部门。

数据平台建设：整合国家基础地理框架数据，建立国家地理信息公共服务平台，促进各类空间信息之间测绘基准的统一和信息资源的共享。

国土空间开发行为的管理方式：遥感监测、远程取证为主，计算机分析、机助解译、主动预警为主。

多部门参与：建立由发展改革、国土、建设、科技、水利、农业、环保、林业、中科院、地震、气象、海洋、测绘等部门和单位共同参与，协同有效的国土空间监测管理工作机制。

主体功能区规划评估与动态修订机制：适时开展规划评估，提交评估报告，并根据评估结果提出需要调整的规划内容或对规划进行修订的建议。

13.3　省级主体功能区规划

13.3.1　省级主体功能区规划概况

省级主体功能区区域划分是对省域国土空间的划分，指标体系和划分对象具有显著的空间特性，需要依赖遥感与地理信息系统技术、空间和统计分析模型以及复杂的数据计算完成主体功能区划分。

在此以《浙江省主体功能区规划》为例，介绍我国省级主体功能区规划。《浙江省主体功能区规划》基期为2010年，规划的目标年限是2020年。《规划》提出，到2020年，浙江将基本形成“三带四区两屏”的全省国土空间开发总体格局。其规划具体过程如下图。

《浙江省主体功能区规划》主要从资源环境承载力、现有开发密度、发展潜力这三个方面进行指标体系的构建，在此根据规划原文件进行整理形成指标体系，其中空间开发中提出了6项主要指标[189]。

主体功能区规划指标体系[189]　　表13-9

<table>
<tr><th>一级指标</th><th>二级指标</th><th>三级指标</th></tr>
<tr><td rowspan="7">资源环境承载力</td><td rowspan="5">资源丰度</td><td>人均水资源占有量</td></tr>
<tr><td>气候资源生产潜力</td></tr>
<tr><td>耕地保有量</td></tr>
<tr><td>林地保有量</td></tr>
<tr><td>森林覆盖率</td></tr>
<tr><td rowspan="2">环境容量</td><td>工业废水处理率</td></tr>
<tr><td>工业废渣处理率</td></tr>
</table>

续表

一级指标	二级指标	三级指标
资源环境承载力	环境容量	城镇污水处理率
	生态环境敏感性	年灾害损失度
	生态重要性	重要生态功能区面积比重
现有开发密度	土地资源开发强度	人口密度
		城镇化水平
		城镇用地比重
		工业用地比重
		农业用地比重
		生态用地比重
		城镇工矿用地规模
		农村建设用地规模
		粮食生产功能区面积
	水资源开发强度	水源地水质
		水资源利用率
		单位涵养水的数量
	环境压力	空气污染指数
		污染物排放量
发展潜力	区位条件	地貌类型
		中心城市影响度
		道路通达度
	发展基础	第二产业占 GDP 比重
		文化产业投入占 GDP 比重
		人均生产总值
		城镇居民人均可支配收入
		农村居民人均纯收入
		人均财政支出
		恩格尔系数
		经济密度
		重点城镇集聚度
		财政公共服务支出
	发展趋势	优惠政策
		偏差系数

13.3.2　省级主体功能区规划空间特征

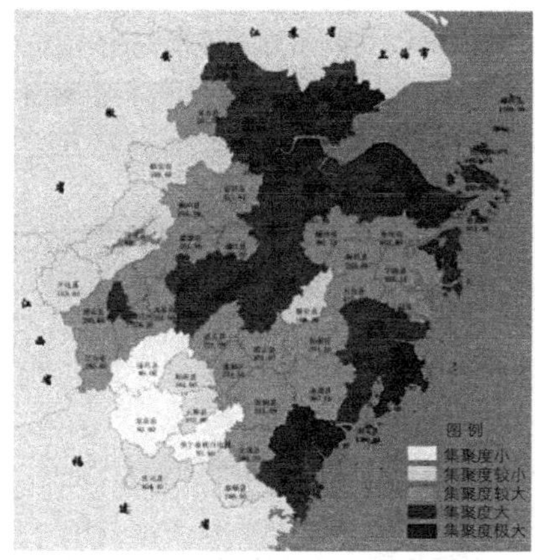

图 13-1　浙江省分县市区人口集聚度评价图

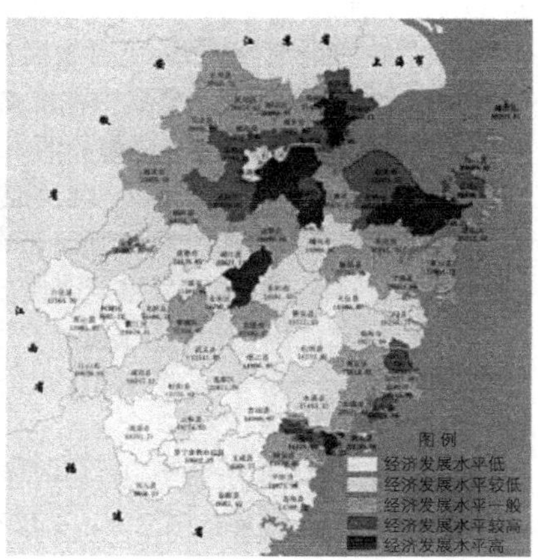

图 13-2　浙江省分县市区经济发展水平评价

（1）人口、经济和环境指标的空间分布特征

在此截取人口指标、经济指标以及环境指标为例，展现浙江省主体功能区规划中的各指标体系在空间的分布特点。对于人口指标空间分布，浙江省东部沿海地区、东北部及浙中地区人口集聚度较大，越向内陆人口聚集度越小。对于经济指标的空间分布，浙江省靠近江苏省、上海市的东北部经济发展水平较高，西南部经济发展水平较低。

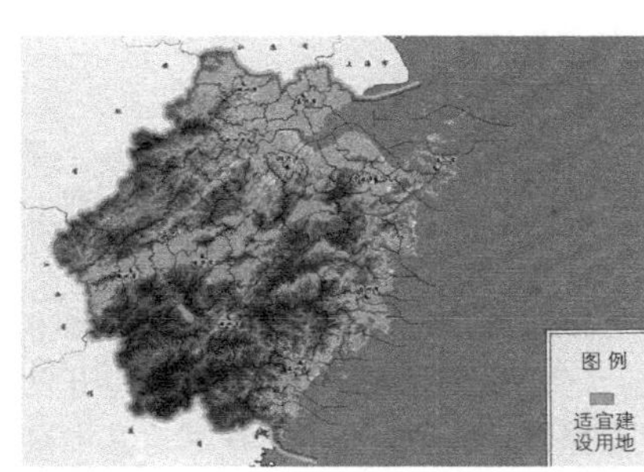

图 13-3　浙江省坡度 8 度以下高程 200

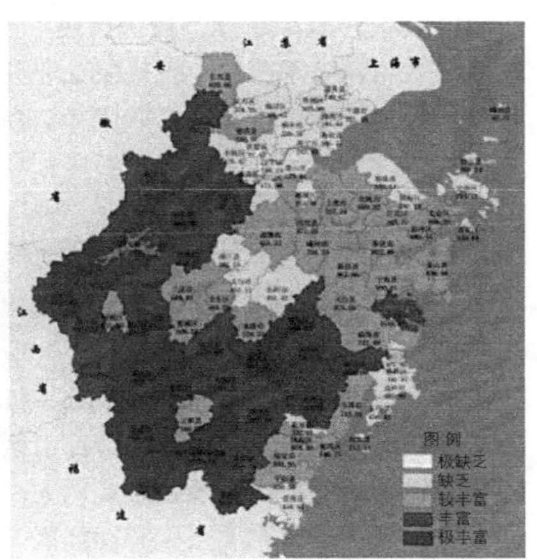

图 13-4　浙江省分县市人均可利用水资源情况

浙江省全省适宜开发的国土空间仅2.89万平方公里，仅占全省面积的28.39%。适宜建设用地较为短缺，决定了浙江省必须走优化开发的道路。而水土资源呈现空间错位分布，主要表现在可利用水资源主要分布在浙西南山区，而适宜开发建设用地则主要集中在杭嘉湖平原、甬绍、浙中平原和温台沿海平原。要求必须高度重视温台沿海和浙中城市群的开发建设[189]。

（2）省级主体功能区规划空间演变规律

20世纪80年代中期，浙江立足于农村工业分散化、特色产业“遍地开花”，提出“两片四区”的布局思路，即在形成浙东北、浙西南两大片区的基础上，进一步细分为以杭州为中心的浙北区、以宁波为中西的浙南区、以金华为中心的浙西区等四个次区域，并提出了以沿海带动内地，以城市为中心的点轴空间布局思路[189]。

“九五”时期，提出了“三区三带”的布局思路，即突出发展杭州湾两岸地区、温台沿海地区、浙西南地区及沪杭甬沿线、温台沿海、浙赣和金温铁路沿线三大产业带。“十五”时期，提出了“三级辐射、三带集聚、两域拓展”的发展思路，即强化宁波、杭州、温州三极，加快发展沪杭甬和杭宁高速公路沿线、杭金衢和金丽温高速公路沿线三大经济带，同时促进山区和海洋两大区域的合理开发。“十一五”规划围绕突出经济区域、生态优先、城市核心、交通关联和双重协调等原则，进一步强调形成“三带三圈一群两区”的空间发展架构，即积极构筑环杭州湾、温台沿海、金衢丽高速公路沿线三大产业带，培育形成杭州、宁波、温州三大都市经济圈，推进浙中城市群的资源整合和经济融合，构建浙西山地、丘陵生态功能区和浙东海洋生态功能区[189]。

按照协同推进新型工业化和新型城市化的要求，优化提升杭州、宁波等长三角区域中心城市功能，加快构建杭州、宁波两大都市区；优化沪杭发展带，积极发展高新技术产业、现代服务业和都市农业，控制城市蔓延；优化杭绍甬发展带，突出港口优势和产业优势，提升城市产业集聚能力；加快培育形成杭湖宁发展带，优化环太湖产业布局；增强嘉兴、湖州、绍兴、舟山等节点城市的集聚能力，加强城市功能互补，提高区域竞争力。

（3）省级主体功能区规划空间结构

浙江省国土空间开发总体格局是“三带四区两翼”，即建设环杭州湾、温台沿海和金衢丽高速公路沿线三大产业带，推进杭州、宁波、温州、金义都市区建设，保护浙西山区“绿色屏障”和浙东沿海“蓝色屏障”。

规划形成带状城市群及四个都市区，并将城镇等级划分成四类。形成多中心多廊道的战略格局。规划形成六大功能片区，分别为优化开发区、重点开发区、农产品主产区、重点生态功能区、生态经济地区和禁止开发区域。其中东部沿海地区、北部临江苏、上海地区及部分浙中地区总体开发程度较大，而西部靠近内陆地区则开发程度较低，大多控制为生态区。

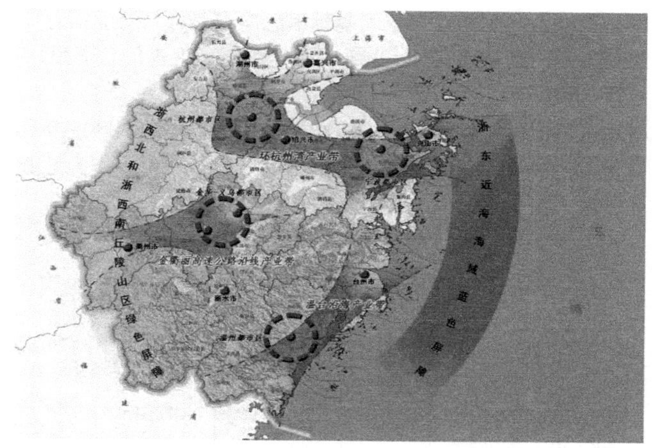

图 13-5　浙江省国土空间开发格局图

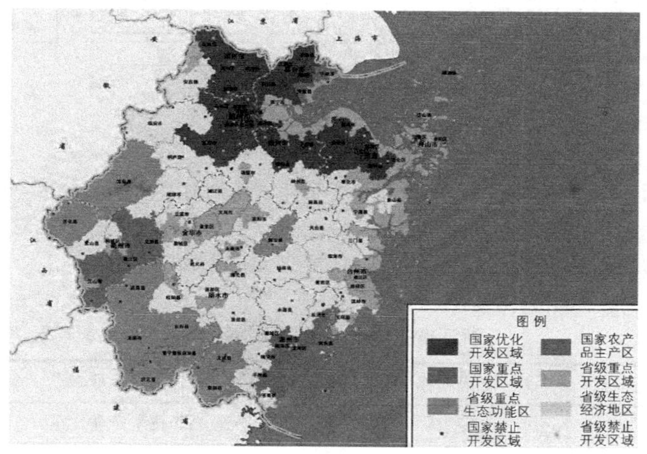

图 13-6　浙江省主体功能区划分总图

13.3.3　省级主体功能区规划监管体系

（1）行政方面

建立由省发展和改革委员会、国土资源厅、住房和城乡建设厅、科学技术厅、环境保护厅、水利厅、农业厅、林业厅、地震局、气象局、海洋与渔业局、测绘与地理信息局等部门和单位共同参与、协同有效的国土空间监测管理工作机制。

（2）技术方面

构建航天遥感、航空遥感和地理调查相结合的对地观测体系，提升全省国土空间数据获取能力。利用地理空间基础信息库和各部门专业信息库，建立互联互通的地理空间信息基础平台，跨部门整合数据，促进信息资源共享。

（3）绩效考核体系

根据各地区不同的主体功能定位，把推进形成主体功能区主要目标的完成情况纳入对地方党政领导班子和领导干部的综合考核评价，作为地方党政领导班子调整和领导干部选拔任用、奖励惩戒的重要依据。

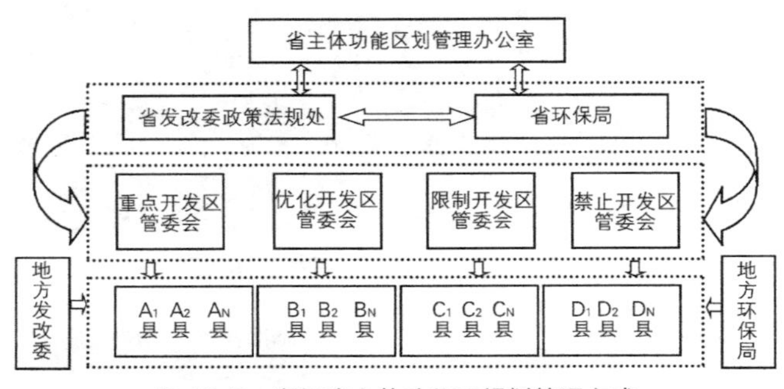

图 13-7 浙江省主体功能区规划管理方式

（4）监管指标体系

在指标评价体系方面，浙江省主体功能区规划对于不同的分区，进行不同偏重的保护，例如重点生态功能区，以实行以生态保护为主，强化对提供生态产品能力的评价，弱化对工业化城市化相关经济指标的评价。

浙江省主体功能区监管指标体系 **表 13-10**

一级指标	二级指标	三级指标
优化开发区	经济结构	高新技术产业比重
		服务业增加值比重
		研发投入经费比重
	资源消耗	环境质量综合指数
		单位建设用地面积产出率
	环境保护	二氧化碳排放强度
		主要污染物排放总量控制率
		三废处理率
		大气和水体质量
		耕地和基本农田保有量

续表

一级指标	二级指标	三级指标
优化开发区	公共服务	交通网络覆盖面
		教育设施覆盖面
		医疗设施覆盖面
重点开发区	开发强度	工业化水平
		城镇化水平
	经济增长	地区生产总值
		财政收入比重
		非农产业就业比重
	资源消耗	单位地区生产总值能耗和用水
		单位工业增加值能耗和取水量
	环境保护	环境质量综合指数
		主要污染物排放总量控制率
		三废处理率
		大气和水体质量
		耕地和基本农田保有量
农产品主产区	农产品保障	农业综合生产能力
		农产品产值
		农村居民收入
		耕地保有量
		基本农田保有量
		农业节水效率
重点生态功能区	环境保护	大气质量
		水体质量
		水土流失治理率
		森林覆盖率
		森林积蓄量
		生物多样性
	公共服务	区域人口转移
		公共服务水平

续表

一级指标	二级指标	三级指标
生态经济地区	生态经济	生态产业产值
		城市化率
		区域人口转移
		公共服务水平
	生态保护	大气和水体质量
		水土流失治理率
		森林覆盖率
		森林蓄积量
禁止开发区域	资源保护	保护对象完好程度
		自然资源完整性与原真性
		污染物零排放

13.4 我国主体功能区规划存在问题

（1）规划与行政体系矛盾

上级规划对下级规划约束性较弱、指导性不强的；主体功能区规划与其他城市规划之间关系较弱，缺乏直接联系；行政边界的刚性约束使得行政区之间生产要素的流动受阻，行政区划瓶颈是主体功能区划存在的主要问题[162]。

（2）指标体系丰富度不足

指标主要以资源环境承载力、开发强度、发展潜力为主，对于其他人口、老龄化、防灾等方面缺乏关注，从国家层级到区域层级缺乏指标的逐渐细化；单纯强调空间管治，对于各区域之间的协调发展及社会公平问题缺乏关注；区域不断变化的特征使得指标缺乏动态性。

（3）法制化和行政管理落后

主体功能区的划分与执行缺少相关法律约束，规划运作容易流入“虚假前提”和地方领导专断，影响可操作性和科学性；行政区划的限制，导致行政部门各自为政，主体功能区内部缺少主体功能区政府。

（4）绩效评价的弊端

不同的主体功能实行不同的绩效评价指标和政绩考核办法，缺乏统一标准；政府官员一味追求绩效指标，出现造假或互相推卸责任的现象；不同的战略、规划和政策产生多方面多层次的影响，加大了监测和评估的复杂性。

第 14 章　英国空间规划

14.1　英国空间规划的内涵及其构成

14.1.1　英国的基本情况

由于市场化程度高、土地私有制的特点，英国最初形成的空间规划目的在于规范各类土地使用，是为完成既定目标而规范土地利用开发的政府行为。英国是单一制地方分权国家，行政区划较特殊，由英格兰、苏格兰、威尔士和北爱尔兰共同组成，四大区域分别由郡和区组成。其中英格兰分为 9 个地区（region），包括东北英格兰、西北英格兰、约克和亨伯、中英格兰东、中英格兰西、东英格兰、西南英格兰、东南英格兰、大伦敦（图 14–1），这主要是依据欧盟条约成立欧洲大区的要求划分的，在英国国内不作为选举分区，但在欧洲议会作为英格兰选区界线。英格兰下设 34 个（都市 / 非都市）郡（county）和大伦敦地区，大伦敦和郡之下设有市（borough）。苏格兰下设 22 个区，包含若干个市，首府是爱丁堡。威尔士公国分为 22 个郡和市。首府位于加的夫。北爱尔兰地区分为 26 个区（也称自治区）。首府位于贝尔法斯特。

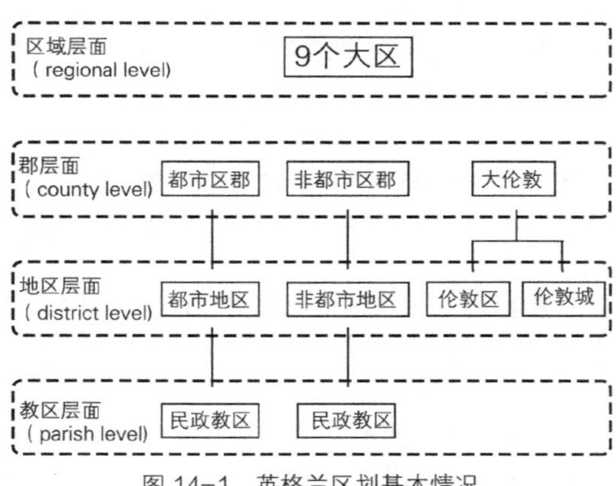

图 14–1　英格兰区划基本情况

14.1.2　英国空间规划的发展历程

英国空间规划体系经过多年演变，由无到有，由简到繁，最终去繁存真，形成了一套极具目标导向性、能够有效落实实施的规划体系。

（1）创立

英国空间规划体系创建于 20 世纪 40 年代后期，当时英国刚刚经历二战，城市遭到战火毁坏，需要进行大量城市建设。在此背景下，1947 年英国颁布《城乡规划法》（Town and Country Planning Act），该法案确定了城市规划的法律地位，标志着英国空间规划体系的正式建立。

（2）结构调整

《城乡规划法》（1968）和《城乡规划法》（1971）

将发展规划分解为国家指导层面的结构规划和地方具体实施层面的地方规划，从而确定了英国空间规划的两级结构体系，这一体系给英国空间规划带来了深远的影响。

《城乡规划法》(1990)和《规划补偿法》(1991)

撒切尔夫人执政期间，英国受到新自由主义影响，大量权利由郡政府下放到区政府，根据《地方政府法》，对规划结构做出了调整：自治区和大都市区获取了更多的权力，负责编制包括结构规划和地方规划在内的整体发展规划(Unitary Development Plan)，其他地区维持原有两级规划结构不变。

《规划和强制性收购法》(2004)

2004年英国空间规划体系的调整是自1968年以来最重大的一次变革，规划结构体系由以前的两级结构调整为国家、区域、地方三个层级。国家层面为国家规划政策，地方层面则由地方发展框架取代了结构规划和地方规划，此外还加入了区域层面的区域空间战略。

2010年以来，英国发布了一系列文件，陆续对2004年的空间规划体系进行了修正，最终形成了现有的两级规划体系。

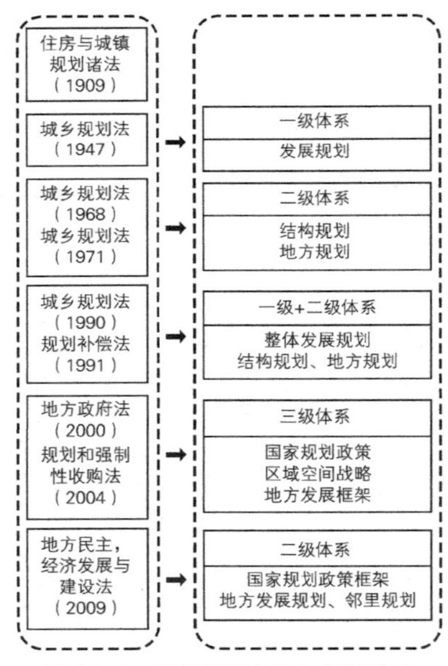

图14-2 英国规划立法与规划体系

表14-1展示了英格兰空间规划体系发展历程和与经济发展的关系，其法定规划模式的演变与经济和社会发展、政治变动(行政区划、执政党变动)密切相关。规划模式从简化单一、机械的管理体系，逐渐向复杂的“二级”体系、多层次的“双轨制”模式，乃至灵活的“新二级”体系发展，其实质是为了适应趋于复杂，细致且繁琐的行政管理工作的需求。2004年颁布的《规划与强制性购买法》标志着英格兰规划“双轨制”模式的结束，而2011年的地方法规又标志着地方权力的进一步扩大。从旧二级体系(1947)、双轨制(1985)新二级体系(2004)、新二级体系优化(2011)的内容对比来看，未来空间规划的发展将更加增强区域层面的引导和规划内容范围的扩大，向综合协调型转变[190]。

由此可总结出英国空间规划演变特点：

第一，以规划立法为主导，通过颁布核心法以及其他规划法则，带动规划体系的变革。

第二，具有问题导向性，规划体系的变动具有明显的时代背景。
第三，通过设定过渡期，实现新旧体系间的平稳过渡。

英国空间规划体系变革的经济社会背景　　表 14-1

时间	规划背景
1947～1968	战后英国大量进行城市建设，出现了城市蔓延的现象，该法规定了土地开发权的国有化
1968～1991	随着战后城市建设的高潮，人口大量增长，城市迅速扩张，产生了许多城市问题，单一的发展规划无法满足区域联合发展的需求
1991～2004	保守党执政期间，英国受到"新自由主义"影响，权力大量被下放到地方，尤其是从郡一级政府下放到区政府，地方政府被赋予更多的权力
2004～2010	进入 21 世纪，随着产业全球化和资源环境恶化、人地矛盾突出，全球化和可持续发展成为英国重点关注的核心
2010～	2007 年全球金融危机过后，英国国民经济持续低迷，产业发展疲劳，繁杂的规划程序被认为是经济衰退的原因，迫切需要进行改革

14.1.3　英国空间规划体系的构成

下图为英国空间规划体系现状示意。

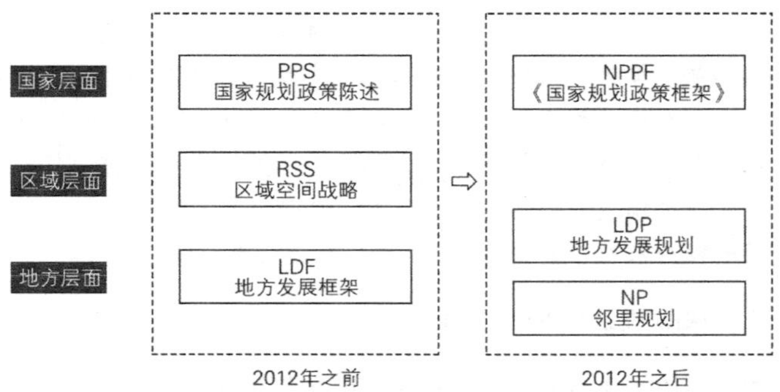

图 14-3　英国空间规划体系示意[191]

14.2　国家层面空间规划

14.2.1　总体战略框架

2012 年《国家规划政策框架》(NPPF) 出台，制定国家规划政策框架的目的是致力于实现可持续发展，可持续发展有经济、社会、环境三个维度，因此规划系统也应该在经济、社会、环境方面起作用，这三个方面不是孤立的，而是相互作用、相互联系的。国家规划政策框架的核心是一个关于可持续发展的假设，这个假设应该贯穿于规划编制和决策制定的全部过程中。针对可持续发展，NPPF 提出了以下政策框架。

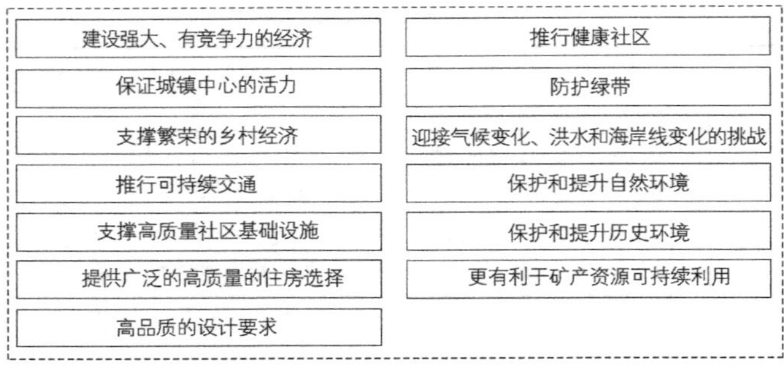

图 14-4 《国家规划政策框架》(NPPF) 的政策战略框架[192]

14.2.2 规划编制 (Plan-making)

《国家规划政策框架》(NPPF) 对于规划编制的要求着重在于对地方规划编制的指引，要求在规划编制中，地方规划是实现可持续发展的关键。同时地方规划是要采用可靠的规划基础：每个地方规划机构应该确保地方规划是基于该区域经济、社会、环境特征的适当、最新和相关的证据。地方规划包含住房、商业、基础设施、矿产、环境、健康等多个方面。要求跨越本地边界的规划：公共部门有责任在涉及跨行政区域的规划事务上进行合作。对于规划评估，主要考虑从积极准备、公正、高效、与国家政策一致四个方面对规划进行评估。

同时《国家规划政策框架》对邻里规划也提出了一定的要求，邻里规划给了社区直接的权力来为邻里发展共同的愿景并进行可持续的发展。

14.2.3 决策制定 (Decision-taking)

地方规划部门应该采取积极的方式来制定决策以实现可持续发展。规划编制和决策制定的关系应该是无缝衔接，将规划落实到高质量的发展[191]。

14.3 区域层面——2011 伦敦规划

14.3.1 伦敦基本情况

伦敦是英国的首都，英格兰的首府，英国的政治、经济、文化中心，位于英格兰东南平原上，跨泰晤士河，是欧洲最大的城市。

广义上的伦敦是指大伦敦，是一个区域概念。

大伦敦（Great London）：目前空间规划意义上的伦敦一般默认为大伦敦。大伦敦成立于 1965 年，是英格兰下属一级行政区划，也是欧盟给英格兰划定的九大区域之一，属于一个区域层次上的概念。

伦敦下设区，区 London borough29 个，市级区 London borough（city）2 个，皇家区 London borough（Royal）2 个。伦敦又分为外伦敦（Outer London）、内伦敦（Inner London）、伦敦市（City of London）3 个部分，其中内伦敦有 12 个区（borough），外伦敦有 20 个区（borough）。

狭义上的伦敦则是指伦敦市（City of London）和西敏市（City of Westminster），从行政区划上来说，这两个市都是大伦敦下属次级行政区划。

14.3.2　伦敦规划的构成与指标体系

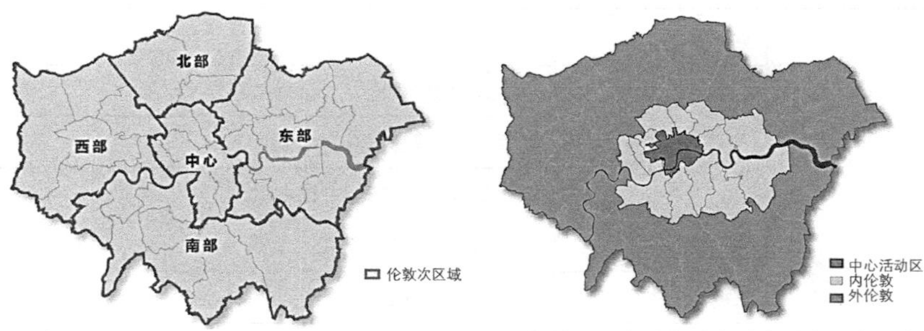

图 14-5　伦敦规划空间结构图

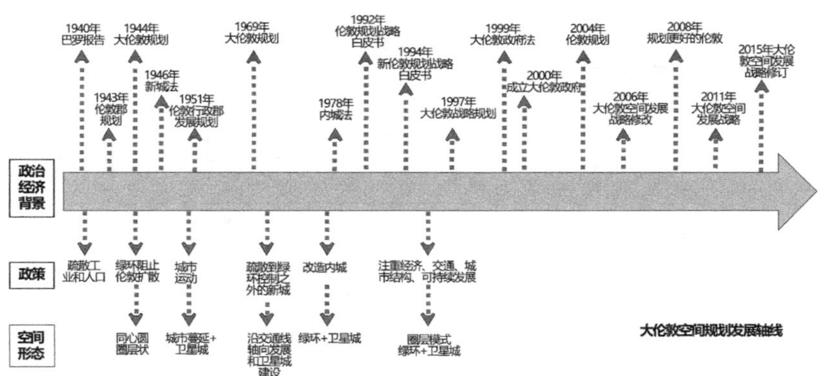

图 14-6　伦敦规划演变历史进程

2016 年出台的大伦敦规划是一项整合了经济、环境、运输、社会框架的整体性策略规划，面向未来 20～25 年。主要是到 2036 年前实现六大目标：分别是：（1）面向人口与经济增长的挑战；（2）一个全球化的有竞争力的成功城市；（3）多元、稳固、安全、高可达性的邻里；（4）愉悦与享受的城市；（5）引领世界环境保护的城市；（6）每个人都能简便快捷地找到工作、机遇和设施。

整个大伦敦规划的框架可以分为4部分：一是对于现状与战略整体概述（第1章）；二是对基于空间层面的整体展望（第2章）；三是各个相对独立的专题规划，包括居民（住房与社会基础设施）、经济、对气候变化的反应、交通、居住环境与场所五个方面（第2章～第7章）；四是对规划实施的监督与评估（第8章）[192]。

大伦敦规划主要内容[192]　　表14–2

章节	方面	具体政策
1 基础与战略		政策1.1 为伦敦设定战略观点与目标
2 伦敦的空间	空间策略	
	超越伦敦的视野	政策2.1 伦敦在世界、欧洲、英国的地位
		政策2.2 伦敦与伦敦大都市区
		政策2.3 增长区域与协作走廊
		政策2.4 2012奥运会及其遗产
	次区域	政策2.5 次区域
	外伦敦	政策2.6 外伦敦：愿景与战略
		政策2.7 外伦敦：经济
		政策2.8 外伦敦：交通
	内伦敦	政策2.9 内伦敦
		政策2.10 中心活动区：战略性优先
		政策2.11 中心活动区：战略性功能
		政策2.12 中心活动区：主要地区活动
		政策2.13 机遇发展区与强化发展区
		政策2.14 再城市化区
		政策2.15 城镇中心
		政策2.16 战略性外伦敦发展中心
		政策2.17 战略性工业选址
		政策2.18 绿色基础设施：绿色开放空间的多元功能网络

续表

章节	方面	具体政策
3 伦敦居民	保证每个人的生活机会	政策 3.1 保证每个人的平等机会
		政策 3.2 提升健康，解决健康不平等
	住房供给	政策 3.3 增加住房供给
		政策 3.4 最大化住房的潜力
		政策 3.5 住房建设的质量与设计
		政策 3.6 儿童与青年的游戏和非正式娱乐设施
		政策 3.7 大型居民区建设
		政策 3.8 住房选择
		政策 3.9 混合和平等的社区
	保障性住房	政策 3.10 保障性住房的含义
		政策 3.11 保障性住房目标
		政策 3.12 个人住房与多元利用计划下的保障性住房协商
		政策 3.13 保障房准入门槛
	住房存量	政策 3.14 现有住房
		政策 3.15 住房建设和与投资的合作
	社会基础设施	政策 3.16 保护与提升社会基础设施
		政策 3.17 健康与社会保障设施
		政策 3.18 教育设施
		政策 3.19 体育设施
4 伦敦的经济		政策 4.1 发展伦敦的经济
		政策 4.2 写字楼
		政策 4.3 多元发展与写字楼
		政策 4.4 管理工业用地及建筑
		政策 4.5 伦敦的旅游设施
		政策 4.6 保障与提升艺术、文化、体育和娱乐
		政策 4.7 商业与城镇中心发展
		政策 4.8 支撑成功与多元的商业区和相关设施与服务
		政策 4.9 小商店
	新兴经济	政策 4.10 新兴经济
		政策 4.11 鼓励相互联系的经济
	改善每个人的机会	政策 4.12 改善每一个人的机遇

续表

章节	方面	具体政策
5 伦敦应对气候变化	缓解气候变化	政策 5.1 缓解气候变化
		政策 5.2 二氧化碳排放量最小化
		政策 5.3 可持续设计与建造
		政策 5.4 翻新改良
		政策 5.41 电力与汽油供应
	电力供应	
	汽油供应	政策 5.5 下放能源网络
		政策 5.6 发展议程中下放能源
		政策 5.7 可再生能源
		政策 5.8 新能源技术
	应对气候变化	政策 5.9 过热与寒冷
		政策 5.10 城市绿化
		政策 5.11 绿色屋顶与郊区发展位置
		政策 5.12 洪涝威胁管理
		政策 5.13 可持续排水
		政策 5.14 水质与污水设施
		政策 5.15 水利用与供应
	垃圾	政策 5.16 废净自给
		政策 5.17 废物处理能力
		政策 5.18 建筑、挖掘和爆破垃圾
		政策 5.19 有害垃圾
	建筑材料	政策 5.20 建筑材料
	污染土地与污染物	政策 5.21 受污染的土地
		政策 5.22 有害物质与设施
6 伦敦交通	整合发展与交通	政策 6.1 战略性途径
		政策 6.2 公共交通容量与安全的土地
		政策 6.3 评估交通能力发展的效果
	联系伦敦	政策 6.4 提升伦敦交通联系
		政策 6.5 投资铁路及其他重要战略性交通设施
		政策 6.6 空运
		政策 6.7 更好的街道与地面交通

续表

章节	方面	具体政策
6 伦敦交通	联系伦敦	政策 6.8 海岸
		政策 6.9 自行车
		政策 6.10 步行
		政策 6.11 使交通流畅，解决拥堵
		政策 6.12 道路交通网络通行能力
		政策 6.13 停车
		政策 6.14 货运
		政策 6.15 战略性铁路货运交汇
7 伦敦生活空间与场所	塑造场所	政策 7.1 生活邻里
		政策 7.2 包容性的环境
		政策 7.3 遏制犯罪
		政策 7.4 地方角色
		政策 7.5 公共领域
		政策 7.6 建筑
		政策 7.7 高层与大型建筑的选址与设计
	历史环境与景观	政策 7.8 遗产与古迹
		政策 7.9 遗产导向的再城市化
		政策 7.10 世界遗址
		政策 7.11 伦敦监察管理框架
		政策 7.12 实施伦敦监察管理框架
	安全、安保与紧急事态的韧性	政策 7.13 安全、安保与紧急事态的韧性
	空气与噪声污染	政策 7.14 改善空气质量
		政策 7.15 减少与管理噪声，提升和改善声环境，创造良好的音景
	保护伦敦的开放和自然环境	政策 7.16 绿带
		政策 7.17 大城市开放区
		政策 7.18 保护开放空间，处理缺陷
		政策 7.19 生物多样性与亲近自然
		政策 7.20 地理保护区

续表

章节	方面	具体政策
7 伦敦生活空间与场所	保护伦敦的开放和自然环境	政策 7.21 树木与森林
		政策 7.22 农业土地
		政策 7.23 墓地
	蓝丝带网络	政策 7.24 蓝丝带网络
		政策 7.25 增加蓝丝带网络的客运与旅游
		政策 7.26 增加蓝丝带网络的物流
		政策 7.27 蓝丝带网络：协助基础设施与娱乐
		政策 7.28 蓝丝带网络的保护
		政策 7.29 泰晤士河
		政策 7.30 伦敦的运河和其他水域
8 实施与监管		政策 8.1 实施
		政策 8.2 规划申请
		政策 8.3 邻里基础设施税
		政策 8.4 监管与回顾

14.3.3　伦敦规划的指标体系的空间特征

（1）人口指标

人口规模的扩张带来对城市住房持续增长的需求，也带来对交通和环境的压力，并可能威胁城市外围绿带和城市内部绿色空间的保护。同时，人口结构变化带来文化的多元、价值观和生活方式的变化，并将对城市空间产生深刻影响。

在 1939 年前后伦敦人口发生大规模增长，在这一时期，伦敦规划中已经提出相应的政策对伦敦的规模进行控制，如设置绿带，鼓励在伦敦周围建设卫星城等多种手段，以减少伦敦市区人口密度过大的压力。通过这些措施，伦敦人口由 1939 年的 860 万减少到 1988 年的 670 万。伦敦人口自从 1988 以来就开始持续增长，甚至在 20 世纪 90 年代早期经济低迷时仍加速增长，图 14–7 显示了 1971～2010 年伦敦不同地区人口变化量（增长量 / 减少量）的情况。目前，人口的增长已经超过了 2011 年伦敦规划的预期。对于人口增长，规划预期到 2021 年达到 920 万，2026 年达到 954 万，2031 年达到 984 万，2036 年达到 1011 万（图 14–8）。

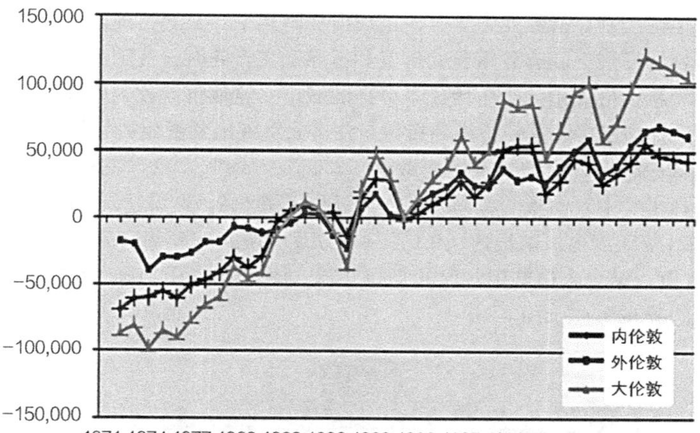

图 14-7　1971～2011 年人口变化

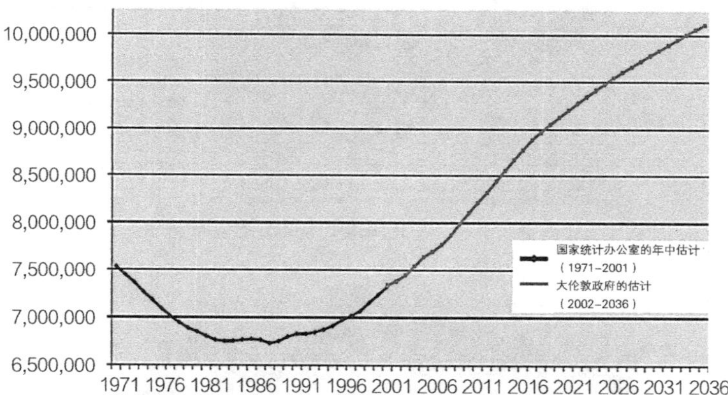

图 14-8　1971～2036 年人口估计变化

2011 年的人口调查显示，在过去的十年内，伦敦的人口增长率持续增长，人口增长主要来源于自然增长与移民。尽管这并不会对人口结构和种族问题产生什么的影响，但在一定程度上对伦敦和更广泛的东南部房产市场造成了冲击。在 2007～2009 年之间，伦敦的房产市场缩减了 53%，东南部缩减 47%，这对在原本生活在中心区和腹地的移民人群产生了一定的影响[193]。

贫困往往呈现出地域的集中。复合剥夺指数主要考虑了就业、住房、健康、教育与服务可达性。伦敦 2010 年复合剥夺指数如图 14-9 所示，其中伦敦东北部地区的剥夺指数尤为显著，呈现出贫困集中的空间特征。复合剥夺指数对于地域的发展更新有着重要的借鉴和指导意义。同时，贫困和住房之间有着明确的联系。伦敦是一个生活成本极高的城市，这使得低收入群体拥有住房而不得不选择廉租房。这使得剥夺指数与住房间呈现出紧密相关[193]。

面对伦敦人口的增长，规划做出了“高”、“中”、“低”三种情景的预测，并最选择了“中”情景的方案，即人口迁出上涨5%，人口迁入下降3%。预计人到2021年年度人口增长达到9.1万～10.6万，到2036年年度人口增长达到6.4万～8.8万。结合人口贫困状况的空间分布，规划做出了2011～2036年人口增长的空间分布图。（图14-10）

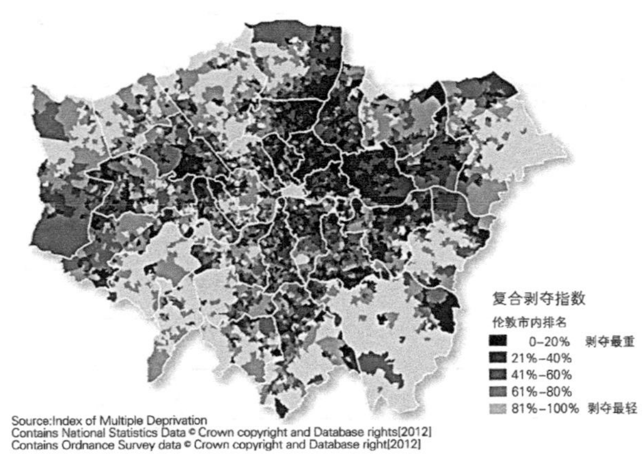

图14-9　2010年复合剥夺指数空间分布

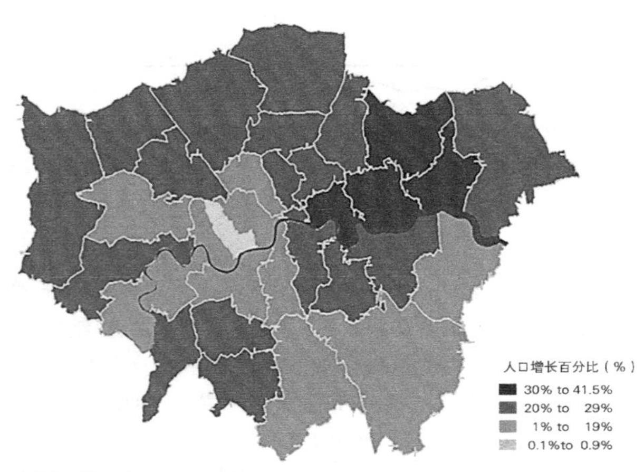

图14-10　2011～2036年人口增长预测空间分布

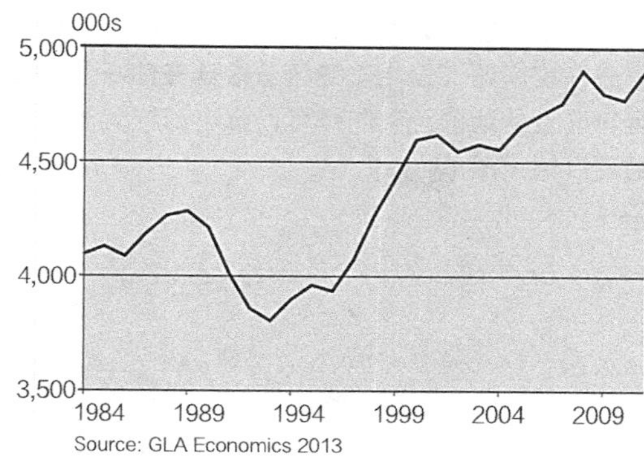

图 14-11 1984～2011 伦敦就业人口数量变化趋势

随着二战后地价、劳动力成本的不断上升，伦敦的产业结构不断升级，产业发展经历了制造业的向外迁移和中心区服务业的高级化过程。1950～1970 年代的制造业离心化带来就业空间的离心化，就业开始向伦敦以外的郊区转移。随着 1980 年代以后中心区的改造和产业高级化，金融、商业服务、旅游、文化等产业产生了较多的就业岗位，并主要集中在城市的中心地区。此外，在伦敦外围，就业空间的极化现象进一步突出，伦敦西部的西思罗机场附近及 M4 走廊；北部的剑桥及斯坦斯蒂德机场附近地区成为伦敦新经济和就业的重要增长极，而伦敦东部地区则成为失业率较高的衰落地区。

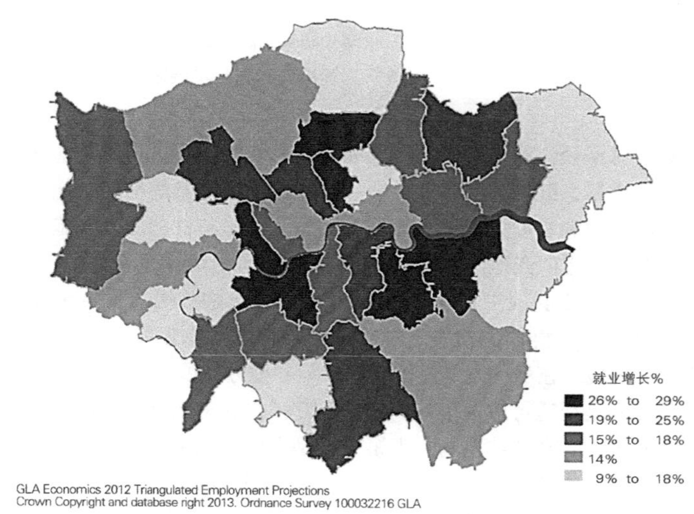

图 14-12 2011～2036 年就业增长分布

（2）空间策略

伦敦规划在空间上识别了基于发展区、强化发展区域城市更新区并对各个地区的发展引导做出了详细的说明。机遇发展区是指有较好交通可达性潜力，并可用于拆迁改造的棕色地带（棕色地带指城中旧房被清除后可盖新房的区域）。结合配套设施和基础设施，它可以解决至少 5000 户的新增就业和 2500 家庭住房问题。强化发展区是指具有良好公共交通可达性并可以进一步提高密度再开发的地区。它同样可以解决新增就业和家庭住房的问题，但效果弱于机遇发展区（图 14–13）。

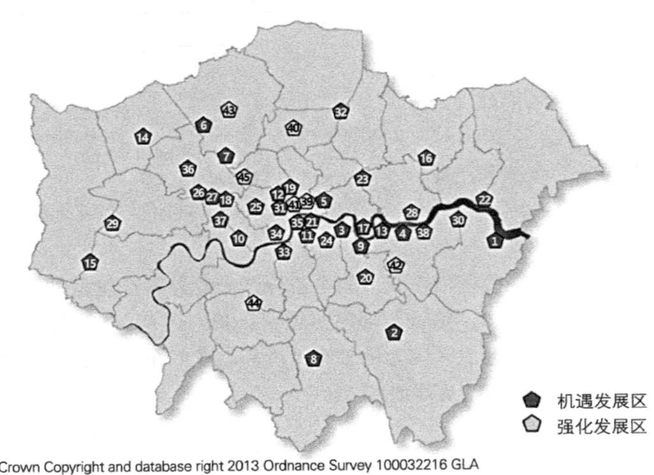

Crown Copyright and database right 2013 Ordnance Survey 100032216 GLA

图 14–13　伦敦机遇发展区和强化发展区

规划应对路径：对于机遇发展区和强化发展区，规划将给予这些地区更多的外部政策支持，鼓励各群体有效地参与地区发展框架的构建，优化居住和非居住地区的产出和密度，提供必要的基础服务设施与社会服务设施，支持包括发展节点在内的更广泛地区的更新，实现以点带面的综合效果。

规划识别了更新改造地区（图 14–14），对于这些地区将给予政策上的支持，鼓励地方相关群体的投资。地方政府在此基础上制定更为详细的涉及健康、安全、环境、住房规划的具体空间政策和地方发展框架。

市镇中心是交通可达性最好的地区，它提供充分的零售、娱乐、办公、住房、社会基础设施和公共空间，市镇中心是有效土地利用和交通集成的关键节点。对于市镇中心节点，规划的应对路径是增强其活力，保证节点的质量、丰富性与竞争力。促进公共交通的可达，减少道路交通使用者的冲突，促进安全、健康的邻里社区的形成。加强环境设施和城市绿地的建设。具体的市镇中心网络规划详见图 14–15。

对于工业的战略空间规划，主要分为供电工业区和工业商务区的规划。重点工业区是指适合于一般工业、轻工业、仓储物流、废物处理、回收、公共设施、批发市场等工业活动的地区。工业商务区是指适合于对环境质量要求更高的

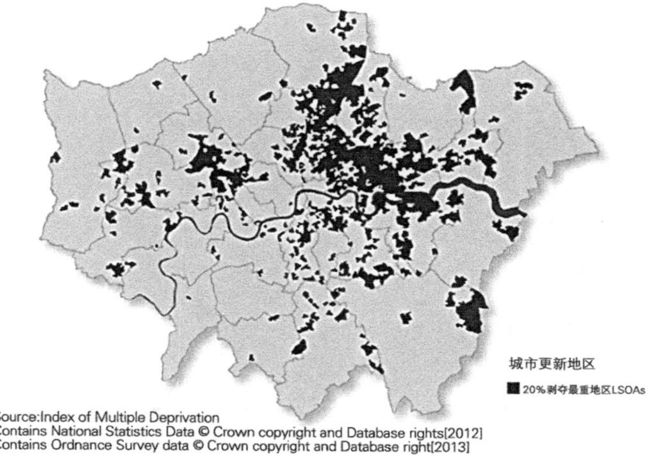

图 14–14 伦敦城市更新区分布图

图 14–15 伦敦市镇中心网络分布图

科技研发、轻工业、高附加值的一般工业、某些废物处理、公共设施、交通、批发市场和小规模的分发产品的地区。具体的工业区战略规划图详见图 14–16。

绿色基础设施指的是与蓝带网络（伦敦水系）一同提供绿色开敞空间的网络。规划应充分考虑某些区域绿色开敞空间严重不足的状况。应当有效地将各个绿色空间构建为更广泛的网络，增强绿色空间的可达性。具体的绿色空间规划图详见图 14–17。

图 14-16　伦敦市战略工业区分布图

图 14-17　伦敦绿色空间战略规划图

总图（图 14–18）将空间战略各个成分集中在一张图中，它强调了既要保障伦敦的增长，同时要注重开敞空间的保留、关键发展轴线中交通的连接性。它描绘了整个伦敦地区的几条重要的发展轴线。其中中央活动区是整个伦敦发展的中心与重心。

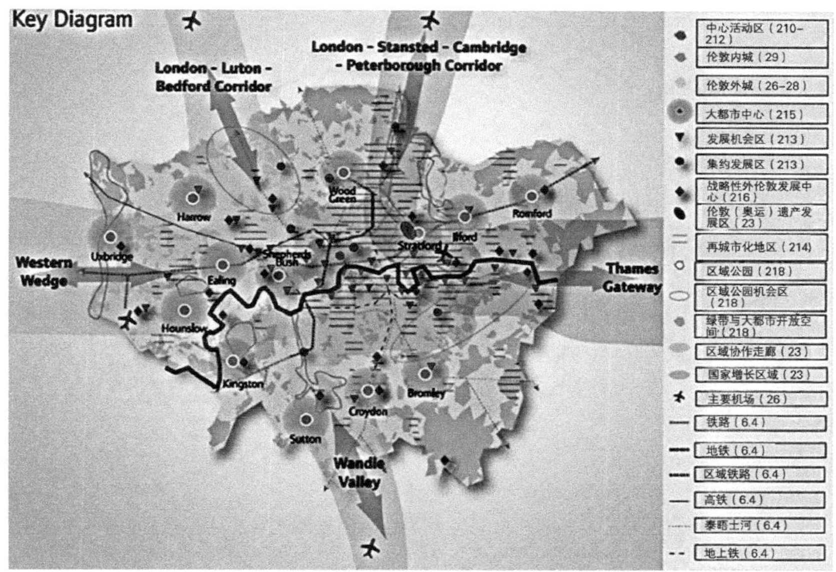

图 14–18　伦敦空间战略规划图

伦敦将建立完善的步行网络，改善伦敦的步行质量和安全性，使步行越来越多地取代私家车。通过提供易于导航的有吸引力且安全的线路，将鼓励更多人步行，这对他们的经济和健康、安全具有好处，也有助于解决气候变化和支持城市中心的复兴。运输伦敦（TFL）推出了一个行人寻路系统——“可读伦敦”，通过提供清晰、全面且一致的信息给行人的信心尝试更多徒步旅行。该系统使用基于地图的信息，采用一系列的形式，包括街道上的标志。并且为了提高愉快和享受的步行环境，还推行了行道树种植。

伦敦早在 2004 年的伦敦规划中就提到了中心活动区（CAZ）的概念。中心活动区（CAZ）包含了伦敦的地理、经济和行政核心。它将伦敦的金融和全球商业服务最大的汇集在一起。几乎三分之一的伦敦就业都是基于这个区域，和 Canary Wharf 一起曾经见证了伦敦最高的增长速率。在规划期间，CAZ 和 Isle of Dogs 的就业有望增长。同时支持在 Knightsbridge 和西伦敦的两个国际零售中心的持续成功也是十分重要的。CAZ 还有许多其他专门化的经济组团，包括伦敦城的金融服务，法院外面的法律组团等。这些组团都会获得支持。CAZ 还包括许多景点、历史遗产和为参观伦敦城的游客提供服务的设施。旅游经济对整个伦敦都是十分重要的。

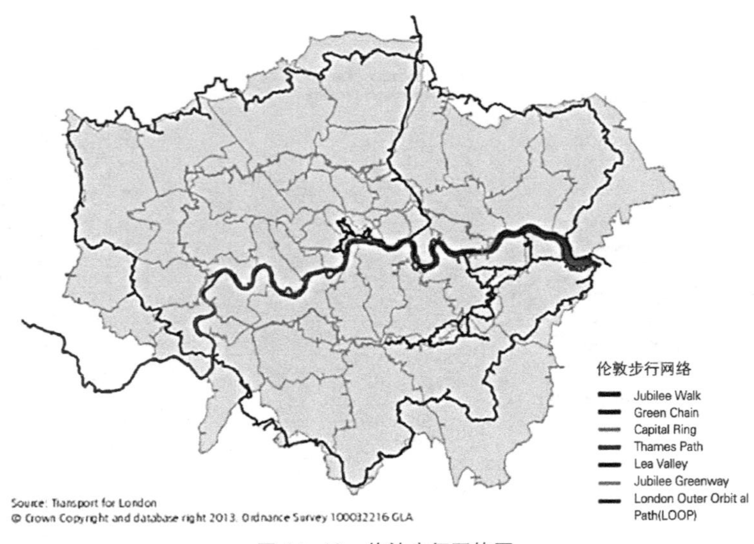

图 14-19 伦敦步行网络图

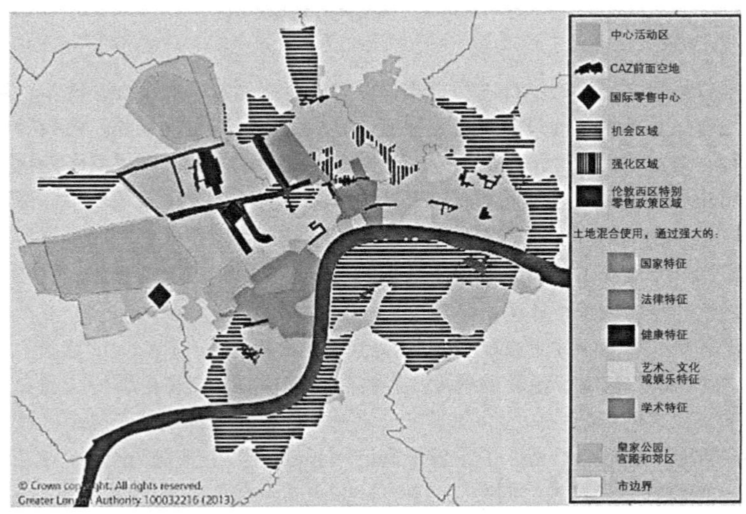

图 14-20 伦敦中心活动区（CAZ）图

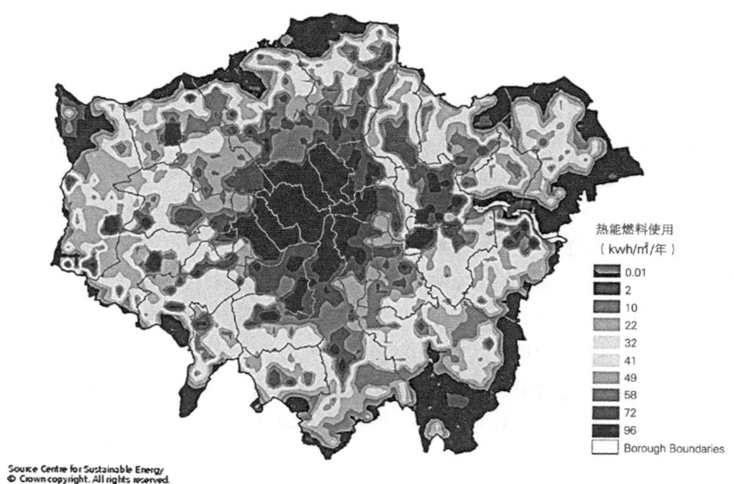

图 14-21　伦敦热能密度图

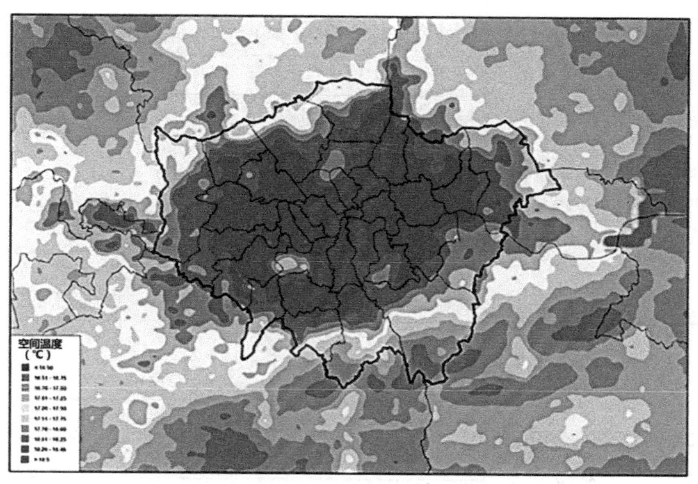

图 14-22　伦敦空气温度图

根据规划，伦敦将在应对气候变化方面作出努力。为了更大程度的使用可再生资源、采取低碳技术，伦敦设立了在 2025 年前，通过采用当地分散的能源（DE）来实现降低 25% 能源需求的目标。伦敦具有增加 DE 容量的潜力，伦敦热能密度图显示了整个伦敦热能的需求量分布，它可以和其他相关空间特征（如社会住房密度、主要发展和恢复区域）一起来帮助确定 DE 网络的机会。

14.3.4 伦敦规划的指标体系的空间监管

（1）监管指标——关键绩效指标（KPI）

根据 2011 伦敦规划中设定的六大目标，《伦敦规划年度监测报告 12，2014～2015》（London Plan annual monitoring report 12, 2014～2015）将每一个总目标分解成若干个具体的、可计量的、数据可获得（或将来能创建渠道获得）的细分目标，并在细分目标基础上通过框定时间期限、数量目标等方法，设计一系列可量化、可比较的指标——亦即"关键绩效指标（KPI）"，从而衡量、分析过去一个年度（2014.4.1～2015.3.31）伦敦规划目标的实现程度或进度。关键绩效指标（KPI）共分为 24 个目标，6 大方面，其中 17 个指标呈现正面结果，6 个指标呈负面结果，KPI22 暂时没有有效数据，每个指标都应当被视为反应伦敦变化的方向和规模的基准。具体目标如表 14–3 所示[194]。

2015 年《伦敦规划年度监测报告》关键绩效指标一览

表 14–3

2011 版伦敦规划总目标	相关 KPI
一、能够应对经济发展和人口增长的挑战 A city that meets the challenges of economic and population growth	1．最大化在已开发土地上进一步开发的比例
	2．优化住宅用开发的密度
	4．增加新住房的供应量
	5．增加可负担住房的供应量
	6．减少健康状况不平等
	12．改善社会基础设施及相关服务
	14．争取减少对私家车的依赖，争取通过分段式、使用不同交通工具以实现可持续的出行方式——交通拥堵增长为零
二、成为一个具有国际竞争力的成功城市 An internationally competitive and successful city	2．优化住宅开发的密度
	7．持续经济活动
	8．确保办公室市场有足够的开发容量
	9．确保有足够的可就业土地
	10．外伦敦整体就业量增长
	12．改善社会基础设施及相关服务
	17．在"公交传输便利等级"高的区域增加岗位数量
	24．保护并改善伦敦的文化遗产和公共领域
三、拥有多元、强健、安全、生活工作便利的邻里社区 A city of diverse, strong, secure and accessible neighbourhoods	2．优化住宅用开发的密度
	5．增加可负担住房的供应量
	10．外伦敦整体就业量增长

续表

2011 版伦敦规划总目标	相关 KPI
三、拥有多元、强健、安全、生活工作便利的邻里社区 A city of diverse, strong, secure and accessible neighbourhoods	11. 增加在就业市场处于劣势的人群的就业机会（减少黑人、亚洲人和少数民族与白人的就业率差距，减少靠收入支持家庭的单亲的工资与平均工资的差距）
	12. 改善社会基础设施及相关服务
	15. 争取减少对私家车的依赖，争取通过分段式、使用不同交通工具以实现可持续的出行方式——提升自行车出行比例
四、成为一个令人感官愉悦的城市 A city that delights the senses	3. 最小化公共空间的损失
	15. 争取减少对私家车的依赖，争取通过分段式、使用不同交通工具以实现可持续的出行方式——提升自行车出行比例
	19. 增加市政范围内回收或者制肥的废弃物；在 2031 年前，在垃圾堆填区消除可降解或可回收的废弃物
	22. 增加城市绿化
	23. 改善伦敦的“蓝丝带水道网”
	24. 保护并改善伦敦的文化遗产和公共领域
五、成为改善环境的世界领先者 A city that becomes a world leader in improving the environment	1. 最大化在已开发土地上进一步开发的比例
	3. 最小化公共空间的损失
	18. 保护生物多样的栖息地
	19. 增加市政范围内回收或者制肥的废弃物；在 2031 年前，在垃圾堆填区消除可降解或可回收的废弃物
	20. 通过新开发项目减少二氧化碳排放量
	21. 增加可再生能源产出的能量
	22. 增加城市绿化
	23. 改善伦敦的“蓝丝带水道网”
六、成为一个每个人在其中都能便利、安全地获取工作、机会和各种设施的城市 A city where it is easy, safe and convenient for everyone to access jobs, opportunities and facilities	1. 最大化在已开发土地上进一步开发的比例
	13. 争取减少对私家车的依赖，争取通过分段式、使用不同交通工具以实现可持续的出行方式
	14. 争取减少对私家车的依赖，争取通过分段式、使用不同交通工具以实现可持续的出行方式——交通拥堵增长为零
	15. 争取减少对私家车的依赖，争取通过分段式、使用不同交通工具以实现可持续的出行方式——提升自行车出行比例
	16. 争取减少对私家车的依赖，争取分段式、使用不同交通工具以实现可持续的出行方式——增加 50%“蓝丝带水道网”的客运和货运
	17. 在“公交传输便利等级”高的区域增加岗位数量

（2）监管重点

伦敦《年度监测报告》中共设置了 24 项关键绩效指标，我们根据这 24 项指标的具体内容划分得出了 3 条监管重点。

土地紧凑利用方面的相关关键绩效指标有：1. 最大化在已开发土地上进一步开发的比例；2. 优化住宅开发的密度；17. 在“公交传输便利等级”高的区域增加岗位数量。

保护公共空间和自然环境的相关关键绩效指标有：3. 最小化公共空间的损失；13. 争取减少对私家车的依赖，争取通过分段式、使用不同交通工具以实现可持续的出行方式；14. 交通拥堵增长为零；15. 提升自行车出行比例；16. 增加 50%“蓝丝带水道网”的客运和货运；18. 保护生物多样的栖息地；19. 增加市政范围内回收或者制肥的废弃物；在 2031 年前，在垃圾堆填区消除可降解或可回收的废弃物；20. 通过新开发项目减少二氧化碳排放量；21. 增加可再生能源产出的能量；22. 增加城市绿化；23. 改善伦敦的“蓝丝带水道网”；24. 保护并改善伦敦的文化遗产和公共领域。

促进社会公平的相关关键绩效指标有：4. 增加新住房的供应量；5. 增加可负担住房的供应量；6. 减少健康状况不平等；7. 持续经济活动；8. 确保办公室市场有足够的开发容量；9. 确保有足够的可就业土地；10. 外伦敦整体就业量增长；11. 增加在就业市场处于劣势的人群的就业机会（减少黑人、亚洲人和少数民族与白人的就业率差距，减少靠收入支持家庭的单亲的工资与平均工资的差距）；12. 改善社会基础设施及相关服务。

（3）保障措施

①制度保障——年度检测报告制度

《伦敦规划》中规定了年度监测报告的监测范围以及编制报告的相关人员。伦敦规划要求，各自治区先根据伦敦规划中的战略目标制定并更新地方层面的“社区战略”和“单位发展规划（UDP）”；市长在此基础上监测伦敦市各方面的变化，并编制针对规划的回顾性文件——即市长通过编制《年度监测报告》并根据一系列具体目标来衡量伦敦规划是否有效执行。另外，由于有些政策需要跟随最新发展调整更新，因此年度监测报告也发挥着及时反馈、并指导伦敦规划作出相应调整的作用。市长还建立了一个编制年度监测报告的机制：成立了一个“区域性规划监测小组”，以使得处理伦敦规划数据的所有相关人员能够有效协调工作；2004 年成立的“年度监测报告小组”，该小组合作编制本报告，其成员包括：来自中央政府伦敦办事处（GOL）、伦敦发展署（LDA）、伦敦交通局（TFL）、伦敦议会（ALG）的代表，私营部门代表、志愿者和社区代表、教育机构代表及黑人和少数民族代表。

②组织保障

组织领导者为伦敦市长，与许多机构和组织一起工作，深入参与社区生活，接受民众监督和意见，确保规划实施的科学合理，凸显“智慧优势”和多元参与的“制度优势”。专门监督小组协调各机构工作，对规划进行整体性的监控。

（4）监管路径

①建立实施－监督－反馈体系

《伦敦规划 2011》的实施是多元参与和集体行动的成果。它的实施主体包括 G. L. A. 组织、交通管理机构、伦敦开发机构、大都市政策机构以及伦敦的消防救灾规划机构等、各自治区政府和其他法定性机构及私人机构、社区及志愿者。它的规划实施过程具有严密的程序和法定性，除了伦敦政府出台系统性的相关规划法案外，规划本身在下一届政府任期也将根据合法程序进行必要的检讨，确保《规划》实施的承接性，凸显“政策优势”。伦敦市长作为规划的组织领导者，与许多机构和组织一起工作，深入参与社区生活，接受民众监督和意见，确保规划实施的科学合理，凸显“智慧优势”和多元参与的“制度优势”。成立的专门监督小组协调各机构工作，对规划进行整体性的监控；建立的全国性年度监测报告制度，定期对地方发展框架进行监测评估，并以年度审查报告的方式反馈伦敦战略规划的运行状态，凸显规划实施的“系统优势”。正是这种科学合理的区域规划实施－监督－反馈体系，促使《伦敦规划 2011》实现动态完善和更新。

②区域数据库和信息系统

“伦敦发展数据库（LDD）”是年度监测报告最关键的数据源之一——该数据库以网络为基础，从各自治区提取信息、由大伦敦政府（GLA）统一协调和管理；该数据库不仅能监测发展趋势，还能进行实时监测并提供阶段性数据。

14.4　地方层面空间规划

英国政府的社区与地方政府部门（Department of Community and Local Government）在 2012 年发布的《国家规划政策框架》（National Planning Policy Framework, NPPF）代替了 2004 年的《规划和强制性收购法 2004》（Planning and Compulsory Purchase Act 2004），将《地方规划》（Local Plans）取代之前的《地方发展框架》（Local Planning Framework），并作为国家－地方规划体系的中心和重心，对区域和地方层面的空间规划作出因地制宜的布局和政策指导[194-196]。对于现行的《地方规划》而言，《社区规划》（Neighborhood Plan）和《权威检测报告》（Authority Monitoring Report）是具体实现目标和监测规划成果的重要文件。《权威检测报告》代替之前的《年度监测报告》（Annual Monitoring Report, AMR），有地方规划部门每年发布，有利于英国政府、地方相关部门和社会更好地了解当地实践核心规划策略以及实现空间发展目标的成果和实际进展[195,197]。

14.4.1《地方规划》的目的、要求和内容

《地方规划》是否因地制宜以及能否其针对当地面临的问题而做出及时的更新和适宜调整非常重要。《地方规划》陈述了该地区未来发展的愿景，并针对当地在住房、经济、社区设施、基础设施、空间设计、环境保护以及适应气候变化等方面面临的需求和机遇，提出开发的框架[194,197]。正如《地方规划》以及其他已生效的《社区规划》都是判断一个开发申请能否通过的出发点，《地方规划》为当地具体的开发建议和决策提供了重要的指导[197,198]。因此，社区和地方政府部门要求英国各个地方政府为当地做好最新的《地方规划》，从而为地方的发展决策提供正面的指引。

（1）《地方规划》的目的

制定《地方规划》的目的在于保证其规划政策和措施的正当合理性，确保地方规划行动与国家规划的目标相一致，满足地方在经济、社会、环境等多方面的需求，并在空间上得以落实，从而实现国家优先战略中的可持续发展[194,195]。《规划和强制性收购法 2004》（Planning and Compulsory Purchase Act 2004）第 28 条允许两个或两个以上的地方规划部门共同准备一份联合的地方规划，以提高解决跨境问题，共享专家资源和减少政策成本等方面的效率[199]。

（2）《地方规划》的要求

如何做好《地方规划》，《国家规划政策框架》给出了清楚的解释[195]：

• 《地方规划》是反映地方社区发展愿景、实现可持续发展的关键。

• 《地方规划》的准备必须与实现可持续发展的目标相适应，即与 NPPF 中提供的政策和原则相一致。

• 地方规划机构应当把握当地可持续发展的经济、社会、环境三个方面的发展机遇，以及净收益。通过《地方规划》的政策指引避免发展对三方面的不利影响，并尽可能给出可选择的方案来减少和缓解这些负面的影响。

• 每个地方政府都需要为当地准备一个《地方规划》。

• 《地方规划》应当有抱负和雄心，同时也是现实可行的。《地方规划》应当通过提出发展机遇和对不同方面的引导和禁止，来解决经济、社会和环境变化体现在空间中的问题。

• 与街区、地方组织和企业在初期进行有意义的合作和讨论是制定《地方规划》必不可少的过程。

• 地方规划机构需要在《地方规划》中给出当地发展的战略重点。主要包括：“当地所需的住房与就业”、“零售、休闲等商业供给”、“交通、通信、垃圾处理、水供应、废水处理、洪水威胁、海岸变化管理等方面的基础设施供给及矿产品和能源供给”、“医疗、安全、社区和文化等地方设施的供给”、“气候变化的缓解和适应、自然和历史环境及景观的保护与提升”。

（3）《地方规划》的内容

根据《国家规划政策框架》的要求，每个《地方规划》的制定，都应当建立在对当地经济、社会和环境特性与前景充分的、最新的以及切实相关的分析和依据之上。地方规划机构需要保证他们对住房、就业等各类相关领域的策略是综合考虑后的结论，与当地的市场和经济现状相适应，包括住房、商业、基础设施、矿产、国防、国家安全、反恐和弹性、生态环境、历史环境、健康与福利、公共安全、和确保政策的可行性和传递性在内的10个主题[195]。

《地方规划》制定的证据基础[192] 表 14-4

<table>
<tr><th>主题</th><th>依据</th><th>地方规划部门职责</th><th>具体要求 / 包括 / 解释</th></tr>
<tr><td rowspan="2">1
住房
（Housing）</td><td rowspan="2">159</td><td>制定《住房市场战略评估》，对完整的住房需要，居住混合情况和规模，和当地人口在规划时间段内需求进行评估</td><td>• 符合家庭和人口预期，并考虑人口和移民变化
• 解决多种类房屋的需求，包括经济适用房和社区内的不同群体的需求
• 迎合住房需求，提供相适应的住房供应规模</td></tr>
<tr><td>制定《住房土地战略可用性评估》，对用地能否满足规划时间段内的住房需求进行现实的评估</td><td>• 土地可用性（availability）
• 用地适宜性（suitability）
• 用地经济可行性（viability）</td></tr>
<tr><td rowspan="2">2
商业
（Business）</td><td>160</td><td>清楚了解该地区经济市场的商业需求</td><td>• 与郡（county），街区（neighborhood）机构和地方合作伙伴（Local Enterprise Partnerships）合作，制定和维系关于当前市场的商业需求和可能变化的有力证据；
• 与商业社区（business community）密切合作，以充分了解他们的需求、明确和解决投资壁垒、住房和设施的不足问题</td></tr>
<tr><td>161</td><td colspan="2">依据160中明确的问题，对以下方面进行评估：
• 经济开发所需要的土地和占地面积，包括规划时间段内可预见的零售、休闲开发等各种经济活动的定量和定性的需求；
• 当前和未来经济开发可用的土地，及其适宜性和充裕度；
• 城镇中心（town centres）的角色和功能，各级中心之间的联系和关系，以及发展趋势；
• 当前中心的适应新兴中心发展的能力；
• 可以通过补救措施来帮助改善的剥夺严重的地区（locations of deprivation）；
• 食品生产业的需求和可通过规划解决的任何投资壁垒</td></tr>
</table>

续表

主题	依据	地方规划部门职责	具体要求 / 包括 / 解释
3 基础设施 （Infrastructure）	162	与其他相关部门和设施供应者合作： • 评估当地交通、水供应、污水处理、能源（包括暖气供应）、通信、效用、医疗、社会保障、教育资源、洪水风险和海岸变化管理的情况，以及应对这些预期需求的能力； • 考虑关键基础设施的需求，包括当地的国家重大基础设施	
4 矿产 （Minerals）	163	矿产规划部门需要与相关机构合作，保证使用到最佳可用的信息： • 对当地矿产资源的面积和地点有深度、持续的了解； • 评估这些资源的预期需求，考虑可替代一次能源的二次能源和可替代资源的使用机遇	
5 国防、安全、反恐和弹性 （Defence, national security, counter-terrorism and resilience）	164	• 与国防部战略规划团队（Ministry of Defence's Strategic Planning Team）合作，保证地方政府能对最新的国防和国家安全需求有最充分的考虑； • 与地方顾问等个人和团体合作，保证他们了解并充分考虑本地区发生自然灾害和恶意威胁的较高风险地带的最新资讯，包括用来降低脆弱性和提高弹性的措施	
6 环境 （Environment）	165	• 规划政策和决议需要以当地自然环境及地方特性的最新的信息为基础，如流域管理计划（River Basin Management Plans）； • 与地方自然合作伙伴合作，包括评估当前和潜在的生态网络促成部分； • 按照欧盟官方的要求对环境战略评估进行环境、经济和社会因素的可持续性评估，作为规划制定过程重要组成部分	
	166	《地方规划》中需要涵盖一系列的其他环境评估文件，尽可能与这些文件共享证据基础和相似的执行计划，并尊重它们的法定要求和目标	
	167	评估需要均衡地开展，并且避免对已有的政策评估的重复。尽可能全面考虑规划证据基础所需要的评估内容，并且在规划制定的前期就要与利益相关者合作，尽早有针对地进行咨询	
	168	《岸线管理计划》为规划沿海地区提供基础，考虑和预测环境的长远变化、海岸塌方的不确定性以及气候变化	
7 历史环境 （Historic Environment）	169	更新该地区的历史环境、历史遗产重要性以及对环境的重要性方面的证据。并据此预测目前未明确的、未来可能被发现的历史遗产、历史遗址和考古价值所在	
	170	在适当的情况下，也需要进行景观特征的评估，并结合对历史景观特色的评估和对有景观敏感度的主要扩张可能进行的评估	
8 健康和福利 （Health and Well-being）	171	与地方公共卫生领导和卫生组织合作，对当地的健康状况和居民在体育、休闲、礼拜等方面的需求进行充分的了解和考虑，包括未来的预期变化以及提高当地健康和福利水平的相关障碍	

续表

<table>
<tr><th>主题</th><th>依据</th><th>地方规划部门职责</th><th>具体要求 / 包括 / 解释</th></tr>
<tr><td>9
公共安全
（Public safety from major accidents）</td><td>172</td><td colspan="2">基于主要威胁地点和缓解重大事故影响的最新信息，制定规划政策</td></tr>
<tr><td rowspan="5">10
确保政策的生存能力和传递性
（Ensuring viability and deliverability）</td><td>173</td><td colspan="2">为保证政策的生存能力，需要避免规划为开发责任和政策负担让步而威胁其可行性</td></tr>
<tr><td>174</td><td colspan="2">需要在《地方规划》中对地方标准制定专门的政策，包括对经济适用房的要求。此类评估需要均衡地、有针对性地选择可用的依据用于支撑</td></tr>
<tr><td>175</td><td colspan="2">在可行的情况下，地方设施税（Community InfrastructureLevy）的征收与检验应当与《地方规划》同步进行，从而支持和鼓励新的开发</td></tr>
<tr><td>176</td><td colspan="2">• 在保障必要的情况下，制定规划方面可接受的特定的开发（如环境缓解和补偿）；
• 不能通过恰当的条件或协议保证安全性的开发方案不应当被批准</td></tr>
<tr><td>177</td><td>保证对所规划的基础设施在合理的前提下，能及时得到实施和实现</td><td>• 明确掌握《地方规划》起草时，市内行政区层次的开发成本；
• 基础设施和开发政策应当在《地方规划》中同时规划；
• 在可行的情况下，对开发中适用的有关保障性住房等的地方标准要求，在规划制定阶段进行评估并不断复查</td></tr>
</table>

14.4.2 《地方规划》的监测

NPPF 要求地方规划部门必须在《地方发展计划》（Local Development Scheme, LDS）中公开他们创作《地方规划》的时间计划，并在网上保持同步跟新[194,195]。通过当地的《权威检测报告》来更新地方发展计划，也是地方规划机构保证社区对规划行动知情的重要途径[194]。地方规划部门必须至少每年公布一次《地方规划》的进展情况，报告任何与合作义务相关的活动，并对《地方规划》的相关政策的实施情况和对社区的意义进行阐述[195,198]。《权威检测报告》为社区和相关利益团体了解地方规划进展非常重要。同时，地方规划部门也可以通过《权威检测报告》为已有的社区规划的实施情况提供最新的资料，从而确定是否需要进行《地方规划》的部分审查[198]。

（1）规划监测的形式和内容

英国大部分地方规划部门每年公布的《权威检测报告》（如曼彻斯特[200]）以及一部分地方规划部门继续沿用原《地方规划框架》中的《年度监测报告》（如剑桥[31]），都用于监测和评估地方规划政策实施的进展和效力：

- 地方政策是否实现了或正在接近其可持续发展的目标？
- 政策是否获得了预期结果？
- 政策背后的假设和目标是否仍然相关？

根据英国皇家城市规划协会（Royal Town Planning Institute, RTPI）针对英格兰空间规划结果测量的报告，规划政策的监测指标应当包含以下方面：

- 背景问题；
- 容量要素的投入；
- 过程中的效率；
- 参与度；
- 规划制定和实施中的监测和能力；
- 政策产出；
- 规划政策的短期影响。

实现可持续发展目标过程中的长期变化。

（2）规划监测指标的筛选原则和框架

迄今为止规划体系中的监测和评价倾向于关注过程多于结果和效力，通常通过测量行政效率，回报的数值以及费用问题[201]。由于难以明确没有这一政策存在的情况下（counterfactual, policy-off situation）的影响，我们很难抽离出规划的实际影响[201,202]。空间变化的驱动力可能来自很多方面：不同空间尺度上的结构变化和历史惯性（historic inertia），来自国家和国家的外部因素，内部和外部因素事实上的交互，以及不同政策部门间的相互作用。认识空间变化的最佳途径就是通过一组在多空间尺度上，受多部门政策影响的环境、经济和社会问题。因此，空间规划结果的评价指标仅需要与背景指标中的与规划战略和政策直接相关的指标重合即可，即在规划主导的体系中，结果指标需要是从规划中演化出来的（plan-derived），从而可以更有效地解释被监测的变化和被测量的结果[202]。

皇家城市规划协会从概念相关性（conceptual relevance），政策一体化（Policy integration），技术坚固性（technical robustness）和对决策责任的促进（contribution to accountable decision-making）四个角度，提出了地方规划机构在选取结果监测指标时应当采用的评估标准，并列出了规划结果指标框架的 9 条指导原则[202]：

皇家城市规划协会规划结果指标框架　　　　表 14-5

1	规划导向的体系中，结果评价指标需是由规划和目标衍生而来的（plan–derived and objectives–derived）
2	反映空间规划对整合区域内各部分的关键部门政策的贡献
3	结果需要根据跟宽泛的背景做出解释
4	通过态度评估调查（attitudinal assessment survey）来明确不直观的（invisible）和更软性（softer）的结果
5	获取对结果影响很大的投入（如容量 capacity）和程序步骤（如技能 competence）
6	当规划输出只有在经过很大的时间后和在空间幅度上才能产生最后产生一个可被直接测量的结果时，可以间接被当作结果来测量
7	包括了更加集中的一组结果监测指标，以构建有效地分析指标组，从而更好地反应更多维度的空间规划目标
8	为了反映一个区域内复杂的空间和部门政策综合结果，不同的指标最好能针对相关的空间层次的关注点，相似的功能区以及目标或关键区域
9	选择最恰当的时间表来测量更长期的空间规划政策的影响

其中，第七条构成了规划结果的指标框架的主体结构，即上层是关于城市变迁的战略性指标组（指标领域），下层是基于愿景的指标领域下的详细指标，从而有效避免信息过载，吸收更多指标来更全面分析问题。

（3）地方规划监测的指标体系

地方规划机构在准备《权威检测报告》(或沿用的《年度监测报告》）时，应当根据以上 9 项选择标准，针对他们在《地方规划》提出的目标，选取对本地区的空间规划（包括《地方规划》、《社区规划》及相关的各项开发战略、政策和行动）实施进展进行监测，测量规划带来的影响、变化和发展趋势[202]。

皇家城市规划协会基于《规划政策说明》(Planning Policy Statements）中提出的五大空间发展目标，通过概念映射操作（conceptual mapping exercise)、指标和结果的统计分析、以及利益相关者咨询三个步骤，设计出了适用于监测（空间）规划结果的指标体系[202]（如下表）：

皇家城市规划协会规划监测指标体系　　　　表 14-6

主题	指标组	指标	
1	保证与经济、社会和环境目标相适应的土地可用于发展	1.1	开发新增的商业面积
		1.2	新完工的住宅
		1.3	弃耕地供应的百分比变化
		1.4	规划许可的给予和否决比
		1.5	区域内和区域间交通基础设施运量和连接度的变化

续表

主题	指标组	指标	
2	可持续的经济发展	2.1	就业中的工作年龄人口比例变化
		2.2	增值税注册企业数量的比例变化
		2.3	工作密度的变化
		2.4	独立通勤水平的变化
3	保护和提升自然和历史环境	3.1	受保护土地的流失（SSSI，ESA 等）
		3.2	被调查居民中对他们的居住的社区满意的比例
		3.3	每千人平均公园和绿地空间面积的变化
4	高效的资源利用和高质量的发展	4.1	碳足印（人均 CO_2 排放）变化
		4.2	通勤方式的变化（公共交通的使用率变化）
		4.3	拥堵：早高峰时期每英里平均交通时间
		4.4	被调查居民中认为自己方便到达地方服务设施的人群比例
5	混合的、宜居的社区	5.1	居民总人口的变化率
		5.2	住在剥夺最严重的 10% 地区的人口比例
		5.3	可支付平均首次买方财产的家庭比例
		5.4	供给侧超过资格的指数值的变化

第 15 章　日本空间规划

15.1　日本空间规划的内涵及其构成

15.1.1　日本空间规划体系概述

日本形成了以国土综合开发规划、国土利用规划、土地利用基本规划三大规划为核心的空间规划体系，其中国土规划偏重于国土的分类利用目标和规模控制。

《国土形成规划法》强调了在编制“国土形成规划”时国家与地方的协调，推进地方分权化。编制主体由过去以国家为主导的模式向国家和地方合作的模式转变，并且突出社会各界参与的重要性。在“国土形成规划”中，“广域地方规划”与“全国规划”被视为具有同等的效力，全国规划与地方规划的关系由原来自上而下的指导关系调整为同等的关系。

“国土利用规划”是从土地资源开发、利用、保护的角度，确定国土利用的基本方针、数量、布局和实施措施的纲要性规划，分为全国、都道府县和市町村三个层次编制，类似于我国的“土地利用规划”。“土地利用基本规划”是以“国土利用规划”为依据，进一步划分城市、农业、森林、自然保护等地域，并规定各地域土地利用调整具体事项等。

土地利用基本规划主要指的是某些专项区域的专项规划（“城市规划”就是其中的一个专项类型）。其他还包括农业振兴区、森林地区、自然公园和自然环境保护区这五大类型区。

“国土形成规划”的核心是明确宏观发展政策和国土空间结构，“国土利用规划”的核心是对土地类别和规模的管控，两者分工明确，共同形成对国土空间的开发与控制。2001 年，日本中央政府实行“大部制改革”，原中央国土厅、建设省、运输省、北海道开发厅合并为国土交通省。此后，“国土形成规划”与“国土利用规划”由新成立的国土交通省负责编制，在全国层面上，“国土形成规划”和“国土利用规划”是同时制定、同时颁布和同时实施的，能够较好地协调国土空间规划中的重要内容，也保证了两个规划能够得到有效实施。

15.1.2　日本空间规划体系的层次

经过 20 多年的努力，日本在自上而下的政府主导与自下而上的民众诉求的共同推进下，形成的以国土综合开发规划（贯穿各个行政级别）、国土利用规划（贯穿各个行政级别）和土地基本利用规划（以都道府县编制为核心，涵盖各个层面的、完善的、自上而下的全国、地域和市町村三级国土和区域规划体系和都市规划体系）。在地域规划中，除都道府县规划外，更有首都圈等特殊地域的规划，对指导全国及重点区域的整体协调发展发挥着重要的作用。

2001 年日本森内阁对日本行政体系进行了一次重大改革，主要包括中央政府的机构改组、地方行政制度改革和规制行政改革三个方面。其中对空间规划体系影响最大的是设立国土交通省，将空间规划所涉及的所有规划运行机构都归入统一大机构，以求得各规划的价值观层面的统一。设立国土交通省可以增强中央政府，特别是内阁在国家空间规划体系中的主导地位；重新界定了民间组织和政府机构在空间规划领域里的职权划分；将各类规划的运作整合在同一部门内部，使得“国土形成规划”、“国土利用规划”和土地利用的“基本规划”等各类规划由国土交通省统一负责。

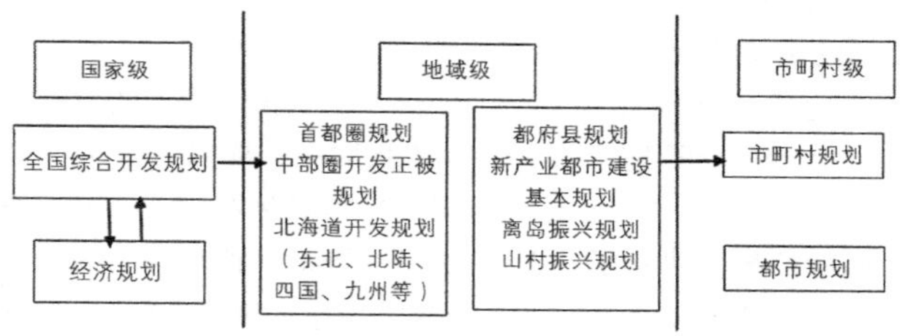

图 15-1　日本不同层次空间规划体系

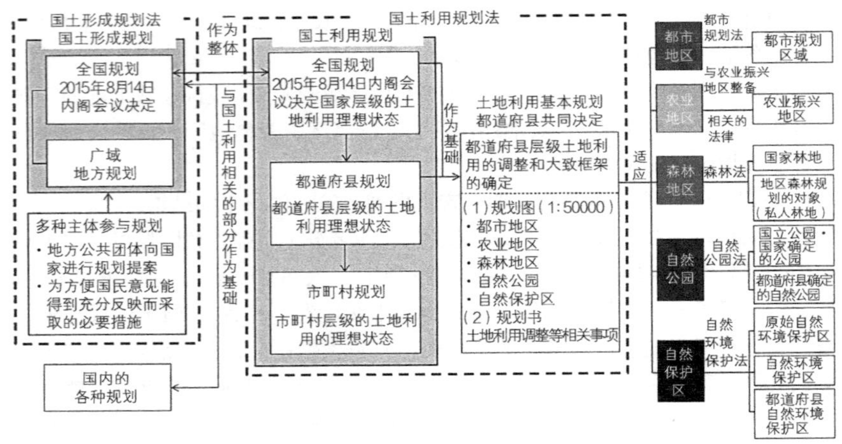

图 15-2　日本空间规划结构体系

“全国规划”是由中央政府主导完成的，内容主要包括全国性的国土形成的基本方针、目标和国土政策等。“全国规划”由国土交通大臣制作提案，都道府县政令市可提出更改方案，公众参与评议。“全国规划”编制完成后须经“国土规划审议会”审议，由内阁会议决定通过。

“广域地方规划”是由中央政府、地方政府和公众代表成立的“广域地方规划协议会”编制完成的，内容主要包括区域性的国土形成的基本方针、目标和国土政策等。设立“广域地方规划协议会”的目的是保证区域内各个集团能够在平等的立场上进行协议，同时实现国家和地方的沟通和合作。市町村可以对规划提出更改方案，“广域地方规划”在听取专家意见和经公众评议后，由国土交通大臣最终决定通过。

地方政府将全国综合开发规划作为指导性的规划，在明确了本地区的未来发展方向及发展目标的基础上，制定出综合的地方规划，其中还包括了一些具体开发项目规划。

15.1.3　日本空间规划发展历程

构筑合适的国土空间结构是国土规划的重要内容。从“一全综”到“七全综”，日本国土空间结构完成了从点、线（轴）到面（圈）的发展历程。日本“一全综”和“二全综”期间正值经济快速发展时期，规划目标以国土均衡为主，采取重点项目开发方式；“三全综”期间，日本快速发展带来的环境问题以及资源有限性问题凸显，建立了“定居构想”目标。“四全综”提出了“多级分散国土结构目标”和“休闲娱乐区”的开发构想。进入 90 年代，日本经济陷入了战后最严重的萧条期。“五全综”提出“参与和协作模式”来实现“多轴型”

的国土目标。

从明治维新时代开始，日本政府便开始了国土开发和建设，在二战前就形成了从东京到大阪的太平洋沿岸“西日本国土轴”雏形，到20世纪60年代前后已基本形成以东京为一极、太平洋沿岸工业地带为一轴的“一极一轴”型国土空间结构。

日本空间规划发展历程　　表15-1

	一全综	二全综	三全综	四全综	五全综	六全综	七全综
公布时间	1962	1969	1977	1987	1998	2008	2015
国土空间结构模式	三大中心城市圈层式结构	日本列岛主轴	以定居圈为基础的网络	多级分散型国土结构	四大国土轴	自立的广域综合体	紧凑的城市网络
开发方式	据点开发构想	大项目构想	定住构想	交流网络构想	参与合作	新型管治模式	对流与促进

“一全综”在原有旧工业地区之外选择“新产业城市”和“工业建设特别地区”进行重点开发，具有“点”式开发特征。“二全综”在建设大规模工业基地的同时，进行包括高速铁路和高速公路等在内的现代化高速交通系统的建设，并用高速交通线将工业地区与地方圈连接起来，具有“线”式开发特征。“三全综”为提高国民生活环境质量而进行的示范定居圈建设和技术聚集城市，具有“面”式开发特征。

从施策方向上看，前三次全国国土综合开发规划依然是重点发展以原有四个工业基地为中心的太平洋沿岸地区。因此，经历了“一全综”的“据点开发”、“二全综”的“大规模项目开发”，以及“三全综”的“定居圈”建设，“一极一轴”的格局依然未得到有效改变。

为纠正“一极一轴”的格局，“四全综”提出要形成“多级分散型国土结构”。首先通过疏散工业、政府和公共设施等途径改善东京一极集中的现象；其次，有重点地加强地方圈建设，发挥农村、山村和渔村的多样化作用。

20世纪90年代，日本空间规划发生了大转变，进入了“促进地区自立发展的时期”，第五次全国综合开发规划提出了五项基本任务和四项战略。五项基本任务是：（1）促进地区自立和自强，把地区建设成居民感到自己生活的地区是一个值得骄傲的地区；（2）确保国土的安全，提高国民在生活上的安心感；（3）共享和继承自然的恩惠；（4）使社会经济恢复活力，建设充满活力的经济社会；（5）进行面向世界的开放型国土整治和建设。四项战略是：（1）创造和建设自然环境丰富和优美的居住地区；（2）对大城市地区进行改造和重新开发；（3）建设和扩大地区间的协作交流轴和广域合作地带；（4）以地方为中心，形成大范围的国际交流圈，提出了“参与和协助”和“自立型区域振兴”等理念。“五全综”根据各地区的提议，进一步明确提出要形成“东北国土轴”、“日本海国土轴”、“太平洋新国土轴”和“西日本国土轴”等四个国土轴，以期能形成各地区既各具特色又相互协作和补充的“多轴型”国土空间结构。

从2000年开始，日本国土审议会提出了五项观点：（1）从“国土开发”转向“国土综合管理”；（2）考虑地方分权化和行政改革等各种改革，在空间规划中明确全国规划和地方规划的作用和责任，加强规划制定程序，使更多的参与主体的意见能得到反映；（3）在国土建设上，既要有效地、重点地进行国土的基础设施建设，也要反映地方需求；（4）把国土综合开发规划和全国国土利用规划合在一起，使国土规划体系更严谨和容易使人理解；（5）加强国土规划的决策、编制、实施、评估的循环作用。总之，日本的空间规划体系和政策走过了从区域资源开发、工业地带的建设、大城市圈的建设、区域间的交通通信等基础设施的建设，到重视国民生活质量的生活定居圈建设这一条道路，现在改变过去过分依赖国家的方法，正朝着促进地区自立发展和确保地区安全的方向进行改革，支持地方向具有个性的、自立型的、以人为本的方向发展。

为适应经济全球化、国民价值观念多样化以及人口减少型社会的真正到来，“国土形成规划”（“六全综”）提出形成“自立的多样性广域地方圈”的国土结构。把国土空间视野，从市町村向广域生活圈域、从都道府县向广域地方、从日本国土向东亚扩大。通过多样性广域地方圈来构建自立发展的国土，同时形成美丽的、易于居住的国土。

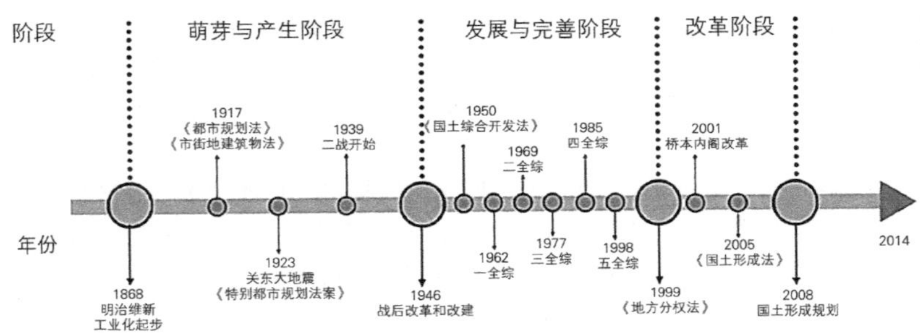

图 15-3 日本空间规划发展演变历史阶段图[35]

在“六全综”的基础上，“七全综”提出“对流促进型国土”的规划理念。“对流”是指，具有多样性的各个地域相互合作，促进地域间人流、物流、资金流和信息流的双向流动。多样性是对流的原动力，因此需要活化各地域的独特个性，实现名副其实的国土均衡发展。面对人口减少的实事，“对流促进型国土”的形成需要多层次、韧性的“紧凑+网络”结构。“紧凑”是指实现医疗、福利、商业等功能紧凑集约布局，"网络"是指形成交通、信息通信、能源的充实网络。通过地域个性的活化、"紧凑＋网络"结构的构建，以期解决东京一极集中的问题，实现都市和农山渔村的互利共生。

15.2　国家层面的空间规划

日本国家层面的空间规划主要是指国土形成计划。《国土形成规划（2015年）》的规划期限为2015～2025年（跨越东京奥运会前后的关键10年）。规划背景有三个层面：（1）围绕着国土的时代潮流和课题方面，包括人口急剧减少、少子化、老龄化等倾向，以及国际社会的激烈竞争、灾害的威胁、基础设施老化，食物、水、能源的制约、地球环境问题，以及ICT进步等技术革新的进展；（2）国民价值观层面，包括生活方式的多元化（经济、生活、生活的），互助社会建设中的多种多样的主体作用的扩大、多样化，以及公共日益升高的安全意识；（3）土地空间变化，包括低利用率、未利用地和荒废耕地、房屋空置等困扰土地拥有者的问题浮现，森林的可持续管理，海洋环境的保护海洋权益、海洋资源利用、外围地区的适当管理等方面。规划的基本理念是形成对流促进型国土结构，包括：（1）形成紧凑网络状的国土空间结构；（2）求同存异，鼓励区域间的合作，促进对流型国土结构的形成；（3）充分保留地方特色，积极参与全球化。

15.2.1　指标体系

（1）前期经济社会调查指标

前期经济社会调查指标　　表15-2

类型	指标
人口	总人口
	出生率
	特殊出生率
	人口减少率
	转移过剩率
	收入差距
	在职与求职比例
	人口流入
	人口流动收缩比例

续表

类型	指标
人口	老年人口（65 岁以上）指数
	80 岁以上人口比率
	老年人口和需要长期护理的认证率
	老年痴呆症患者的比例
	独居老人数量
	劳动力指数
公共设施	行业市政机构指数（数量 / 人口）
经济	经济增长速度
	经济潜在增长率
	资本投入贡献比
	TFP（创新）贡献比
	劳动投入贡献比
贸易	贸易平衡
	农业、林业、渔业产品进出口趋势
	石油、液化天然气进口价值
	接待国外游客数量
	家庭可支配年收入
	消费额度
防灾减灾	地震规模
	地震发生概率
	地震平均间隔
	摇晃摧毁房屋数量
	液化摧毁房屋数量
	烧毁房屋数量
	死亡人数
	资产损失
	对经济活动的影响（万亿日元）
	年降雨量
	灾害风险区面积
	灾害风险区内人口

续表

类型	指标
基础设施	基础设施老化率
	基础设施维护和更新费用
粮食供给	粮食自给率
	PFC 热比
	米供应数量
水资源	平均降雨量
	每人年水资源占有量
	每人年降水量
能源	世界能源需求量
	可再生能源发电设备采用
	国内一次能源供应量
气候	年平均气温
	潜在洪水发生概率
	风暴潮发生概率
	干旱发生概率
	泥沙灾害发生概率
枯竭资源	荒废房屋数量
	土地空置量
国土资源	耕地面积
	弃耕地面积
	弃耕地率
	山林面积
	森林资源

［资料来源：国土形成规划（全国规划）[203]］

（2）规划内容

全国层面明确国家发展目标、策略以及各个部门的发展策略。广域层面针对 8 个都市圈明确发展方向与发展重点。国土形成规划与我国主体功能区划比较类似。都是发展指导型的规划，不同点在于内容。前者是从国家经济社会发展的各个方面进行要领性的指导，有点像我国的经济社会发展计划，没有划区的机制，而是固定地针对不同的都市圈进行指导；而后者则是着重从生态、资源、国土利用的角度，比较类似于日本的国土利用规划。

国土形成计划 2015 主要内容[204] **表 15-3**

第一部分 规划的基本思路	第 1 章 国土规划相关背景及其目标
	第 2 章 国土的基本构想
	第 3 章 国土规划基本构想实现的方针
第二部分 各领域措施的基本方针	第 1 章 有关地域建设的基本措施
	第 2 章 有关产业的基本措施
	第 3 章 有关文化和观光的基本措施
	第 4 章 有关交通、信息通信体系和能源的基本措施
	第 5 章 有关国土基础投资的基本措施
	第 6 章 有关防灾的基本措施
	第 7 章 有关国土资源及海域利用与保护的基本措施
	第 8 章 有关环境保护以及景观形成的基本措施
	第 9 章 实现多样化主体共同管治理念的基本措施
第三部分 规划推进和广域地方规划的策定与推进	第 1 章 规划的有效推进
	第 2 章 广域地方规划的策定与推进

（资料来源：根据翟国方等，日本空间规划体系产生、发展及其机制整理）

15.2.2 规划指标的空间特征

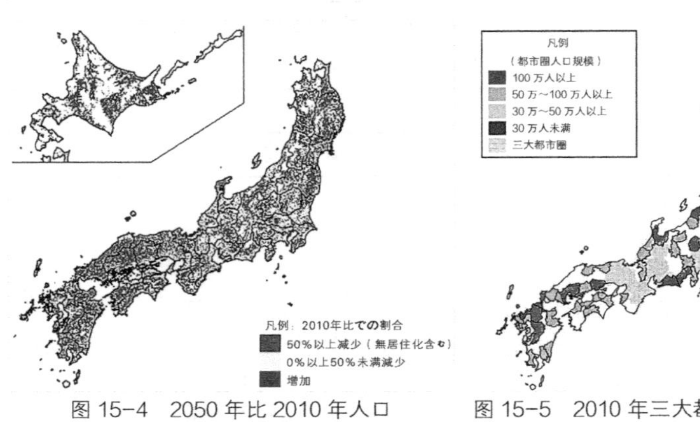

图 15-4 2050 年比 2010 年人口增减情况

图 15-5 2010 年三大都市圈外都市圈（>30 万）人口变化

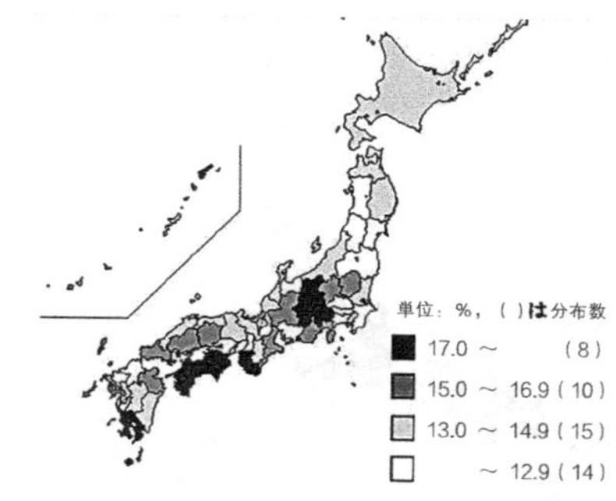

图 15-6　2013 年各都道府县空房率

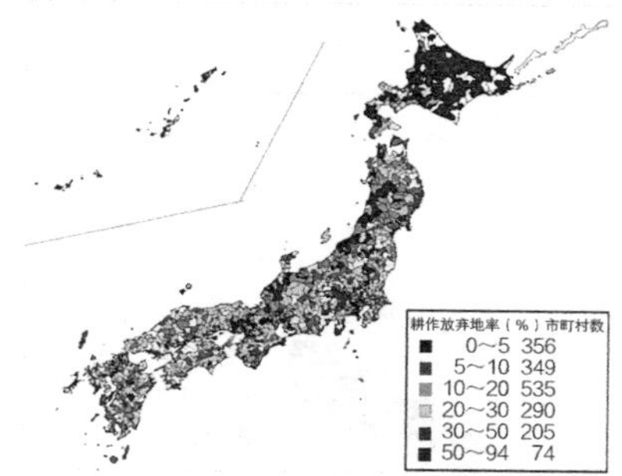

图 15-7　2010 年各市区町村耕作放弃地比例分布

由上述指标的空间特征可知，人口集中增长区域主要分布在三大都市圈附近，而这些区域也是耕作放弃比例最高的地区。

图 15-8　东亚贸易总额占比指标分布

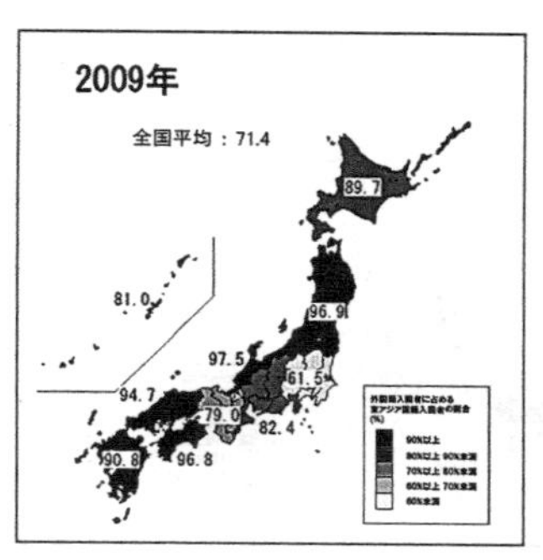

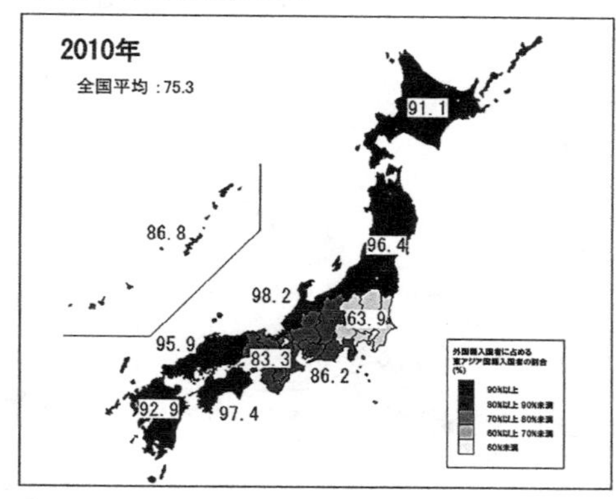

图 15-9　外国籍人口中东亚籍人口占比

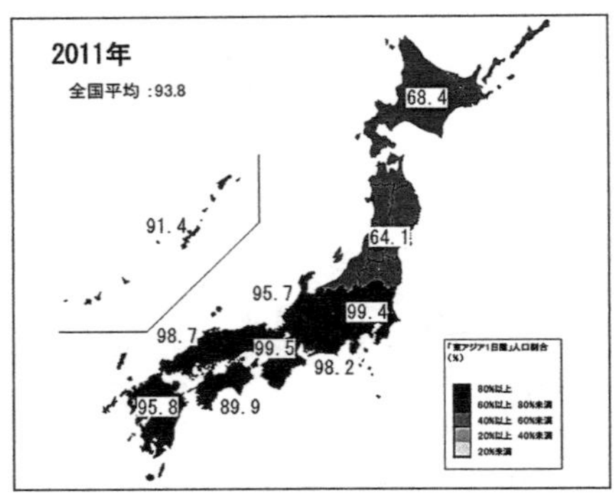

图 15-10　东亚一日圈人口比例

就东亚国际交流圈指标分析可知，东京在日本的东亚贸易中占据核心地位，其余贸易活动也集中在三大都市附近。其次，东亚籍外国人士在日本全国分布较为均匀。第三，东亚一日圈人口活动集中在距离相对更近、气候更加宜人的日本中部和南部地区。

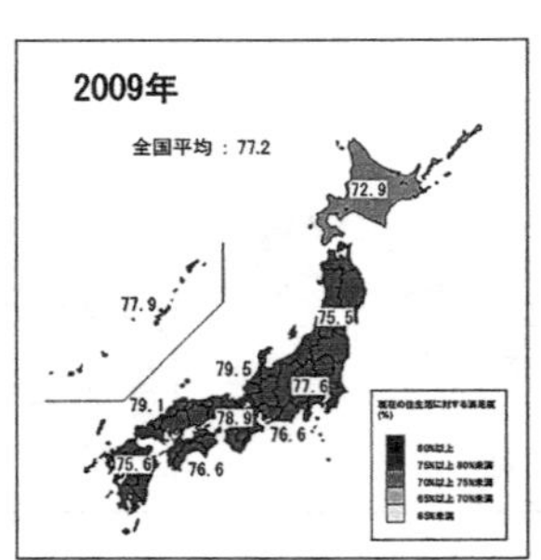

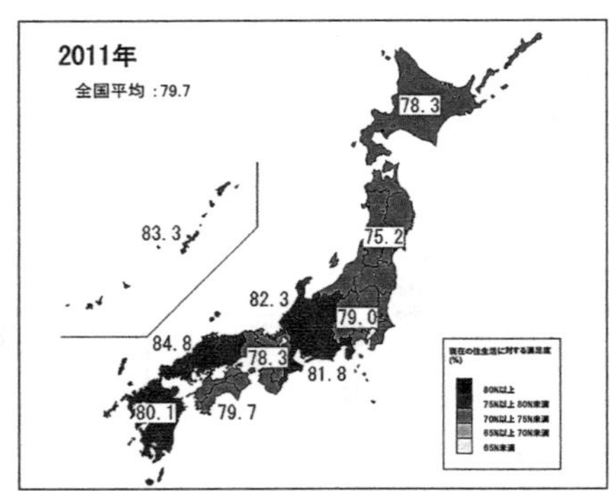

图 15-11　现状生活的居住满意度指标分布

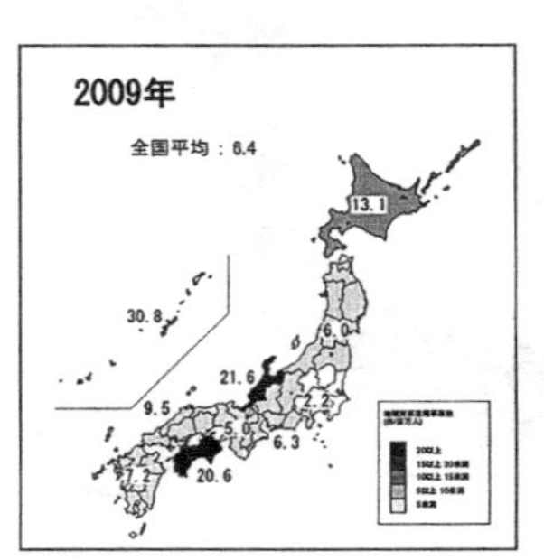

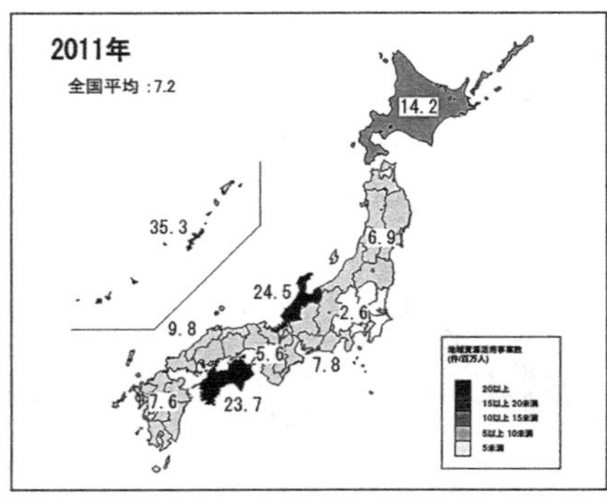

图 15-12　地域资源活用数量分布

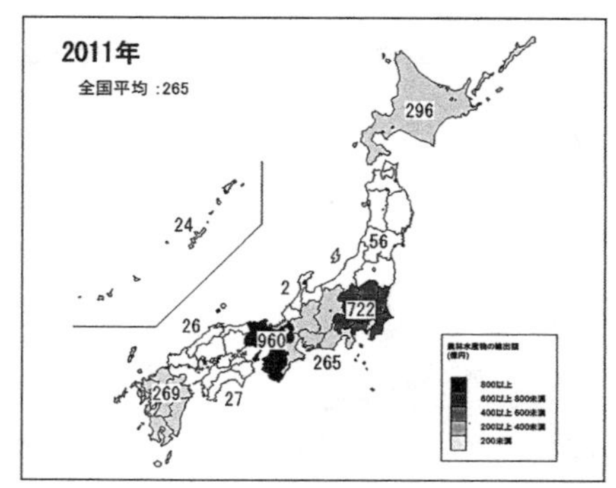

图 15-13　农林水产输出额

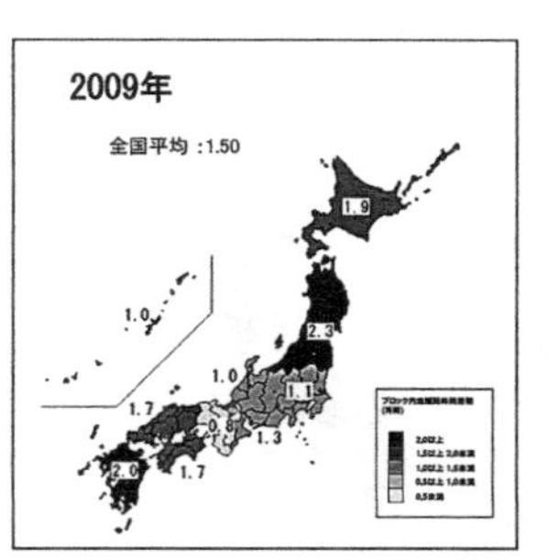

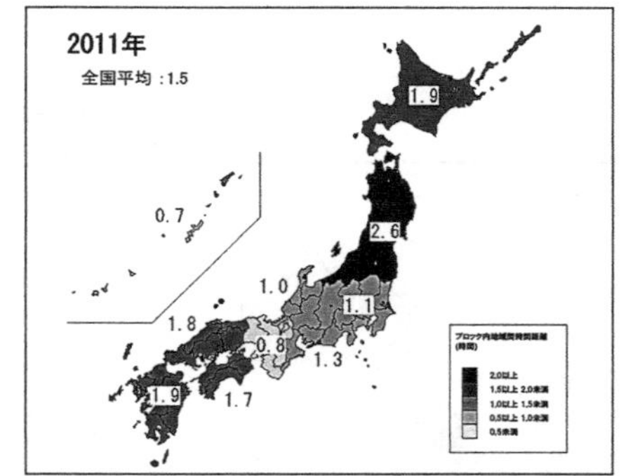

图 15-14　广域圈之间的交通时间

就可持续地域形成指标分析可知，气候宜人、资源丰富、环境优美的中部和南部城市的居民满意度普遍较高，同时这些片区交通便捷，城市规模适中，是农产品高产地。

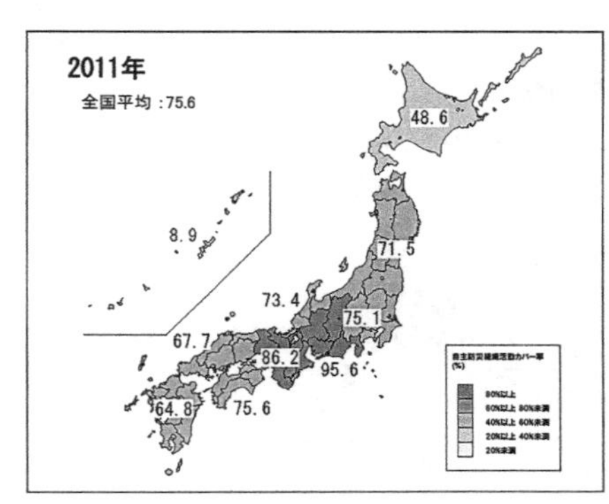

图 15-15　自主防灾组织活动覆盖率

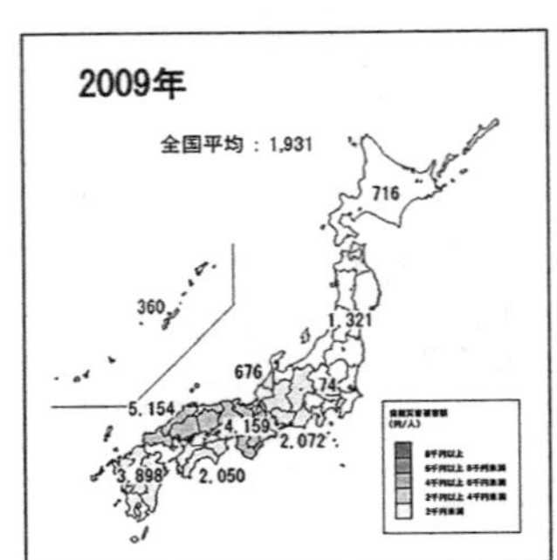

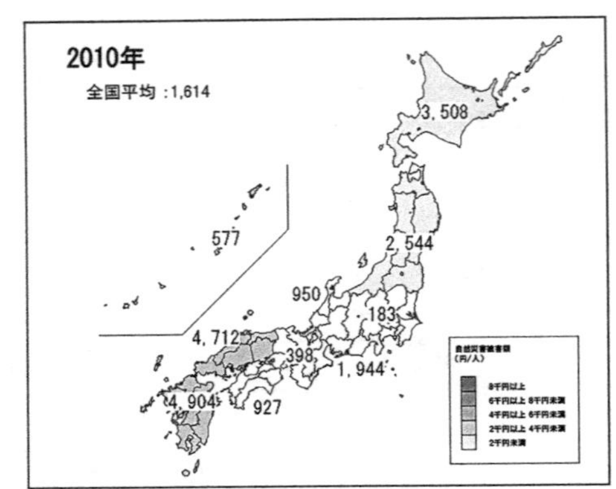

图 15-16　灾害被害额

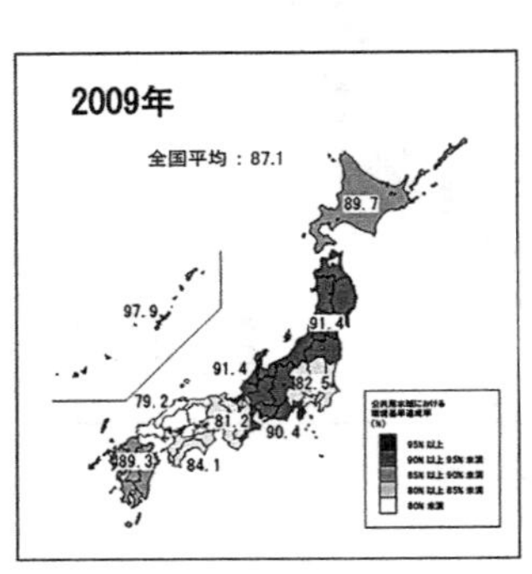

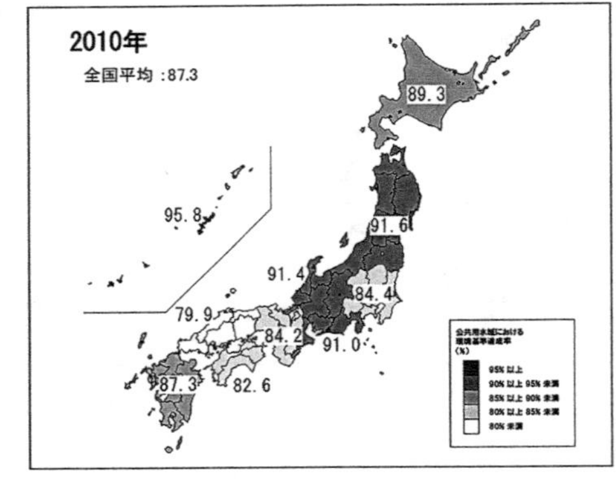

图 15-17　公共水域环境基准达成率

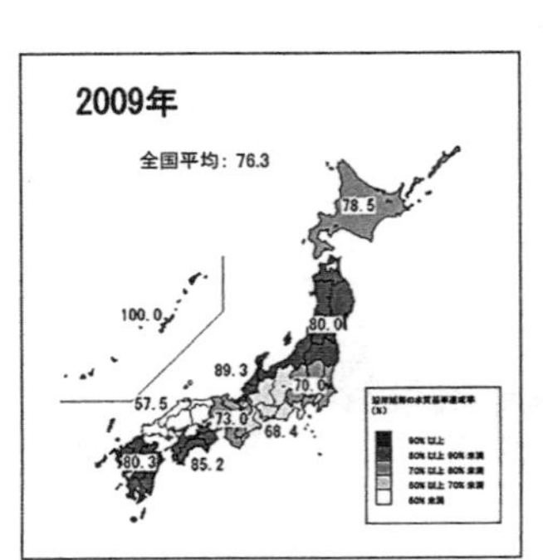

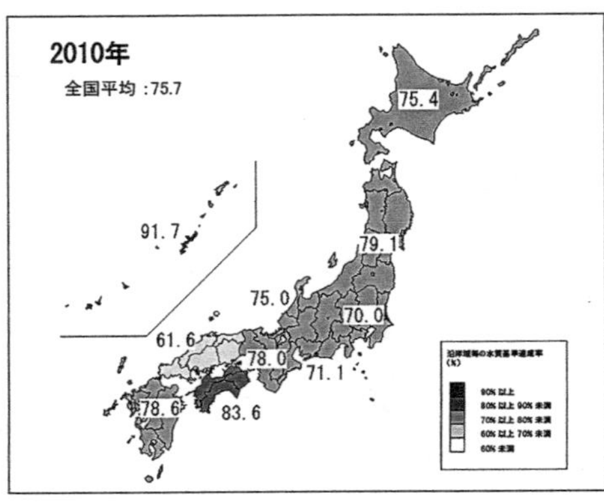

图 15-18　沿岸水质基准达成率

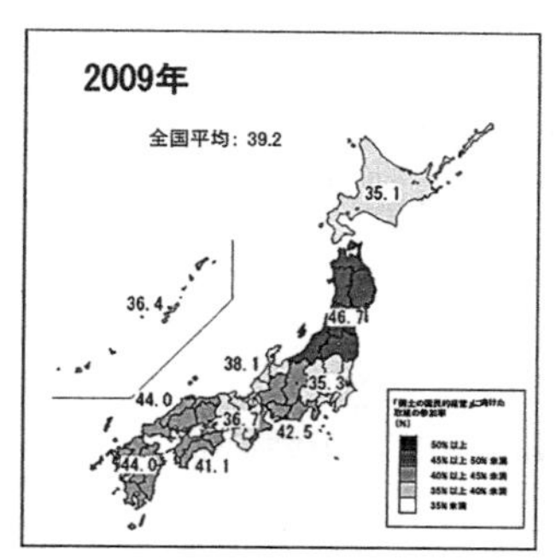

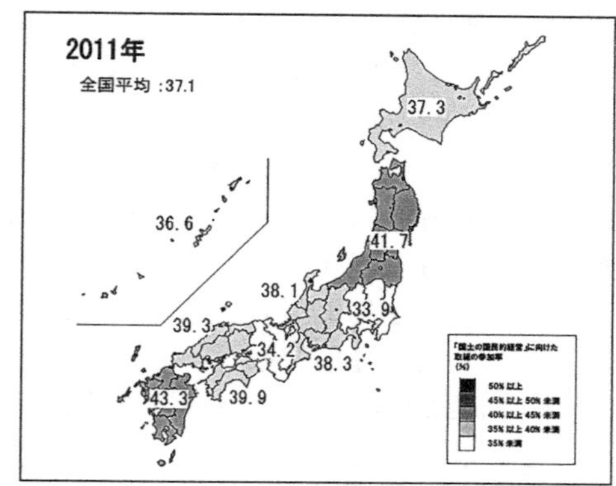

图 15-19 国民参与国土经营的参加率

就美丽国土管理与继承的指标分析可知，日本总体环境质量有所提升，参与国土经营的国民比例大体不变，部分地区有略微的减少。

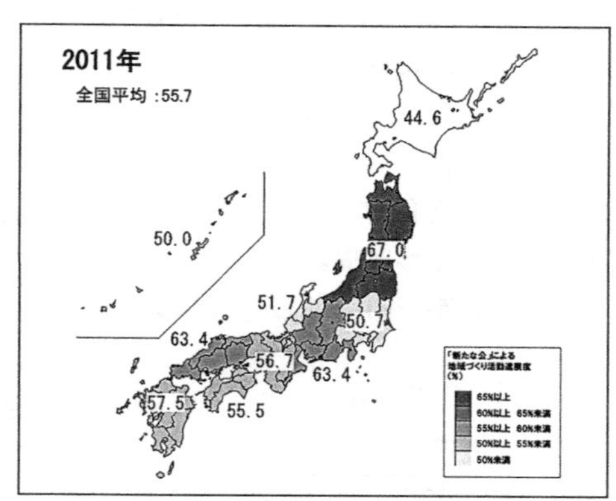

图 15-20 新公共组织的活动进展情况

15.2.3 演变规律与规划应对

（1）演变规律

在全国范围内，人口的密度随着时间而呈现出逐渐变少的情况；在这一变化的同时，俯瞰地图的话，主要以东京、横滨、大阪、名古屋为主的大城市人口持续的增加；总之，大都市圈的人口的比例在增加，而周边城镇的人口却在减少。人口减少的地方主要分布在大都市的周边，甚至有些市村町的居住人口会在 100 年内减少到 50%，而大都市的人口却不断增加，总之，增减率转成减号都道府县越来越多；另一方面，东京、横滨、名古屋和大阪的人口却显著增加了，大城市的极化作用明显，人口集中的趋势不断增强。

（2）规划应对

a）鼓励人口两地流动，发挥地区优势吸引外来人才；积极吸引外资和外国人才，制定有利于国外人才长期居住日本的便利政策。

b）东亚经济的快速发展作为拓展本地产业市场的商机；注重人才资源等区域特殊资源的有效利用；以旅游等第三产业作为核心创造就业机会；加强与东亚的联系，提高交通便捷性，共谋发展；

c）保护山地农田，加强环保措施等；

d）完善灾害的多重应对措施；

e）向地方分权，发展“新型公共主体”进行建设，广泛吸纳资金。

15.2.4 空间监管

（1）空间监管的概念及内涵

日本在空间监测方面采取的是以法律为主的监测方式，建立了三个层次的法律类别，对应到不同层级的规划体系中来，形成了一个体系完整、层层细化、不同层级进行衔接和配合的法律体系，这样的法律监测结构有益于规划方案的实施落地。

日本空间规划监管的重点主要分为人口、经济、自然、土地、安全五个方面，其中在人口监管方面主要关注人口流动、老龄化等；在经济监管方面主要注重地区经济活力、企业活动状况及亚洲和日本经济动向；在自然方面主要强调对地区资源的重视；同时关注土地利用的发展变化及国土安全的相关事宜。主要分为国土形成规划和广域地方规划两个层级。

（2）日本空间规划监测的指标体系及监测机制

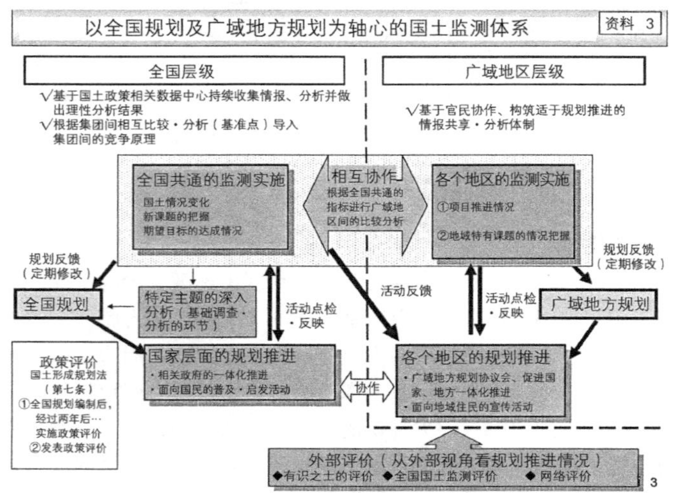

图 15-21 国土监测体系

严密的监管机制

规划发布后，每年都会就实施效果进行评价，保证了规划的实施效力，同时也便于根据实际情况作出及时的调整。

定性、定量相结合的监管指标体系

与国土形成计划紧密对应的监管指标体系，不仅包含了定量的指标检测，同时也基于一定的标准得出定性的、有指导意义的结论。

强调公众参与

从规划前的民意调查到规划后的评价监测以及舆论收集，处处体现出了对民众意见的充分尊重。

（3）国土形成规划的空间监管

监测指标的确定：

a）在规划确立的战略目标基础上，选出适合于该目标的监测项目，作为监测体系的候补指标。

b）在监测候补指标的基础上，考虑指标的直接性、稳定性、加算性、实践性和再现性，确定监测指标体系。

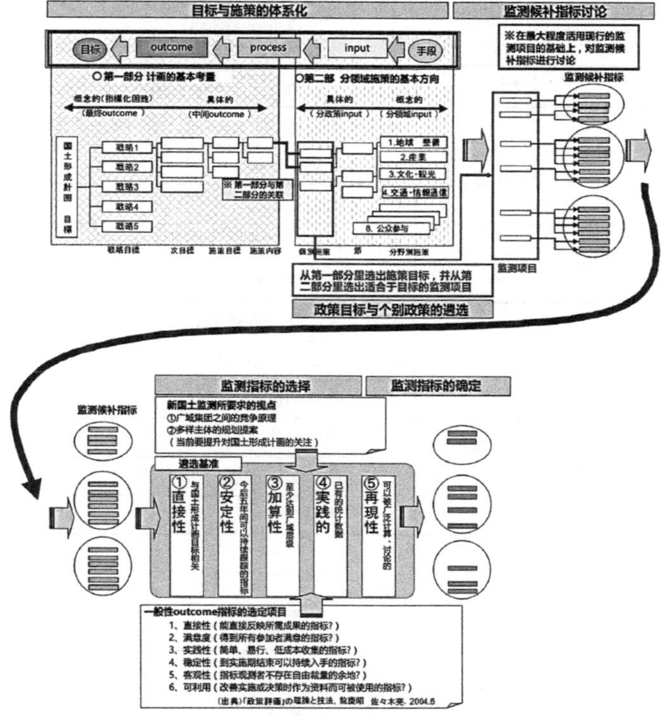

图 15-22　国土形成规划监测指标选择流程

监测指标体系：

国家对土地条件监测的 14 个指标的选择是基于名为“展望国土和理想国土规划系统”（国家土地理事会的基本政策部分）的报告中的 5 个要点，以及名为“二十一世纪的国土规划”的当前国家发展计划中的 4 个策略。

日本国土情况监测指标　　表 15-4

解读未来国家土地规划新任务的重要指标	人口和功能的集散	生活方式	地区活力	区域资源利用	亚洲经济和日本经济	丰富的自然	土地利用	圈域形成	国土安全防灾
解读目标与国家综合发展规划任务的重要指标	国际交流趋势	城市发展变化	自然环境良好的住宅区的形成	地域合作轴的发展					
监测国家土地情况的基本指标	国家基础设施的形成								

具体指标如下：

八个领域评价指标表[205]　　表 15-5

领域	目标	指标
关于地区发展的基本措施	确保居住生活质量的安全保障和改善计划	保障优质住房
		形成良好居住环境
		在社区推进的指标
	形成有活力的都市圈	维护与合作·多个城市功能互补完善
		形成有活力的、加强合作的大都市区
	形成美丽宜居的农村	美丽、生活安全舒适的农村
		激活农村地区的新举措
		城市和农村地区的共生对流
	促进区域与区域间的人员吸引、流动、交流与合作	地域交流·合作
		促进这种双向流动居民
		外地人才引进
	地理、自然、社会条件严峻的地域	边远地区的指标
		多雪地带
		山村地带
		半岛地区
		人口稀少的地区

续表

领域	目标	指标
产业的基本措施	支撑创新的科学技术	创新、创造与竞争能力强化的指标
		强化支撑科学技术的相关基础
	创造出能够支撑地区活力的产业和相关就业	有魅力的产业布局环境的整备
		中小型企业和本地资源接触式产业活力
		服务产业的活性化
		劳动供给能力提高
	食品等的稳定供给和农林水产业的开展	食品的稳定供应
		确立理想的农业结构和强化农业竞争力
		林业 / 木材产业再生利用，资源循环，构筑森林管理系统
		水产资源的恰当管理和强化水产业的国际竞争力
	实施和推广世界上最先进的能源供求结构	没有指标
文化及旅游基本措施	文化丰富且充满活力的地域社会	继承个性丰富的地域文化，或传承，或创新
		增加参与机会，如文化艺术活动
		跨文化交流
		地域文化艺术活动的环境整备
		新日本文化的创造和传播
	通过旅游带动区域发展	发展有国际竞争力的魅力观光地
		创造新的旅游形式和培养人才
		通过扩大交流，提高文化影响力
交通、信息、通信系统的基本措施	综合的国际交通和信息通信体系的构筑	国际交通、信息通信基地的竞争力强化的施策
		与东亚直接交流的促进施策
	地域交流合作促进国土干线交通体系的构筑	形成综合的陆上交通网
		有效率的海上运输网形成
		形成国内航空运输网
	地域交通、信息通信体系的构筑	用于支持本地区活力的信息和通信系统的发展指标
		交通运输系统向形成可持续的宜居的社区的方向发展
		形成保障生命和支持生活的交通环境

续表

领域	目标	指标
防灾基本措施	综合防灾推广	有效推进防灾设施的整备
		推进减灾的软措施
		广域系统和区域灾害管理队伍建设
		形成能应对灾难的、强大的国土空间
	应对各种各样自然灾害的具体措施	地震和海啸的应对措施
		灾难、大雪、风暴潮的指标
		火山喷发的应对措施
国土资源和水域利用、保护的基本措施	重点流域土地管理	建设健康的水循环系统
		综合推进解决泥沙管理问题
	确保使用安全可靠的水资源	严重干旱地区的发展
		对干净水的供给
		水资源相关设施的维护管理、更新
	美好森林的传承	健全森林建设和国土保护
		国民共同保护森林
	促进农用地的利用	促进农用地的利用
		提高农业用地保护
	海域的利用和保全	努力营造与大海亲密联结的国家
		下一代对海域的传承
	开展“国民管理国土”的相关措施	
环境保护和景观形成的基本措施	协调人类活动和自然界物质循环过程	推进防止全球变暖的措施
		确保物质循环和形成循环型社会
		大气、土壤等对策的推进
	维护和形成健康的生态系统	形成自然环境保护和再生的生态网络
		山地的保护、再生和可持续利用
		促进与自然的相互接触
		环境影响评价的实施
	保护与形成良好的景观	形成健全的，有人情味的景观
		形成具有个性的区域景观

续表

领域	目标	指标
实现“新公共”区域发展的基本措施	确定“新公共”组织的领导人以及活动环境整备	形成参与意识，增加体验机会
		参加主体的扩大
		多主体的活动环境整备
	多主体的国土基础管理	多主体的国土基础管理
	地区发展重视多样民间主体的提议和活动	地域资源的灵活使用与信息传播
		安全和社区发展的多元化领导组织
		通过推进“资金小循环”和“意向投资”等措施确保资金
		政府在社区发展中的作用

（资料来源：根据国土交通省国土政策局．国土形成計画（全国計画）のモニタリングに関する調查・分析業務報告書整理）

舆论调查指标表[206]　　**表 15-6**

序号	指标	问题
1	关于人口减少和老龄化的影响	居住地人口减少・高龄化的真实感
		对于未来居住的忧虑
2	关于居住地条件	对居住地生活环境的满意度
		希望居住的地区
		选择居住地的条件
		步行和自行车通勤范围内的必要设施
		巴士等 30 分钟以内到达范围的必要设施
		联系自己家和生活服务设施聚集地的交通工具等
		对联系自己家和生活服务设施聚集地的交通工具的要求
3	建立社区生活和区域的方式	地区生活中重视自助、互助、公助的理念
		想参加的地域活动
		地域营造的支撑主体
4	关于晚年的生活	有无晚年移居的意向
		生活支援和需要看护时的生活方式
5	关于两地居住的意向	关心两地居住问题

（资料来源：根据日本内閣府．国土形成計画の推進に関する世論調査整理）

监测机制

a. 国土形成规划监测报告的制订

为了提高日本国土形成规划中的主体针对性，日本政府于国土形成规划颁布后（2015 年），发布了《国土形成规划（全国规划）检测报告》[23]，对国土形成计划的实施情况进行了全面而精细的监管。

在 2008 年颁布的国土全国形成规划中，提出了“实现广域地区自主、形成环境优美生活便利的国家”的总目标。为了确保这一总目标的实施，在国土形成计划中随后提出了 5 大战略目标以及配套战略指标的 8 大专项政策。

b. 国土形成规划监测报告的构成

国土形成规划监测报告正是针对国土形成规划中的 5 大战略指标和 8 大专项政策的实施情况来编制的。整个报告分为三大部分：

第一是对战略目标的进展情况的监测。秉承提高国土形成规划中关系主体的针对性，对于其中的每个战略目标下的子目标，分别择取一个代表性指标，通过综合对比各项代表性指标的变化情况，判定该战略目标的进展情况。

第二是以国民为对象的战略目标进展状况的民意调查。国民对于国土形成规划中各大战略目标实施情况的感受，通过问卷调查的形式来进行了解。

第三是对专项政策的进展情况的监测。基于 2001 年颁布的《行政机关政策评价法》的内容，将各地方政府的政策评价指标活用为相关政策实施情况的监测结果。

具体监测指标的制定方针

在规划实施期间，对于各项目标将会每年持续性予以监测，在必要的时候，也会对监测指标进行修改。

静态情报监管：地图、统计数据、情报手册等。其中运用 GIS 能够有效率地分析，根据国土的防灾、环保、国土保护、人口减少、少子化、高龄化、国民安全、安全保障等各种目前所负担的社会课题，将可视的海域、陆域的情况进行信息整理。

动态国土监测：卫星通信技术。通过设置各类监测点，及时将监测对象的情况反馈给相关部门，从而动态监测国土的发展变化情况。

信息互换平台：部门完善数据、GIS 系统的运用、公众参与。结合上述总结的各类监测信息，再加上行政部门所持有的地理空间信息的公开数据，灵活运用社会整体的地理空间信息，加强信息的流通，开放共享和相互利用来自不同团体或部门的信息，从而有效地监管并推进规划的实施。

政策评价调查

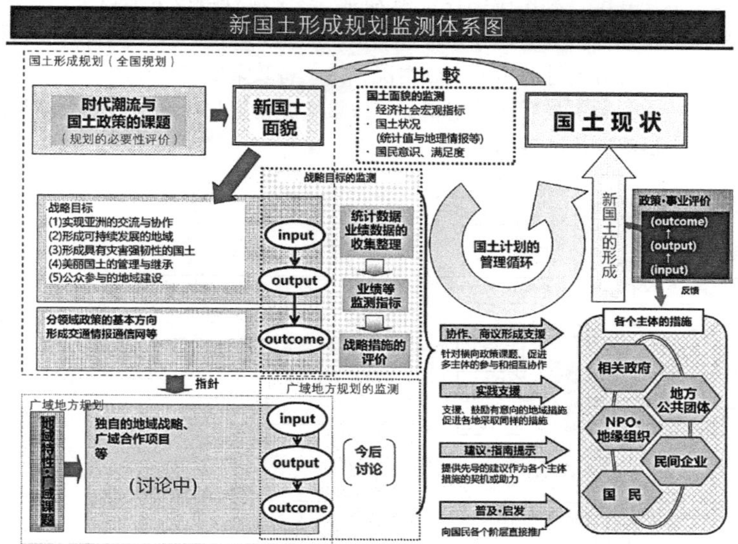

图 15-23　国土形成规划监测体系

（4）国土利用规划的空间监管

国土利用规划监测体系

地方政府会成立一个国土利用规划地方审议会，负责审核各类监测报告。监测的主要成果是国土利用规划评价书，由县一级政府担当执行主体，分为中期（5 年后）和事后（10 年后）两类，主要内容为以监测报告和居民意见作为依据，评价规划内容的分组情况以及政策的实施状况。

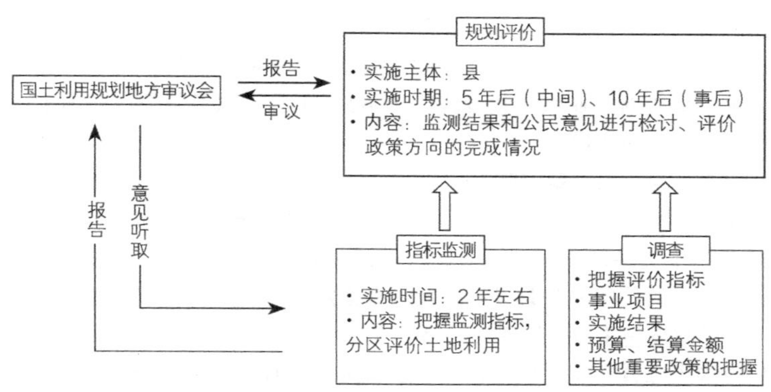

图 15-24　千叶县国土利用规划评价体系

国土利用中期评价的基本流程

以《千叶县国土利用中期评价》为例，整个流程可以分为以下四个步骤：（1）将监测指标进行分组，并评价各类指标的完成情况；（2）通过各类指标的评比，确定相应方向性政策的实施情况；（3）将政策实施的结果与预期结果进行比对、核定；（4）最后将分组指标、政策实施情况、预期达成度等结果综合起来，得出最终评价结果。

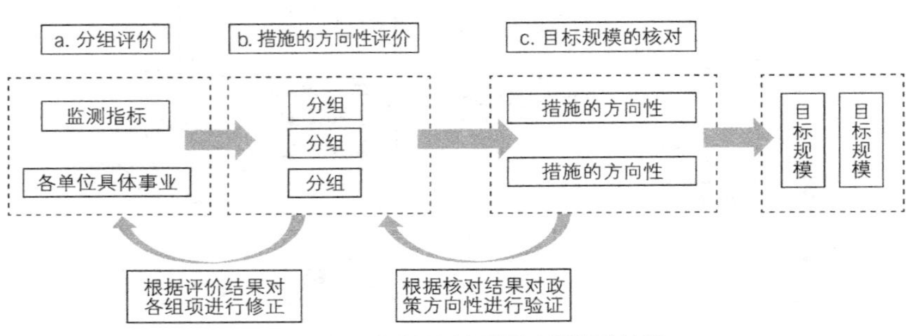

图 15-25　千叶县国土利用中期评价流程

15.2.5　监测实施的保障措施

（1）国土形成规划

①法律保障

国土综合开发规划基本法为《日本国土综合开发法》（1950 年），1974 年又制定了一项有关国土规划的重要法规《日本国土利用规划法》。

规范各大地区开发行为的法规，如“北海道开发法”（1950 年）等；规范大都市圈开发行为的法规，如“首都建设法”（1956 年）等；促进地区振兴的法规，如“小笠原诸岛振兴开发特别措施法”（1969 年）等；促进产业振兴的法规，如“促进新产业城市建设法”（1962 年）等。以及各类保障国土综合开发规划落实的部门法规。

②财政、税收与金融保障

日本中央政府对国土综合开发规划的财政政策分为直接和间接两种。直接财政政策是中央各部委通过国家项目对地方进行直接投资，国家项目是指国道、通信、港湾等国家公共设施以及国家指定的开发区等；间接财政政策是指通过财政转移支付手段，国家对区域开发项目进行补助。

保障国土综合开发规划实施的金融政策主要有两种，一种是“日本政策投资银行”；另一种是成立“北海道东北开发金融公库”、“冲绳振兴开发金融公库”等区域开发金融机构。

③组织保障

目前日本全国国土综合开发规划是由国土厅负责编制和实施的，国土厅是专门负责国土规划的中央机构，主要由中央各部门派出人员组成，对中央各部门及地方进行协调，确保规划编制真实反映各部门及各利益团体的利益并得以实施。

（2）广域地方计画

①法律保障

日本政府在1956年颁布的《首都圈整备法》，主要负责首都圈规划工作，1966年出台的《首都圈近郊绿地保护法》以及1986年制定的《多极分散型国土形成促进法》等多部法律、法规。其具体内容为：

《首都圈整备法第30条之2》规定：每年出版首都圈白皮书，汇报实施状况

《首都圈近郊绿地保全法》近郊绿地保全制度：在大都市的情况下，以防止无序的街市化为目的，从广域的角度保护绿地。

《首都圈的近郊整备地带及都市开发区域整治相关法律》工业园区：在都市开发区域等，地方公共团体实施的制造厂等地的地基和道路等公共设施的整备。

②行政支撑

日本政府建立了具有权威性的协调机构，并形成了一种跨区域的协调机制。东京都市圈成立了都市圈整备局，隶属于国土综合开发厅，负责都市圈的规划和建设。东京都市圈还专门成立了包括地方政府领导人、企业家、大学教授等具有社会影响力的都市圈整备委员会。

15.3　区域层面的空间规划

区域层面的空间规划以日本首都圈为例，介绍其内涵、指标体系、空间特征以及监管等。日本首都圈主要包括东京都、神奈川县、千叶县、埼玉县、群马县、枥木县、茨城县和山梨县等“一都七县”和外围的四个县。其中核心的圈域面积36884km^2，占日本国土总面积的9.8%。

首都圈在其发展过程中一直十分注重区域规划，将不断扩张的都市圈作为一个整体纳入规划，从而促进都市圈内各地域的协调发展。早在1946年，日本政府即出台了《东京城市震灾复兴规划》对东京的发展进行全方位规划。随着东京的日益膨胀，1956年日本颁布了《首都整备法》，并且成立了首都圈整备委员会，对首都圈进行总体规划工作。1958年，东京都市圈委员会出台了东京《第一次首都圈建设规划》。此后每十年左右出台一次首都圈建设计划，对东京未来的发展从东京圈的地域范围作出统筹规划，既保证了东京都市圈发展的连续性，又使其可以适应新的发展变化，使东京都市圈得以有序发展[207]。

当前首都圈拥有广阔的关东平原、丰富的自然资源、文化资源以及先进的学术研究的挑战等优势，但同时为了应对少子化、人口老龄化和防灾局势严峻等问题，日本编制了首都圈广域规划来重塑其大都市区的形象，旨在引领日本东京都市圈的经济发展、改进人口大量涌入东京和二元结构的老化并疏解过于密集的东京都市圈这三大结构性问题，从而“引导世界的经济、社会发展”。其战略目标包括：（1）强化作为日本经济引擎的首都圈的国际竞争力；（2）创造4200万人口美好舒适生活的地域环境；（3）保障安全安心的生活、实现地域的韧性抗灾；（4）保护与创造良好的环境；（5）实现多样化的主体交流和相互协作的都市圈。

15.3.1 指标体系

首都圈广域地方规划指标体系 表15-7

指标1	指标2	指标1	指标2
地势土地利用	土地利用状况	经济产业	GDP
	地形分区		各地域移出・输出
	土地利用转变情况		各产业生产总值构成比
	业务核都市的配置		制造品上市额
人口	人口分布		商品销售额
	人口推移		信息通信业的专业化程度
	昼夜间人口比		运输业的专业化程度
	高龄化率		内陆型制造业的专业化程度
	高龄人口增减数量		农业产出额
	高龄者单身家庭的比例		农业专业化程度
生活	主要企业的研究所配置情况		林业专业化程度
	第三次救命救急设施的可达范围区		渔业专业化程度
	老年人人均医疗费用		外国人来日访问率
	商业设施可达范围		住宿设施数量
	教育设施可达范围		过夜者数
	交通滞留耽误时间		外籍过夜人士数量
	铁道P・S（混杂率是指不同标准铁路线混合程度）		餐饮旅馆业的特化度
	大都市雇用分布		重要文化财产指定件数

续表

指标 1	指标 2	指标 1	指标 2
生活	最低居住水准以上的家庭比例	环境	绿地减少率
	平均住宅面积		国立公园数量
	人均公园面积		CO_2 排出量的变化
	下水道普及率		SPM 环境基本达标率
水资源与能源利用	干旱灾害情况		NO_2 环境基本达标率
	东京电力主要发电站分布状况		光化学污染的通报天数
	水力发电站数量		COD 环境基本达标率
			年平均气温的变化
			产业废弃物的移动情况

15.3.2　规划指标的空间特征

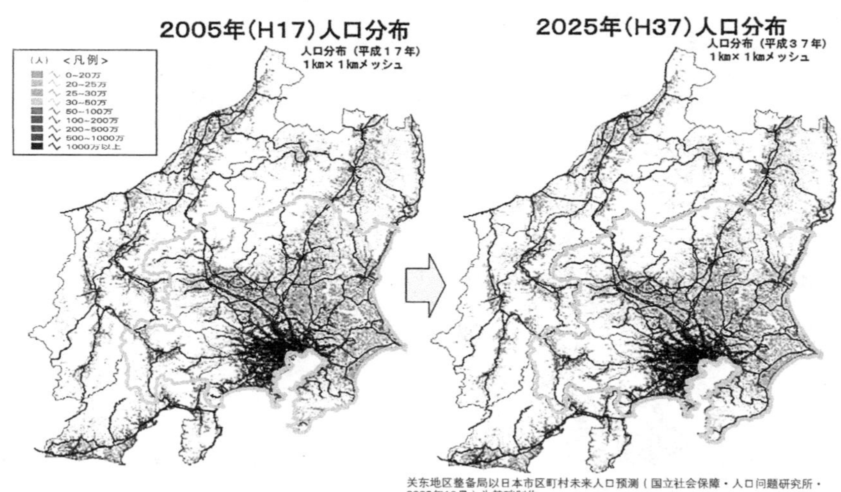

图 15-26　2005～2025 年人口分布图

在人口分布方面，东京都中心地区和政令指定都市及铁路、道路等交通网附近人口密度较高；在人口推移方面，由 2005 年之前向首都圈中心城市集中变为 2005 年之后逐渐向周边城市疏解。

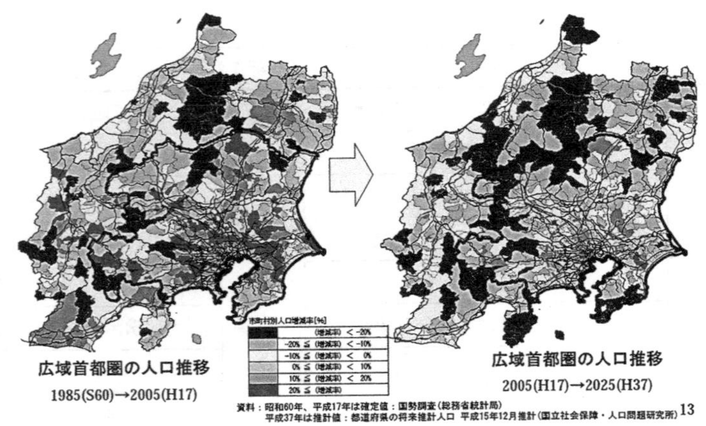

图 15-27　2005～2025 年人口推移图

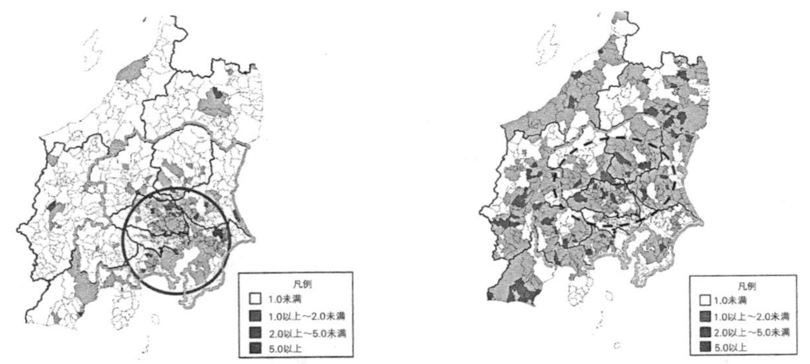

图 15-28　运输业的专业化程度（区位熵）

图 15-29　内陆型制造业的专业化程度

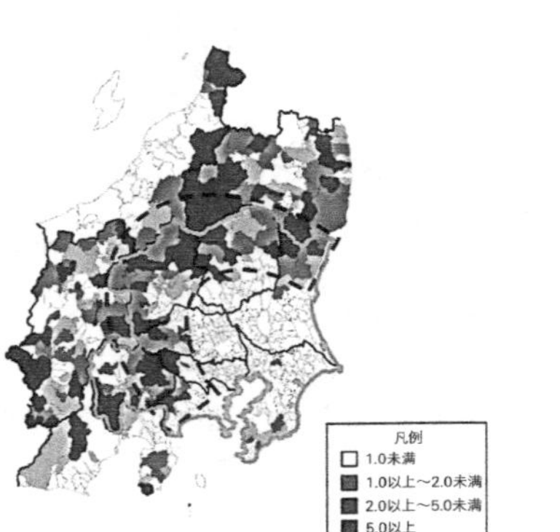

图 15-30　林业的专业化程度

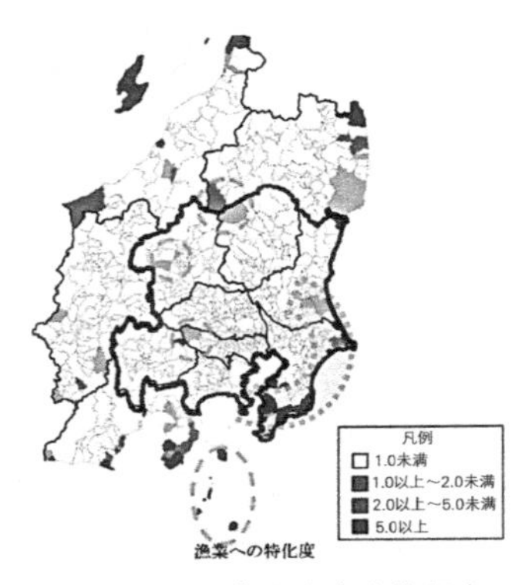

图 15-31　渔业的专业化程度

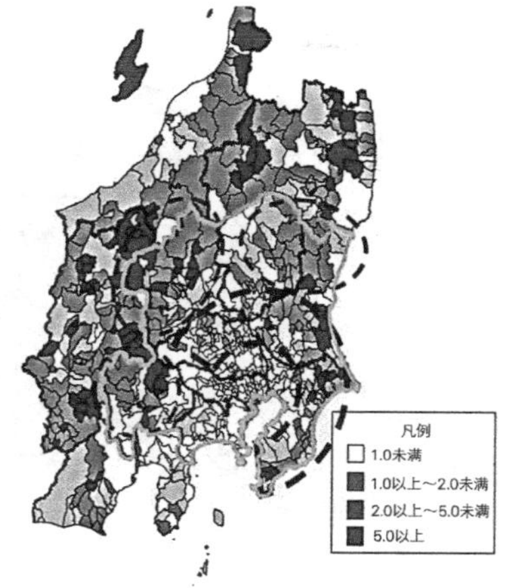

图 15-32　渔业的专业化程度

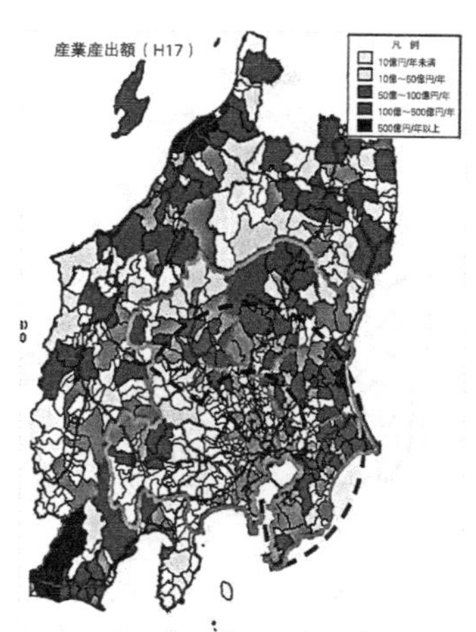

图 15-33　农业产值分布度

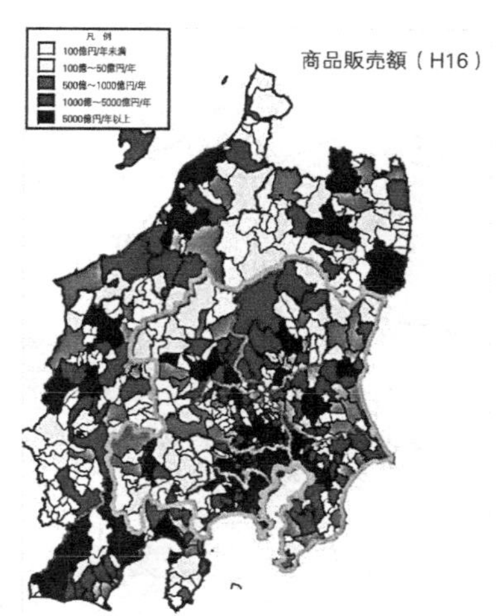

图 15-34　商品产值分布图

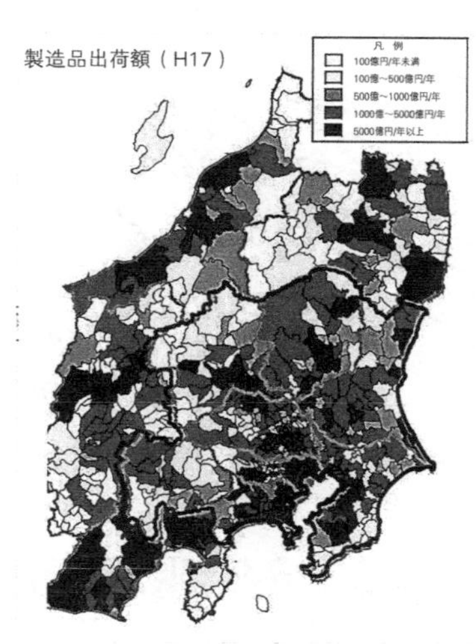

图 15-35　制造业产值分布度

东京滨海地区，神奈川、静冈县的沿海城市及区域核心据点城市等，制造品出口额很高；东京都中心地区以及区域核心据点城市等商品销售额很高；都市圈中农业产量高的地区正在逐步扩大。

东京都中心地区及地域的核心据点城市高龄者数量增加最多，而这些地区人口密集、总量大，结构丰富，因此反而在外围地区尤其首都圈东南部高龄者占比数量增加最多。

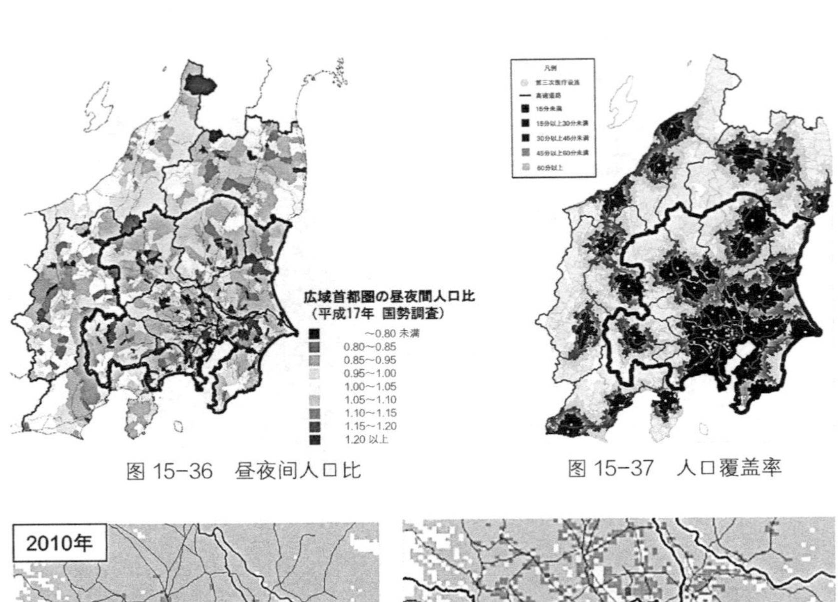

图 15-36 昼夜间人口比

图 15-37 人口覆盖率

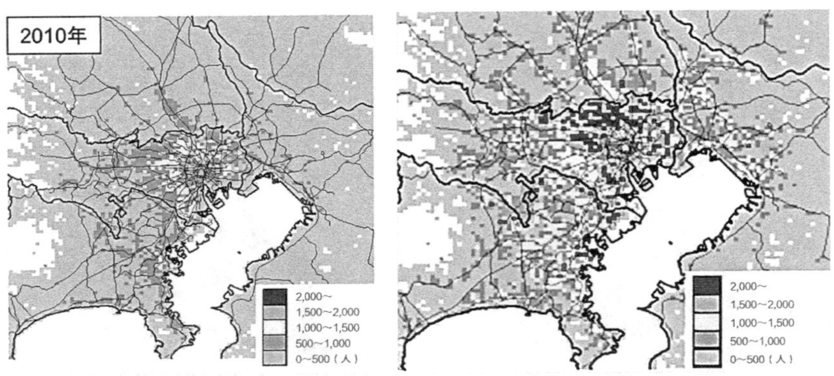

图 15-38 2010 年每平方公里高龄者数（>80 岁）

图 15-39 2025 年每平方公里高龄者数（>80 岁）

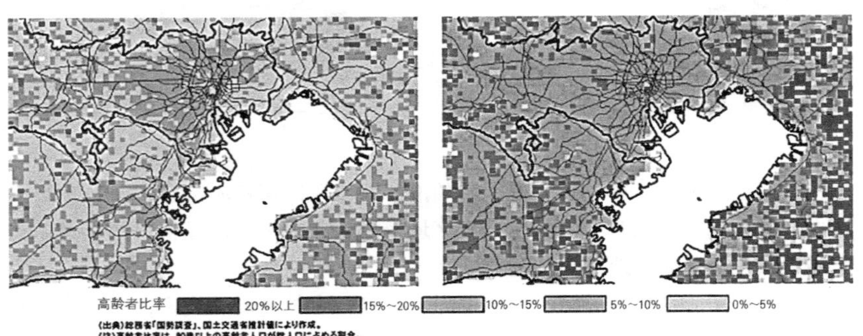

图 15-40 2010 年高龄者数占总人口比例（>80 岁）

图 15-41 2025 年高龄者数占总人口比例（>80 岁）

15.3.3　演变规律与规划应对

（1）演变规律

从指标分布来看，日本都市圈主要体现了以下特征：

首都圈依然保持着“一极集中结构”的发展模式，使东京城市扩张失去了控制，造成快速的人口集聚以及区域连绵外溢；多心多核结构，使都市圈分成了多个核心城市，且不同的核心城市形成自立性的区域，又细分为核心城市与次核心城市，培育出自主独立的都市圈；分散型网络结构，使都市圈空间职能进行重组，形成了区域间网络化结构，实现了圈内经济与社会相互协调发展的区域整体。

以东京都市圈为例，在人口分布方面，东京都中心地区和政令指令都市及铁路、道路等交通网附近人口密度较高；在人口推移方面，由 2005 年之前向首都圈中心城市集中变为 2005 年之后逐渐向周边城市疏解。产业方面主要包括了制造业、商业、农业的产值分布，其中东京的滨海地区，神奈川·静冈县的沿海城市及地区核心据点城市等，制造品出货额很高；在东京都中心地区以及地区核心据点城市等商品销售额很高；而农业产出额正在逐步蔓延。

（2）规划应对

第一，产业的调整是解决人口过度集中的重要手段。随着产业结构变动，低附加值、大规模生产的工业企业由于无力承担高地价而迁离市中心，而企业总部、金融机构等生产性服务业则日益成为市中心的主要产业，人口分布也随之发生变化，大量人口从市中心迁移至近郊区以及远郊区，使圈层结构的产业分布与人口分布逐渐形成并日趋明显。

第二，“多核多圈层”的城市空间结构是都市圈发展的良好路径。以发展“多核多圈层”的都市圈来避免各种功能向单一中心的集中，城市核心区域保留金融信息、创意等高端产业，而将政府、教育、工业、商业等不同职能向周边副中心城市扩散，避免城市“摊大饼”式地向外扩张，同时保持城市的竞争力。

第三，良好的区域规划是区域良性发展的重要条件。在其发展过程中一直十分注重区域规划，将不断扩张的都市圈作为一个整体纳入规划，从而促进都市圈内各地域的协调发展。

第四，在区域发展过程中，应建立合理的沟通协调机制。都市圈的建设不仅是中央政府和地区行政当局的问题，而且与所有企业、居民、城市政府的利益密切相关，因此都市圈的建设涉及多方利益的协调问题。

15.3.4　广域地方规划的空间监管

（1）监测指标的确定

以东京都市圈为例，以国土形成规划法第九条为基准，基于首都圈开展的首都圈广域地方规划，制定重要措施落实国土形成规划的方针与目标，并进行区域协调。规划范围包括首都圈的 1 都 7 县及其邻接区域。本规划致力于将首都圈打造为世界顶尖级经济、社会地域圈，其战略目标包括：1）强化作为日本经济引擎的首都圈的国际竞争力；2）创造 4200 万人口美好舒适生活的地域环境；3）保障安全安心的生活、实现地域的韧性抗灾；4）保护与创造良好的环境；5）实现多样化的主体交流和相互协作的都市圈。

为实现都市圈战略目标，共规划了 22 个项目，并依据这些项目建立了本次规划的指标体系，在此基础上，参照各个都市圈的共通指标，比较全国动向，确立广域规划监测指标体系，对人口动态、经济、产业等进行定量评价。

（2）监测指标体系

首都圈广域地方规划指标体系[208]　　表 15-8

指标 1	项目	指标 2
经济・产业	国际商业据点的强化	东京举办的国际会议次数
		外企数量
		外国人过夜数量
	产业创新和产出	新连协计划的申请件数
		特定研究开发等计划申请件数
		地方企业布局等共用设施的整备事务采用数
	打造太平洋・日本海门户	外贸集装箱处理个数
	构建网络结构	外贸定期集装箱海运班数
		国际线着陆回数
		主要据点区域的都市机能集聚情况
		东京都市圈内主要区间的铁道混杂率
		宽带普及率
医疗・福祉	高龄少子化应对	保育所数、使用儿童数、待利用儿童数
		面向高龄人士且带配套服务住宅的登记户数
		无台阶公交的使用率
		每千人 15～49 岁女子对应的妇产科医生数
		每千人 15 岁以下儿童对应的儿童外科医生数
环境	利根川・荒川净水计划	一级河川 BOD（COD）环境基本达标率
		污水处理人口覆盖率
	森林・农地保护推进	国家原材料供给率
		需支付农地、水资源保护管理费用的面积
		野生动物导致农作物受灾损失费用

续表

指标 1	项目	指标 2
环境	南关东水绿网络形成	屋顶、墙面绿化累计施工面积
		自然公园、城市公园面积
	东京湾水环境再生	污水处理人口覆盖率
		东京湾 COD 环境基本达标率
		东京湾水质符合要求的水浴场数
	霞浦水质净化	霞浦流域的生活污水处理率
	循环型社会的形成	用于建设的泥沙利用率
		一般废弃物回收率
		一般废弃物最终处理的残余年数
	南关东大气污染对策	低公害・低燃油消耗的车辆保有率
		光化学污染蔓延数
	全球变暖对策	温室气体排放量
		低公害、低燃油消耗的车辆保有数量
观光・文化	广域观光交流	过夜者数量
		外籍人士过夜者数量
	历史街道、社区营造	涉及维持历史风貌的规划批准数量
		日本风景街道登记数量
	农村、山村、渔村的活力激发	农业经营改善计划批准数量
		林业产出总额
		渔业生产总额
防灾	大规模地震灾害应对	防灾据点公共设施等的抗震率
		自主防灾组织活动的覆盖率
		市町村防灾行政无线系统整备率
		市町村海啸发生时避难通知等命令的实施率
	风水灾害应对	自主防灾组织活动的覆盖率
		市町村风水灾害发生时避难通知等命令的实施率
		要制定特殊人群避难计划，正更新的市町村比例
	火山喷发灾害应对	火山风险地图整备数
		市町村防灾行政无线系统整备率

续表

指标 1	项目	指标 2
交流	地域交流、城乡交流	推进城乡居住联系措施的市町村数
	北关东多文化共生创造	认同区域合作并担当联系者的志愿者数目
	富士箱根伊豆交流圈	交流圈内观光游客数
	公众守护尾濑计划	游客中心利用率
		志愿活动参加人数
	FIT 交流圈	交流圈内观光游客数
		交流圈内推进地域交流的市町村数

（资料来源：根据国土交通省国土政策局资料整理[208]）

（3）监测机制

日本东京都市圈的空间监管路径：在此基础上，日本东京圈规划根据规划的 5 方针 24 项目确定各个监管指标，明确各监管目标的下阶段发展方向；根据 24 个项目，明确每个项目的责任地区和相关部门，做到了责任主体明确基础上的分工明确；监管保持动态化，基本上以 1 年为 1 周期，定期总结规划落实情况和定量指标数据。此外，积极利用 GPS、大数据以及信息网络的发展，及时反映各地落实政策的情况。这些措施都保证了监管的有效进行。

15.4 日本空间规划对我国的启示

（1）规划体系方面

日本在国土形成规划中划分“广域地区”，针对不同的广域区域采取不同的政策指引，针对性、灵活性更强。针对全国不同地区的发展阶段，划分为十个地区，并且制定相应的发展策略。随着我国民主社会建设步伐的进一步加快，各个领域都已认识到实施公众参与的意义与重要性，在国土规划这种抽象宏观的规划活动中如何实现公众参与，将是今后我国国土规划领域的一个新课题。

通过系统的空间规划体系，保障国土规划的有效实施；由面面俱到的规划转向问题导向；由自上而下强制型规划转向互动互求、协商型规划；注重部门规划与国家级空间规划的配合与协调。

（2）指标体系方面

针对经济体制以及社会经济发展阶段设定国土规划的目标和内容；一级指标类别的丰富，二级指标分类的细化等都值得学习；对于人口老龄化相关指标的关注；对于防灾体系相关指标的建立。

（3）监测管理方面

日本监测保障体系完善，值得学习的在于指标体系建立本身更多关注人民如何生活更美好问题；监管指标的建立；监管机构之间相互的协调；完善监管法律体系，依靠法律开展规划的编制和实施，进行国土的有序开发；在实施上注重财政、立法、公众参与和行政机制的建立。

（4）法律体系方面

完善的规划立法体系。从1919年到1968年的城市规划法，形成了日本的现代城市规划体制，核心是土地使用管制、公共设施建设和城市开发计划，目的是防止城市无序蔓延和确保生活环境质量。二战以后，日本不断完善国土规划的法规体系，规范法规体系的完善不仅树立了规划的权威性，而且在很大程度上减少了规划制定和国土规划操作过程中的随意性。通过法律保证规划的严肃性和执行力度。任何修订（修正）均依据"先立法后实践"的原则。日本的国土与地域开发规划的完善与发展都是以相关法律的制定与修改为基础的，而通过立法保障国土规划的法制性与规范性，也是世界国土规划发展的趋势。

当前的日本《国土形成规划法》只规定全国规划与地方规划两个层次，并且将全国规划与地方规划的关系由原来自上而下的指导关系调整为同等的关系，欲进一步发挥各地域主体的作用。日本的区域规划的制定都在充分吸取上次规划中的经验和教训，并结合了当时区域发展所处的经济、社会、国际背景以及遇到的现实问题。这样不仅使得每次规划的针对性更强，而且使得国土规划政策和区域发展政策保持连贯性和系统性。

加快我国的规划立法工作已经成为当务之急，必须树立规划的权威性和连贯性。建立完备的法规体系以及相应的规划监测评价内容。同时根据监测评价的结果进行适时的规划调整，以保证其动态规划的进行。

（5）其他方面

应注意到我国与日本在发展阶段及体制上的差异，与日本今后国土规划所注重的协调是基于地方分权理念、强调地方的自主与自立性的协调不同，我国更应强调国家运用国土规划手段对地方进行统一协调的作用。

区域产业政策的不断调整。日本的区域规划对区域差距内涵的认识是丰富的，其以实现国土均衡发展、缩小区域差距为目标的产业区位政策手段不断进化，与产业区位政策相配套的空间克服手段的建设始终占据国土政策的核心地位。

重视基础设施及通信技术在城市规划中的应用。日本政府在首都圈基本计划中反复强调修建高速公路网、搭建便捷的信息通信网、合理规划居住环境等。同时也强调利用信息通信技术和大数据进行城市规划的设计及监测。

在我国今后的区域规划中，应该针对经济体制以及社会经济发展阶段设定国土规划的目标和内容，并且在规划的实施和执行过程中，应对规划进行适当调整或及时出台新的规划应对所出现的问题。在我国的主体功能区规划的制定过程中，要充分参考之前制定的区域发展规划，吸取之前规划存在的问题和教训，针对我国目前的经济、社会背景和发展中遇到的问题提出规划的实施办法。

抓住城市发展规律，一方面都市圈内城市可以根据自己的城市特点制定符合自己的发展规划，而更高一层政府则采用从总体上协调的方式，保证了都市圈可以充分发挥圈内各城市的比较优势，促进都市圈协调发展。构建快速化、网络化的交通基础设施。另一方面也充分利用信息通信技术和大数据进行城市规划的设计及监测。

根据空间组织规律和产业空间分工和协作规律，由人口到产业及功能依次向外转移，发展大中小城市产业联动，区域内合理分工合作，避免同质化竞争[209]。

第 16 章　美国空间规划

16.1　美国空间规划的内涵及构成

1999 年欧盟《欧洲空间发展展望（ESDP）》，对空间规划做了如下定义：空间规划主要由公共部门使用的影响未来活动空间分布的方法，它的目的是创造一个更合理的土地利用和功能关系的领土组织，平衡环境保护和发展两个需求，以达成社会和经济发展总的目标。

美国的空间规划体系体现出市场经济的特点，规划体系自由，区域规划多由非营利性的第三部门编制，不具有法定效力。区域规划根据需要而设定具有很大的多样性特点，国家层面的空间规划——美国 2050 空间战略规划为整体发展提供导则和战略支持，空间战略规划是为整体发展提供导则或框架，考虑各方的不同利益，通过政府内部的协调谈判，形成远景设想和近期行动，引导利益相关者的行为实现空间变化的共同目标[210]。空间战略规划更多关注社会经济行为过程的整合而不是仅仅关注如传统规划所注重的土地利用。区域层面以芝加哥大都市区 2040 规划为例，重点关注区域间的整体发展以及协调联动和综合治理。

我国与美国空间规划体系存在着共同点，都属于功能识别型的空间规划体系。对区域现状功能进行识别分区，再在每个分区内根据各项关于现状的指标进行控制引导，有利于对区域的现状差异进行充分的认识和把握，合理对待地区差异，进行有针对性的分区指导。

美国空间规划体系编制历程[211]　　表 16-1

发展阶段	主导规划类型	案例
20 世纪 30 年代以前	以城市规划为主	土地利用分区规划
20 世纪 30～60 年代	以资源开发规划为主	“田纳西流域开发法案”
20 世纪 60～90 年代	多为经济发展规划	跨州经济区划分与建设规划
2000 年以来	面向区域可持续发展的综合规划阶段	美国 2050 空间战略规划

16.2　国家层面——美国 2050 战略空间规划

美国 2050 规划主要面对的是以下 6 大方面的背景，全球化挑战与全球贸易地位的削弱；老化的基础设施与日益增长的需求；发展中的不均衡不平等问题加剧；气候变化与能源安全的威胁；人口增长与人口结构变化；粗放低效的土地利用模式。

16.2.1　指标体系

美国 2050 战略空间规划旨在实现以下 5 个方面的战略目标：增长繁荣与提升竞争力的国家发展框架；世界一流的多模式交通系统；保护景观环境和沿海河口；确保所有成员的经济社会机会均等；塑造具有全球竞争力的大都市连绵区。

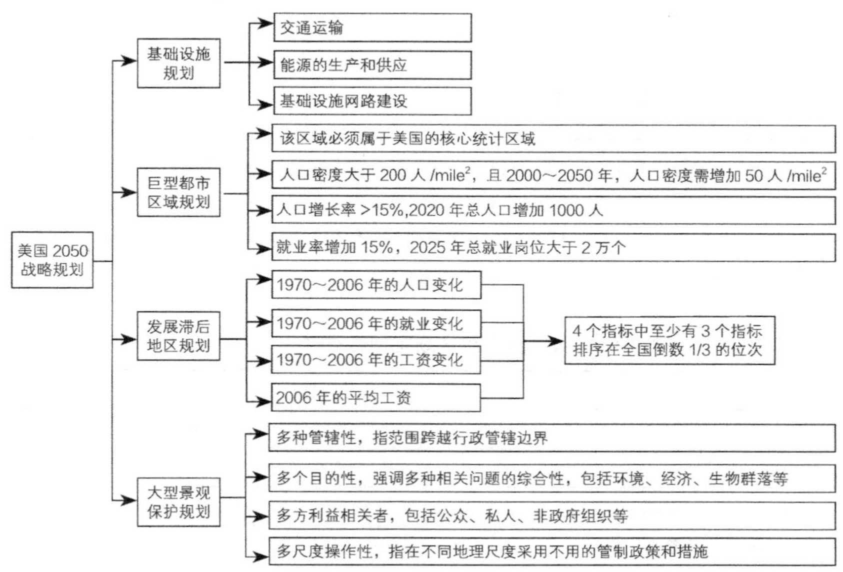

图 16-1　美国 2050 战略规划目标层面指标框架

指标框架按照战略部署分为四大部分，针对四大发展特殊地区制定相应的对策。并非覆盖全部国土，而是针对美国当前及未来面临的关键问题和挑战，瞄准重点区域进行规划，包括巨型都市区域、发展相对落后地区和大型景观保护区。

综合发展	城市化水平	产业结构	经济结构
	面积		各类商品流
	国内生产总值		国际贸易水平
	用地比例		区际贸易水平
	城市联系度		贸易性质变化
生态资源环境保护	三级生态区划定	人民生活	住房成本
	区域分水岭边界划定		住房密度
	持久性有机污染物		运输成本
人口劳动力资源	人口数量	基础设施与重大项目	基础设施供应
	人口增长率		交通
	就业率		水供应
	各种职业占比		航线
	非农业就业人口比例		网络线路
	汽车行业就业人数		旅行的时间
	航空业就业人数		移动投影
	家具行业就业人数		出行模式及票价
	服装制造业就业人数		
	互联网行业就业人数		
	就业增长趋势		
	就业密度		

图 16-2　美国 2050 战略规划核心指标体系[212]

通过以指标划定可能存在美国大都市连绵区，满足以下所有条件的目前存在 11 处大都市连绵区，未来还将持续监测。

大都市连绵区划定指标表[212]　　　　**表 16-2**

划定指标	监测对比数值
地域位置	位于美国核心统计区域
人口密度	大于 200 人 / 平方公里
人口密度增加值	人口密度需增加 50 人 / 平方公里（2000～2050 年）
人口增长数量	2020 年总人口增加 1000 人
人口增长率	大于 15%

续表

就业数量	2025 年总就业岗位大于 2 万个
就业增长率	15%

通过以下指标划定可能存在的发展滞后地区，通过所有城市的指标排序，评出每项指标倒数第三位的城市和郡县，以下表格中四项指标中三项或以上位于少数前三名的城市即可评定为发展滞后地区。

发展滞后地区划定指标表[212]　　表 16-3

划定指标	监测对比数值
人口变化	平均增长率低于 7.5%
就业变化	增长不到 24%
工资变化	增长不到 6%
平均工资	低于全国平均水平 33%

16.2.2　空间特征

（1）现状空间特征

图 16-3　PRA 标准确立的大都市区[213]

通过一套科学的量化指标进行巨型都市区域的界定，可视为人口指标与就业指标在空间上的综合体现，确定美国可能存在的大都市区域[211]。

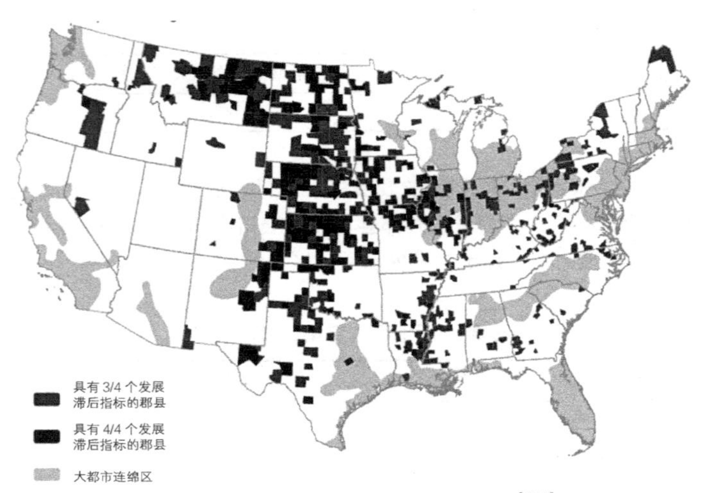

图 16-4 发展滞后郡县空间分布特征[214]

发展滞后地区的确定包括两个空间尺度，共构成发展滞后地区。一个是以县为单位的面状区域，另一个是以城市为单位划分的点状区域，划分标准相同[153]。

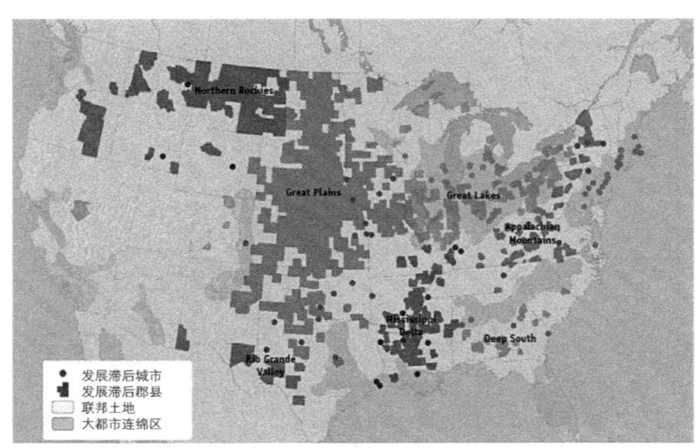

图 16-5 发展滞后区域空间分布特征[214]

美国区域内部、城市和郊区之间以及大区域之间的增长具有不均衡的特点，其中西部和南部地区发展较快，吸引了大量的移民，未来这一趋势还将继续。而衰退地区表现不同的类型比如偏远农村落后地区、工业萧条区、衰退的中心城市、内城或郊区内环区，自然景观保护区等等，都需要有针对性的战略满足不同发展落后地区的特殊需要。

图 16-6　人口超过五万的发展衰落城市[214]

人口指标与发展滞后城市以及大都市连绵区的空间叠合，可以直观地看出发展滞后城市与大都市区之间的相关关系。在美国的 673 个城市中，18.72% 被确定为发展相对滞后城市，这 126 个落后城市中居住着占总数 16% 的人口，约 72%（91 个）的发展滞后城市位于大都市区域，而只占其总数的 17%，大都市区域以外，发展滞后城市总数的 25%，充分说明了大都市连绵区作为经济增长城市发展的核心动力所在。大都市区是美国城市化体系发展的主要空间增长形式。大都市连绵区以外的发展滞后城市空间上呈现出围绕周边郡县相对聚集的集群特征，尤其是在大平原和密西西比三角洲地带表现典型。

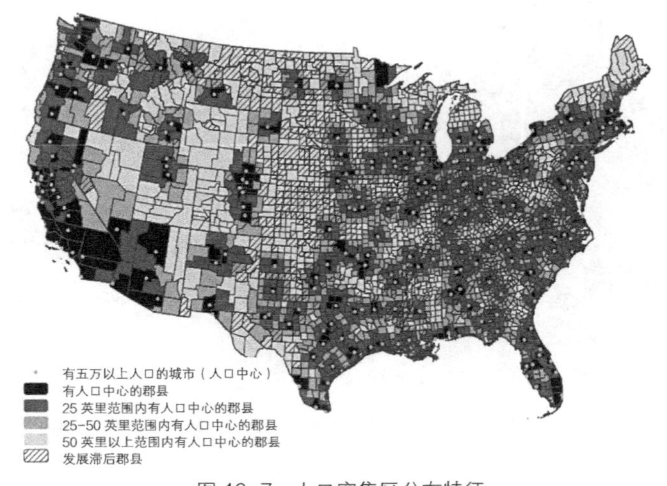

图 16-7　人口密集区分布特征

人口指标的空间分布特征，人口分布围绕着人口超过五万的中心城镇呈现点—圈式的空间分布特征。许多人口分布密集区聚集在一起形成人口密度相对较高的人口连绵区尤其是东北大西洋沿岸以及五大湖地区，人口的集聚必然带动资本、技术的聚集，直接推动经济发展，就业的增长，促成一个个大都市连绵区的发展。

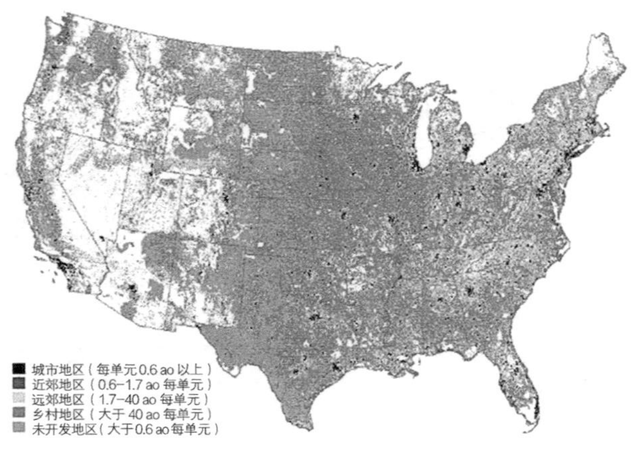

图 16–8 住房密度空间分布特征[215]

美国城市化体系的空间分布和规模基本符合中心地法则。都市区的增长是从中心城市逐步向外扩展的，由此形成了中心城市与若干郊区城镇的不同等级的中心地关系。

住房密度指标的空间分布特征，呈现出明显的不均衡发展特征，东北部发展明显快于中西部地区，此外西海岸以及西南部阳光地带住房密度也比较大，集聚水平较高。

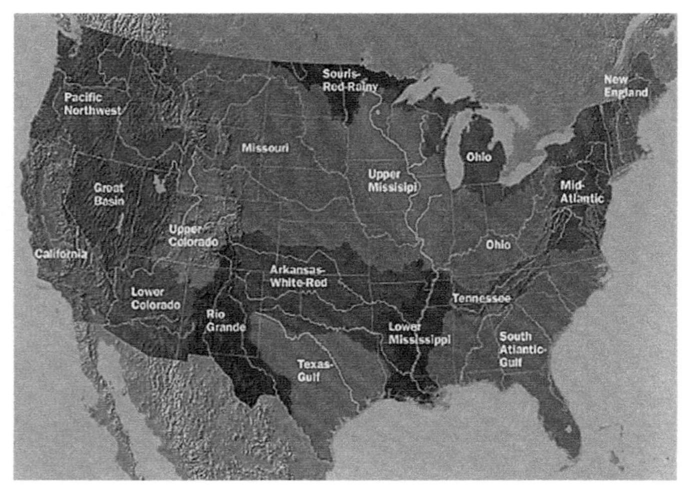

图 16–9 美国大河流域空间分布特征

虽然美国历史上的很多土地利用决策和基础设施投资是在州和地方层面上做出的，但是联邦的政策和资源却是操纵国家空间发展“看不见的手”[154]。构建一个集成的水资源管理方法需要跨区域的流域尺度层面协调土地利用规划和水资源相关基础设施建设与投资。

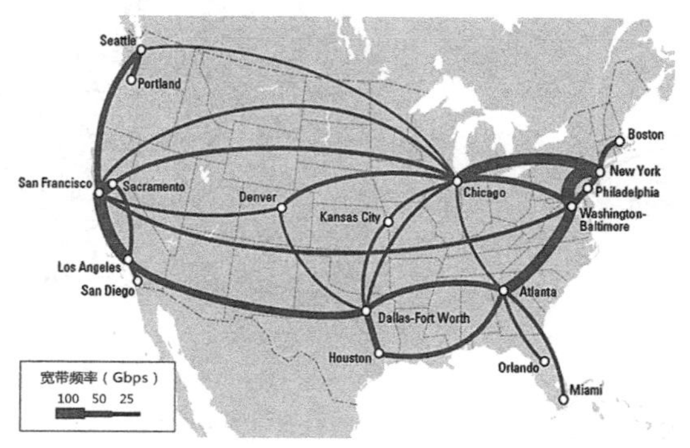

图 16-10 网络频宽空间分布特征

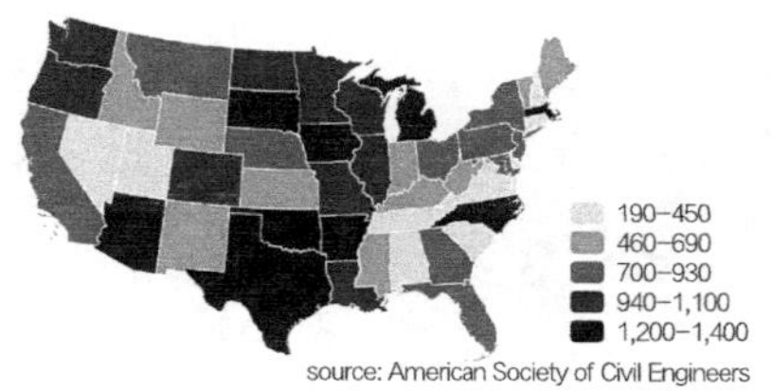

图 16-11 人均供水所需投资空间分布特征[216]

图 16-12 人均排水所需投资空间分布特征[216]

从图中可看出人均供水和人均排水所需投资呈现出不叠合的空间分布特征，供水投资主要受自然因素影响，在地形地质较为复杂的大平原地区所需投资较高，而排水所需投资则主要受社会经济因素影响，与人均用水量有很大的关联性，在经济较为发达的东北部大都市区所需投资较高。

（2）规划空间结构

研究监测多个变量指标——包括城市人口规模、就业情况、交通发展现状、交通流量、拥堵情况、客货流量和交通阻抗等指标参数，建立科学模型分析变量之间的相关性特征，建立不同城市间的交通走廊，并通过评分方式来从空间上反映指标空间分布情况。

考虑到铁路的投资成本大，建设周期长，政府通过六大准则——大都市区规模、城市间距离、现有交通连、经济生产力、交通拥堵情况、是否位于大都市

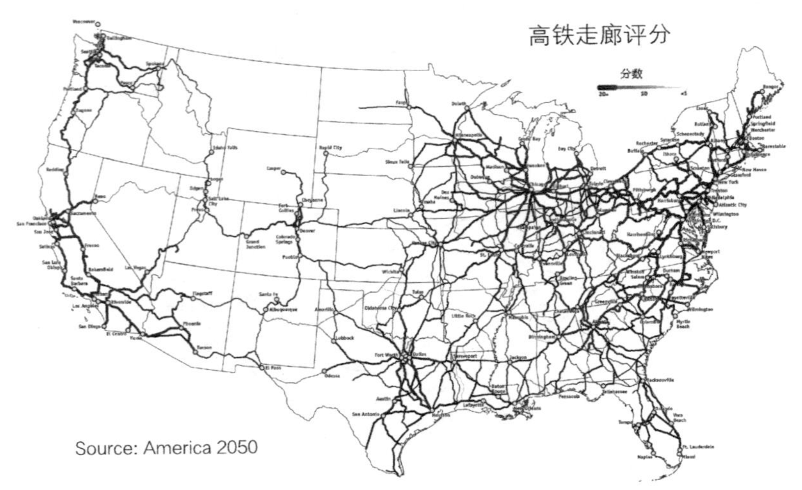

图 16-13　高速铁路走廊评分空间分布特征[217]

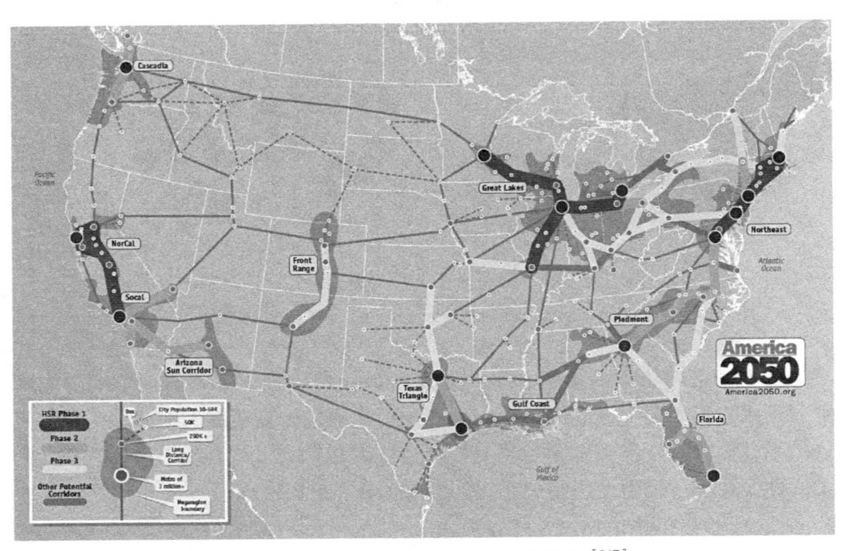

图 16-14　高速铁路规划空间分布特征[217]

连绵区（研究城市人口与城市密度）来研究预测城市间高铁建设的需求量和可能性，根据上图的高铁走廊评分情况来排出前五十名的城市配对排序，前五十城市主要位于东北地区、加州、美国中西部。根据相关变量指标的空间分布情况分析筛选出高铁存在的最佳潜在市场，以应对乘客对高速服务的强劲需求。

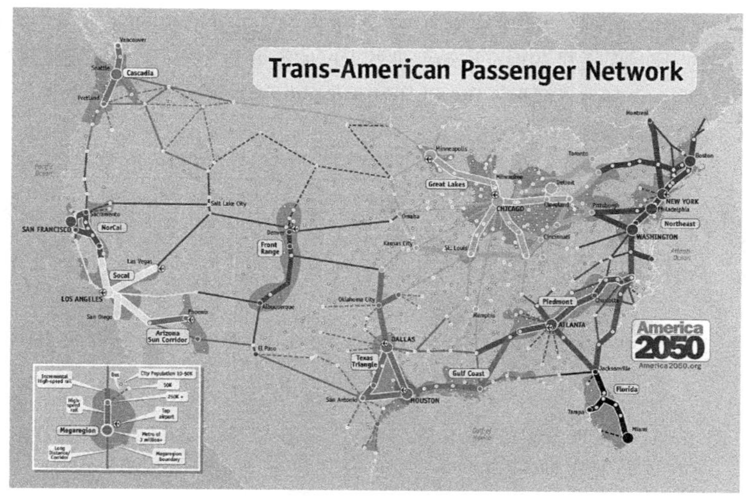

图 16-15　客流系统网络空间分布特征[217]

城市群战略对地方之间的协调产生积极作用。按照交通导向开发模式以及精明增长的原则，土地开发有限选择有条件的现有交通中心，鼓励交通枢纽邻近的填充式开发，提升现有交通中心的活力，改善住房支付能力，保护重要的开敞空间并防止危及地方环境景观[218]。

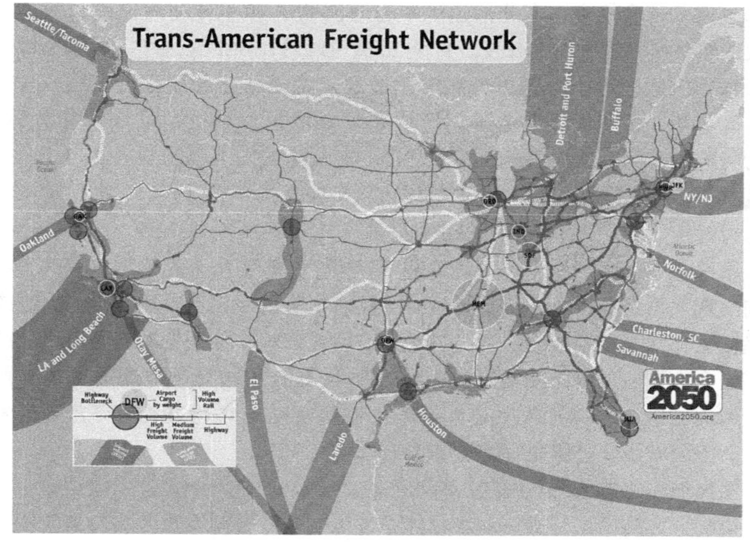

图 16-16　系统网络空间分布特征[217]

美国2050年规划主要围绕交通为主的重大投资提升增长的能力，改善弹性和冗余性，通过对人员和物资流动促进城市群的凝聚力[219]。重大基础设施的新投资通过建立多种方式联运枢纽，为不同距离的运输提供适当的方便选择。

（3）空间演变规律

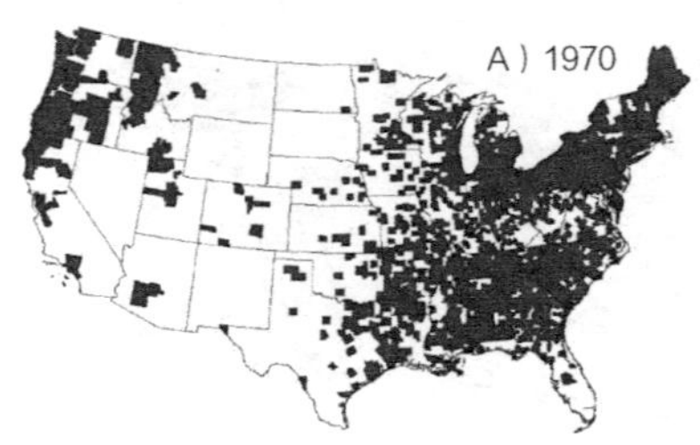

图16-17　1970年制造业占比超过50%的郡县

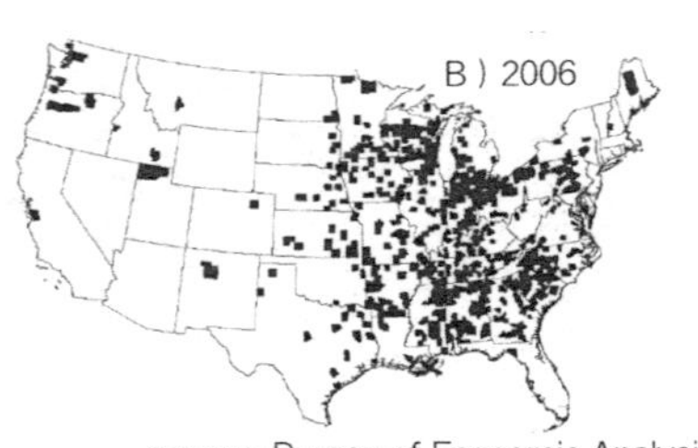

图16-18　2006年制造业占比超过50%的郡县

通过制造业1970～2006年的空间演变情况看出几点：

第一，工业化带动城市化发展。先有了相关产业和制造商在空间上的集聚，才有了城市和产业带的发展，城市化反过来推动了相关产业的发展。美国工业化均集中在城市地区进行，大城市成为美国城市化进程的主导力量，随后派生出以大城市为中心的大都市区、都市带等城市空间体系。

第二，城市化不均衡差异化发展。在这个发展轨迹里，经济中心从东部向西部、南部依次推进。东北部经济中心地位早在19世纪时就已确立，并以其强大的经济实力促进西部开发。直至20世纪以后，西部地区才完成了小城镇—一般城市—地区性中心城市的城市化进程，美国经济重心开始西移。以芝加哥、底特律、辛辛那提等全国性城市和地方性城市构成的中西部城市化体系，成为美国著名的重工业基地，与东北部一起成为美国著名的制造业带。而南部地区城市化进程缓慢，1960年南部城市人口才超过了农村人口，通过近100年的努力终于实现了城市化推动城市化进程。

第三，城市化发展主导力量的转变。当今美国经济正处于由福特式工业生产向后现代信息经济（后福特式生产）的转变阶段，工业对城市化的促进作用渐趋减弱，而服务业代之而起，拉动非农就业增长，从而带动美国城市化的发展。至今为止，美国已基本形成东北部为全国的政治中心与服务业中心、西部为全国的制造业中心和高科技产业中心的基本格局。工业化与第三产业的发展是推动美国城市化进程先后嬗递的主导力量。

美国城市化体系的空间结构特点：

第一，大都市区是美国城市化体系发展的主要空间增长形式。高新技术产业的兴盛，把更多的资本和技术带往郊区，加快了郊区城镇的发展步伐，郊区

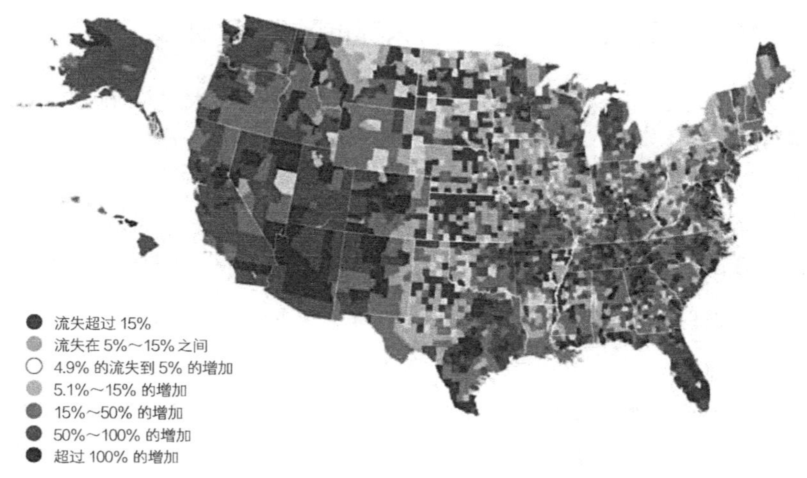

图 16-19 2000～2050 美国人口预测空间演变图

涌现出若干功能较为完备的边缘城市，使得美国城市由单中心向多中心格局演变。从微观上看，城市空间的分散化趋势十分明显。但从宏观上看，这种分散化又导致更大地域范围内的城市集中，使城市化在更广阔的空间展开。集聚与扩散的双向运动，推动了大城市地域的迅速膨胀，促进了大都市区的形成，也构成了战后美国城市化体系发展的主要空间增长模式。

第二，美国城市化体系的空间分布和规模基本符合中心地法则。都市区的增长是从中心城市逐步向外扩展的，由此形成了中心城市与若干郊区城镇的不同等级的中心地关系。以原有大城市为中心，逐步沿对外公路扩散而形成多层环形放射的空间形态和相应的各种循环系统，在沿海或沿湖城市则呈半环手掌形的形状。各等级城市的相互关系依然按照等级具有一定的向心性，规模较大的城镇仍然是较大的区域经济发展中心，以交通网络为基础的城市化体系也呈一定的向心性，形成了大都市区圈层式的复合中心结构。

第三，美国城市化体系的职能分工明确且合理。美国城市化体系在长期的发展过程中形成了比较明确、合理的职能分工体系。从总体上看，中小城市以工商业为专门化的居多，大城市较明显地具有专门职业和政府行政事务的专业职能。中心城市与郊区中小城市之间的职能关系有两种基本类型：一是中心城市职能扩散型，二是中心城市与郊区城市职能互补型。

（4）规划应对路径

规划应对路径为四个应对路径：基础设施规划——“国家的重塑与复兴”；巨型都市区域规划——提高国际竞争力发展；滞后地区规划——促进相对均衡的经济发展；大型景观保护规划——政策与行动的战略框架。

16.3 区域层面——芝加哥大都市区 2040 规划

芝加哥大都市区 2040 规划主页是针对目前芝加哥四大方面的问题而组织编制的，具体如下：就业增长缓慢甚至陷于停滞；交通系统运行质量不具竞争力；系统性的不平等问题存在于各个方面；环境变化生态破坏负面效应日益加剧。

16.3.1 指标体系

芝加哥大都市区 2040 规划旨在实现如下 4 个方面的发展目标。

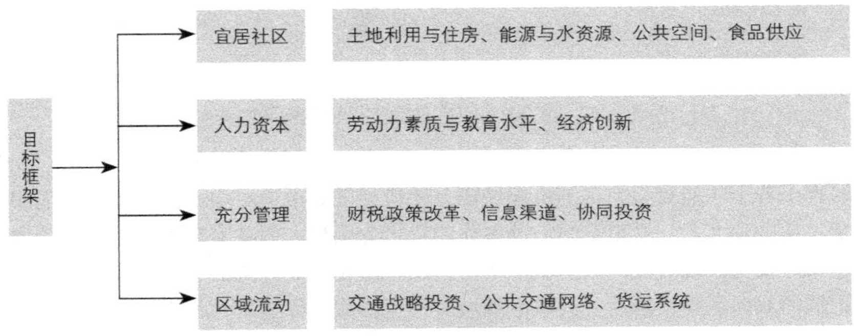

图 16-20 目标框架下的指标体系[220]

（1）宜居的社区

宜居社区层面指标体系[220] 表 16-4

愿景层面的指标	核心指标	分指标	2040 年目标	2015 年数据
土地利用与住房	再投资	再开发的未欧化土地面积	10 万英亩	2 万英亩
	可支付性住宅	花在住房与通勤上的收入占比	45%	53%
通过土地利用和住房开发实现更宜居的社区				
水资源	水资源需求	需水量预测	每天 15.39 亿加仑	每天 14.16 亿加仑
		每人每日需水量	139 加仑	172 加仑
	区域	连接的不渗透地下水的区域	45 万英亩	525000 英亩

续表

愿景层面的指标	核心指标	分指标	2040 年目标	2015 年数据
能源	温室气体排放	每年的温室气体减排量	47 吨等量	119 吨等量
精明管理和保护水资源与能源				
公共开放空间	公共空间保护	公共空间保存面积	40 万英亩	275000 英亩
	公园可达性	人均可达的公园面积（千人指标）	100%4 英亩； 70%10 英亩	72% 的 4 英亩； 52% 的 10 英亩
	绿道	新增绿道长度	1348 英里	808 英里
扩大和提升公园和公共空间				
食品供应	食品匮乏	食品匮乏区人口比例	0%	7%
促进可持续性的地区食品供应				

（2）人力资本：劳动力素质与教育水平、经济创新

（3）充分治理：财税政策改革、信息渠道、协同投资

（4）区域流动性：交通战略投资、公共交通网络、货运系统

区域流动性层面指标体系[219]　　表 16-5

愿景层面的指标	核心指标	分指标	2040 年目标	2015 年数据
交通战略投资	自行车	自行车可达主干道的比例	90%	65%
	桥梁	桥梁状况良好的比例	80%	70%
战略性的投资交通事业				
公共交通	客流量	平均工作日客流量	400 万人	230 万人
	居住可达性	公共交通居住可达率	75%	69%
	工作可达性	公共交通工作可达率	80%	77%
提升公共交通信度				
货运系统	CREAT 项目的实施	新增和总体项目的数目	71 个 （2030 年）	新增 10 个
	铁路延迟时间	铁路平交道的延迟时间	5500 小时每工作日	1 万小时每工作日

经过对现行指标体系的实施评估研究，总结了现行指标体系存在的缺陷和漏洞，进行指标体系方法论专项研究总结出一套更新指标体系，弥补现行指标体系的空缺。同时在现有数据的基础上提出短期（2020 年）目标值，增加对指标实施情况的动态研究与监测完善。

芝加哥大都市区 2040 规划更新指标体系[219] 表 16-6

更新核心指标	更新指标	短期目标（2020 年）	长期目标（2040 年）
用地开发	市政信封范围内新增楼盘比例	75%	60%
	市政信封范围内非住宅用地比例	80%	65%
住房与通勤费用	中低收入家庭花在住房与通勤上的费用占收入百分比	51%	45%
公共供水需求	人均每日用水量	120 加仑	109 加仑
基础设施韧性	不透水地区面积	59 万英亩	64 万英亩
温室气体排放量	排放总量	105 MMTCO2e	47 MMTCO2e
	人均温室气体排放当量	11.5 吨	4.3 吨
开放空间	开放公共空间面积	30 万英亩	40 万英亩
绿道系统	林荫道路里程	916 英里	1348 英里
耕地保有量	种植食材的耕地面积	5700 英亩	8200 英亩
贫困人口	食品荒漠区居住人口比例	6%	0%
教育程度	25 岁以上学士以及更高学历人口占比	47%	58%
劳动参与度	地区劳动参与率	82.8%	维持 82.8%
私营部门 R&D	私营部门 R&D 就业岗位数	20000	48000
专利数量	伊利诺伊州东北部发布专利比例	3.1%	3.9%
税费制度改革	销售税效率指数	1.0	1.0
	税收制度透明度得分	10/10	取消
高速公路质量	可接受质量高速公路占比	77%	90%
交通出行	平均工作日工作分离交通出行量	260 万次	400 万次
CREAT 项目	CREAT 项目完成情况	30%	70%
高速公路延迟	州际高速公路平均工作日延迟情况	7,500 小时	5500 小时

16.3.2　空间特征

（1）现状空间特征

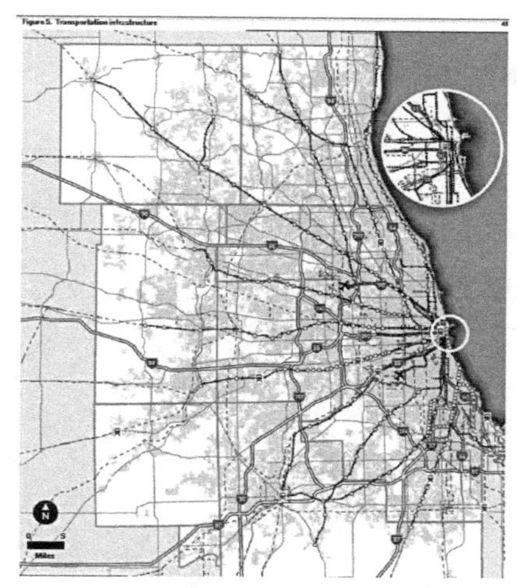

图 16-21　交通基础设施分布图[221]

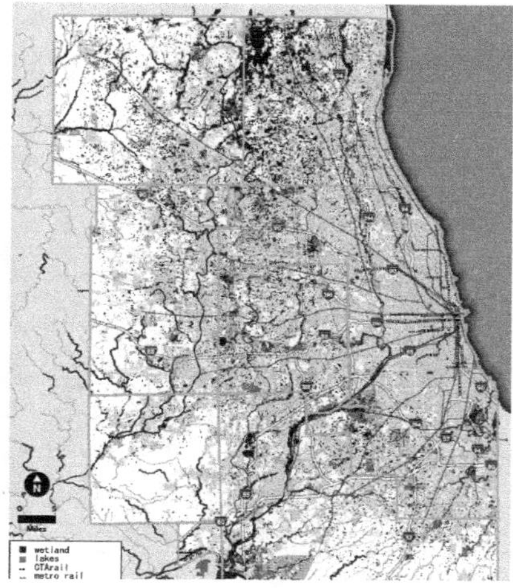

图 16-22　土地与水资源空间分布图[221]

图 1 显示了一天中不同的时间和地点的工作日高速公路 I-90/94 的一段拥堵情况。国家拥堵水平一直高居世界前列，面向 2040 的芝加哥区域综合规划将此作为最大的挑战之一。

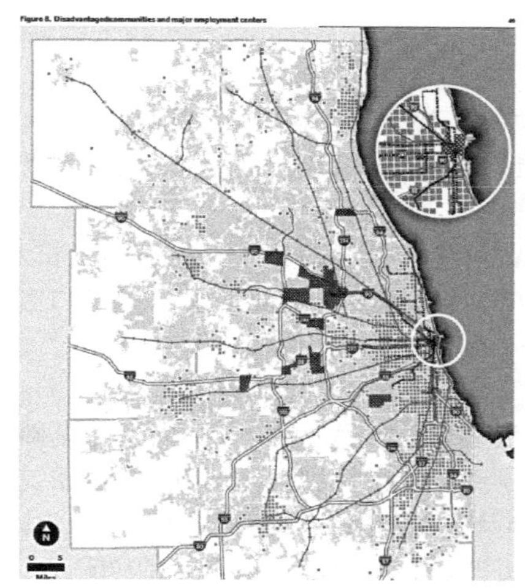

图 16-23　弱势群体与就业中心分布图[221]

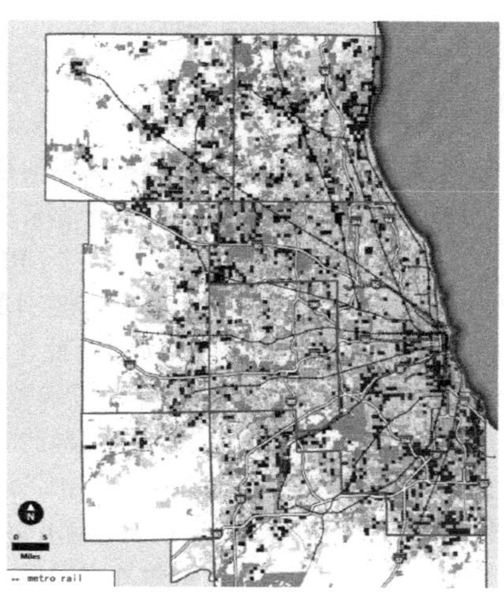

图 16-24　再投资机会空间分布图[221]

如图所示，经济发展水平与人口分布有明显的空间规律，种族隔离空间分异情况明显，社会公平问题凸显。非洲裔美国人和拉丁裔居民集聚的地区人均收入往往低于芝加哥地区的平均水平[46]。50% 以上的弱势群体生活在 25% 以下的社会空间中，十大就业中心聚集了绝大部分就业人口。社会空间分异现象明显，相对贫困地区人群的聚集加剧了恶性循环。

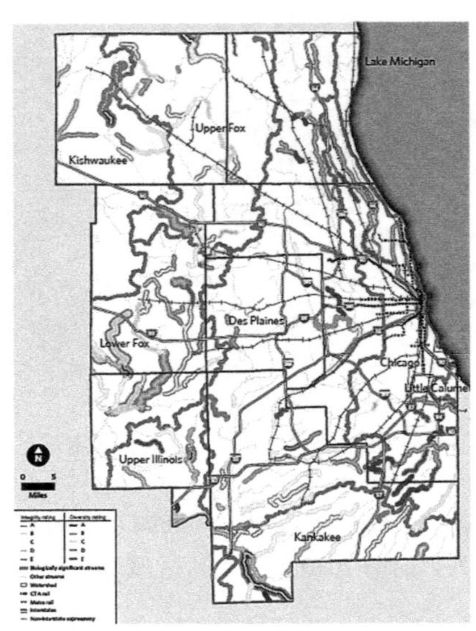

图 16-25　生物流和生物多样性评级空间分布图[221]

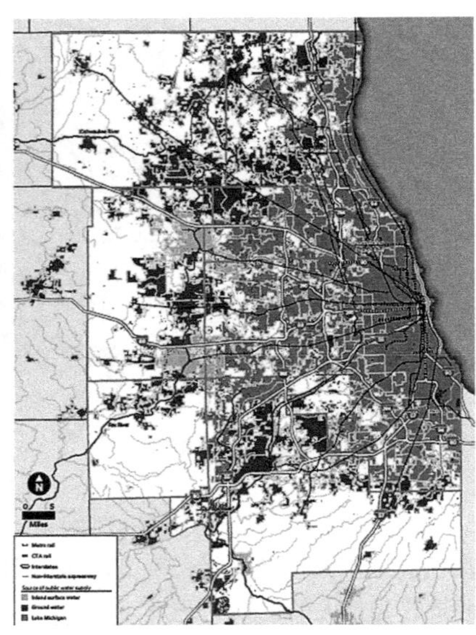

图 16-26　市政给水资源空间分布图[221]

300 多个供水设施提供三方面来源的水资源，包括地下水、密歇根湖和内陆地表水。水资源的公平分配关系到社区生活的安全稳定性。生物多样性评级反映了生态环境的区域分布特征情况。

公园的空间可达性分析基于 NRPA 标准——公园面积千人指标 10 英亩 / 1000 人，但是只有约 49% 的人具有充分的可达性。可达性最差的地区通常是人口密度大，设施资源老化的老旧社区，此外仍有很多地方不符合 NRPA 设定的标准[65]。

（2）规划空间结构

图中所示的伊利诺伊州东北部的绿色基础设施规划空间情况以及绿色基础设施的边界，包括大片森林的保护，河流溪水作为绿色走廊构成开放空间系统网络的基本组成部分[221]。重点保护绿道及其两侧用地，区域中未开发的土地，恢复退化的生态系统，通过加强管理、提供缓冲保护自然区域和提供功能自然保护区域之间的连接来对自然资源进行行之有效的保护。

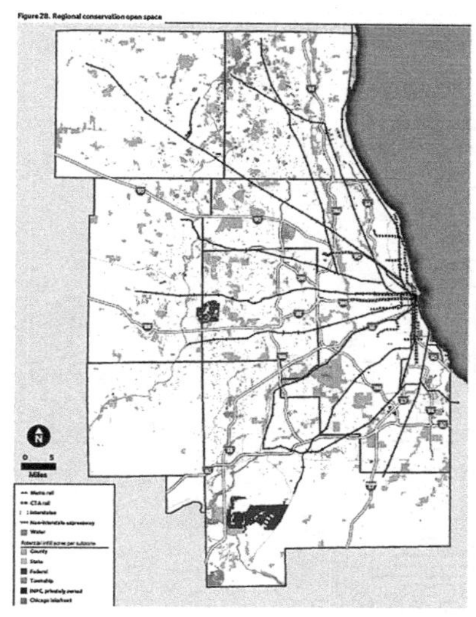

图 16-27 森林保护区与公共空间分布图

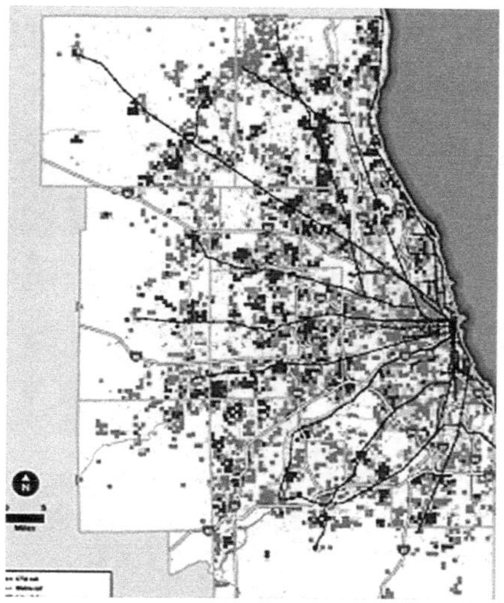

图 16-28 公园可达性空间分布图

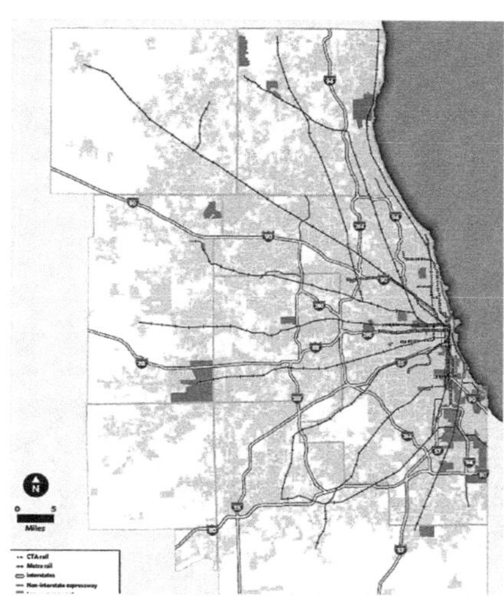

图 16-29 超市可达性差的地区空间分布图[221]

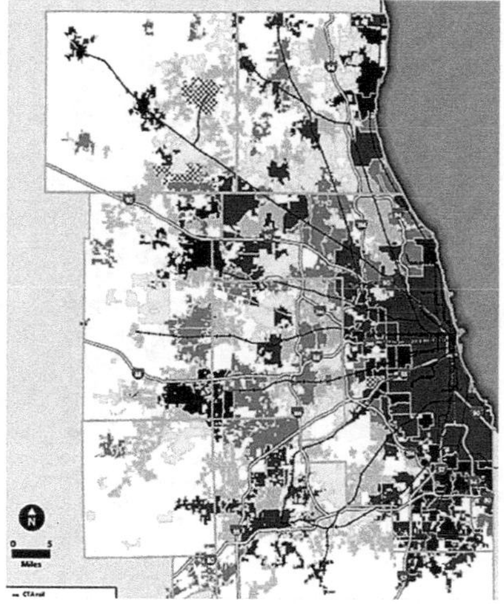

图 16-30 市政财税率空间分布图[221]

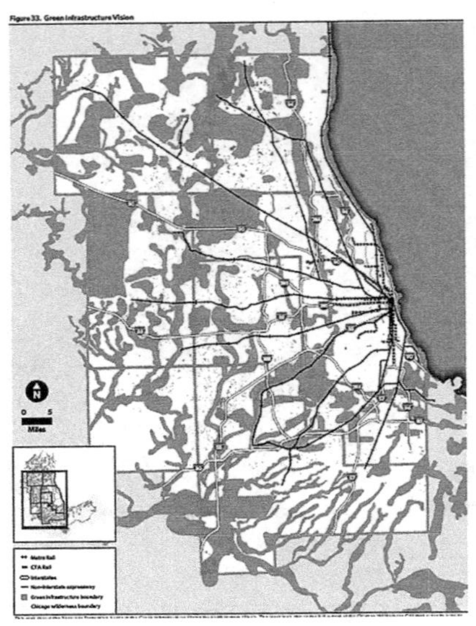

图 16-31　绿色基础设施规划空间图[221]

图 16-32　财政约束的主要规划项目空间分布图[221]

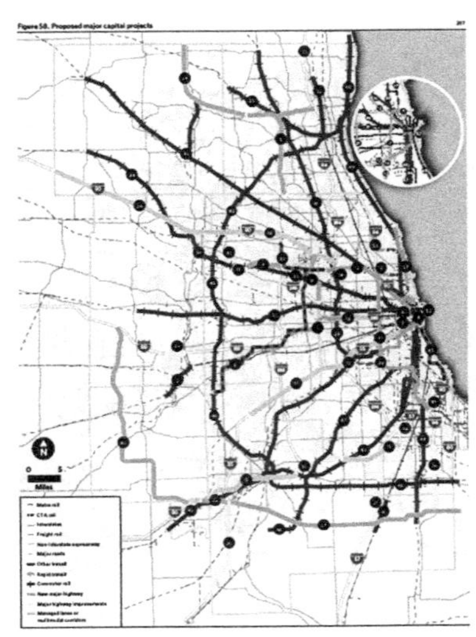

图 16-33　主要资本项目空间规划图[221]

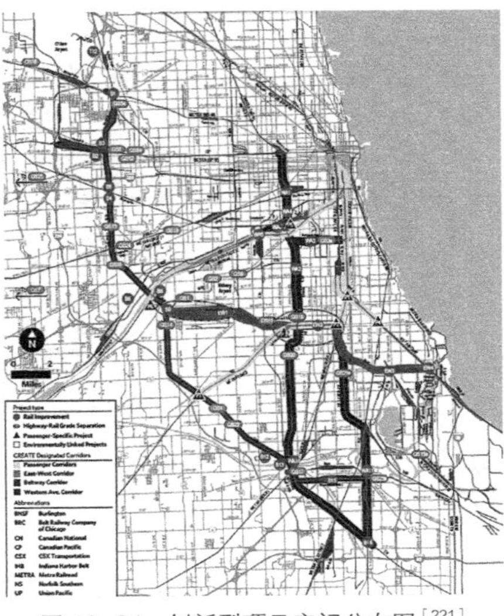

图 16-34　创新型项目空间分布图[221]

全球城市区域以全球城为核心，涵盖了多个等级的空间单元，共同参与全球经济分工和竞争。芝加哥及其郊区一直注重以规划为导向的区域协同发展[222]。芝加哥也有一些创新产业，创新产业大部分集中在大学和科技走廊[223]。主要通过一些重点投资的基础设施项目和创新型项目的实施来带动区域的发展，加强区域间的联动与协作，政府主导投资与触媒地区激活周边地区的发展，盘活存量用地。

（3）空间演变规律

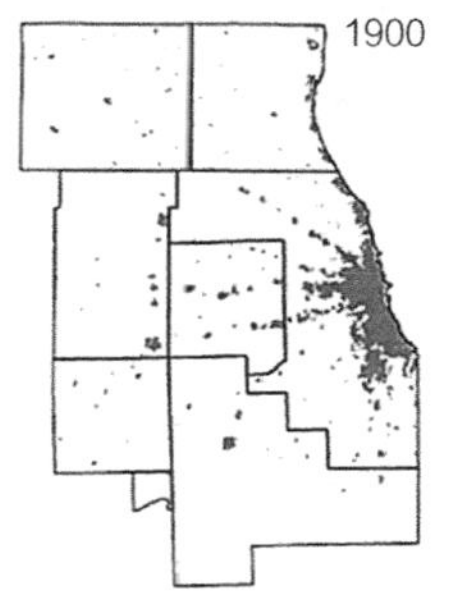

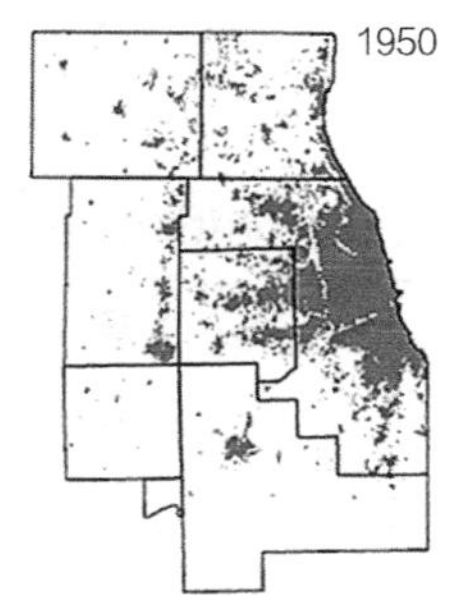

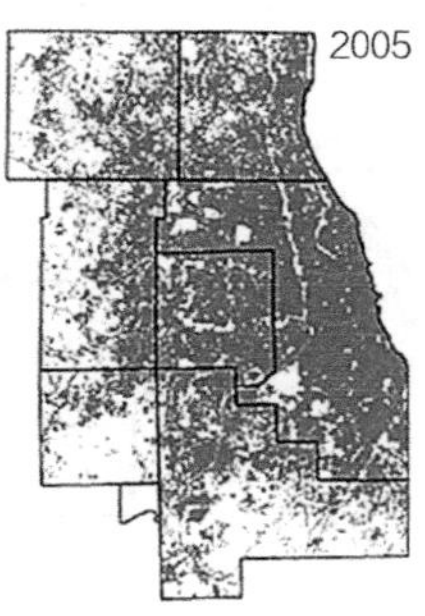

图 16-35 芝加哥地区 1900～2005 发展演变图[220]

过去一个世纪的地区发展显示出以下特征：19 世纪单核聚集发展模式，由密歇根湖沿岸东部地区向中西部扩展；呈现出沿交通干线指状发展，由中心向周围圈层扩张的模式；大规模平铺扩张，城市形态由单中心发展模式转向多中心分散化的城市格局；芝加哥地区的发展以来与粗放型的用地扩张模式，是一种不可持续的发展方式。

发展阶段主要分为以下 4 个发展阶段，首先是 20 世纪以前，城市自主生长阶段．特征表现为无明显的发展规律；第二阶段是城市形态开始出现分散阶段（1900～1945），在芝加哥规划引导下，中心城市成为区域经济发展的枢纽，郊区大多依附中心城市存在，尚未形成气候，这个阶段城市边缘已经呈现出城乡关系过渡演变特征。与此同时，工业性卫星城涌现，城市用地通过兼并郊区城镇来完成城市的扩张，产业的郊区化转移带动城市的郊区化扩张。第三阶段是城市分散化蔓延阶段（1945～2000）二战后，芝加哥中心城出现明显的后工业化社会特征。郊区化迅猛发展带动大都市边缘区迅速发展。在这一阶段，城市形态由单中心转向多中心。此时的城镇化由传统的城镇化转向新型城镇化，具有城乡统筹发展的特点。原有的城市中心功能转移，郊区城镇的功能由单纯的居住性质变成居住、商业、娱乐混杂的区域，郊区成为区域次中心并且同原有的中心城市一起构成了新型的复合中心格局。第四阶段是多中心分散化阶段（2000～2005），21 世纪以来城市发展在经济社会因素的影响下呈现出新的特点。随着轨道交通的发展，城镇间联系加强，形成功能互补与协同的都市区综合体。芝加哥作为大都市区的形态成为区域发展的引擎，相对分散化与多中心格局成为新时期的主要特点。

（4）规划应对路径

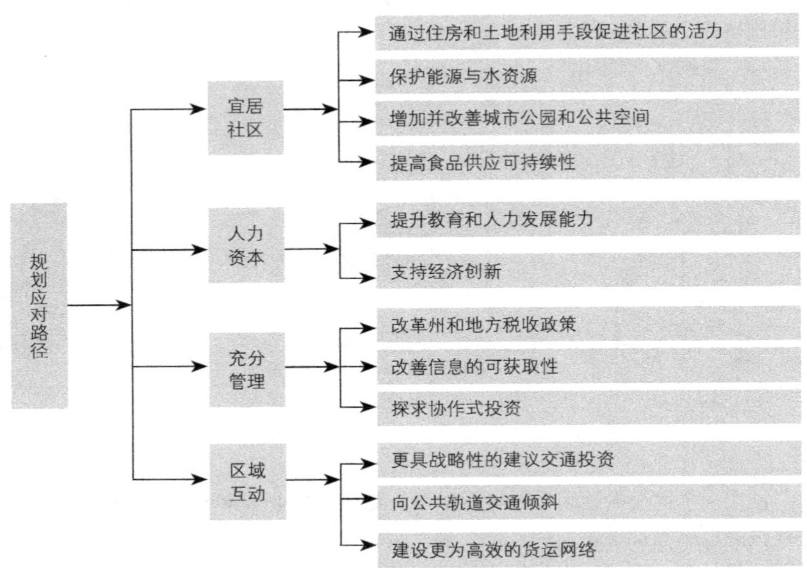

图 16-36　芝加哥 2040 规划应对路径图 [224]

16.3.3　空间监管

美国空间规划监管保障政策 [224]　　**表 16-7**

空间规划层次	保障政策
联邦级规划	在联邦法律框架下，综合考虑资源的开发和保护，以及农业、牧业、城镇发展、交通和居住条件等各个方面
州级导则（《总体规划导则》）	战略性未来规划——通过发现面临的问题、趋势和机会，阐明州发展的“战略愿景”，制定取得这一愿景所需要的战略和计划
	战略性操作规划——指导州机构的运行
	综合规划——为州及区域机构和地方政府等其他机构提供目标、政策和指标
	土地开发规划——框架性文件，在框架的指导下编制更加详细的、特定地点的条例。州级负责管理决策，区域和地方规划进行设计

续表

空间规划层次	保障政策
州级导则（《总体规划导则》）	生物多样性保护规划——针对最紧迫的生物栖息地的退化和损失寻求积极的解决方案
	专项规划——交通规划、经济发展规划、通信和信息技术规划、住房规划
区域规划	《标准城市规划授权法》颁布以后得到发展
地方（市县）总体规划及条例规章	县域规划——县域总体规划、地区规划、片区规划
	市镇规划——市镇总体规划、分区规划、专项规划

16.4 城市层面——纽约 2040 城市总体规划

16.4.1 背景介绍及战略构想

纽约 2040 城市总体规划主要面临着以下 5 个方面的时代背景：气候变化全球变暖与多发的气象灾害；其他世界级城市的崛起与全球地位的挑战；基础设施的老化与不断增长的需求；机会不公平与收入不平等问题；贫困问题与可支付性住房的短缺。

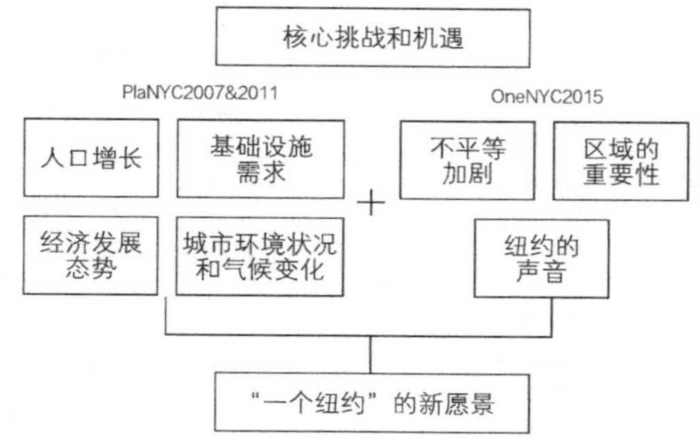

图 16-37 纽约 2040 规划面临的核心机遇与挑战[225]

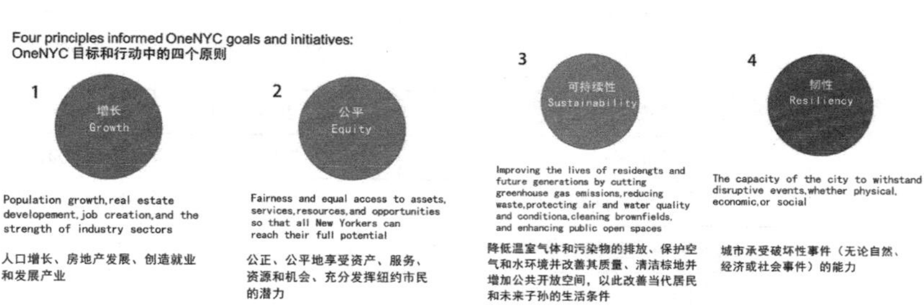

图 16-38 纽约 2040 规划四大愿景框架[225]

16.4.2 指标体系

（1）经济增长指标

经济增长指标体系表[219] **表 16-8**

<table>
<tr><th>愿景</th><th>愿景层面的指标</th><th>指标</th><th>目标</th><th>近几年数据</th></tr>
<tr><td rowspan="23">愿景一：我们成长中的繁荣城市</td><td rowspan="3">整体层面</td><td>就业岗位数</td><td>489.6 万</td><td>416.6 万</td></tr>
<tr><td>创新产业就业岗位比重</td><td>20%</td><td>15%</td></tr>
<tr><td>家庭收入中位数</td><td>增加</td><td>52250 美元</td></tr>
<tr><td colspan="4">纽约市的劳动力将拥有参与 21 世纪经济所需的技能</td></tr>
<tr><td rowspan="3">劳动力</td><td>劳动参与率</td><td>增长</td><td>61%</td></tr>
<tr><td>每年接受产业技能培训的人口数量</td><td>3 万（2020 年）</td><td rowspan="2">8900</td></tr>
<tr><td>扩大加速课程计划的人数</td><td>3 万（2020）</td></tr>
<tr><td colspan="4">纽约居民将获得价格可负担的高质量住房，并配备完善的基础设施和社区服务</td></tr>
<tr><td rowspan="2">可支付性住宅</td><td>住房总量</td><td>到 2024 年新建住房 16 万套，到 2040 年新建住房约 25～30 万套</td><td></td></tr>
<tr><td>经济适用房总量</td><td>新增 8 万套，保有量达 12 万套（2024 年）</td><td>4 万套</td></tr>
<tr><td colspan="4">纽约市的交通网络将是可靠、安全、可持续、易达的，能够满足所有市民的需求并与城市经济的增长相适应</td></tr>
<tr><td rowspan="6">交通</td><td>居民乘坐交通工具平均 45 分钟通勤距离以内的就业岗位数</td><td>180 万</td><td>140 万</td></tr>
<tr><td>45 分钟通勤距离内的居民占全部居民比例</td><td>90%</td><td>83%</td></tr>
<tr><td>晨间 8～9 时进入曼哈顿核心区的轨道交通运载力</td><td>增加 20%</td><td>627890 人</td></tr>
<tr><td>季度自行车通勤指数</td><td>844（2020 年）</td><td>437</td></tr>
<tr><td>铁路货运量比例</td><td>7.3%</td><td>2.3%（2007）</td></tr>
<tr><td>铁路货运量比例</td><td>8%</td><td>5%（2007）</td></tr>
<tr><td colspan="4">2025 年所有居民和企业将获得经济、可靠、覆盖全市的高速宽带服务</td></tr>
<tr><td>网络服务</td><td>经济、可靠、高速的家庭网络服务接入比例</td><td>100%（2025）</td><td>78.1%</td></tr>
</table>

续表

愿景	愿景层面的指标	指标	目标	近几年数据
愿景一：我们成长中的繁荣城市	网络服务	离家 200m 以内可接入免费 WiFi 的居民比例	绝大部分全覆盖	13.9%
		可接入快速、经济、可靠的网络，网速 1Gbps 以上的商业公司比例	100%（2025）	

（2）社会公平指标

社会公平指标体系表 [219]　　**表 16-9**

愿景	愿景层面的指标	指标	目标	近几年数据
愿景二：公正公平的城市	整体层面	贫困率：接近贫困的纽约人数量	至 2025 年使近 80 万纽约人摆脱贫困或脱离贫困的边缘	370 万
		过早死亡率	每十万人中 143.32 例死亡（减少 25%），并大幅度减少种族之间的差异	每十万人中 191.09 例死亡
		家庭收入中位数	增加	52250 美元
	纽约市所有的儿童都将受关照、保护从而茁壮成长			
		婴儿死亡率	全市每 1000 个活产婴儿中只有 3.7 个死亡（减少 25%），并大幅减少种族之间的差异	全市每 1000 个活产婴儿中只有 4.6 个死亡
	早期教育	4 岁孩子接受免费、全天的学前教育的数量	增加	53230
	各个年龄段的纽约市民都能在有助于提高健康活力的社区生活、工作、学习和锻炼			
	健康的社区、活力的生活	纽约成年人每天所吃蔬菜和水果的平均分量	至 2035 平均为 3 份（增加 25%）	2.4 份
		符合体育活动建议的纽约成年人比例	80%（2035）	67%
		有氧运动达到建议水平的纽约市公立高中学生比例	30%（2035）	19%
		儿童哮喘急诊就诊率	每 1 万人中 224 起（降低 25%）	每 1 万人中 299

续表

愿景	愿景层面的指标	指标	目标	近几年数据
愿景二：公正公平的城市	所有纽约市民将享有的生理、心理医疗保健服务			
	医疗服务	纽约市成年人在过去 12 个月内接受所需医疗的比例	增加	89%
		伴有严重心理创伤的纽约市成人接受心理治疗的比例	增加	44%
	在美国大城市中，纽约将继续保持其安全性最佳的地位，并将拥有最低的牢狱率和公平高效的司法体系			
	司法公正改革	犯罪率	减低	110023 起
		监狱日均人口	减少	11408
		无所可取的家庭暴力受害者的比例	减少	48%
	纽约市民将继续支持零伤亡愿景并实施纽约市道路交通无交通事故死亡的目标			
	零伤亡愿景	交通事故死亡人数	0	255
		交通意外重伤人数	0	3766

（3）可持续性指标

可持续性指标体系表[219] **表 16-10**

愿景	愿景层面的指标	指标	目标	近几年数据
愿景三：我们可持续发展的城市	整体层面	废弃物排放总量	减少 90%（2030）	
		温室气体排放量	减少 80%（2030）	
	纽约市 2030 年将实现城市垃圾“零填埋”的目标			
	垃圾污染	垃圾总量	减少 90%（2030）	360 万吨（2005），去年 319.38 万吨
		固体废物排放量	减少 90%（2030）	
	纽约市 2030 年将是所有美国大城市中空气品质最佳			
	空气质量	空气质量在美国大城市中排名	上升到第 1 名	第 4 名
		SO_2 浓度街区差异以全市各区冬季平均值计	减少 50%（2030）	4.51ppb（2013）
		PM2.5 浓度街区差异以全市各区年平均值计	减少 20%（2030）	6.65mg/m^3（2013）

续表

愿景	愿景层面的指标	指标	目标	近几年数据
愿景三：我们可持续发展的城市	纽约市将清理污染土地，减少其在低收入社区极高的暴露性和危害性，使土地转为对居民而言安全和有益的			
	棕地治理	棕地治理数量	到 2019 年一季度完成 750 片棕地的修复	2014 年修复 71 片
	纽约市将减轻城市内涝并提供高质量的给水服务			
	供水安全	违反安全饮水法案的案例	0	0
		积压的窨井维修量	保持＜1%	0.25%（2015）
		下水道合流获取率	增加	78%
	所有纽约居民将受益于实用、可达、优美的开敞空间			
		住所步行距离以内有公园的居民比例	85%（2030）	79.5%

（4）韧性指标

城市韧性层面指标体系表[219]　　**表 16-11**

愿景	愿景层面的指标	指标	目标	近几年数据
愿景四：我们有韧性的城市	整体层面	因自然灾害导致的市民长时间撤离家园的情况	消除（2050）	
		全市街坊社会脆弱性指数	降低	
		与气候相关的活动所受到的年均经济损失	降低	17 亿美元
	通过增强社区、社会和经济的弹性使每个街坊更加安全			
	社区韧性	社区可达的紧急避难所人口容量	12 万	1 万
		市民志愿者人数比例	25%（2020）	18%
	纽约市建筑将进行升级改造以应对气候变化的影响			
	保险政策	百年洪泛区内建筑执行洪水保险政策比例	增加	55%
	区域基础设施系统将进行适应性改造以提供持续的服务			
	基础设施韧性	与天气有关公用事业和运输服务的中断时间	减少	

续表

愿景	愿景层面的指标	指标	目标	近几年数据
愿景四：我们有韧性的城市	基础设施韧性	在设施弹性增强改造计划中受益的医院和长期护理床位比例	100%（2020）	79%
	纽约将强化海防线以应对洪水和海平面上涨			
	海防系统	建成的海防线总长度	增加	36500 直线尺
		修复的滨海生态系统面积	增加	
		受益于海防和生态系统修复的居民数量	增加	20 万

16.4.3 空间特征

（1）现状空间特征

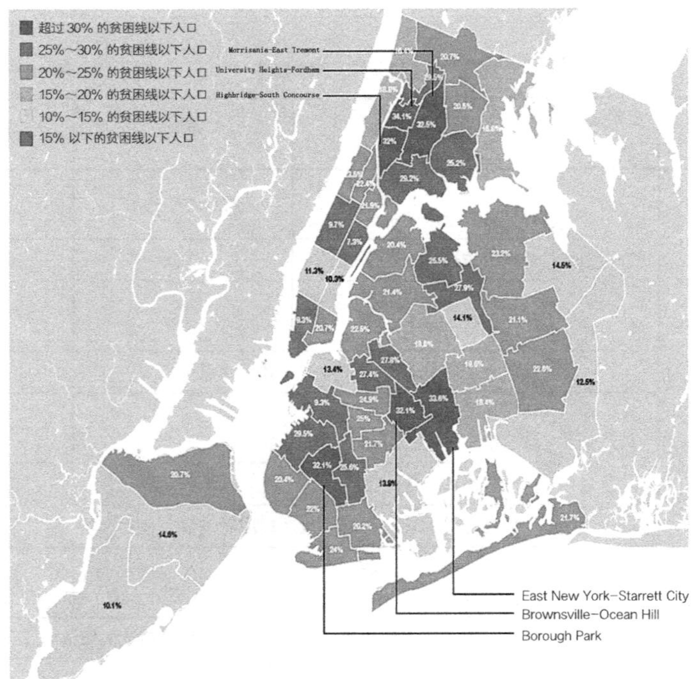

图 16-39 纽约贫困线以下人口比例空间分布特征（2009～2013）[219]

贫困率始终居高不下，收入不平等也在不断加剧，“公平”成为“一个纽约”规划中的指引性原则之一[225]。纽约2040规划中，纽约提出希望建立一个增长、可持续性发展、韧性、公平的城市——让每个人都有实现一个实现纽约梦美国梦的平等的机会。根据已有的研究，环境的可持续发展能够驱动创新产业的聚集，例如美国硅谷等国际上成功的高新技术产业园区的案例，从而推动经济发展与科技创新。消除贫困也能改善人们的健康条件、而安全的社区也能够推动消费的发展，扩大内需促进商业的蓬勃，许多要素都是息息相关的。

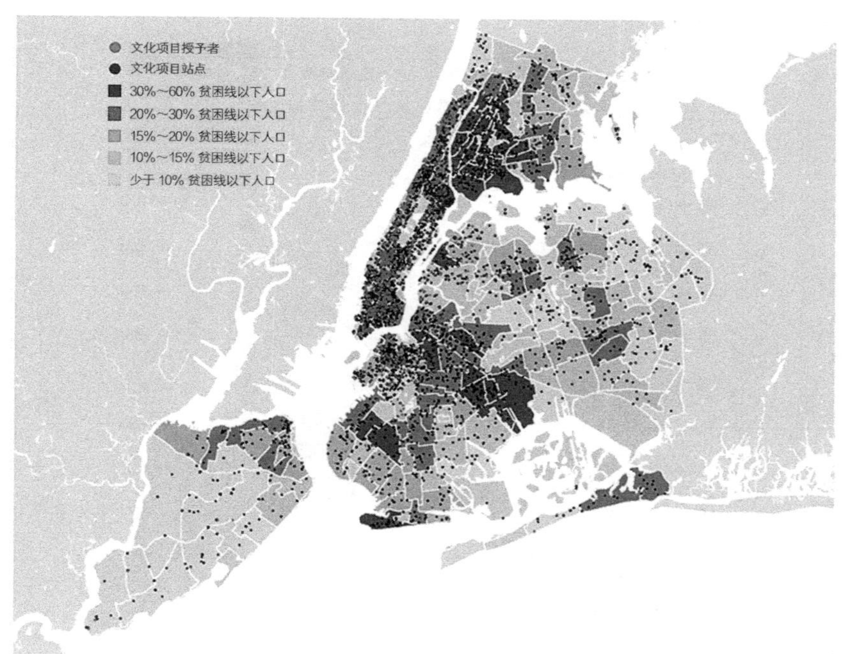

图 16-40　文化资源与贫困率分布关系现状图 2013～2014[219]

从文化资源的可达性与贫困率空间分布的叠合，可以看出文化资源空间分布不均的情况显著，主要分布在经济最为发达的曼哈顿地区，此外贫困率的空间分布与文化资源可达性存在着很高的正相关性，文化教育资源的不平等配置也同样的反过来会加深贫困的代际遗传和恶性循环。

纽约医疗资源基本实现了极端贫困地区87%以上的可达覆盖率，而心理健康的医疗咨询救助可达性覆盖情况则比较差，最富裕地区可达性也仅仅在62%，最贫困地区甚至达不到50%。说明心理医疗服务方面尚待完善，尤其是要关注心理问题比较集中的极端贫困地区的心理医疗资源救助服务。

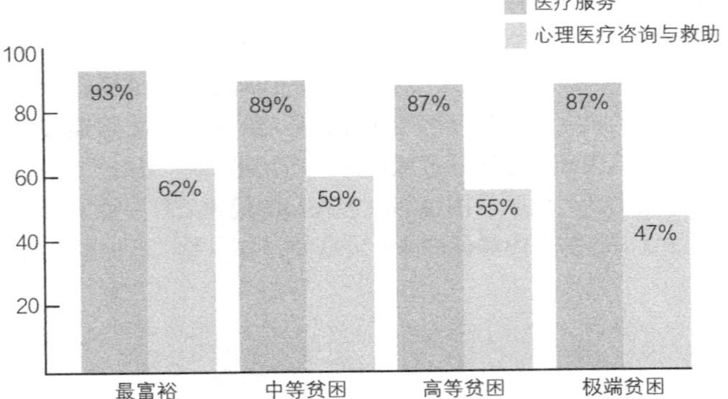

图 16-41　2013 年医疗资源可达性与贫困程度关系图[219]

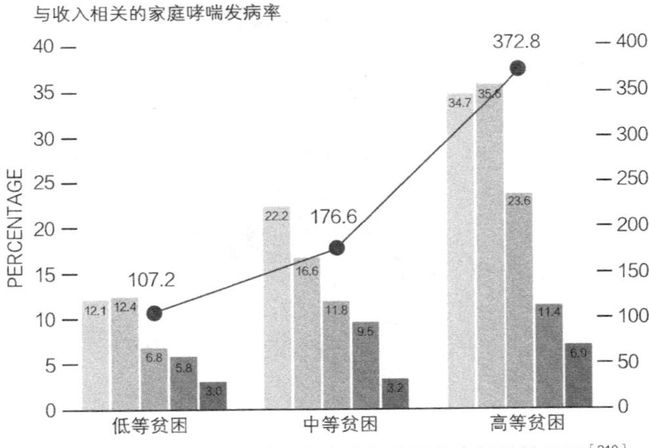

图 16-42　纽约市家庭哮喘发病率与贫困程度相关关系图[219]

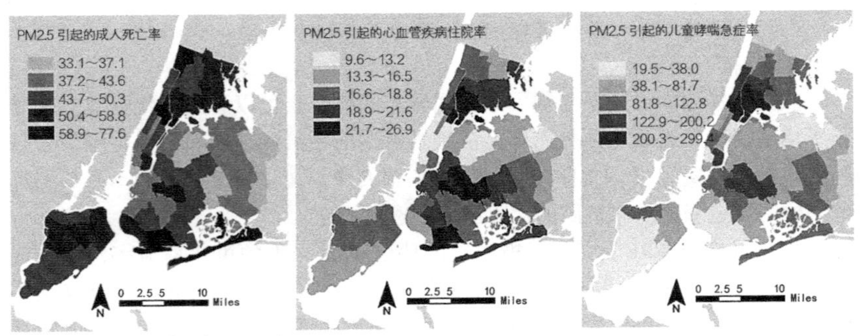

*2009-2011 年平均，每 10 万人

图 16-43　纽约市 PM2.5 条件与死亡率发病率相关关系空间分布特征[219]

综合以上的几张图分析可知贫困程度与空气质量也存在一定的相关关系，不同收入阶层居住空间分异规律，导致贫困人群相对聚集在空气质量较差，生活成本较低的贫民窟。空气污染恶劣的空气质量也导致死亡率、呼吸疾病发病率大大增高，空气质量较差地区人们的健康水平堪忧。

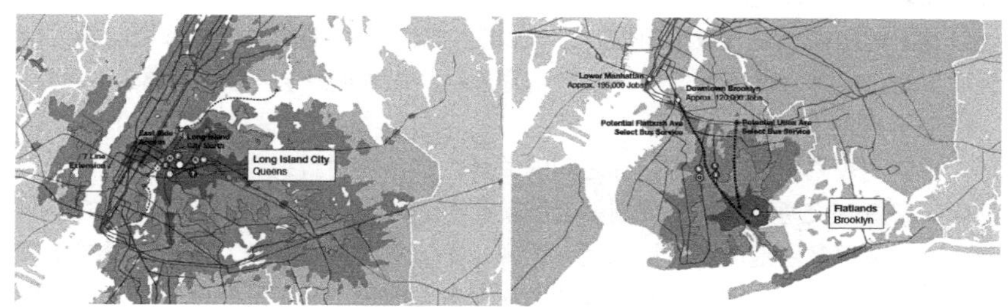

图 16-44　皇后区与布鲁克林区通勤时间空间分布图[219]

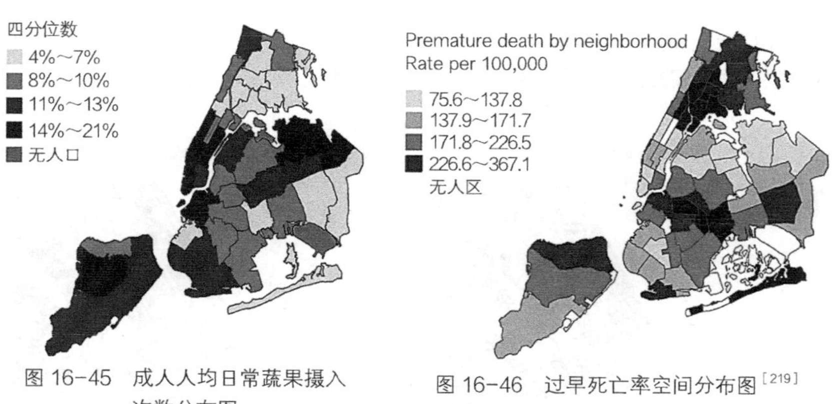

图 16-45　成人人均日常蔬果摄入次数分布图

图 16-46　过早死亡率空间分布图[219]

从指标纽约 2040 规划指标体系的现状分布特征和空间演变规律来看，我们不难发现许多指标之间存在着不同程度的相关性，可谓是牵一发而动全身。而在未来的规划管理与后期检测中，不可能面面俱到地关注每个一般指标的变化情况及规律。我们只有抓住重要的关键性指标，分析其空间演变规律，提出针对性的举措，方能高效地改善整体情况，优化整个城市的空间结构，达成指标体系相应的规划目标。

例如，贫困线指标以下居民的空间分布情况——这一关键性指标影响到了 45 分钟通勤时间可达的工作数量、居民通勤时间、文化资源可达性、居民日常蔬果供应量、空气质量、居民健康水平、过早死亡率、心理生理医疗资源可达性等等指标，与这些指标的空间分布现状和变化呈现一定的相关关系。

贫困线以下人口比率高的地区也伴随着基础设施、公共服务资源的短缺，通勤时间长，45 分钟通勤时间可达工作数量少等工作机会短缺的问题，同样的贫困人口由于负担不起中心区的高房价而聚居在空气质量较差环境较差的一些特定街区。贫困聚集产生很多社会问题，比如犯罪率高、社会不稳定系数增加等等，而教育文化设施的地区分配不均、可选择工作机会少、工作要求门槛高又会导致贫困地区居民脱贫致富门槛高，难以改变现状而积弱积贫，一系列的相关指标演化会造成恶性循环，进一步拉大贫富差距从而加剧社会不公平现象。

（2）规划空间结构

在空间规划上应该注意指标之间的关联性，在规划新兴产业、就业指导中心的同时考虑到交通可达性，规划就近的就业中心减少通勤时间。教育资源的空间分布上加大对贫困地区的扶持力度，重视 4 岁幼儿的学前早教，提高居民文化资源可达性和利用率。重视不同层级的医疗卫生设施建设，居民健康水平等相关指标的变动，治理相关地区的空气质量以提高社区居民的生活质量，通过更合理的空间规划来平衡各个区之间的资源差异性，更加重视贫困地区的可支付性，提供满足不同收入阶层不同种族人群不同文化程度享用的服务。提供满足各个区各种不同层次居民需要的基础设施和服务，尊重和维护纽约最宝贵的财富——多样性。

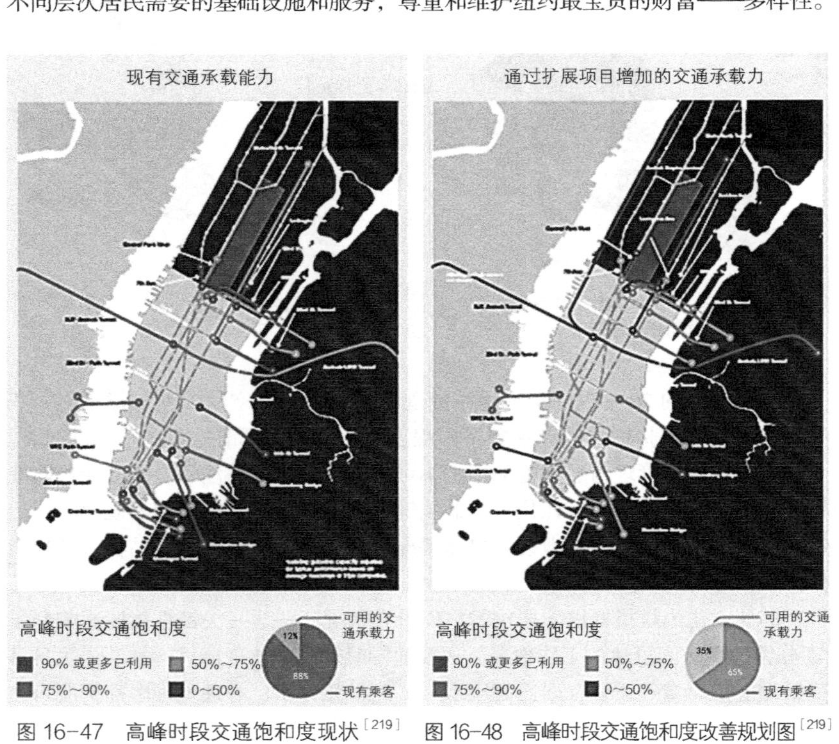

图 16-47　高峰时段交通饱和度现状[219]　　图 16-48　高峰时段交通饱和度改善规划图[219]

高峰时段进出曼哈顿地区（客流主要集中方向）的轨道交通通勤量饱和度现状与规划预期图。现状显示 80% 以上的线路都处于高负荷状态，日渐陈旧的交通基础设施不堪重负，低下的交通效率也导致人们的通勤成本增加，极大地影响了工作与出行效率。通过一系列的改革措施，提高交通承载水平，降低高峰时段高峰方向的交通饱和度，应对不断快速提升的交通出勤需求量。

（3）空间演变规律

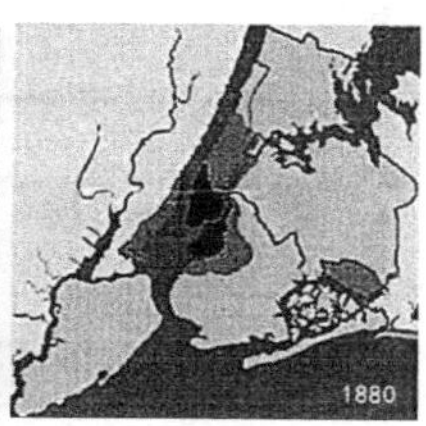

图 16-49 1755～1880 年纽约市空间演化图[226]

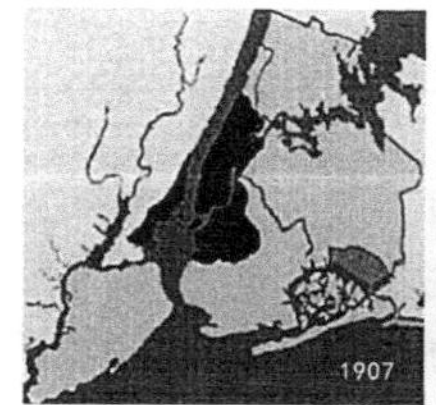

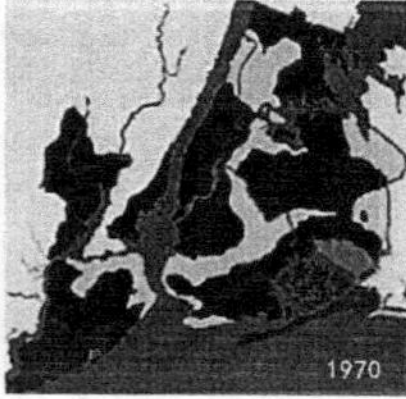

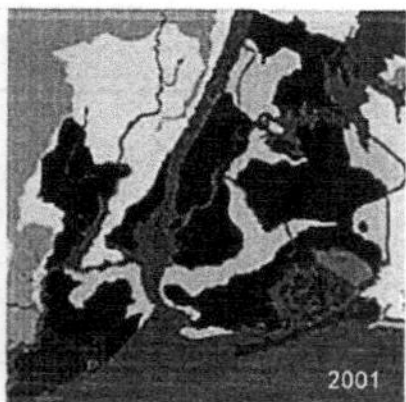

图 16-50 1907～2001 年纽约市空间演化图[226]

第一发展阶段：相对分散发展时期。

第一发展阶段纽约市空间演化及影响因素分析[226] 表 16-12

时间范围	阶段	城市职能	城市空间变化	主要影响成因
1664～1783	殖民地据点城市阶段	防御职能、港口	城市空间仅曼哈顿岛南端	交通因子
1784～1820	经济初步发展、公路时代阶段	独立后美国临时首都	城市规模迅速扩大，开始向曼哈顿北端扩展，但仍主要集中在曼哈顿岛南端	政策推进
1820～1870	工业化时期的运河与铁路大发展阶段	美国的经济中心	1870 年修建了通往布鲁克林区的桥梁，市区向曼哈顿南端大陆和北方继续扩张	交通因子
1870～1898	向西扩张阶段	经济飞速发展	曼哈顿岛北端基本被覆盖，南方的布鲁克林区雏形出现	经济因子、土地因子

第二发展阶段：城市大发展时期—城市空间集中发展。

第二发展阶段纽约市空间演化及影响因素分析[226]　表 16-13

时间范围	阶段	城市职能	城市空间变化	主要影响成因
1900～1920	城市大发展	制造业中心	单中心式圈层式集中式发展	经济
1920～1945	经济开始回落，郊区化加剧	中心城区功能减退	单中心圈层式向外扩张	经济、交通

第三发展阶段：城市郊区化阶段—圈层式扩张。

第三发展阶段纽约市空间演化及影响因素分析[226]　表 16-14

时间范围	阶段	城市职能	城市空间变化	主要影响成因
1946～1977	二战后时期	金融中心	单中心式圈层式向外发展	经济
1978～	经济再次发展	城市郊区化的加剧	圈层式扩张加剧	经济

纽约的规划发展在很大程度上反映了美国规划的特点和制度变迁。建国后不久，纽约就成为全国首位城市并保持至今。较之其他大城市，纽约更早经历了移民潮、工业化、城市化、郊区化，并面临随之而来的城市问题。在同时期，面对不同的压力，纽约的市政和规划对策既现实也不乏创新之举[227]。

（4）规划应对路径

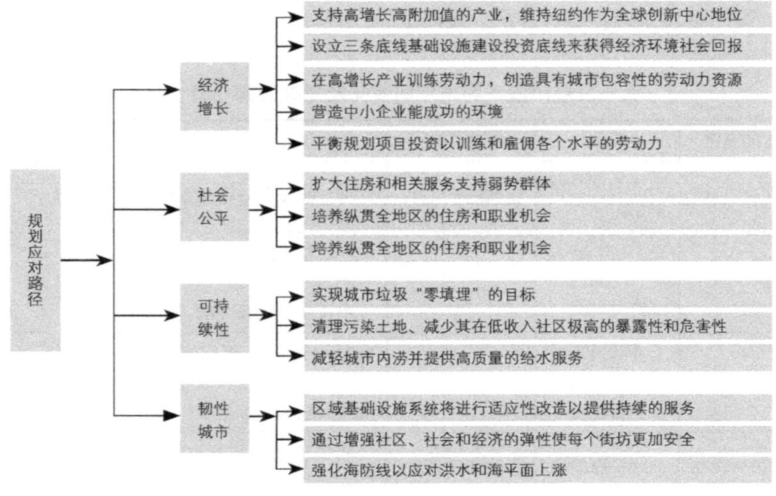

图 16-51　纽约市 2040 规划应对路径图

16.5　美国空间规划与我国空间规划的对比

16.5.1　国家层面规划与中国国家层面主体功能区规划对比

（1）我国国家层面主体功能区规划存在问题

横向缺乏协调，纵向缺乏分工。与美国空间规划体系相比，主管部门过多导致横向缺乏协调，各层多有交叉导致纵向缺乏分工。

发展阶段尚落后，空间策略待提升。在发展阶段尚落后于大部分发达国家的背景下，面对即将到来的空间发展问题，应积极借鉴发达国家空间策略先进经验。

经济发展阶段决定，资源禀赋条件决定。与美国的指标体系对比可以发现，由于受到经济发展阶段的限制，加上资源枯竭意识的缺乏，我国的指标体系与国际相比仍有差距。

指标体系未充分衡量可持续发展程度，未将可持续发展的理念贯彻始终。

（2）美国 2050 空间战略规划优劣评析

第三部门编制更好地实现整体利益的协调。第三部门的组织性质决定了它既能够跳出政治体制的地域局限和任期的限制，又能够有别于企业对经济效益尤其是短期效益的片面追逐，能够在更为长远的时期内，从更为宏观的区域协调发展需要出发，提出区域整合发展的目标和实现区域整体效益最大化的措施[228]。通过建立城市联合管理体系，建立松散型的大都市地方政府协会，来协调区域间的关系。

规划体系自由多样，缺乏系统性。由于受到市场经济体制影响，美国空间规划的重点在于地方层面的规划，全国层面缺乏具有法定约束力的空间规划，间接方式发挥作用的国家战略。规划在城市发展决策中的作用体现了美国制衡分权的政治本质，地方政府的规划权力分散在不同部门，非政府部门和公众也有部分规划权利[229]。

缺乏行之有效的监管法律体系，动态监测体系不完备。与英国健全的法律监管体系相比，由于美国空间规划的编制单位多是非营利性的 NGO 组织编制，很多仅仅只是作为政策性建议，并不具有法定效力，缺乏后续行动指导，空间监测方面实施性较弱。

（3）总结与建议

首先应适度地进行行政区划调整，打破行政界线对生产要素的控制[56]；要认识到对现行空间规划体系的认知是体系重构的基础[54]；完善符合中国国情符合国家经济发展阶段的空间规划体系；重视顶层制度设计，明确主体功能区划管理权限；完善主体功能区规划的法律法规政策保障体系。

16.5.2　区域层面空间规划与我国省级层面主体功能区规划对比

（1）我国省级层面主体功能区规划存在问题

行政边界的刚性约束使得行政区之间生产要素的流动受阻，行政区划瓶颈是省级主体功能区划存在的主要问题，各省行政区划的限制，导致行政部门各自为政，主体功能区内部缺少主体功能区政府绩效评价的弊端。

指标体系丰富度不足，单纯强调空间管治。我国的省级层面的主体功能区主要从资源环境承载力、现有开发密度、发展潜力这三个方面进行核心指标体系的构建，其中空间开发中提出了6项主要指标。对于各区域之间的协调发展及社会公平问题缺乏关注，区域不断变化的特征使得指标缺乏动态性。

法制化和行政管理落后，主体功能区的划分与执行缺少相关法律约束，规划运作容易流入“虚假前提”和地方领导专断，影响可操作性和科学性。

不同的主体功能实行不同的绩效评价指标和政绩考核办法，缺乏统一标准，政府官员一味追求绩效指标，出现造假或互相推卸责任的现象，不同的战略、规划和政策产生多方面多层次的影响，加大了监测和评估的复杂性。

（2）芝加哥大都市区2040规划优劣评析

芝加哥大都市区2040规划也反映了美国分权行政体制的局限性[223]。芝加哥大都会区规划不具有对区内各个城市的法律制约作用，除了水资源利用、大交通问题以外，大部分规划政策属于咨询性建议，虽然受到大都会地区内大部分城市的支持，但实施的影响力不及某些欧洲国家的法定规划。

为了适应全球经济一体化及提高城市的竞争能力，美国进行规划体制改革，使规划本身更具有灵活性，能够对未来发展的不确定性作出迅速的变化和调整[18]。地方自治的基础上地方主导型的规划管理。芝加哥大都市区2040规划注重区域间共同治理与协作发展，此外还关注区域基础设施共建共享以及人力资源的培养与发展。

（3）总结与建议

针对关键问题，瞄准重点区域，切忌一把抓；建立科学的分区标准，加强国家级空间战略规划重点区域划分指标体系研究；重视各省区域协调，强调跨行政区域合作；要进行广泛的公众参与和制度创新，保障规划顺利实施；进一步完善的规划后续行动监测机制，确保规划实施管理的时效性。

16.5.3 城市空间规划与我国城市总体规划对比

（1）与上海2040规划的指标体系对比

由于纽约2040规划与我国主体功能区城市层面规划存在着根本体系的差异，纽约2040规划作为一个综合性的城市规划，我们用中国上海2040规划来与之比较。

指标体系是反映城市总体规划目标的量化衡量工具，是增强规划可操作性和指导规划实施的抓手。将美国纽约2040城市总体规划指标体系与我国上海市2040总体规划指标体系进行对比，不难发现，二者存在很多的共同点。二者都是提出发展愿景下的目标体系，构建目标框架下的核心指标体系。二者也存在很多区别，总体指标层次上，上海 2040 规划指标体系共分 4 个部分，其中基础数据部分是规划常规指标，此外三个方面都是基于三个愿景制定的一系列指标，是对抽象目标进行定量指标设计；纽约的规划指标体系则是对交通、经济产业、基础设施等城市的各个方面发展的定量规划。单项指标对比而言，人口指标方面，上海提出了上限控制，而纽约则进行了人口预期，这与二者的经济发展阶段与城镇化水平也是息息相关。城市物质空间建设方面，上海更关注公共空间和基础设施营建，而纽约更重视社区环境和生活品质的提升。此外，纽约 2040 规划包含了公众健康以及韧性城市的指标。综合以上指标体系可以看出，上海还处在经济社会快速发展的阶段，注重协调城市发展，提升城市品质；纽约处于城市化高级阶段，更关注环境的营造以及人本指标。

（2）纽约 2040 规划优劣评析

纽约 2040 规划构建了“愿景—策略—目标”的综合指标体系，规划指标具有弹性；对不公平不平等社会问题的关注，重视多元文化的融合；关注地区间的发展与平衡，提出有针对性的发展对策；关注灾害风险防范，关注城市可持续性与韧性；它是具有广泛公众参与的合作式规划，监管体系中也注重舆论监督，开门做规划的范例值得借鉴；但是纽约 2040 规划过于依赖市场的导向作用，政府部门缺乏行之有效的后续实施监管措施；缺乏完善的法律法规监管系统保障，与欧洲国家相比规划法定性与指标的刚性尚待加强。

（3）总结与建议

城市层面空间规划应该目光长远，跳出本城市范围，注重周边区域的协调与合作，在顶层治理、人力资源、信息技术、基础设施、灾害防范等多维度统筹协调，促进区域间的共赢发展。强调空间发展机会的公平性，尤其重视发展滞后地区的发展，有针对性地重点扶持发展机会较少的落后地区，提升综合发展潜力。重视公众参与规划与公共监督，关注人民生活质量与幸福指数息息相关的人本民生指标。利用信息通信技术，优化空间监测。充分利用信息通信技术和大数据进行城市规划的研究、设计及监测。

第 17 章　荷兰空间规划

17.1　荷兰空间规划的内涵及其构成

17.1.1　荷兰空间规划的概况

荷兰国土空间规划历史悠久，特点鲜明，在欧洲乃至世界独树一帜，其规划思想与追求的生态理念对世界规划界产生了深远影响。荷兰人多地少、人均用地极为紧张，如何利用国土规划有效利用土地资源是国家发展诉求，这与我国的国情相似，因此荷兰的国土空间规划经验值得我们学习和借鉴。

荷兰的空间规划始于1901年的住宅法，正式规定在地方要进行空间规划，1930年后，省级政府被赋予区域空间规划的职权，二战后，中央政府才开始作全国的空间规划。20世纪50年代初，中央政府成立了国家西部工作委员会，设立秘书处专门负责对国土空间规划进行指导。1958年，编制了兰斯塔德发展纲要，该纲要提出，要把该地区打造成一个多中心的绿心大都市，这为其能够提供比其他地区更有新引力的工作岗位和居住条件提供了制度的保障。兰斯塔德发展纲要最突出的贡献是提出了多中心绿心大都市思想，该思想成为荷兰历次国土空间规划的灵魂。

17.1.2 荷兰空间规划的发展历程

荷兰的空间规划主要经历了几个重要的发展阶段，首先是机构的设置与兰斯塔德发展纲要的起草。20世纪50年代初，中央政府成立了国家西部工作委员会，设立秘书处专门负责对国土空间规划进行指导。1958年，编制了兰斯塔德发展纲要，该纲要提出，要把该地区打造成一个多中心的绿心大都市，这为其能够提供比其他地区更有新引力的工作岗位和居住条件提供了制度的保障。兰斯塔德发展纲要最突出的贡献是提出了多中心绿心大都市思想，该思想成为荷兰历次国土空间规划的灵魂。

第一次国土空间规划：随着经济的发展，兰斯塔德发展纲要中过分强调兰斯塔德的重要性而忽略了其他地区的弊端显现出来。荷兰政府于1960年制定了第一次国土空间规划，把统筹兼顾公平与效率的目标结合起来。该规划编制后，兰斯塔德地区进行了大规模建设和扩张，包括中心城市的内城改造和更新。

第二次国土空间规划：1966年荷兰逆城市化就初见端倪，城市快速扩张造成城市环境质量下降。为了应对快速蔓延的逆城市化趋势，进一步促进兰斯塔德地区的健康发展，荷兰政府编制了第二次国土空间规划。提出建设交通走廊，实行轴线开发方案，采取“有集中的分散”原则，疏散人口和就业岗位。有效解决了城市环境恶化和破坏原有城市布局的问题。

第三次国土空间规划：经过第二次国土空间规划，兰斯塔德人口大量疏散，一些中心城市甚至出现了人口规模持续下降的趋势，兰斯塔德地区出现了衰退迹象。第三次国土空间规划的宗旨是“有选择地增长”，提出城镇优先发展的原则。进行城市更新和村镇更新，改善城市居住环境和生活质量。

第四次国土空间规划：20世纪80年代中期，国际形势巨大改变，欧盟发展，荷兰需要紧跟时代步伐。本次规划首次提出“可持续发展”的理念，提出打造中部城市圈，建成具有国际竞争力的大都市群，加大对港口和交通干线的建设。

第五次国土空间规划：在欧盟一体化推动下，本次规划提出了不同地区的发展目标，注重提高空间质量，引导经济社会活动对空间的使用，是这次规划的基本出发点和主要目标。

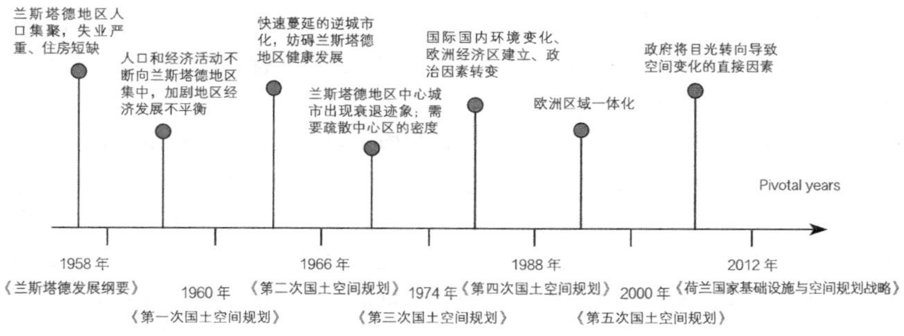

图 17-1 荷兰国土规划发展历程图

17.1.3 荷兰空间规划体系

荷兰空间规划体系分为国家、省级和市级三个层次。每一级政府都承担着空间规划的职能：市镇（地方）级的土地利用规划、省级（区域）空间规划和国家级空间规划（表 17-1）。其中省级规划是整个战略规划体系的关键所在，一方面起着国家和市级规划的衔接作用，另一方面又要指导市级规划符合省级空间发展政策。

荷兰空间规划的层次及其主要内容 **表 17-1**

层次	名称	主要内容	约束力	审批
国家级（全国范围）	空间发展战略	核心决策问题（如空间战略）国家政策和准则	指导性	国家议会批准实施
区域级 / 省级（全部省域或部分）	区域结构规划	省级规划政策（非必须规划）	指导性	层级管制关系
地方级（市域或市域及其周边城市部分）	地方结构规划	市级政策导则	地方政府决定（考虑上级规划）	考虑上级规划，经省级政府
	土地利用规划	不同土地的分配和使用方案	法定规划	

国家层面的规划称作空间发展战略，主要解决核心决策问题，包括国家空间 战略等，由国家议会批准实施。国家空间规划兼具约束性和发展性功能，标示出国家级的重大工程建设，这部分规划兼具规范性与发展性的功能。国家空

间规划还提出地方及省政府必须遵守的一半规划准则，对市镇以及省级政府具有约束性，是省级和地方政府规划的纲领性文件，对地方和省起着指导作用。

省级空间规划为非必须规划，本质上是区域规划，但是目前荷兰每个省都编制了空间规划。省级国土空间规划准备程序和地方土地使用规划类似。省级规划把比较重要的空间类型划分为：现有都市区，都市扩张区，主要的国家及区域基础建设工业区，各种类型农业区，休闲区，自然保育区，主要水源及水体区几个大类。

市级层面的规划分为两个层次，一是结构规划，二是土地利用规划，也可称作土地分区图则，核心内容是不同土地利用的分配和使用方案，该规划对地方开发建设活动具有绝对的约束力，是整个规划体系的核心所在。市镇土地利用规划规定了地区内每块土地的使用性质，规划由市镇行政机关负责准备，有时由公务员草拟，有时则委托顾问公司协助草拟。地方政府除了编制土地使用规划外，还需要设置建筑许可管理。建筑许可管理与土地规划是相互配套的，它规定了每块土地上建筑的数量、层数、距离、外观、屋顶式样等。

17.2 国家层面——《国家基础设施与空间规划战略》评估体系

本章从荷兰国土空间规划的内涵及空间过程入手，介绍国土空间规划的体系，总结其国土空间规划的空间特征，分析荷兰国土空间规划的制度支撑，并以《荷兰国家基础设施与空间规划战略》为例，深入分析荷兰独具特色的国土空间规划的评估体系，为我国规划评估机制的完善提供有益的参考。

荷兰的空间规划评估体系主要分为规划制定时的评估和规划实施后的评估。其中，规划制定时的评估分为预评估和战略环境影响评价，主要是讨论规划的可行性、讨论规划对环境的影响、帮助公众和决策者做出正确的政策选择；规划执行后的评估包括定期的过程监测和定期的实施后评估，主要目的是动态考察规划的结果绩效、反映实施中出现的问题，及时反馈给决策者进行必要的规划调整。

17.2.1 规划制定时的评估

（1）评估框架：目标导向的评估框架

评估的核心准则是可持续发展，评估主要关注规划目标、政策措施、实施机制三方面的内容；国家空间规划强调经济增长的同时还要兼顾基础设施、生态环境和国家安全，同时评估还有保证规划目标的一致性的方法，如：评估与考量、分析各类规划目标的理论支撑及其本土适用性和合理性，并对其可行性与时效性作出判断、审查实施机制是否健全、任务是否明确、责任是否落实等。

（2）评价内容：以评促编的评估内容

评估的重点是对经济竞争力、生活环境质量、实施机制的评价。中央政府把提升荷兰的国际竞争力放在前所未有的高度上，营造更为自由和宽松的经济环境。关注重点都市区的基础设施建设和可达性改善，关注营造良好生活和工作环境。另外，预评估对《草案》的评价既有正面的，也有中性的和负面的。说明预评估并非“事后追认”和“走形式”，而是切实发现问题，并提出改进办法。

（3）评价方法：定性定量相结合

为方便公众阅读和理解，预评估报告文本是高度浓缩和精简的结论，属于定性描述。结论虽然是目标导向，以定性为主，但是这些推断都建立在坚实的定量研究之上。

荷兰《国家基础设施与空间规划战略草案》与评估的主要评估结论[212,215,216,219-221,224,230-234] **表 17-2**

大项	中项	评估结论	判断	类型
目标一致性		A1 移动性和空间性政策首次联合制定、紧密配合	+	论证类
		A2 空间性政策与住房政策的结合有待强化	−	建议类
		A3 空间任务需要围绕长期的可持续发展目标统一调配	−	建议类
中期发展目标	空间与经济基础设施	B1 在重点都市区域集中投资的策略可有效提升经济竞争力	+	论证类
		B2 良好的住房政策和居住环境质量对招商引资有重要作用	0	论证类
		B3 兰斯塔德地区的区位与可达性，在国际上得分高、在地方上得分低	0	论证类
		B4 未来住房增量的走势不明朗	?	预测类
	移动性	C1 紧凑集约发展的规划政策是提高移动性的根本	+	论证类
		C2 采用了新的技术指标进行综合分析，确定改善移动性的最佳投资地点	+	论证类
		C3 “阶梯”政策可充分利用现有建成区和基础设施，最大化地提高可达性	+	论证类
		C4 在城郊的新建住区开发综合交通中心存在不持续发展的风险	−	预测类
	生活环境质量	D1 建设控制区应与防洪堤的升级和潜在行洪区的变化保持同步	−	建议类
		D2 建议在防洪安全区（人口密集区）优先发展，限制非安全区的城市化	−	建议类

续表

大项	中项	评估结论	判断	类型
中期发展目标	生活环境质量	D3 在省市分散决策模式下，国家应明确城市布局与洪水安全问题的综合协调	—	建议类
		D4 对 Natura2000 保护区外围的农用地、栖息地、网络绿地等，应界定区域并明确保护与开发原则	—	建议类
地区发展目标		E1 住房政策的宽松将扩大兰斯塔德地区的集聚增长效应	—	论证类
		E2 在兰斯塔德地区内，城市郊区和间隙的某些具体位置将会出现大幅增长	—	论证类
		E3 兰斯塔德地区的郊区化将导致其基础设施负荷进一步加重	—	论证类
		E4 各级政府对住宅开发管制的放松是弗莱福兰省的增长放缓	—	论证类
实施机制		F1 在立法手段调控下，中央政府可基于信任原则下放权力。一旦整体空间利益未被省市决策贯彻时中央政府尚缺少信息监管和及时介入的机制	—	论证类
			—	论证类

（图例：+ 正面　– 负面　? 不明）

17.2.2 战略环评

（1）环评背景

政府决策与对应的环境评估手段包括政策、规划与计划、项目，分别对应环境测试（E–test）、战略环评（SEA）、环境影响评价（EIA）。荷兰是最早尝试 SEA 的国家，在 1987 年就通过《环境影响评估政令》建立了 SEA 制度。并在 1994 年修订《环境管理法案》中将 SEA 写入成文法。欧盟 2001 年颁布《战略环评指令》，要求各成员国尽早出台 SEA 的相关立法。在此情况下，荷兰在 2006 年再次修订了《环境管理法案》，与欧盟指令进行了融合。

（2）环评内容

环评的范畴和内容是经公众参与的方式确定的，包括环评的主题政策、评估框架的构建、替代方案的比较、环境影响的评价、各地区的连带影响、后续监督和决策等 6 个主要方面。环评的主题政策，分别对应着草案的总体和中期目标：（竞争力、可达性、宜居和安全），包括四项：空间和经济基础设施与城市化，加强移动性的投资、创新和保护，生态网络的保护，特色景观价值的保护。

环评方法及框架：该框架含生态、生活、经济三大要素，共同支撑可持续发展的终极目标。

战略环评的评估框架[233,234]　　表 17-3

影响要素		评价标准
生态	气候	应对气候变化的弹性（适应性）
		二氧化碳排放和能源转换（削减）
	多样性	物种多样性（受保护的物种）
		保护区的质量（保护区）
		生态网络的空间连贯性
生活	安全健康的生活环境	环境质量：土壤、水、空气、噪音
		淡水利用
		抵御洪灾
		抵御安全风险（外部或其他）
	有活力和吸引力的生活环境	城市住房、重组和转移的空间
		门到门的综合交通可达性
		基础设施、绿地和水的平衡
		空间质量和文化遗产
经济	国内国际良好的企业环境	区位可达性，包括国际可达性
		国际枢纽的空间
		其他经济功能的空间（农场等）
		有活力和吸引力的生活环境

评估具体步骤：政策背景介绍—政策影响分析—环境影响分析—对 Natura2000 自然保护区的影响预测—缓解补偿措施。

替代方案的比较：替代方案的比较是环境评价的核心。针对每个主题政策，环评报告列举了几种可选方案，分析未来的不确定因素，预测影响变化的幅度，并对各方案与预期目标的差距进行初步判定。替代方案的比较论证是围绕从中央自治到地方分权而治的不同政策选择进行的。

（3）环评的程序

环评包括筛选、定域、编写报告、外部审查、决策监督等五大常规步骤，各步骤的文本均对社会公开。

环评具有双重参与机制：在 SEA 启动之初（定域阶段），就引入了公众参与机制；在外部审查《草案》和《SEA 初稿》必须捆绑发布公示。并且在不同城市召开说明会和听证会。

第三方机构的审查监督：荷兰的环境评估委员会（NCEA）为各类环评提

供定域阶段的环评编写指导和外部审查阶段的环评质量鉴定。

17.2.3 规划实施后的评估

（1）实施过程评估

从2012年起，荷兰环境评估署与交通政策研究所合作，对空间规划和移动性的政策的效果进行联合监督，共同发布双年报告。滚动周期为2年。该评价报告总结《战略》的三个中期目标和具体措施的实施情况、对比现实和目标的差距、预测相关影响要素的变化趋势，为下一步规划决策提供可靠的技术支撑。以该检测报告为依据，内阁政府向议会述职，汇报上一阶段的规划实施情况和对策，并提出未来两年内的具体行动措施和项目预算，由议会批准。

（2）实施结果评估

根据荷兰以往空间规划的做法和欧盟有关监督和评估框架的倡议，可能会出台中期和后期评估报告。同时，针对《战略》中重大工程的经济与社会效益，进行若干项目的实施后评估。

（3）其他评估机制

荷兰政府要求PBL每年编制环境平衡报告，评估国家环境政策的影响，提交议会进行年度预算讨论。从2010年起，将空间发展与生态保护政策也纳入其中，评价指标也由原来的传统环境指标变为综合性指标，向可持续发展方向靠拢。《环境平衡2012》是第一次综合评估，通过六大社会系统的状况，反映相关政策目标的实现程度。该六大系统是能源和气候、粮食、乡村地区和自然、水安全与管理、移动性以及城市发展。

17.3 荷兰规划评估对我国规划评估的启示

17.3.1 对我国规划评估的启示

（1）重视事前与事中评估

荷兰的空间规划早就向公共政策转型，更加注重目标的选择和引导，更加包容规划决策的不确定性，更加重视情境条件与结果绩效的动态适应性。强调事前是重点评估，就如同起步即打造强健的体魄，定期体检，随时进行动态渐进的矫正，完全可以常态化，不必兴师动众。

我国多数城市采用的是“终审式”评估，依然是基于技术思维的基础之上的、对规划结果实现度的被动评判。会落入“事前不健康、事中不保养、事后大修补”的怪圈。其效果没有前者积极主动和科学高效。

（2）规划编制与评估高度结合

荷兰重视评估过程对规划编制和决策的影响并非先有规划后有评估，而是通过评估形成《草案》。牵头部门按照规划编制、预评估、战略环评的顺序，依次启动各项工作，中间经过多向反馈和修改，最终《草案》、《预评估报告》、《战略环评报告（初稿）》同时完成并公布。

（3）向可持续发展评估转型

荷兰战略环评虽然名义上是环境评价，但从其评估框架来看，已经向可持续发展评估体系转型，建立了平衡经济发展与环境保护的综合决策机制。在战略环评程序的定域阶段，也可看到环评兼顾经济和社会的影响。而我国的规划评估还是技术本位的评估：评估重点是技术本位的环境污染指数等，与经济和社会影响评价脱节，评估理念还停留在第一代上。

（4）独立和连续的评估监控体制

荷兰的规划编著与评估机构是分离的。PBL 是独立的环境与空间政策的研究评估机构，无权编制规划或制定政策。而我国除环境影响评价之外，其他规划评估由编制部门自编自评，客观性无法保证。我国没有类似 PBL 的高级别、综合性政策研究中心。而我国的环境科学研究院局限于环境污染和生态保护，不涉及空间规划和社会因素。我国没有独立的环评鉴定机构。主管审批部门与下属的企事业评估单位之间存在利益粘结，难以有效监督环评质量。在荷兰，空间规划要严格按照公共预算制度执行，议会掌控财政审批，有效地监控了规划的实施。而在我国，实施评估只需报送人大和上级审批机关备案，无有效的监督和控制手段。

17.3.2 对我国规划评估的建议

（1）规划评估谁来做

PBL 是荷兰国家级政策研究机构，而不仅仅是规划评估机构，PBL 同时掌控跨行业共享的信息技术平台，最后，PBL 具有专业独立性，只研究而不编制规划政策，客观中立。我国可以考虑组建类似 PBL 的省市政府直属的、规模化、专业化、综合性、独立性强的政策研究中心。

（2）规划评估怎样做

在评估立法上，要根据地方实际进行探索，制定规划实施评估的法律法规，其中必有优胜劣汰和经验反馈，据此进行条文细化，循序渐进的法制化。

在评估内容上，将不确定因素纳入考虑，尝试对实施绩效和实施机制的评估，包括规划方案编制评估、规划实施过程评估、规划实施效果总结评估。

在评估技术上，要与国际先行技术接轨，把可持续发展纳入框架，增加价值型指标，学习国外先进模型分析和数据处理技术，建设完善跨行业共享的数据信息平台和动态监测反馈机制。

（3）规划评估何时做

荷兰每 5 年对国家空间规划做一轮大的调整；每 2 年发布一次检测报告进行滚动式规划评估，并且每年由 PBL 向议会提交年度评估报告。

目前我们还不具备荷兰式年度政策评估的，根据我国现状，建议评估周期为规划实施评估可每3~5年进行一次，保证每10年一次的规划修编时间中有2~3次过程评估。如要将滚动周期标准化，可仿照荷兰，不必与规划同步编制。待发达省市条件成熟时，再向2年一次过渡，以点带面进行推广。

（4）规划评估谁来做

荷兰的规划评估结果交由公众审读和监督。规划文本编制、政府内部自评、公众外部评价高度结合、同步进行，并向社会全文公开。因此对规划的评估审查，只需要一套公众参与程序即可，节省人力物力，无需上级机关监控。

而我国目前因体制所限，规划评估成果是给上级看的，即提交人大和上级机关备案，规划评估出现有名无实的监督局面。

希望以上的不利局面，随着整体改革的深化推进和对政府部门的财政预算的严格监控，逐步得以扭转和改进。

第18章 德国空间规划

18.1 德国空间规划的内涵及构成

18.1.1 德国空间规划的构成及发展历程

德国空间规划（Raumplaning）是指公共权力对所有层面（地方及地方以上的）以及相关专业范围的空间性规划，即设计空间综合规划和专项规划[235]。空间规划有广义和狭义之分，广义的空间规划（也可称Räumliche Planung）则由前一个概念衍生拓展而来，是所欲具有空间意义规划行为和活动的统称[236,237]。德国空间规划根据规划编制基础、委托方等的不同，可以划分为正式规划和非正式规划。其中正式规划包括综合空间规划和专项规划[238]。

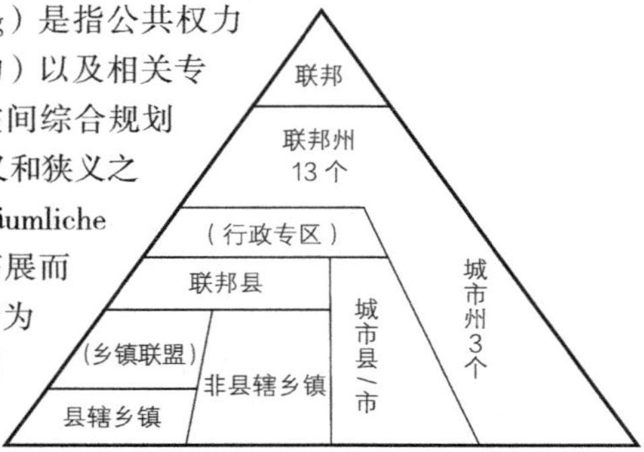

图18-1 德国行政区划关系示意图

德国实行联邦制，其《基本法》确定了联邦—州—地方的分权体制，其政府机构分为三级：联邦政府、州政府和地方政府。在区域规划的层面上，地方政府具有自主的立法权，以编制自己的具有法律效力的区域规划。德国规划中由高到低五个层次（欧洲层面、联邦规划、州域规划、区域规划、地方规划）职权分明，分别从不同的尺度以及侧重对土地利用空间作出系统的安排。各层次规划的制定都要经过反复征求意见和修改。从纵的关系上看，低层次规划一般要服从高层次规划基本目标的要求，而高层次规划则以低层次规划作为自己的依据、补充和具体化，做到国家与地方、宏观与微观的高度结合。

联邦政府设置空间规划体系的总体框架和政策来保证州、地区和地方规划的整体连贯性，而州、地区等通过统一的价值诉求来影响联邦的规划导引和愿景，通过自上而下的引导与自下而上的反馈形成协调的规划衔接机制。

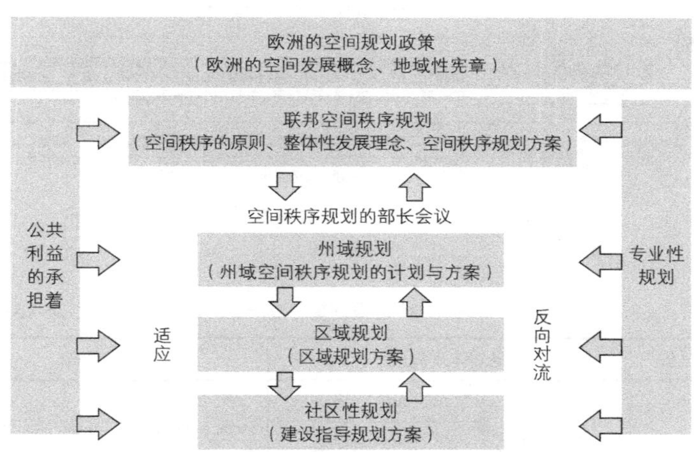

图 18-2　不同空间层级的空间规划之间的互动关系
（资料来源：联邦建筑、城市与空间研究所，2011）

德国是地方高度自治的联邦制国家，行政体系分为联邦、联邦州和州辖管理的市或地区三级。德国在空间规划领域起步较早，现已形成了较为完善严谨的体系和科学方法。德国是世界上最早开展国土空间规划的国家之一，其空间规划体系的发展大致可以分为 5 个阶段。

18.1.2　德国空间规划体系特色概述

（1）典型的地方自治型联邦制空间规划体系

“各州有立法之权”，与英国和法国偏于集权的模式不同，国家的大部分行政工作由各州独立运作，空间规划体系的结构也是依托联邦模式与地方自治展开。联邦政府并不是制定规划的主体，而是设置空间规划体系的总体框架，各州在州域规划上拥有管辖权，这种配合和协调体现在协商和建设意见的一致性上，允许下一级的意见目标导入上一级的规划中，州的政策和规划目标可用来制定联邦的规划导引和愿景。

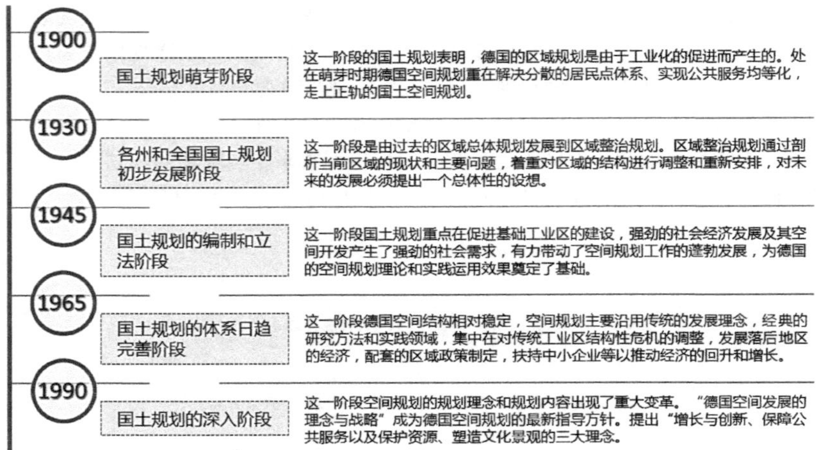

图 18-3 德国空间规划发展阶段示意图

德国空间规划体系构成 表 18-1

法律地位	规划体系构成		规划目标
法定规划	空间总体规划	联邦层面的空间规划	协调不断出现的空间要求、实现空间发展规划、制定空间发展策略
		州层面的空间规划	
		地方层面的空间规划	
	专业部门规划		专业规划主要是从技术角度，为一个专业领域或多个专业领域而制定
非法定规划	非正式规划		以问题为导向，根据需要而进行的规划或规划性处理措施

（2）层级分明系统的空间规划体系

德国规划中由高到低五个层次（欧洲层面、联邦规划、州域规划、区域规划、地方规划）职权分明，分别从不同的尺度以及侧重对土地利用空间做出系统的安排。各层次规划的制定都要经过反复征求意见和修改。从纵的关系上看，低层次规划一般要服从高层次规划基本目标的要求，而高层次规划则以低层次规划作为自己的依据、补充和具体化，做到国家与地方、宏观与微观的高度结合。

联邦政府设置空间规划体系的总体框架和政策来保证州、地区和地方规划的整体连贯性，而州、地区等通过统一的价值诉求来影响联邦的规划导引和愿景，通过自上而下的引导与自下而上的反馈形成协调的规划衔接机制。

德国空间规划与法律依据一览表　　表 18-2

<table>
<tr><th>权限划分</th><th colspan="2">行政区域层次</th><th>法律基础</th><th>规划任务</th></tr>
<tr><td rowspan="3">战略指导性规划</td><td colspan="2">联邦</td><td>联邦宪法空间规划法</td><td>制定联邦全国空间协调发展原则和方向、纲领性、总体性的远景；协调全国的专业部门规划</td></tr>
<tr><td rowspan="2">州</td><td>州域规划</td><td>空间规划法、空间规划条例、州空间规划法</td><td>协调各州的空间规划；
制定州空间协调发展的原则和目标；
协调州的专业部门规划；
规定各区域的发展方向和任务；
审查和批准区域规划</td></tr>
<tr><td>区域规划</td><td>州空间规划法</td><td>制定区域空间协调发展的具体目标；
制定各城镇的发展方向和任务；
审查城镇规划</td></tr>
<tr><td rowspan="2">建筑控制性规划</td><td rowspan="2">地方</td><td>预备性土地利用规划</td><td rowspan="2">建设法典、建设利用条例、州建设利用条例</td><td rowspan="2">调整城镇行政小区内的土地利用和各项建设使用，实现城市建设的可持续发展目标</td></tr>
<tr><td>建设规划</td></tr>
</table>

（3）完善的空间规划法律体系

德国具有完善的空间规划法律体系，空间规划法律法规规定的正式法定规划最细到市镇一级建造规划。联邦层次的《联邦空间秩序规划法》，到州层次的《州国土空间规划法》、地方层次的《建设利用条例》，每层次空间规划均有相应的法律支持。同时，注重法律之间的衔接，真正做到了有法可依。

（4）多部门的综合治理

德国的土地规划综合性强、内容广，几乎所有政府部门都要参与工作。部门规划方案可由土地规划部门提出，也可由专业部门（例如农业部门、工业部门等）提出，但最终应由前者综合协调，以符合总体规划的要求。部门规划还注意相邻地区和相邻国家之间的协调，通过多部门综合治理，形成更准确的信息反馈与规划定位。

（5）区域平衡与协调发展

强调实现区域平衡发展，在全国提供同等的生活环境，基于德国多中心区结构的原则，注重发挥城市的网络协同效应，挖掘远离中心城市的人口分散地区的发展潜力。公共服务均等化供给：规定最低公共服务标准，在德国所有区域营造相似生活条件。政府加大对落后地区交通、教育、医疗、基础设施等公服的投入。

18.2 国家层面——联邦空间规划报告 2011

18.2.1 指标体系

《2011 联邦空间规划报告》分五个部分，分别是“本次空间规划有什么不同?”、“城乡空间发展”、“德国与欧盟的空间规划政策”、“有效方式”、“空间安排所需的政治行动”。其详细目录如下[239]：

《2011 联邦空间规划报告》篇章结构　　表 18-3

章节	篇目
1. 本次空间规划有什么不同	
2. 城乡空间发展	2.1 生活条件的均等化
	2.2 人口变化的服务供给
	2.3 区域竞争力与就业
	2.4 交通与移动性
	2.5 能源与气候
	2.6 住房建设与房地产市场
	2.7 土地利用与建设
3. 德国与欧盟的空间规划政策	3.1 欧盟空间发展政策
	3.2 联邦法规
	3.3 国家间区域规划
4. 有效方式	4.1 公共财政与空间发展
	4.2 联邦基金
	4.3 欧盟政策
	4.4 区域政策结论
5. 空间安排所需的政治行动	5.1 对区域规划的挑战
	5.2 德国空间发展模式的发展
	5.3 通过联邦规划落实空间规划原则
	5.4 区域规划行动
	5.5 强化德国在欧盟的领土凝聚

联邦空间规划指标体系以区域生活条件为切入点，划定 6 个指标——人口、经济、劳动力市场、繁荣程度、基础设施、房产市场——以分析区域的现状并指导规划，每个指标又划分出若干二级指标，以制定联邦空间规划的编制

框架，指导下一层次各州自主编制的州域空间规划。同时，对现状的梳理借鉴了蜡烛图的方式，并对6个指标及其二级指标评级赋值，结合定量与定性分析，并且说明了一段时期内的变化趋势。其指标体系如表18–4所示。

《2011联邦空间规划报告》区域生活指标　　表18–4

要素	指标
人口	男性平均寿命（年）
	75岁以上（占总人口百分比）
	15岁以下（占总人口的百分比）
经济	个人的负债比率（单位：%）
	社区中低于15岁幼儿占比（单位：%）
	可用人均收入（欧元）
劳动力市场	失业率（%）
	通勤距离（单位：分钟）
	就业比例（15～65岁之间） 学徒比例（培训名额比例和候选人）
	国内生产总值
	在知识密集型服务员工（单位：%） 研究与开发人员（就业每1000人内）
基础设施	人口密度（每平方公里的人）
	小汽车出行时间（单位：分钟）
	3岁以下儿童的日托中心（%）
	医疗—居民比例（医生10万人均）
	医患住院率（65岁以上）
	中小学设施密度（每平方公里内小学数量）
	公路，IC/ICE连接的辅助功能，机场（汽车到达时间）
	宽带（拥有者占总体的百分比）
房屋市场	以众议院市盈率为标准的单户住宅数

（作者根据Raumordnungsbericht, 2011整理）

18.2.2　空间特征

（1）现状空间特征

以下6图分别为人口、经济、劳动力、繁荣程度、基础设施和房产市场的联邦层面的分析图。黄色区域为全国平均值，浅蓝色为低于平均值，深蓝色为远低于平均值，浅红色为高于平均值，深红色为远高于平均值。

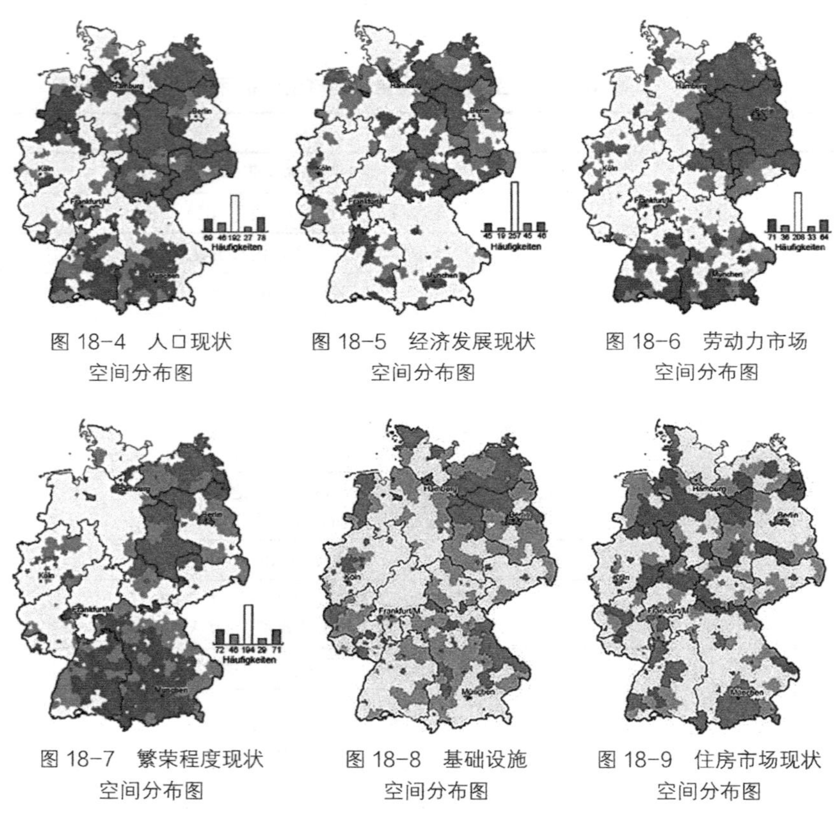

图 18-4　人口现状空间分布图

图 18-5　经济发展现状空间分布图

图 18-6　劳动力市场空间分布图

图 18-7　繁荣程度现状空间分布图

图 18-8　基础设施空间分布图

图 18-9　住房市场现状空间分布图

根据现状预测，越来越多的城市和自治州的人口在减少。特别是在 20 世纪 90 年代，人口的减少基本集中在前东德。受人口下降影响的地区包括下萨克森州南部大部分地区、黑塞北部。

关注点集中在人口、家庭和劳动力上，在现状研究的基础上（包括德国老龄化、少子化、人口减少和移民问题）分析、预测 2030 年的情况。在 2011 版国土空间规划的基础上，以人口、家庭、劳动力为 3 项指标研究未来德国的区域规划发展方向。体现了“人”——作为国家发展最基础资源的战略思想。

高于和低于区域平均生活条件，左图为在空间上的分布，右图为人口比例。低于均值的区域和人口主要分布在东德。根据指标体系以相关数据，分析相关指标变化趋势，以衡量区域生活条件的不平衡程度，得出高于和低于平均生活条件的区域，从而针对不同区域制定不同空间发展政策和财政政策。

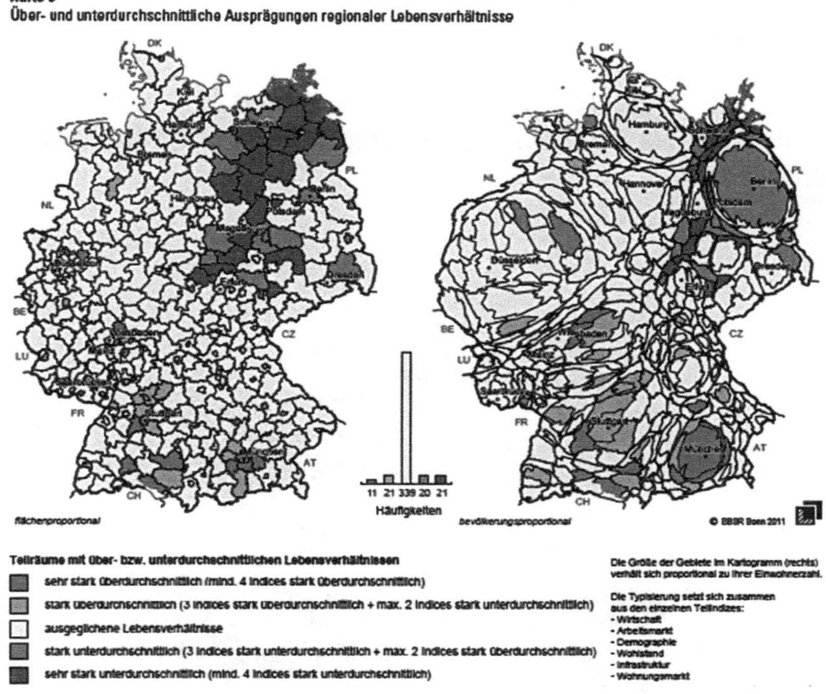

图 18-10　高于和低于平均生活条件地区空间分布图

（2）规划空间结构

2011 版联邦空间规划编制对联邦内 16 个州的空间规划进行了综合统计，并以此为基础绘制了一张土地利用划定的州域规划拼合图。根据图例可以看出各州的土地利用划定有独立性——联邦层面没有对土地利用进行划定，而只是提供了规划编制框架，规划成果与规划编制的体制相吻合。联邦 / 国家空间规划相较于州域空间规划是“较弱”的，联邦规划承担信息提供的职能，把控重要的战略性指标体系，为州域规划提供规划编制的框架，而不做具体的规划方案。土地利用划定是空间规划最终成果的重要内容，因此我们看到，在联邦层面没有做统一的土地利用划定的分类指标，而是由各州在编制的过程中主动地编制不同的土地利用划定分类。而后再由联邦汇总信息绘制一张规划拼合图。

图 18-12，18-13 反映了规划对 2004～2025 客运总流量空间预测分布图以及货运总流量空间分布图。图 18-14 反映了规划对未来可再生能源应用结构比例空间预测，将高比例使用可再生能源的政治目标落实为具有挑战的空间目标。在未来几年联邦和州政府的能源规划将主要涉及以下任务：

（1）扩大可再生能源作为化石燃料（石油、煤炭、天然气）和核燃料（铀）的替代能源。

（2）能源网络和能源储存的扩展和现代化。

（3）进一步开发建筑节能材料与结构，改造现有建筑物。

（4）提高运输基础设施的效能，支持发展电力交通基础设施和其他非化石燃料的运输能源。

（5）增加可再生能源的空间效率。

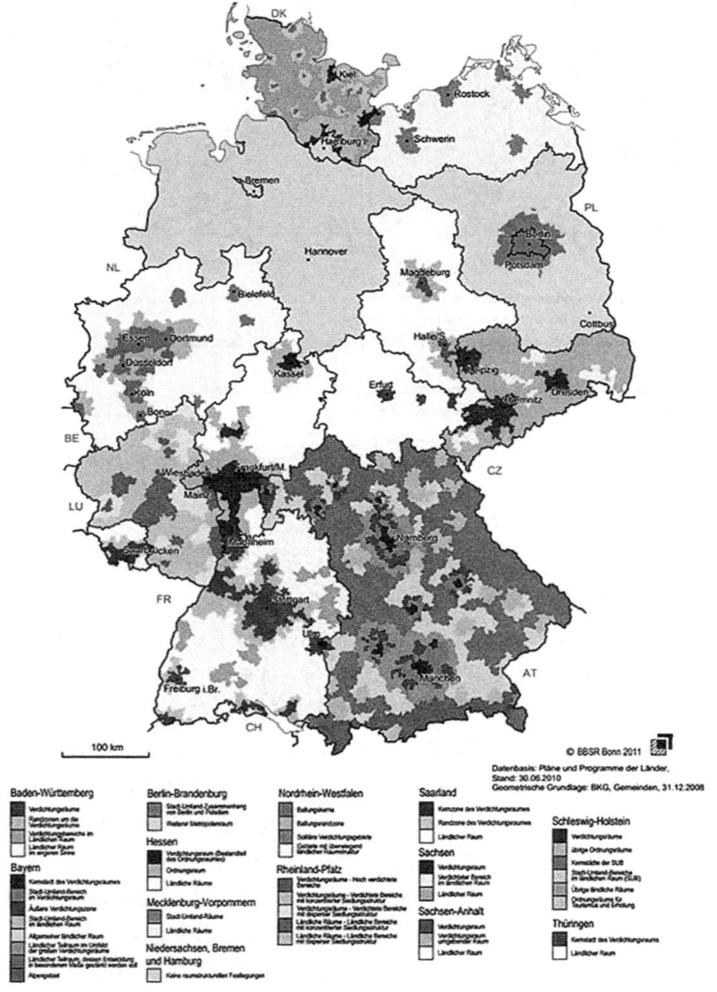

图 18-11　土地利用规划拼合图（资料来源：Raumordnungsbericht，2011）

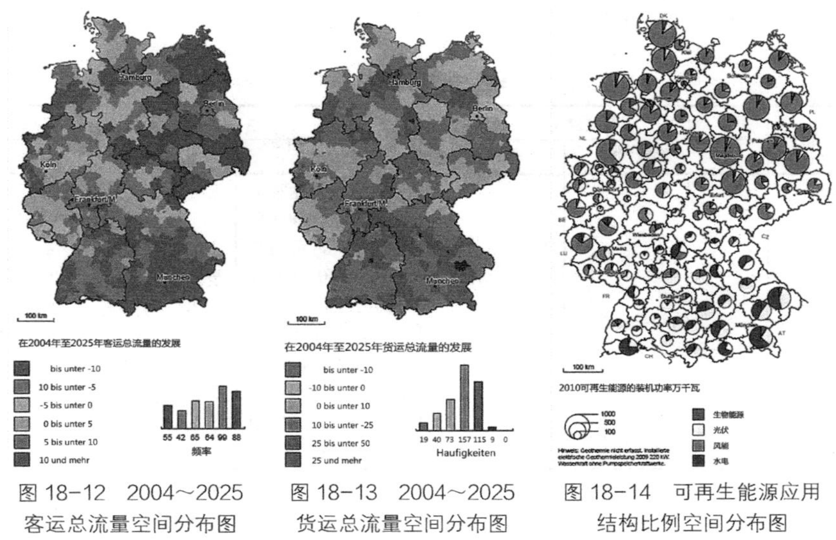

图 18-12　2004～2025 客运总流量空间分布图

图 18-13　2004～2025 货运总流量空间分布图

图 18-14　可再生能源应用结构比例空间分布图

18.2.3　空间监管

（1）监管法律保障

图 18-15　不同层次空间监管法律保障

不同层次的政府机构为空间监管提供了相应的法律保障措施，联邦政府通过建设法典，而州层面通过规划法规，地方层面进一步制定适合本地区的建设利用条例。除了法律层面的保障以外，还提出了一系列的保障性措施，保障规划的后续实施。包括传统的约束性工具（规范性工具以及规划工具）、程序性技术型工具（如空间结构诱导工具、威慑工具、调控工具、财政工具、空间组织工具等等）以及非正式规划工具，主要是通过制定针对空间结构脆弱地区的一些特殊性咨询方案来强化规划的落实。此外还包括区域综合项目实施管理工具，通过加强项目管理、区域营销、区域管理政策等措施来实现。

（2）监管指标体系

空间监管指标体系　　表 18-5

领域	质量目标		指标	
	文本的	数量的	保护指标	细分指标
噪声	没有可以使心脏、循环系统疾病风险提高的交通噪声		旁边居住用途和交通流量在 2000 辆 / 日以下，许可最高速度为 30～50km/h 的街道的份额	室外平均水平白天噪声负荷为 65dB（A）以下的居民的份额（有损健康）（取代居民份额也可以选取相应的街道长度份额作为指标）
			旁边居住用途和交通流量在 4000 辆 / 日以下，许可最高速度为 30km/h 的街道的份额	
	没有干扰睡眠的噪声			室外平均水平噪声负荷为 45dB（A）以下的居民的份额（取代居民份额也可以选取相应的街道长度份额作为指标）
大气	近地面层的臭氧、氮氧化物和有机物不会给人体的健康带来损害 阶段性目标：最大负荷量不高于乡村地区	污染值：二氧化氮（平均值）阶段性目标：乡村区域（平均值）人口密集区（平均值）		二氧化氮含量在（年平均值）以下以及乡村区域（年平均位）以下，人口密集区（年平均值）以下的大气所涉及的居民所占的份额（取代居民份额也可以选取相应的街道长度份额作指标）
土地需求	节约使用土地	每位居民所占车道面积质量目标比较	每名居民所占的车道面积≤$7m^2$	
	阶段性目标：未进行平衡的情况下不得有附加的交通用地需求量，在规划实施的过程中应贯彻	新建（土地表面封闭）和拆除（土地表面封闭）的比应为 1∶1		封闭度：交通基础设施面积占总面积的百分比

（3）重点指标监管实施步骤

监管重点：环境方面指标体系，参考欧盟战略环评指令的要求进行监管实施评价。

环境指标监管通过以下步骤来实施，首先提出规划要求—保证城市发展与城市秩序，然后制定出建造规划的概念与竞赛，通过小组交流获取信息，然后在行政当局与公共利益的执行者交流，来交换关于规划带来的环境影响，然后制定决议，理出规划鉴定检验清单。初期公众参与、探讨环境兼容性。然后针对规划探讨出的异议进行鉴定和评价，指定相关环境报告的论证书。通过与行政当局与公共利益参与者协调斡旋，做出公式性的决议。下一步进行建造规划草案的公开解释，带有环境报告的论证书，概括总结相关意见，总结汇编提出的相关建议。下一步进行意见鉴定和出台立法决议。接下来进行公示生效通知相关城市政府重大决议，进行环境监督。

欧洲大部分国家在环境影响评价阶段没有做出相应的技术导则，主要都是参考欧盟战略环评指令的要求进行评价，主要论述及评价的内容包括：计划规划的主要目标内容以及与相关计划或规划的关系；环境现状及零方案下的环境演变趋势；可能被计划或规划显著影响区域的环境特征；与计划或规划相关的现存环境问题，特别是与重要环境区域相关的环境问题；与计划或规划相关的环境目标，以及这些环境目标和环境考量如何体现在计划与规划中；计划或规划可能造成的环境影响，包括生物多样性、种群、人类健康、动物植物、土壤、水、大气、气候、文化遗产、景观等方面；防止“减轻和补偿负面环境影响的措施”；备选方案的选择依据以及环评的执行情况；环境影响的监测措施等。

18.3 区域层面——巴伐利亚州空间规划

面对二战后乡村人口流失与经济萧条问题，德国提出了具有远见性的城乡等值化发展模式。认为城乡协调发展不是以城市为标准建设农村，也不是要把农村变成城市，而是让现代化的都市形态与田园牧歌式的乡村形态和谐共存，让生活在农村的居民与城市居民享有等值的生活水准和生活品质。该模式以促进社会公平、发展城乡经济、保护自然资源为三大工作目标，主要是通过土地整理、村庄革新等方式缩小城乡差距，增加农村地区的休闲、生活、文化、生态功能，保障农村地区在生活、经济方面的吸引力。该模式的成功经验使其从1990年起成为欧盟农村政策的方向。巴伐利亚州项目效益显著，2010年，城乡 GDP 仅差 0.1 个百分比；巴伐利亚州农村地区面积占全州的 80% 以上，为近 60% 的人口提供居住、工作和生活空间。

18.3.1 主要内容框架

（1）系统的城乡空间规划体系

巴州于 1965 年制定了《城乡空间发展规划》，将“城乡等值化”确定为区域空间发展和国土规划的战略目标。将所有区域分为都市区、经济结构较好乡村地区和经济结构欠协调乡村地区三类。针对三类地区不同的发展矛盾和诉求，分别制定政策措施。并通过村镇整体发展规划、通过规划来控制村镇革新，包括调整地块分布、改善基础设施、调整产业结构、保护历史文化、整修传统民居、保护和维修古旧村落等。

（2）有效的基础设施建设

制定了《交通整合规划》，通过高速公路和地方公路网的建设基本实现了全州交通通勤均等化，加强了城镇间、城市间的联系，加快了商品流通，扩大了城乡居民的消费，为城乡协调发展创造了条件。

（3）全面的土地综合整治

巴州乡村土地综合整治包括农地整理和村庄更新两项措施，主要有乡镇政府、乡村土地综合整治管理局、乡村土地综合整治参加者联会、规划公司、项目区村民以及其他利益机构。

（4）有序的产业结构调整

针对农村地区，首先通过调整农村产业结构，积极推广机械化作业，组建合作社，发展生态农业等促进农村农业发展。其次，在城乡等值化发展理念下，积极发挥龙头企业和高校的诱导聚集功能，如通过土地税收等优惠措施吸引宝马公司将生产基地迁到乡村地区、在乡村地区创办高校。从而改善农村的工作条件、就业机会、收入水平等，提高乡村地区的经济实力和竞争力，弱化农村人口转移意愿。

（5）积极的财政转移支付

直接用财政转移支付提高落后地区的财政能力。1999～2002 年，巴州获得的 148 亿欧元财政转移支付资金中，72% 投到乡村地区，而拥有总人口 38% 的聚居区仅得到财政转移支付的 28%。2000～2006 年，欧盟向巴州提供了 4 亿欧元社会基金（ESF），巴州政府将其中大部分投入到经济结构欠协调的乡村地区[240]。

18.3.2 指标体系

《巴伐利亚州空间规划》内容包括三个部分：A 部分，背景部分；B 部分，技术部分；C 部分，原则和区域规划的功能。详细目录如下图所示[239]

《巴伐利亚州空间规划》目录　　表 18-6

Part A 背景部分	1. 巴伐利亚及其分区的空间结构发展	
	2. 人口	
	3. 工作	
	4. 经济绩效	
	5. 收入，价格和购买力	
	6. 市财政补偿	
	7. 区域使用	

续表

Part B 技术部分	1．可持续的自然资源保护和开发以及可持续的水资源管理	1.1 保护自然资源
		1.2 保护自然栖息地
		1.3 景观的保护、维护与发展
		1.4 水管理
	2．可持续商业经济和服务	2.1 一般信息
		2.2 部门经济结构：地面宝藏、工业、工艺、贸易、旅游、经济因素旅游、客人到访和住宿、住宿能力、旅游基础设施、卫生保健、在农村的假期
		2.3 中产阶级
		2.4 区域经济结构和劳动力市场
	3．可持续的社会和文化基础设施	3.1 娱乐，娱乐设施
		3.2 社会福利
		3.3 医疗保健
		3.4 教育
		3.5 文化事项
		3.6 体育馆，娱乐设施，其他体育设施
	4．可持续农业和林业	4.1 一般信息
		4.2 农业
		4.3 农业发展
		4.4 林业
	5．可持续技术基础设施	5.1 运输
		5.2 信息和电信
		5.3 巴伐利亚电源
		5.4 废物管理
		5.5 气候保护和空气保护
		5.6 噪声和振动保护
	6．定居点的可持续发展	6.1 定居结构
		6.2 住房和商业住房
		6.3 城市重建和村庄更新
Part C 原则和区域规划的功能	1．区域规划的法律依据	
	2．区域发展的工具	
	3．跨国合作	
	4．规划资源和规划教材	
	5．项目“巴伐利亚网络骑自行车”	

（根据 Landesentwicklungsprogramm Bayern, 2006 整理）

报告共分为A、B、C三部分，A. Überfachlicher Teil意为有关技术部分，Überfachlicher可以理解为超出专业领域的普遍的、总体的，英文可以译为general，故我们可以将A部分理解为总体的技术部分，根据其包含的内容：人口、工作、经济表现、收入、价格和购买力、地方财政收入分享以及土地利用6大指标，对应于联邦空间规划的框架体系。在指标体系方面，这一部分可以理解为“监测/评价”技术体系。

而B部分Fachlicher teil为巴伐利亚州根据联邦的规划框架有针对性的对本州的要素进行分析所进行的规划编制过程，其中提出了“6个可持续”的目标，因此我们可将B部分理解为“编制”技术体系。C部分为规划的原则与区域规划的功能的说明，此处不再解读。

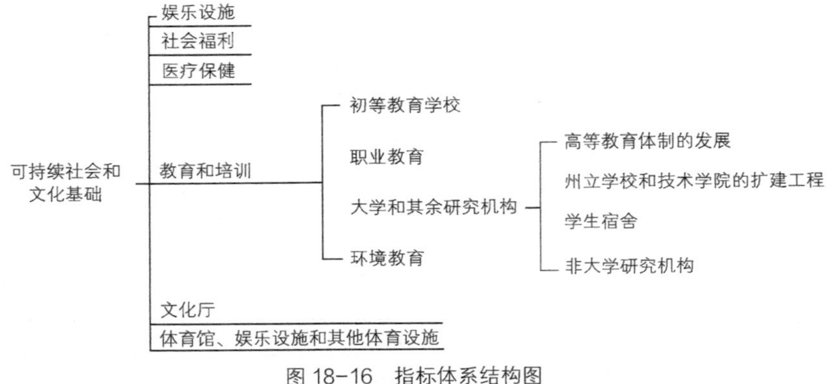

图18-16 指标体系结构图

（根据Landesentwicklungsprogramm Bayern, 2006整理）

根据文本内容，“监测/评价”技术体系和“编制”技术体系均由一级指标一级与之相关的二级指标或三级指标组成，指标的具体评价由若干具体的指标因子构成。如“编制”技术体系提出“6个可持续”。

指标体系分级结构 表18-7

<table>
<tr><th>一级指标</th><th>二级指标</th><th colspan="4">教育培训三级指标</th></tr>
<tr><td>自然资源可持续性</td><td>可再利用设施</td><td rowspan="6">普通教育学校</td><td rowspan="6">职业教育</td><td rowspan="6">大学和研究机构</td><td rowspan="6">基础教育</td></tr>
<tr><td>农业及森林可持续性</td><td>社会服务</td></tr>
<tr><td>可持续住区发展</td><td>健康事业</td></tr>
<tr><td>水资源可持续性</td><td>教育与培训</td></tr>
<tr><td>文化基础设施可持续</td><td>文化事务</td></tr>
<tr><td>商业服务业可持续性</td><td>运动与运动设施</td></tr>
</table>

18.3.3 空间特征

（1）现状空间特征

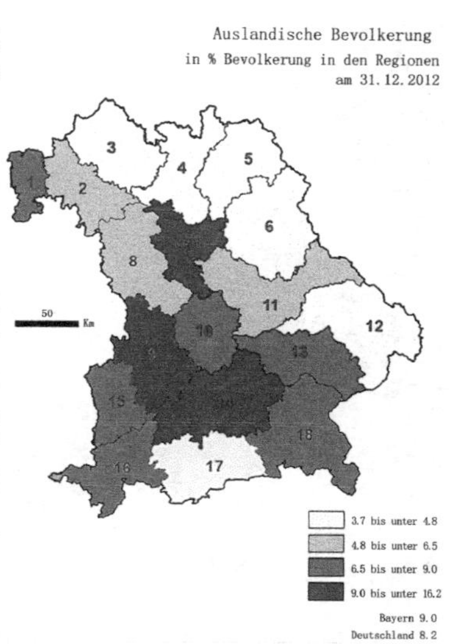

图 18-17　外来人口空间分布图

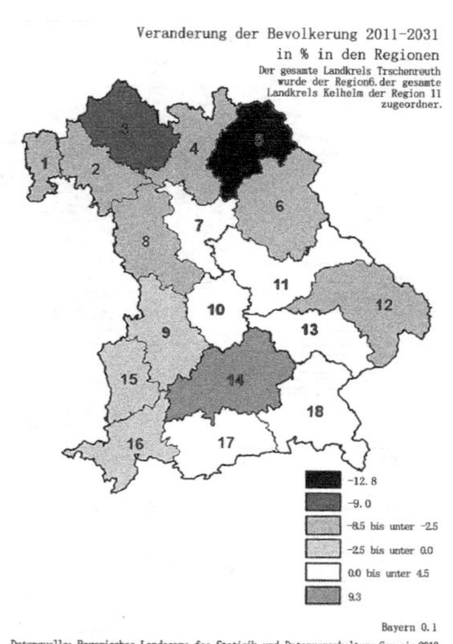

图 18-18　人口变化预期图

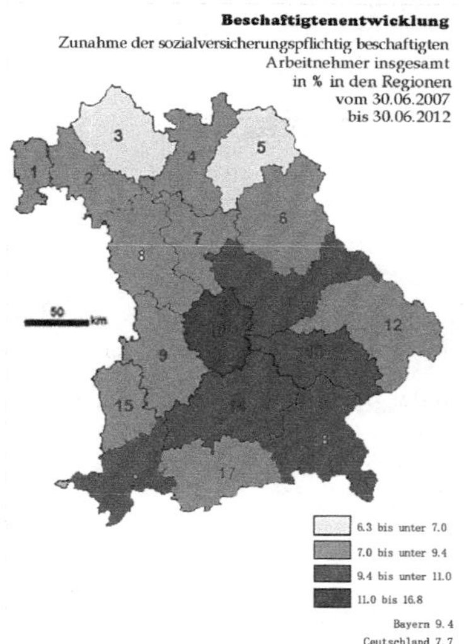

图 18-19　总体就业发展空间分布图

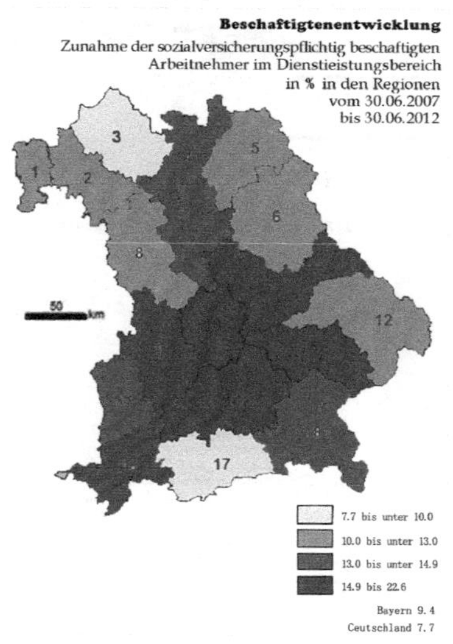

图 18-20　服务业就业发展空间分布图

（2）规划空间结构

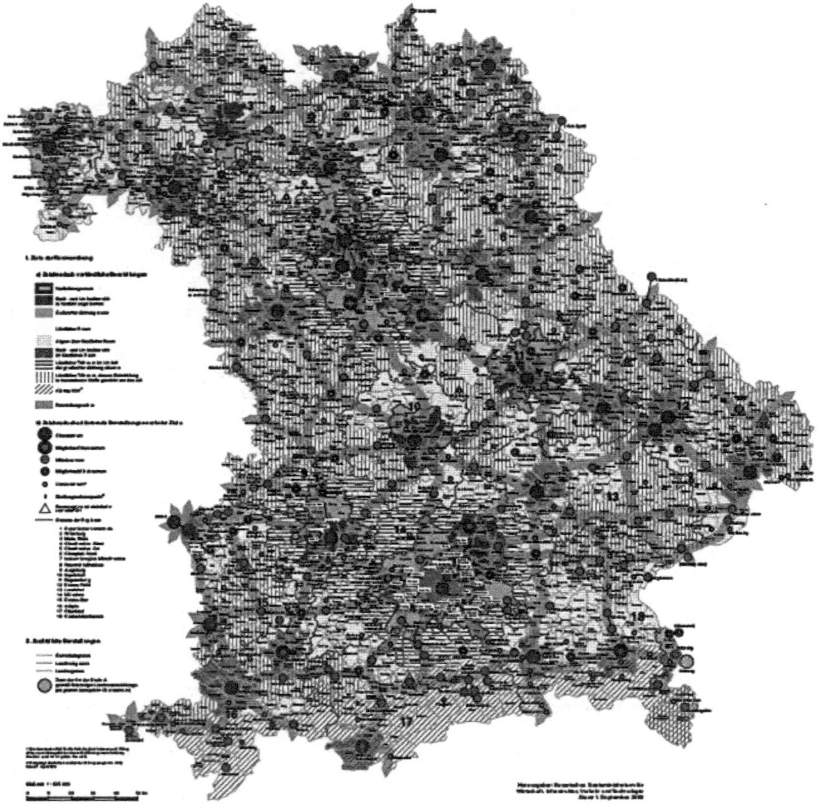

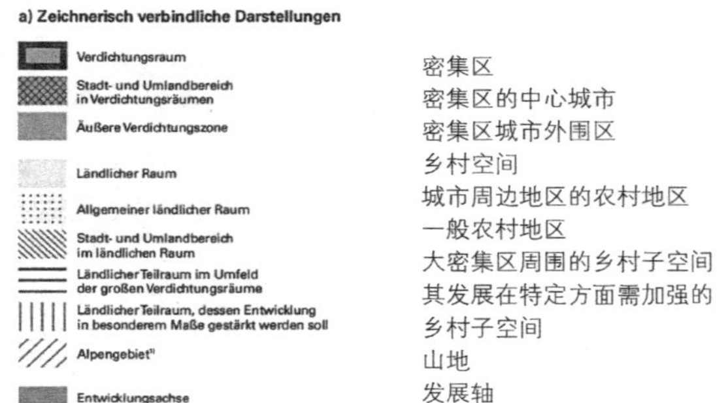

图 18-21　巴伐利亚州空间规划结构图

（资料来源：Landesentwicklungsprogramm Bayern，2006）

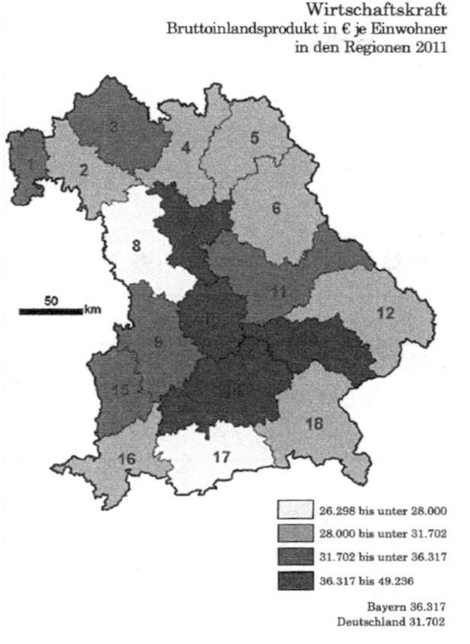

图 18-22　经济水平现状空间分布图

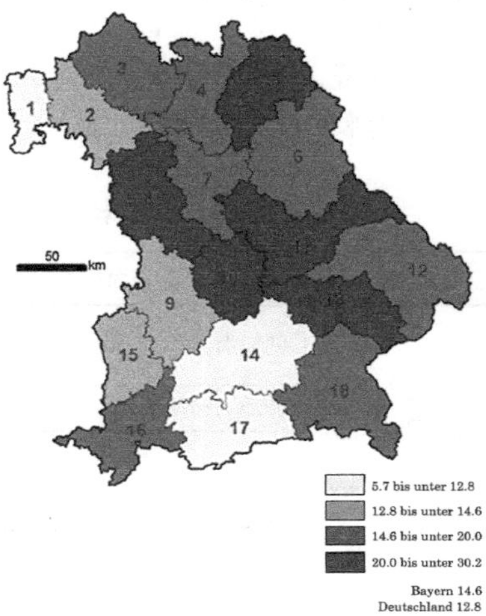

图 18-23　经济发展情况空间分布图

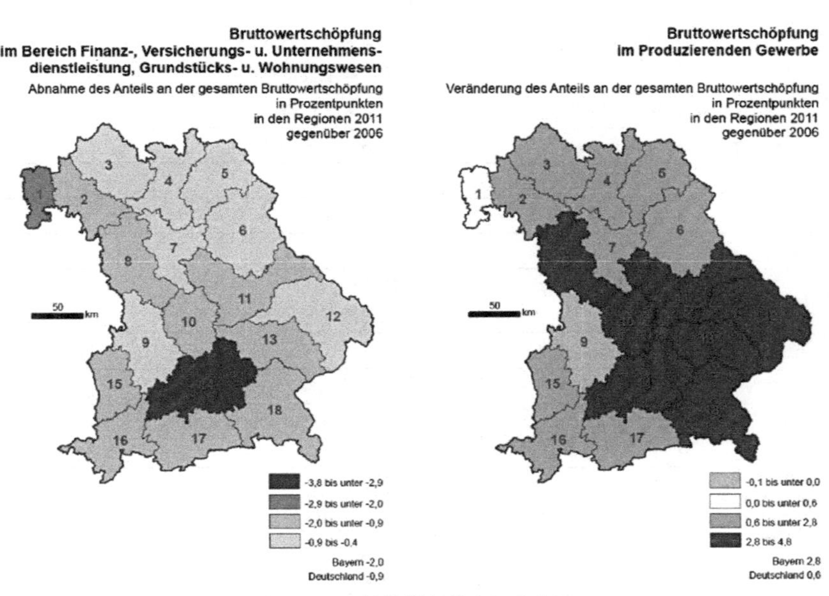

图 18-24　价值增加值空间分布图

18.4 城市层面——柏林 2030 年城市总体规划

18.4.1 指标体系

经济实力、生活质量、社会道德是柏林 2030 年的关键词，2030 年柏林将是一个经济、科学、就业、交通和资历处于领导地位的城市，柏林 2030 围绕着塑造未来提出了 7 大愿景目标，并分别对这 7 大目标提出了一些衡量指标。

柏林 2030 规划指标体系　　表 18-8

愿景	愿景层面指标	次级指标
加强知识经济	创新潜力	主要创新集群 创新产业营业额占比
	劳动力市场	经济增长带来的就业人口
	全面的高等教育与研究景观	大学数量 大专院校的数量 非大学研究机构的数量
通过创造力释放优势	创新柏林	创新产业带来的就业数量 创新经济增长 创新人才
	柏林声誉	总过夜游客 外国游客数量
	柏林健康	运动中心数量 泳池数量 体育赛事数量
通过教育和技能维护就业	教育创造机会	大学入学资格
	图书馆	图书馆数量和藏书
	受欢迎的教育地	学生数量
	良好的儿童保育	儿童参加日托比例
加强社区的多样性	人口发展	常住人口
	租赁城市	住宅租赁比 免费持有住房比
	主要新住宅开发	
	中心层级结构	
城市与绿色一起成长	绿化最好的城市之一	步行到最近绿地的平均距离 绿地率
	城市树木	总树木 每公里道路树木
	土壤覆盖	建筑覆盖面积 非建筑覆盖面积
	住宅集中建设	居住用地占比

续表

愿景	愿景层面指标	次级指标
为环境友好型城市奠定基础	可再生能源——发展的空间	一次性能源的消耗 可再生能源的增长
	关心环境平衡	二氧化碳排放量
	气候变化	城市和郊区昼夜温差 一年亚历山大广场热带夜数量
提高可访问性和城市流动性	交通	柏林人平均日程距离 柏林人平均交通所花时间 交通工具占有比 交通方式占比
	出色的交通网络	到莫斯科之间的站点数量 BVG 和地铁乘坐人次
	自行车优先	自行车道长度 自行车在路上的数量
塑造未来	各级合作	柏林人口 柏林面积
	有限资源	债务水平

柏林 2030 规划核心指标主要依据以下因素进行分类，分为资源环境承载力、空间体系、创新活力、幸福指数和可持续发展能力几个大类，然后扩充每个指标大类下面的二级三级指标体系。

柏林 2030 规划核心指标分类　　表 18-9

分类	主要因素
资源环境承载力	常住人口规模、新城常住人口密度、生态用地占市域陆域面积比例、市域森林覆盖率、市域河流水面率、建设用地总规模、能源消耗总量、碳排放量、可再生能源
空间体系	对 10 万人以上新市镇轨道交通站点的覆盖率、轨道交通站点 600m 覆盖面积比例、城市开发边界范围面积、战略留白空间规模、生态空间保护
创新活力	R&D 经费支出占全市地区生产总值比例、金融业增加值占全市生产总值比例、年入境游客量、产业基地内用于保障高端制造业的工业用地面积、国际客流比例、高速无线数据通信网络覆盖率、全市平均通勤时间、创业人员占就业人员比重、专利申请量、政府扶持创业的免税额度
幸福指数	社区公共服务设施 15min 步行可达覆盖率、公共开放空间的 5min 步行覆盖率、绿道总长度、文化产业就业占总就业人口比重、老龄医疗设施覆盖率、自行车道长度、无障碍设施建设
可持续发展能力	碳排放总量较峰值降低率、可再生能源占一次能源供应的比重、人均公共绿地面积、PM2.5 年均浓度、应急避难场所人均有效避难面积、新能源汽车普及度以及充电站覆盖度

18.4.2 空间特征

（1）核心指标空间演变规律

在此重点摘取了人口、城市规模、土地利用强度、GDP 发展水平、交通情况、生态环境情况等方面的指标演变情况进行具体分析，总结出一些规律性的认识。

核心指标演变规律总结　　表 18-10

分类	演变规律
人口	常住人口增加、外来人口比重增多，老龄化程度越来越高，城市间人口流动性加强
	（针对外来人口完善公共服务设施，增加老龄人设施以应对老龄化）
城市规模	随着人口规模的不断扩大，城市规模不断向外扩张，蚕食周边农业耕地
	（制定相关法律，严格控制城市增长边界，保护生态空间）
土地使用强度	旧城区发展已经基本成型，郊县、开发区成为投资热点，在中心城区形成开发的高峰
	（合理存量挖潜）
GDP	1952～2008 年上海 GDP 增长率主要是纯生产率效应、纯劳动投入效应和纯劳动结构效应推动的，改革开放之后以 1990 年为拐点，上海 GDP 增长率经历了从纯劳动结构效应驱动向纯生产率效应驱动的转变
	（金融创新、搭建创新平台、考核 GDP 增长背后的成本）
交通	依托世博，地铁网络日益完善，但城市交通拥堵仍然严重
	（制定相关政策，提倡低碳出行，疏通城市支路，完善城市自行车等慢道系统；提倡新能源汽车，完善新能源汽车设施分布）
生态	上海整体生态游憩空间的服务功能的水平较低，服务覆盖率低和空间分布不均。
	（市中心应注重空间整合的立体化与纵深化，近郊及中外圈区域的优化重点是空间布局的均匀性与渗透性，同时重视和加强多功能的生态游憩廊道系统的构建和生态游憩空间建设的近自然性与软质化）

（2）人口与土地指标空间演变

下面以人口变化和土地肥沃程度两个指标近十年空间演变情况作为例子进行具体分析。

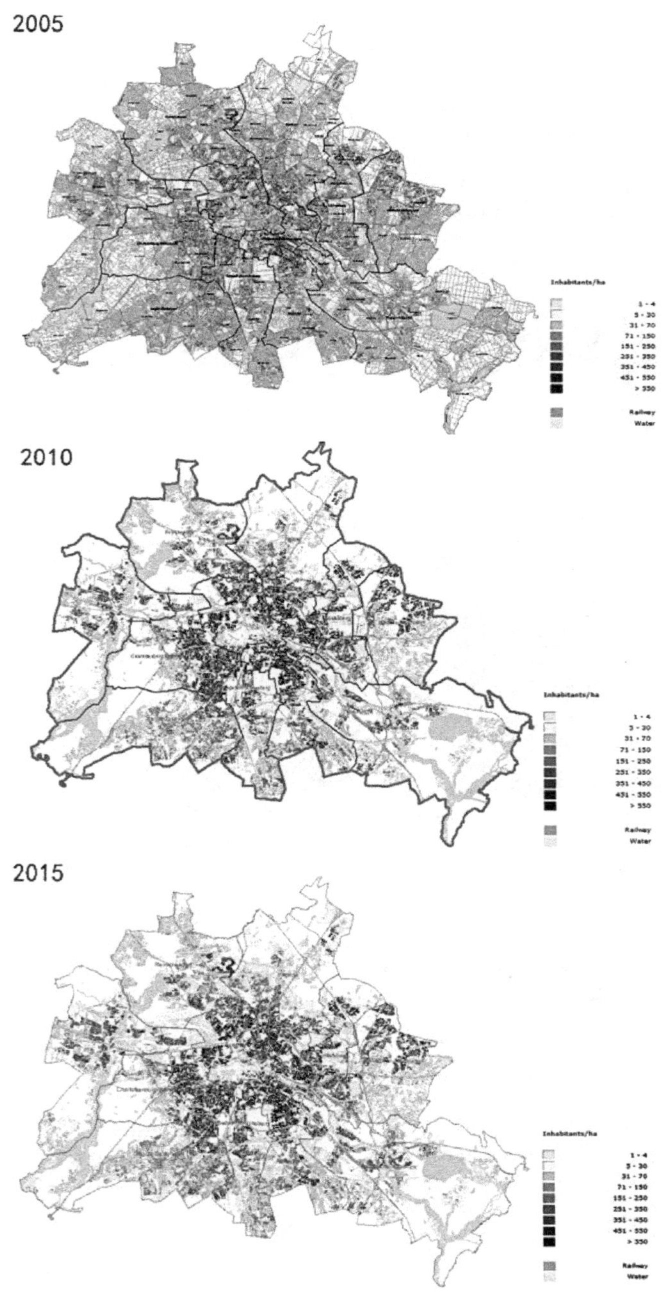

图 18-25　2005～2015 年柏林土地肥沃力与空间特征和演变

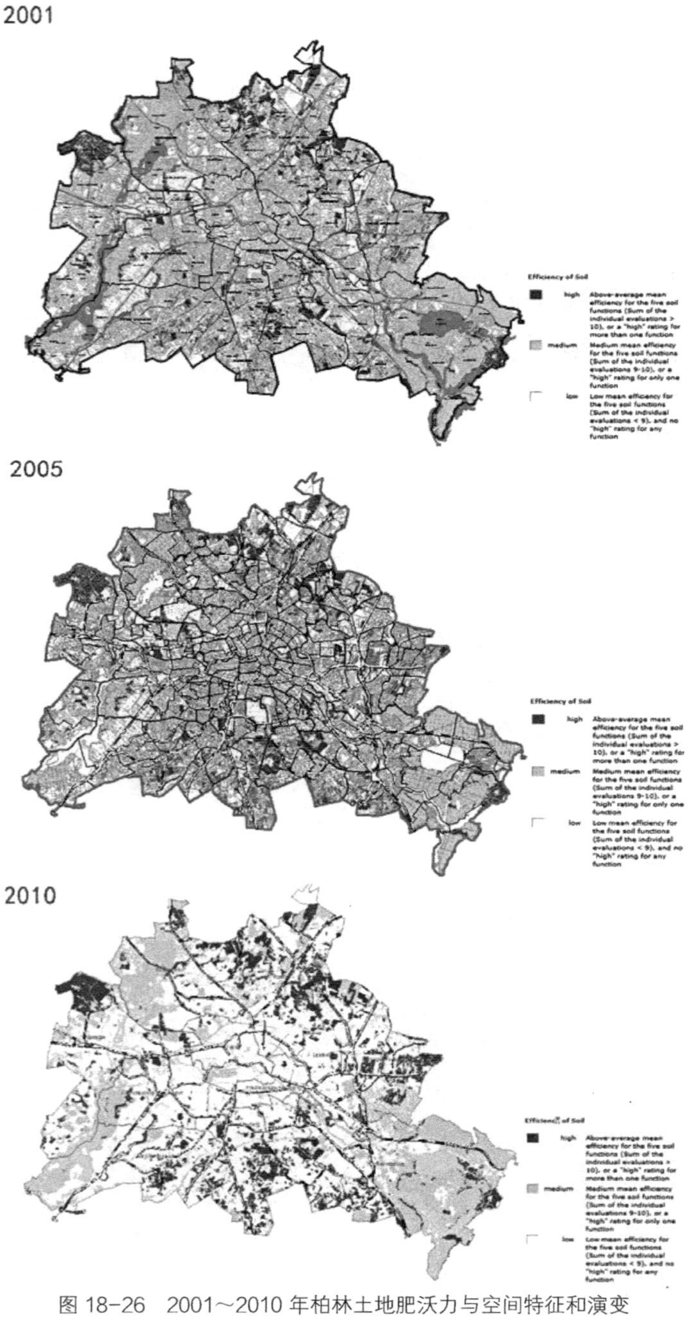

2001

Efficiency of Soil

high Above-average mean efficiency for the five soil functions (Sum of the individual evaluations > 10), or a "high" rating for more than one function

medium Medium mean efficiency for the five soil functions (Sum of the individual evaluations 9-10), or a "high" rating for only one function

low Low mean efficiency for the five soil functions (Sum of the individual evaluations < 9), and no "high" rating for any function

2005

Efficiency of Soil

high Above-average mean efficiency for the five soil functions (Sum of the individual evaluations > 10), or a "high" rating for more than one function

medium Medium mean efficiency for the five soil functions (Sum of the individual evaluations 9-10), or a "high" rating for only one function

low Low mean efficiency for the five soil functions (Sum of the individual evaluations < 9), and no "high" rating for any function

2010

图 18-26　2001～2010 年柏林土地肥沃力与空间特征和演变

人口密度演变规律：

1. 柏林人口呈中心集聚模式，中心人口密度明显大于周边；
2. 周围人口主要依托交通干线呈线性分布；
3. 人口密度分布随着时间并没有发生明显的变化。

土地效用空间演变规律：

1. 城市外围土壤效用明显高于中心；
2. 随着时间的推移，高效的土壤趋于集中；
3. 高效土壤所占比例逐渐增大。

18.4.3　空间监管

柏林 2030 年规划的空间监管主要通过摘取每个指标大类中的空间上活跃演变因子进行重点监管，例如人口指标中的老龄化与人口流动情况城市规模中的城市建设用地变化情况等等，研究发现这些重点指标因子的变化会引发其他相关负数指标的一系列变化，可谓是牵一发而动全身，因此要进行重点监管和有效的引导。柏林规划还提出了一些应对重点指标演变情况的应对路径构想，通过有效的路径引导实现指标体系总体的正向变化，带来更多的正外部性。

监管指标及监管重点　　表 18-11

方面	监管重点	应对路径
人口	老龄化	将实施健康老龄化战略纳入经济和社会发展中的长期规划，走家庭养老和社会养老相结合的养老道路。积极发展老龄产业。政策引导鼓励生育
	人口流动	城市吸引力不同，大城市外来人口集聚增加，小城市人口流失。大城市需要规划政策引导平衡各分区人口，如中心区提高租金等限制人口，外围分区等提供政策等吸引人口；小城市需要提高城市竞争力，留住人口
城市规模	建设用地变化	要转变城市规划理念，使城市规划由扩张性规划逐步转向限定城市边界、优化空间结构的规划。要强化城市规划的法规严肃性
土地	土地使用量	控制用地总量，利用各种机制、制度，鼓励大家提升利用土地的强度；进一步整治和盘活闲置土地
GDP	GDP 增长速度	解决粗放型的经济增长方式，产业结构优化升级，巩固和加强第一产业、积极发展第三产业、加强基础产业和基础设施建设
交通	交通拥堵	靠合理的规划和大力建设，提高道路和交通设施的能力；加强交通管理，解决秩序问题；可以通过经济手段调节行驶权分配问题；大力发展公交，真正实现公交优先

续表

方面	监管重点	应对路径
交通	交通布局	运用最新的科学方法对于居民出行进行研究，合理布局交通路线，减少断头路、岔口路的出现
生态	生态环境问题	合理地开发利用自然资源，保护生态环境，合理开发。减少城市化和工农业高度发展而引起的“三废”污染、噪声污染、农药污染等环境污染

在此特别摘取了柏林规划网站关于生态环境的监管和社会发展监管的相关举措，其中社会发展监管会每年发布报告，下表中展示了社会发展监管指标。重点考虑多个年龄段的划分、移民因素带来的影响、注重社会福利等多个方面。社会发展层面监管指标分为固定指标和动态指标两个方面来共同监管，注重刚性的同时保留指标的弹性。

社会发展监管指标体系　　表 18-12

固定指标	动态指标
15～65 岁年龄段失业率	移民占总人口比例
15～25 岁年龄段失业率	平衡移民占比
15～25 岁失业一年以上比率	6 岁以下的移民
获得社会基本福利未失业人群比例	非德国籍人口享受福利的变化
15 岁以下获得福利不适合工作的人群比例	非德国籍人口享受福利的变化
18 岁以下有移民背景比例	15 岁以下不适合工作获得福利的变化

18.5 德国空间规划与我国空间规划的对比

18.5.1 国家层面规划与中国国家层面主体功能区规划对比

（1）我国国家层面主体功能区规划存在问题

横向缺乏协调，纵向缺乏分工。与美国空间规划体系相比，主管部门过多导致横向缺乏协调，各层多有交叉导致纵向缺乏分工。发展阶段尚落后，空间策略待提升。在发展阶段尚落后于大部分发达国家的背景下，面对即将到来的空间发展问题，应积极借鉴发达国家空间策略先进经验。经济发展阶段决定，资源禀赋条件决定。与美国的指标体系对比可以发现，由于受到经济发展阶段的限制，加上资源枯竭意识的缺乏，我国的指标体系与国际相比仍有差距。指标体系未充分衡量可持续发展程度，未将可持续发展的理念贯彻始终。

（2）德国联邦空间规划优劣评析

中国主体功能区规划主要着眼于国土的优化开发，生态环境保护，而德国的空间规划则极其注重城乡等值化发展，这固然与中德两国不同的发展阶段有关，但也不失为可借鉴之处。德国空间规划关注可持续能源与气候变化问题，注重可持续发展，并从财政政策角度予以制度支持。将乡村地区的可持续发展提高到战略高度，认识到乡村地区的宝贵资源是区域进一步发展的重要支撑。这也是城乡等值化发展的应有之意。

（3）总结与建议

优化立法体系，以法律框架指导规划编制。权力下放，促进“自上而下”和“自下而上”的信息流交互。强调研究报告（学术研究）在规划编制过程中的重要性，并将研究报告中的指标体系作为一种指导性文件引介到规划编制的体系中。以规划编制框架指导州域层面的规划编制，对土地利用划定作弹性的控制。

18.5.2 区域层面空间规划与我国省级层面主体功能区规划对比

（1）我国省级层面主体功能区规划存在问题

行政边界的刚性约束使得行政区之间生产要素的流动受阻，行政区划瓶颈是省级主体功能区划存在的主要问题，各省行政区划的限制，导致行政部门各自为政，主体功能区内部缺少主体功能区政府绩效评价的弊端。

指标体系丰富度不足，单纯强调空间管治。我国的省级层面的主体功能区主要从资源环境承载力、现有开发密度、发展潜力这三个方面进行核心指标体系的构建，其中空间开发中提出了6项主要指标。对于各区域之间的协调发展及社会公平问题缺乏关注，区域不断变化的特征使得指标缺乏动态性。

法制化和行政管理落后，主体功能区的划分与执行缺少相关法律约束，规划运作容易流入“虚假前提”和地方领导专断，影响可操作性和科学性。

不同的主体功能实行不同的绩效评价指标和政绩考核办法，缺乏统一标准，政府官员一味追求绩效指标，出现造假或互相推卸责任的现象，不同的战略、规划和政策产生多方面多层次的影响，加大了监测和评估的复杂性。

（2）巴伐利亚州空间规划优劣评析

第一，独特的城乡等值化理念。20世纪60年代，德国在编制城乡空间发展规划体系构建构成中，巴伐利亚州提出城乡等值化理念，倡导居民无论在城市还是在农村居住，都应当享有同等的生活条件、交通条件、就业机会，甚至包括保护自然、保护环境的责任，缩小城乡社会经济发展程度和生态基础设施享用水平及保护义务。同时城乡等值并不意味着乡村发展模式和城市发展模式等值，在正确认识城市与乡村差异性的基础上，乡村更新不同于城市建设，需要一种生活、生产、生态统一的模式。

第二，完善的乡村规划法律体系。德国完善的乡村规划法规体现在不同层级系统的衔接上，首先联邦政府制定全国乡村更新的法律法规，形成全国性的引导。其次联邦各州制定相关的州域规划法及其他法规。再次州内区域政府在州规划的基础上配合制定各个区域的相关规划法规。最后，地方乡村政府对联邦政府和州政府的相关法律应执行遵守和配合，同时地方乡村政府有制定符合本地方的详细相关法规的权利，如给水法规、污水法规、道路法规等，前提是不与联邦政府和州政府的规划规范相违背。

第三，有效的平行管理制度。城乡等值化理念提出城乡生活质量等值，但在发展模式上存在差异。德国整个国土空间发展的体系中，乡村地区和城市地区的发展模式同样存在差异，乡村地区不是工业城市的附属地带和边缘地带，而应是一个相对独立的地区，与城市地区在经济、社会各个方面高度关联。由此，德国有效的平行管理制度主要体现在规划体制和行政体制两大方面。

规划体制方面，乡村地区的建设问题作为独立存在的个体，不受城市地区建设的管制，乡村地区的建设规划有着与城市平行的建设管理系统。在行政体制方面，德国不存在类似于中国上级市（县）管辖乡（村）的行政管理层级，其乡村政府与城市政府之间是平行关系而非上下级的垂直关系，行使职权相互独立。基于这种相对平等的规划体制和行政体制，在德国乡村规划实践中，实施效率更高，解决方法更直接。

第四，自上而下与自下而上的规划过程。“自上而下”的规划过程首先体现在完善的乡村规划法规体系上。基于在平级行理制度，各州地方政府在实施村庄更新的过程中，依照联邦政府颁布的相关法律体系，制定处有利于乡村发展的地方乡村规划，修订出州内乡村更新的秩序，如调整地块分布、改善基础设施、调整产业结构、保护传统文明、整修传统居民、保护和维修古旧村落等。之后州内各个村庄在进行更新过程中基本按照这个秩序来统筹规划。

“自下而上”的规划过程主要体现在乡村更新过程中作为村庄主体的村民参与程度，公众参与在乡村更新项目过程中占有重要地位。根据联邦建筑法典，公民在乡村规划实践过程中有权参与整个过程，并提出自己的建议和利益要求。在这个过程中，乡村政府通过举办议会投票、设计讲座、公众集会、媒体宣传、建立网站等方式，将有关信息及时传递给村民，征求村民意见后，综合整理出更好的村庄更新具体措施。

第五，优先的基础设施建设。完善的基础设施建设是德国乡村能够留住人的根本原因，20 世纪 40 年代战后德国开始乡村更新的出发点，除了土地结构重划之外，就是设施建设，主要是连接城市和乡村的道路设施建设。70 年代，提出保护和塑造乡村地区的特色形象，包含建设未完善的乡村设施。90 年代之后，将村落社区内的基础设施建设与整个乡村地区相连接，逐步建设区村庄内部的供水、排水、供暖、雨水处理、垃圾处理等设施。

（3）总结与建议

针对联邦层面的框架设计符合地方现状的指标体系以评价区域现状（即往次规划的实施情况评价）。编制阶段针对区域面临的现状问题以及对未来的战略把握，以联邦层面的框架为基础（不是完全照搬）设计有针对性、侧重点的指标体系。完善的规划后续行动监测机制，确保规划实施管理的时效性。注重城乡统筹协调发展，推动城乡等值化发展。

第 19 章　法国空间规划

19.1　法国空间规划的内涵及其构成

19.1.1　法国的基本情况

法国的行政区划分为法国有中央、大区、省和市镇 4 个层级的政府，其中大区、省和市镇为地方行政单位，彼此之间不存在隶属关系。省下设专区和县，县是司法和选举单位，但不是行政区域。法国本土共划为 22 个大区，2016 年 1 月 1 日起大区整合为 13 个，其下又分为 96 省，36679 个市镇。

图 19-1　法国大区分区图

19.1.2　法国国土开发政策

在法国的空间规划体系中，由于区域规划对城市规划具有强制性指导作用，高层次的城市规划对低层次的城市规划也同样具有强制性指导作用，因此位于空间规划体系底层的地方性城市规划常常成为所有上位规划的最终集合，也因而成为对所有国土开发政策，包括不同层面的综合政策、针对不同地区的分区政策以及针对不同专业的专项政策的最终集合和体现。

法国的国土开发政策框架由综合政策、分区政策和专项政策三大部分组成，分别建立在一系列综合规划（或计划）和专项规划（或计划）的基础上。

（1）综合政策

国土开发综合政策，主要指在国家、大区、省、市镇以及各地方联合体等不同空间层次上，普遍适用的综合性国土开发战略和计划。其具体内容主要体现在相应层面的综合性空间规划文件当中。

内容包括国家层面的《国家发展五年计划》、《国家可持续发展战略》和大区、省以及其他区域层面的《国土开发与规划大区计划》、《国土协调纲要》、《空间规划指令》以及市镇和市镇联合体层面的《地方城市规划》、《市镇地图》、《城市规划国家规定》。法国的空间规划体系由全国层面的公共服务纲要、区域规划和城市规划两大部分组成。根据规划范围的大小，城市规划又可分为区域型的城市规划和地方性的城市规划。

法国现行规划体系 表 19-1

<table>
<tr><th>规划层次</th><th>规划文件</th><th>规划范围</th><th>编审机构</th></tr>
<tr><td>全国规划</td><td>公共服务纲要</td><td>全国</td><td>国家政府</td></tr>
<tr><td rowspan="2">区域规划</td><td>空间规划指令</td><td>跨省域或大区的部分特定国土</td><td>中央政府</td></tr>
<tr><td>大区国土规划纲要</td><td>大区</td><td>中央政府或大区</td></tr>
<tr><td>区域性城市规划</td><td>地方性城市规划和市镇地图</td><td>市镇或市镇联合体的行政辖区</td><td>市镇政府或市镇联合体决议机构</td></tr>
<tr><td rowspan="2">地方性城市规划</td><td>地方性城市规划和市镇地图</td><td>市镇或市镇联合体的行政辖区</td><td>市镇政府或市镇联合体决议机构</td></tr>
<tr><td>城市规划国家规定</td><td>尚未编制城市规划文件的市镇</td><td>中央政府</td></tr>
</table>

（2）分区政策

法国的国土开发政策将全部国土划分为城市地区、城乡混合区、乡村地区和山区及滨海地区4种类型，由国家协同大区和省，针对不同地区的发展特点，分别制定不同的政策措施和建设计划。

法国国土分区[126]　表 19-2

分区	标准
城市地区	指在一片没有飞地的连续地域内，围绕一个城市极核形成的市镇极核；其中，除城市极核以外的其他市镇，或为城市单元或为乡村市镇，且至少 40% 的常驻居民在城市极核或附属于该城市极核的其他市镇中拥有就业岗位，共同组成半城市化的城乡交接地带
城乡混合区	指当地居民享有共同的地理、文化、经济或社会利益的工作和休闲通勤地域，其范围不受行政边界的局限
乡村地区	指由小型城市单元及不属于任何城市地区的乡村市镇组成的集合，其建设密度相对较低，并拥有较大面积的自然空间或农业土地；人口规模相对较小，聚居程度相对较弱；与自然空间或农业土地相关的产业活动在当地经济社会发展中占有重要地位
山区及滨海地区	包括占国土面积 29%、容纳人口近 800 万的九大山区，以及海岸线长 7200km 的滨海地区

面向城市的分区政策

面向城市的分区政策概述[126]　表 19-3

分区	标准	目标
作为国民经济发动机的大都市区	总人口超过 50 万，且其中至少包含一个人口不少于 20 万的城市地区	提升大都市区的国际竞争力
基于城市地区形成的城市密集区	其中包括市镇联合共同体（指在一片没有飞地的连续地域内，由若干市镇围绕一个省会市镇，或人口超过 1.5 万的市镇，形成的人口总量不低于 5 万的城市地区）和城市共同体（指人口总量达到或超过 50 万的市镇联合共同体）	缩小市镇发展的差距
作为就业和服务中心的中等城市	即人口总量在 3 万～20 万不等的城市地区	提高中等城市的经济活力、铁路和航空的可达性以及高等教育、文化、医疗等方面的公共服务水平
城市地区内的困难街区		推动困难街区的城市更新和社会整合

面向城乡混合地区的分区政策

截至 2006 年初，法国共有 321 个经过认定的和 37 个尚在认定中的城乡混合区，其中 70 个包含一个或多个市镇联合共同体或城市共同体，所涉及的人口约占法国总人口的45%。其政策目标位是基于既有的市镇合作传统，借助当地市民团体的力量，加强城乡混合区范围内的市镇协调和城乡协调。

面向乡村地区的分区政策

面向城市的分区政策概述[126]　　表19-4

分区	标准	目标
毗邻城市的乡村地区	大规模的居住地区，农业生产或许仍在其中扮演重要角色，但却不得不面临严峻的土地资源竞争	保持乡村地区的经济活力
远离城市的新兴乡村地区	拥有充满特色的居住区和旅游地，发挥着各种所谓的自然功能，如水源保护、生物多样性保护等，成为发展最快的人口流入地和就业岗位增长点	改善乡村地区的生活条件
远离城市的传统乡村地区	人口密度低下的老龄化地区，经济上以种植业或处于衰落的制造工业为主	保护乡村地区的自然环境

面向山区及滨海地区的分区政策

政策对象包括占国土面积29%、容纳人口近800万的九大山区，以及海岸线长7200km的滨海地区；政策目标是基于有限度的城市发展和经济多元化发展，在山区和滨海地区实现生态均衡的可持续发展。

（3）专项政策

除综合政策和分区政策以外，法国各级政府还可基于城市专项事业发展的需要，在各自的职权范围之内，针对相应的国土范围，制定有关国土开发的专项政策并以专项规划（或计划）的形式加以表达，包括经济政策、住房政策、交通政策、高等教育政策、公共服务政策等。由于法国宪法明确规定国家、大区、省和市镇等各级政府的职能权限各不相同，因此各项专项规划的编制常常在不同空间层面上，分别由不同级别的政府负责编制。

19.1.3　法国空间规划体系的特点与启发

法国空间规划主要着眼于法国乃至欧洲，从促进经济和社会持续发展的角度出发，寻求资源、产业、人口布局的相对平衡，属于宏观规划的范畴。历史上法国的空间规划偏向于传统的中央集权，但近几十年来持续推行的地方政策在国家政府角色、规划目标、规划方法等方面都实现了积极转变[241]。一般认为，法国的空间体系由区域规划和城市规划两大部分组成，根据规划范围的大小，城市规划又可进一步分为区域性城市规划和地方性城市规划两种类型，分别由国家和各级地方负责编制。总体而言，法国空间规划体系有如下特点：

城乡统筹和区域统筹。无论土地面积大小、人口数量多少、经济实力高低以及城市化进程快慢，都享有完全平等的行政地位、拥有完全相同的自治权力，并且遵循完全相同的管理规则。无论在城市地区还是在乡村地区、发达地区抑或落后地区，所有具有城市化特点的建设行为也都必须遵循统一的城市规划规定。

特殊地区分区管制。采用分区管制的方法，针对部分特殊的国土范围，包括关系国计民生的重点发展地区、处于劣势地位的发展落后地区和环境意义重大的生态敏感地区等等，在不同空间层面上和不同专业领域中给予特别关注，形成国土开发的分区政策，成为对综合政策的重要补充。

各级政府及职能部门相互合作。同时基于“国家—大区规划协议”、“地方项目协议”等多种形式的政府协议展开合作，以确保在当前地方分权的形势下，国家和各级地方可以通过空间规划，在不同空间层面上对国土开发实施有效管理，一方面确保国家和地区的整体发展目标得以实现，另一方面确保地方的发展利益得到尊重。

城市规划整合落实。位于空间规划体系底层的地方性城市规划常常成为所有上位规划的最终集合，也因而成为对所有国土开发政策，包括不同层面的综合政策、针对不同地区的分区政策以及针对不同专业的专项政策的最终集合和体现[81]。

19.2　巴黎大区 2030 战略规划

19.2.1　规划的构成与指标体系

与中国的直辖市概念相当，包含了巴黎省、近郊三省和远郊四省，面积1200平方公里，由于巴黎特殊的战略地位，在法国《城市规划法典》中明确规定了“巴黎大区战略规划”的特殊法定地位及其编制要求。在法国城市规划体系中，巴黎大区战略规划代替了“大区国土规划纲要”，法律效力相当于“空间规划指令”，即它虽然是大区层面的战略性规划，但在土地使用方面具有指令性，直接指导省和市镇层级的规划。

巴黎大区面临的挑战有交通、社会、环境不平等的挑战、极端天气事件的威胁、保持国际经济地位和吸引力的挑战等三方面；巴黎大区的规划理念是营造一个紧凑、多核和绿色的大都市区。

基于应对三大挑战的要求，在总体理念的指导下，规划提出了三个空间层面的规划策略：连结与组织、集聚与平衡、保护与增值[242]。

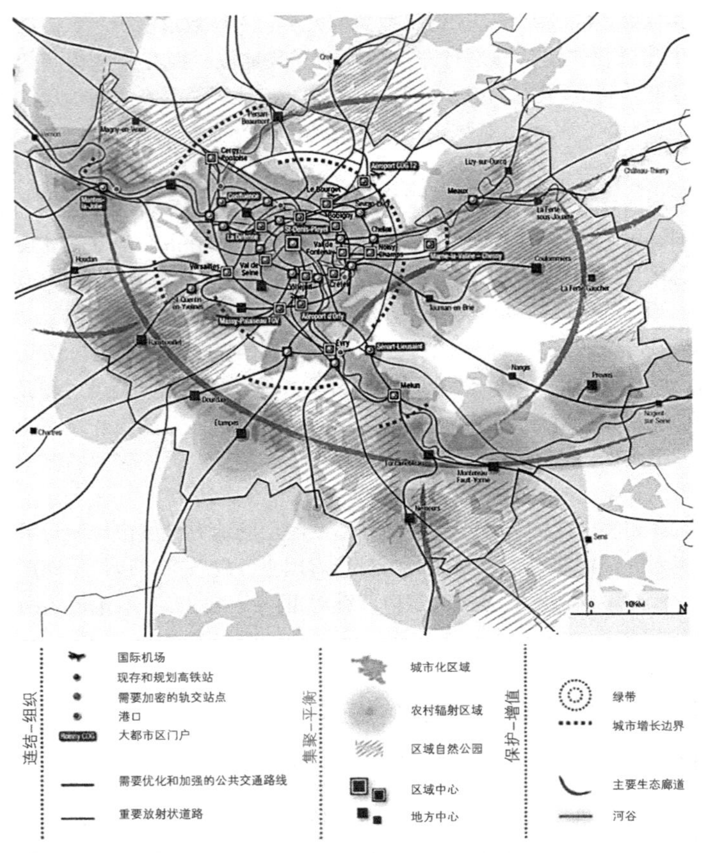

图 19-2　2030 巴黎大区空间规划图

（1）巴黎大区 2030 规划原则

巴黎大区 2030 规划原则与指标　　表 19-5

规划原则	定性指标提取
提升巴黎地区整体的吸引作为空间政策制定的重要目标	巴黎地区吸引力
研究和制定更具灵活性、适应性和可逆性的政策，以更早好准备	政策的灵活性、适应性、可逆性
提升和完善现有的设施，保证先前发展的延续性，而并不是优先着眼于新设施的增加	现有设施的改善、发展的延续性
尊重地方和不同社会团体的多样化发展需求，减轻不平等现象	尊重多样化发展需求

续表

规划原则	定性指标提取
保证大都市区内所有地区都对区域整体发展有所贡献	地区贡献性
规划政策的制定主要以鼓励为主而非强制性的规定，但是在保护农林地和自然空间，防止城市蔓延等方面还是需要严格的禁止性规定	强制性政策，鼓励性政策
加强城市、城市边缘区和农村交接地区的协调发展	交接地区的协调发展
发展多中心的区域体系，增加就业和服务设施的可达性	就业和服务设施的可达性
增加现有城市化区域的土地利用开发强度，来支撑进一步的城市化发展，严控新城市化用地的拓展	增加土地利用开发强度、严控用地的拓展

（2）巴黎大区 2030 战略规划三大理念的体现

连结与组织：旨在构建巴黎大区更加外向、更加紧密连接、更加可持续的交通系统。

连接与组织方面内容 表 19-6

分层	措施
对外交通方面	新的轨交站点以及高铁线路将使外向联系更方便
	港口、铁路和内河航道将被整合进综合物流系统以减少道路交通的压力和污染
对内交通方面	公共交通系统将随着大巴黎轨道快线的实施，常规公交和有轨电车线路的外延而得到进一步提升，外围区域间、中心城和外围区域间的联系将更为便捷
	在地方层面，无论是中心城还是农村地区，限速和交通稳静化措施将使交通更安全、更人性化

集聚与平衡：旨在构建一个多中心的大都市区结构以满足居民职住接近的需求，同时防止城市蔓延。

集聚与平衡方面内容 表 19-7

分层	措施
集聚	指在已城市化区域，根据其距离公交站点的距离和现状密度，进一步增加用地强度，将住宅密度提高 10%～15%，提升功能混合性，从而提供更多的住房和就业岗位
平衡	通过加密措施来发展大都市区副中心，以改变单中心的极化空间结构

保护与增值：主要针对自然和开发空间的保护以及城市蔓延的控制，旨在重塑城市和自然的关系。

保护与增值方面内容 **表 19-8**

分层	措施
保护	城市增长边界和绿带将作为重要的控制城市蔓延的措施
	自然地、农林地和绿地将得到严格保护
	生态廊道的连续性将得到保证
增值	绿色空间的农业生产和绿色休闲的功能将得到进一步的开发和利用

（3）规划指标体系

在法国城市规划体系中，“巴黎大区战略规划（SDRIF，2013 年）”代替了“大区国土规划纲要”（SR ADT），法律效力相当于“空间规划指令”（DTA），即它虽然是大区层面的战略性规划，但在土地使用方面具有指令性，直接指导省和市镇层级的规划。规划基于现状的“已城市化”和“未市化”土地分别提出了三类中心，给出了具体的筛选标准。本次规划提出了应对三大挑战的整体编制思路：保证社会团结、适应气候环境变化、增强巴黎大区的吸引力同时支持环境保育和社会经济稳定。根据该指标体系的特点，将其概括为“功能识别型”指标体系。

巴黎大区战略规划指标体系 **表 19-9**

分区	分类标准	政策	发展目标
已城市化	住宅密度大于中心区平均的两倍	待优化城市化区域	住宅密度增加 10%、人口密度增加
区域	轨交站点 1000m、公交枢纽 500m 范围内	车站周边待密集化区域	住宅密度增加 15%、人口密度增加
	变化性大、发展空间大	有很大密集化潜力区域	人口密度增加、增加住宅多样性
新城市化区域	公交和服务设施可达性好	优先城市化区域	住宅密度 > 平均（35 户 / 公顷）
	交通可达性有可能变好	有条件城市化区域	若确定建设重大交通设施则可城市化
	每个镇、村和居民点	镇、村和居民点可适度扩大的区域	城市化面积可增长 5%

19.2.2　空间特征

法国行政区划的基本等级依次是：大区、省、市镇。我们所说的巴黎大区，或者巴黎大都市区，实际上是法国本土22个大区之一——法兰西岛（île-de-France），与中国的直辖市概念相当，包含了巴黎省、近郊三省和远郊四省，面积12000km^2，是上海的两倍。

在法国城市规划体系中，SDRIF代替了“大区国土规划纲要”（SRADT），法律效力相当于“空间规划指令”（DTA），即它虽然是大区层面的战略性规划，但在土地使用方面具有指令性，直接指导省和市镇层级的规划。

（1）城镇化发展历程

巴黎的都市区层次结构由内向外可分为小巴黎—大巴黎—巴黎大区三层。从人口密度来看，核心城区的人口聚集度最高，人口分布呈现由核心城区向外迅速递减的趋势；从土地利用来看，最内圈和第二圈层以已城镇化土地为主，最外圈层以未城镇化土地为主；就城市空间形态而言，归因于五六十年代开始有意识利用天然河谷地形划定了两条城市优先发展轴线，巴黎渐渐形成沿着河流、主要交通廊道的轴向（指状）发展模式，“市中心+9个副中心+5个新城”的多中心结构基本形成。

（2）空间结构——多层级多中心的结构

规划强调要增加更多的中心，并且要重视地方特点，避免中心的同质化。对于巴黎大区来说，经过几十年培育的五大新城中心已经基本形成，但这对于要达到大都市区整体平衡的目标来说，还远远不够。因此，此次规划共提出了五级中心，包括“大区重要中心”和分为四个规模等级的“地方中心”，前者共20个，除了巴黎市中心，还包括拉德芳斯在内的19个副中心，集中在距离市中心20公里范围内，以商贸、服务、交通、旅游等专业性功能为主。地方中心共82个，散布在都市区各个圈层，按规模层级依次有4个、5个、20个和53个。

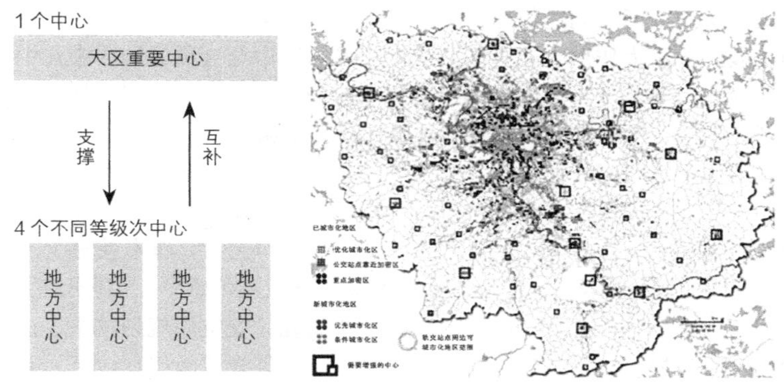

图19-3　巴黎大区城市化空间方案

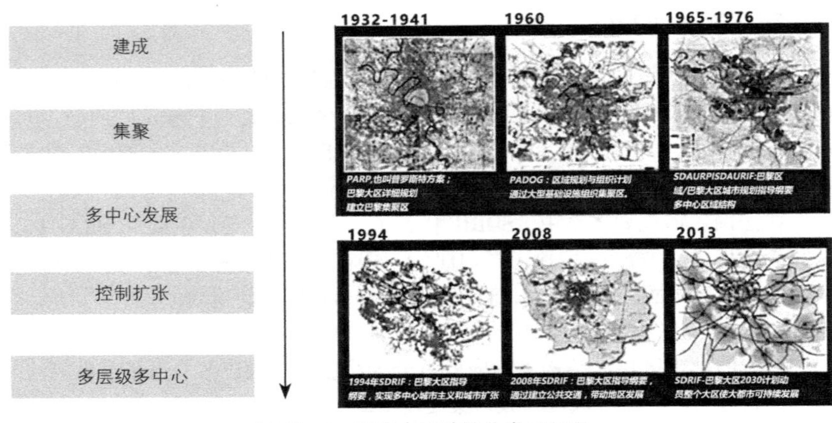

图 19-4　巴黎大区城镇化发展历程

规划并未强调这些中心的等级关系，而是更突出中心之间相互支撑和互补的关系。

第 20 章　我国主体功能区规划指标与监测建议

20.1　我国主体功能区规划

20.1.1　空间规划体系与主体功能区规划

我国空间规划又称区域规划，可以上溯到 20 世纪 80 年代初，经过三十多年的探索实践，在理论、方法和体系方面均得到不断发展。我国党和政府清醒地认识到空间规划对优化国土开发格局、调配重要战略资源、促进区域协调发展发挥重大作用，在中国共产党十八届三中全会通过的《中共中央关于全面深化改革若干重大问题的决定》中明确提出“建立空间规划体系，划定生产、生活、生态空间开发管制界限，落实用途管制。”[243]但由于受经济社会发展水平、空间规划理念、空间规划管理体制、区域发展配套机制等方面制约，当前我国空间规划类型还较为混乱，空间规划体系远未完善，严重制约了规划综合效能的发挥[2]。近日，中共中央办公厅、国务院办公厅印发了《关于建立健全国家“十三五”规划纲要实施机制的意见》，提出以主体功能区规划为基础统筹各类空间性规划，加快研究建立空间规划体系，协调推动全国国土规划，协调推进市县“多规合一”和省级空间规划改革，确保主要指标顺利实现[244]。

本部分旨在总结国家空间规划的基础上，分析不同国家针对其不同的经济社会发展情况而提出的不同的空间策略与指标体系，从而为我国现阶段的经济社会发展提供一定的铺垫。

20.1.2　主体功能区规划各项指标间的关系梳理

（1）现状分析指标

现状分析指标是指对于现状各个方面要素分析的指标体系，《全国主体功能区规划》的现状分析主要集中在第一章“规划背景”方面，主要从自然状况、综合评价、突出问题、面临趋势四个方面进行评价，具体涉及国土空间适宜用地、水资源分布状况、能源和矿产资源、自然灾害、生态环境、经济社会发展的状况等几方面。从附录中的现状分析的空间特征图来看，可分为资源、生态、环境、自然灾害、经济、人口、交通几个方面[184]。

《全国主体功能区规划》现状分析指标图　　表 20-1

资源	人均可利用土地资源评价图
	人均可利用水资源评价图
生态	生态脆弱性评价图
	生态重要性评价图
环境	多年平均降水量分布图
	二氧化硫排放分布图
	化学需氧量排放分布图
自然灾害	自然灾害危险性评价图
经济	水资源开发利用率评价图
	地均地区生产总值分布图
	开发区分布图
	目前开发强度示意图
人口	人口集聚度评价图
交通	交通优势度评价图

（2）规划指标（目标）

从《全国主体功能区规划》章节分布来看，该规划主要是划定 4 种（优化 / 重点 / 限制 / 禁止）不同的主体功能区域，并对每一种区域提出具体的开发原则、策略等，但在整体层面，规划仍然设立了总体的规划目标，主要可以分为三部分：第一部分是整体的空间开发格局，主要是城市化战略、农业战略、生态安全战略和海洋开发战略；第二部分为国土用地的定量指标，主要涉及开发强度，包括耕地在内的各类用地的开发控制量；第三部分为发展策略的定性指标，主要涉及空间利用效率、区域发展协调性和可持续发展能力[184]。

《全国主体功能区规划》规划指标图　　　　表 20-2

指标	内容	目标
空间开发格局	“两横三纵”为主体的城市化战略格局	基本形成
	“七区二十三带”为主体的农业战略格局	
	“两屏三带”为主体的生态安全战略格局	
	海洋主体功能区战略格局	
空间（用地）结构	全国陆地国土空间的开发强度	3.91% 以内
	农村居民点占地面积	16 万平方公里以下
	城市空间	10.65 万平方公里以内
	各类建设占用耕地新增面积	3 万平方公里以内
	工矿建设空间	适度减少
	耕地保有量	不低于 120.33 万平方公里（18.05 亿亩）
	基本农田	不低于 104 万平方公里（15.6 亿亩）
	林地保有量	312 万平方公里
	森林覆盖率	23%
	草原面积占陆地国土空间面积的比例	40% 以上
	河流、湖泊、湿地面积	有所增加
空间利用效率	单位面积城市空间生产总值	提高
	城市建成区人口密度	
	粮食和棉油糖单产水平	
区域发展协调性	不同区域之间城镇居民人均可支配收入差距	减小
	不同区域之间农村居民人均纯收入差距	减小
	基本公共服务均等化	提高
可持续发展能力	生态系统稳定性	提升
	环境质量	

（3）监测指标

目前关于全国主体功能区规划监测指标体系已有部分的研究，王传胜，朱珊珊，樊杰等（2012）从可利用土地资源、可利用水资源、环境容量、生态系统脆弱性、生态重要性、自然灾害危险性、人口集聚度、经济发展水平、交通优势度9个方面进行监测指标体系的构建[188]；李军，胡云锋，任旺兵等（2013）设立资源、环境、生态、自然灾害、经济、人口社会、政策、交通、运行等9个指标组进行指标体系的构建[245]。结合《全国主体功能区规划》中重点考虑资源环境承载能力、现有开发密度、区域发展潜力3方面的指标，可以总结出目前已有的监测评价指标体系仍是建立在资源环境与经济社会两大方面的基础上。结合现状分析指标中对资源、生态、环境、自然灾害、经济、人口、交通7大方面的关注，新的监测指标将是涉及资源环境与经济社会两大方面的具体内容。此时需要借鉴发达国家的监测指标，并结合中国经济社会发展的背景作出具体的指标设定。

20.2 发达国家空间规划经验的总结

20.2.1 日本

在针对目前国内普遍的少子化、老龄化、基础设施老化、灾害频发、土地空间利用率低、森林海洋过度开发等问题，日本政府提出了“形成对流促进型国土结构”的开发理念。具体是要形成紧凑网络状的国土空间结构，鼓励区域间的合作，促进对流型国土结构的形成，充分保留地方特色，积极参与全球化。

对于2008年日本政府提出的《国土形成计划》，在前期的经济社会分析阶段，主要关注人口、公共设施、经济、贸易、防灾减灾、基础设施、粮食供给、水资源、能源、气候、枯竭资源、国土资源等基本状况。在规划目标方面，日本政府提出了5大战略和8项专项政策，5大战略是5个方面的宏观政策，涉及国土管理，经济社会的可持续发展，亚洲的一体化，防灾建设和区域治理。8项专项政策可以说是5大战略的集中体现，8项政策涉及改善人居环境、创新的产业、更具竞争力的文化旅游产业、更发达的交通通信网络、良好的防灾减灾设施、国土资源管理、环境保护和新型公共群体的区域治理。日本的监测指标主要是根据规划文本的5大战略和8项指标确定的，带有多项参考指标的综合测评[205]。

20.2.2 英国

面对2008年以来的世界经济衰退与国民经济的持续低迷，英国政府采用了简政放权、进一步让市场发挥作用的政策。对于规划而言，则是减轻国家对地方的干预，取消了国家规划政策（PPS）和区域空间战略（RSS），代之以更具有政策和原则指引意义的《国家规划政策框架》(NPPF)。《国家规划政策框架》(NPPF)旨在为地方层面的规划提供编制的指导,保证地方的发展与国家的可持续发展的政策相一致,具体的原则涵盖经济、社会、环境三个维度,涉及经济、城市、乡村经济、交通、社区基础设施、气候变化与海岸线、通信设施、自然环境、遗产保护、绿带、设计、高品质住宅、能源利用等 13 个方面[192]。

对于大伦敦地区而言,主要面临着增长和地域变化的人口、经济的发展与改善、贫困、基础设施老化、生活品质不均等等问题,对此伦敦规划的战略主题主要涉及经济人口、全球竞争力、社区邻里、社会发展与人民幸福、环境保护和就业机会 6 大方面。对现状分析而言,伦敦规划主要关注人口、贫困地区和热能效应的空间分布。在规划监测方面,伦敦规划仍是基于 6 个方面做出了 24 项指标的监测,其中有 3 项在多个方面有所涉及,它们是最小化公共空间的损失、最大化在已开发土地上进一步开发的比例、争取减少对私家车的依赖,争取通过分段式、使用不同交通工具以实现可持续的出行方式——提升自行车出行比例。从中可以看出伦敦规划对公共空间、开发密度和交通出行效率的关注[193]。

《国家规划政策框架》(NPPF)的指引下,英国政府对地方的规划制定要依据的几个方面,主要涉及住房、商业、基础设施、矿产、国防、国家安全、反恐和弹性、生态环境、历史环境、健康与福利、公共安全和确保政策的可行性和传递性在内的 10 个主题[195]。各个地方政府在国家原则要求的统一指引下,根据地方经济社会发展面临的问题,编制规划。关于监测评价方面,皇家城市规划协会规划监测,主要关注土地利用、经济发展、自然与历史环境、发展质量和宜居环境等五个方面,较为特色的指标是区域内和区域间交通基础设施运量和连接度的变化、被调查居民中对他们所居住社区满意的比例、碳足印(人均 CO_2 排放)变化、住在剥夺最严重的 10% 地区的人口比例[202]。

20.2.3 德国

随着全球竞争日益加剧、欧洲一体化逐渐深入,及国内东西部融合加快,1990 年代以来德国的经济社会环境出现了结构性变化。东西部经济社会发展的分化较为明显。据 2001～2003 年的统计数据,东部 5 个州的就业人口年人均总产值平均水平低于西部 15 个百分点,而失业人口和贫困人口的比率则明显高于西部。人口变化带给各层次空间规划多重挑战。人口老龄化程度加剧与出生率降低等社会性问题的空间映射,要求联邦、州及地区级的区域规划扮演重要角色。城市和大都市区域的范围扩展及重要性增加。但日渐增长的城市住房与工商业建筑用地需求,却形成了对周边乡村土地空间的蚕食。改善生态环境和提供开敞空间的需求日益强烈。人口密度高和就业机会多的城市聚集区的城市生活环境质量下降、自然景观和开敞空间持续减少。

国家层面关注城镇空间的发展，涉及社会、交通、环境、土地、经济等多方面。其中生活条件的均等化、人口变化的服务供给、区域竞争力具有一定的特色，尤其针对目前德国社会发展不均衡、人口老龄化和人口出生率低以及面向全球化的目标。除此以外考虑与欧盟空间规划的对接。注重空间规划有效的落实，制定出一系列相关的经济保证和政治行动。联邦空间规划指标体系以区域生活条件为切入点，划定6个指标——人口、经济、劳动力市场、繁荣程度、基础设施、房产市场——以分析区域的现状并指导规划，每个指标又划分出若干二级指标，以制定联邦空间规划的编制框架，指导下一层次各州自主编制的州域空间规划[239]。

区域层面提出了城乡等值化发展，注重区域协调，以促进社会公平、发展城乡经济、保护自然资源为三大工作目标。巴伐利亚州以城乡等值化为目标，结合实际情况制定了空间规划。注重可持续发展，构建六大可持续发展目标：1. 可持续的自然资源保护和开发以及可持续的水资源管理；2. 可持续商业经济和服务；3. 可持续的社会和文化基础设施；4. 可持续农业和林业；5. 可持续技术基础设施；6. 定居点的可持续发展[239]。其中比较有特色的指标包括部门经济结构、中产阶级、区域经济结构、废物管理、定居结构。德国空间规划区域层面提倡城乡协调，各方面的可持续发挥，对中国目前城乡发展不均衡和资源浪费严重等问题很有针对性的借鉴意义。

城市层面以德国2030为例，经济实力、生活质量、社会道德是柏林2030年的关键词，针对这些关键词提出了七大发展愿以景塑造未来。其中比较有特色的目标为创新经济、多样性和城市的流动性。其中比较有特色的指标为：主要创新集群、经济增长带来的就业人口、创新产业带来的就业数量、有关柏林声誉的外国游客数量。对我国大城市的空间规划指标具有借鉴意义。

20.2.4　美国

21世纪以来，美国规划进入面向区域可持续发展的综合规划阶段。美国面临着全球化挑战与全球贸易地位的削弱，基础设施老化，发展中的不均衡不平等问题加剧，气候变化与能源安全的威胁以及人口增长与人口结构变化，土地利用模式粗放低效等多重挑战。美国的空间规划体系体现出市场经济的特点，规划体系自由，空间规划多由非营利性的第三部门组织编制。

国家层面的空间规划形成远景设想，引导利益相关者的行为，实现空间变化的共同目标。空间战略规划更多关注社会经济行为过程的整合。重点瞄准巨型都市区域、发展相对落后地区和大型景观保护区三大重点发展区域，制定针对性发展对策。国家层面空间规划指标体系并非覆盖全部国土，而是有的放矢，与重点发展区域息息相关[212]。

区域规划根据需要而设定，具有多样性特点。区域层面以芝加哥大都市区

2040规划为例，重点关注区域间的整体发展以及协调联动和综合治理。构建四大目标——宜居社区、人力资本、跨界治理、区域流动——框架下的核心指标体系，比较有特色的指标包括食品匮乏人口率、区域间的协同治理、信息渠道流量、居住工作通勤可达性、城际铁路延迟时间等等[220]。此外，芝加哥注重规划指标的时效性与动态性，总结了现行指标体系存在的缺陷和漏洞，进行指标体系方法论专项研究，总结出一套更新指标体系，弥补现行指标体系的空缺。芝加哥作为上海的姊妹城市，规划突破行政区域界限，其与周边地区协同发展的一系列空间监测指标值得我国经济发达的长三角城市群借鉴。

城市层面的空间规划以纽约2040规划为例说明，提出四大愿景指标体系——经济繁荣、公平公正、可持续性、韧性。纽约作为金字塔顶端的世界性城市，在城市化发展与经济发展阶段处于较高水平时，提出一系列关注公平问题，弱势群体以及城市发展品质的指标，例如关于贫困率相关指标、公共服务设施可达性指标、网络服务指标、可支付性住宅指标、身心健康相关指标、司法公正指标等等[231]。另外，美国在气候变化挑战背景下提出的一系列包括大气、水、土地等方面的污染防范和治理指标，关注城市可持续发展。韧性方面比较有创新性的，在于对灾害保险相关指标的设定，以及关注基层社区韧性提升的相关指标。对于我国北上广深特大城市未来发展指标体系具有借鉴意义。

20.2.5 总结

总结以上发达国家，都是在面临着基础设施老化、社会的老龄化、区域发展的不协调、能源紧缺以及国际竞争日益激烈情况下，进一步发展的问题。对于规划的对策仍是基于经济、社会、环境和能源四个维度，对于经济而言，则是注重经济发展的质量，促进区域的协调，打造更具竞争力和创造力的经济实体。社会方面则是注重社会公平，尤其是对于弱势群体的关注，如英国对于复合剥夺指数[192]，美国对于居民、儿童健康的关注[231]；环境方面则是更加注重环境质量的提升和开敞空间的打造，能源方面则是对国家战略能源的关注。总体而言，发达国家在经济社会发展较为成熟的阶段，一方面要继续保持经济发展的态势，另一方面又要注重发展的质量、提升居民的幸福感、打造更加宜居的人居环境和保障社会公平。

20.3 主体功能区指标体系的建构

20.3.1 框架结构

对于我国主体功能区规划的监管指标体系而言，一方面要从我国的国情和主体功能区规划的实际出发，分析出现阶段我国主体功能区监测指标的重点；

另一方面，要结合我国的实际情况，对发达国家空间规划的指标体系做出一定的选取和借鉴。现阶段，我国仍然处于资源较为紧缺、区域发展不平衡、发展模式粗放、经济社会的发展亟需转型的阶段，因此对于资源环境和经济社会发展的问题仍是目前关注的重点。此外，在未来的一二十年内，随着老龄化、少子化社会的到来以及经济社会发展的日趋成熟，对于经济社会的进一步发展与社会公平、治理问题将是未来关注的重点，对此，可以借鉴发达国家在规划监测指标上的经验，结合我国的实际情况，提出对国家交流、社会公平幸福和区域发展韧性的关注。

对此，提出适用于我国的指标体系，指标体系的建构主要分为两大部分，第一部分为核心部分，主要为针对底线的要素，主体功能区规划所关注的资源环境与经济社会部分；第二部分为拓展部分，主要针对新的阶段我国经济社会发展日趋成熟，将会出现的新趋势与问题而做的战略应对，主要考虑社会公平、居民幸福、区域治理、国际交流和韧性等方面。

对于第一部分的指标，考虑到现状分析指标和规划目标之间的关系，可以梳理出，主体功能区主要是基于资源环境和经济社会发展两大方面所作出的指标体系，具体将这两大方面分解为资源、环境、生态、灾害、经济、人口社会和交通七大方面。对于每一方面，首先进行国内研究的总结，同时结合国外规划关注点，针对我国国情，提出适合于我国兼具前瞻性的指标体系。对于第二方面，结合国外发达国家在空间规划上的热点，结合国内未来一二十年可能面临的趋势，作出一定的政策建议性的指标。

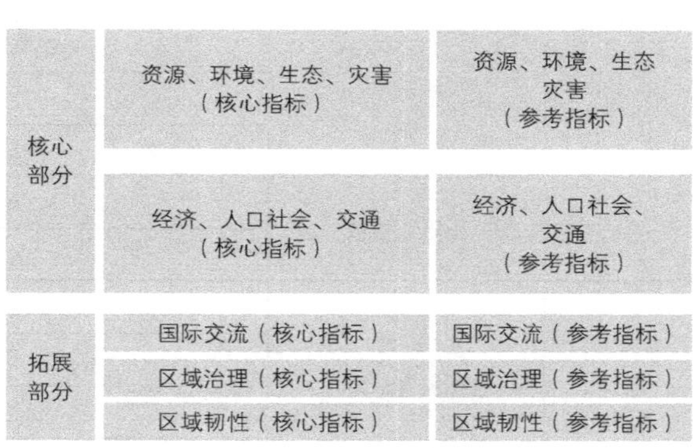

图 20-1　全国主体功能区监测指标体系框架图

《全国主体功能区规划》核心指标建议表　　表 20-3

资源	土地	可利用土地资源量
		人均可利用土地资源量
		耕地资源量
		基本农田面积

续表

资源	水	可利用水资源量
		人均可利用水资源量
		地表水可利用量
		地下水可利用量
环境	空气环境质量	二氧化硫浓度
	水环境质量	河流劣V类断面比例
生态系统	生态系统	生态系统
		生物多样性
		森林蓄积量
		自然保护区面积
		森林覆盖率
		草原植被覆盖度
		自然保护区
		草畜平衡
	土壤与植被	植被盖度
		土壤渗透性
自然灾害	自然灾害危险性	洪涝危害程度
		干旱频次
		低温冷冻频次
		地质灾害危害程度
	自然灾害预防	灾害信息发布能力
		应急预案编制程度
		人均道路面积（m^2/人）
		人均社会产值（千元/人）
		万人电话数（部/万人）
		万人病床数（床/万人）
经济	经济发展水平	GDP总量
		人均GDP
		财政收入占地区生产总值比重
		农民纯收入

续表

经济	经济发展水平	城镇居民可支配收入
		农村居民点占地比例
		高新技术产业比重
	经济结构	第一产业比重
		第二产业比重
		第三产业比重
	创新能力	高新技术产业比重
		研发投入经费比重
	经济质量	单位建设用地面积产出率
		单位工业增加值能耗和取水量
		单位 GDP 综合能耗和用水量
	经济增长	经济增长率
		第一产业增加值比重
		第二产业增加值比重
		服务业增加值比重
人口社会	人口	总人口
		人口密度
		吸纳外来人口规模
		老人抚养比
		人口自然增长率
	社会发展	教育事业费支出
		卫生经费支出比例
		城镇就业人员社会保险综合覆盖率
		平均预期寿命
		每百万医生数
		城市每万人拥有公共交通车辆
		每万人刑事案件立案数
	社会结构	城镇人口比例
		大专以上人口比例
		15 岁以上文盲比例
		第三产业从业人口比例
		城镇登记失业率

续表

交通	交通网络密度	公路网密度
		铁路网密度
	交通干线影响度	铁路影响度
		公路影响度
		水运影响度
		机场影响度
	区位	到中心城市的最短距离
	交通网络结构	交通通达指数

20.3.2 分类指标

（1）核心部分——资源

国内研究方面，王传胜，朱珊珊，樊杰等（2012）在主体功能区规划的资源监管方面主要关注食物与资源保障，具体关注耕地面积、农产品产量、农产品外供量、农田基础设施建设、可利用土地面积、水资源量、能源和矿产资源储量[188]。赵永江，董建国，张莉（2007）在主体功能区规划指标体系的资源方面主要关注水资源、耕地资源、气候、林地资源和矿产资源等[246]。董文，张新，池天河（2011）在主体功能区划的资源评价上主要关注水文、土地和能源[247]。国外的空间规划研究方面，在面临着经济衰退、国际竞争加剧、气候变暖的情况下，伦敦规划更加关注土地利用的密度和油气能源供应[192]。日本在面临着老龄化、少子化、灾害风险加剧、全球竞争力不断加剧的状况，更加注重对国土资源尤其是水资源、森林资源、农用地和海域利用与管理的关注[205]。面临着基础设施老化与更新、地域发展的不平衡与全球竞争的加剧，美国更加注重能源、水资源的供应等问题[212]。

总的来看，国内的对于主体功能区资源监管主要涉及水资源、土地资源（耕地）和矿产能源方面。国外发达国家，由于其经济社会发展较为成熟，其面临着竞争更加激烈的国际竞争，更加注重经济优化升级中的能源供应问题，对于水资源与土地集约利用问题也有一定的关注。目前，我国经济社会发展处于转型阶段，国际竞争不断加剧，结合目前我国适宜开发的土地面积少、水资源分布不均、能源矿产资源相对短缺的基本国情，对于水资源、土地资源（耕地资源）的关注仍是重中之重，对此提出了以土地资源、水资源为核心指标的资源组评价指标体系。

资源组评价指标体系表　　表 20-4

资源	核心指标	土地	可利用土地资源量	某区域（特定空间单元），一段时间内（年）各类土地资源（耕地、林地、水体、建设用地）的数量
			人均可利用土地资源量	某区域（特定空间单元），一段时间内（年）人均占有各类土地资源（耕地、林地、水体、建设用地）的数量
			耕地资源量	某区域（特定空间单元），一段时间内（年）耕地资源的数量
			基本农田面积	某区域（特定空间单元），一段时间内（年）基本农田的数量
		水	可利用水资源量	某区域（特定空间单元），一段时间内（年）可利用的水资源（农业、工业、居民生活、城镇公共实际用水和生态用水）数量
			人均可利用水资源量	某区域（特定空间单元），一段时间内（年）人均可利用的水资源（农业、工业、居民生活、城镇公共实际用水和生态用水）数量
			地表水可利用量	某区域（特定空间单元），一段时间内（年）可使用地表水的数量
			地下水可利用量	某区域（特定空间单元），一段时间内（年）可使用地下水资源的数量
	参考指标	矿产能源	矿产资源利用	某区域（特定空间单元），一段时间内（年）主要矿产资源开发利用的数量
			能源资源利用	某区域（特定空间单元），一段时间内（年）主要能源开发利用的数量

（2）核心部分——环境

国内研究方面，李军，胡云锋，任旺兵等（2013）在国家主体功能区的环境监测指标中，主要关注大气、水环境状况等指标[245]；王传胜，朱珊珊，樊杰等（2012）在主体功能区规划的环境监管方面，主要关注污染物处理设施空间分布和“三废”排放治理状况[188]；赵永江，董建国，张莉（2007）在主体功能区规划指标体系的环境方面主要关注环境容量，其指标体系涉及工业废水处理率、工业废渣处理率、环保经费占 GDP 比重、空气质量优良级天数[246]；高春风（2006）提出在生态环境质量指标体系中的环境方面主要涉及大气环境质量（二级）达标率，地表水环境质量（功能区）达标率，养殖业粪便综合利用率，秸秆综合利用率，农用塑料膜回收率[248]。李茜，张建辉，罗海等（2013）对区域环境质量的评估主要涉及环境质量（空气质量、水环境质量、生态环境质量、声环境质量）、环境压力（污染物排放、社会经济发展）和环境管理（制度管理、污染治理）三大方面[249]。关于环境方面，伦敦规划提出要改善空气质量、减少与管理噪声，保护伦敦的开放和自然环境，保护开放空间，建设蓝丝带网络，对于监测指标方面，主要关注废弃物的回收和处理、二氧化碳的减排和绿化方面[192]。日本首都圈对于环境方面的规划指标主要涉及绿地减少率、国立公园数、CO_2 排出量的变化、SPM 环境基准达成率、NO_2 环境基准达成率、光化学污染的通报天数、COD 环境基准达成率、年平均气温的变化、产业废弃物的移动情况[205]。

总的来看，国内对于环境评价的指标体系主要涉及大气环境、水环境和污染治理三大方面，国外由于其经济社会发展较为成熟，对于人居环境和环境质量的要求更高，如英国对噪声污染和开敞空间的关注、日本规划中对于光化学污染和年平均气温变化的关注。现阶段，我们经济社会发展到了转型阶段，环境问题突出，仍需要关注水环境和空气环境，同时要注重环境的治理。

环境组评价指标体系表　　　　表 20-5

<table>
<tr><td rowspan="13">环境</td><td rowspan="2">核心指标</td><td>空气环境质量</td><td>二氧化硫浓度</td><td>某区域（特定空间单元），一段时间内（年）大气中主要污染物（SO_2 等）平均实际浓度</td></tr>
<tr><td>水环境质量</td><td>河流劣 V 类断面比例</td><td>某区域（特定空间单元），一段时间内（年）河流劣 V 类断面所占的百分比</td></tr>
<tr><td rowspan="11">参考指标</td><td rowspan="3">空气环境质量</td><td>NO_2 浓度</td><td>某区域（特定空间单元），一段时间内（年）大气中主要污染物（NO_2 等）平均实际浓度</td></tr>
<tr><td>可吸入颗粒物（PM2.5）浓度</td><td>某区域（特定空间单元），一段时间内（年）可吸入颗粒物（PM2.5）的平均浓度</td></tr>
<tr><td>降水酸度</td><td>某区域（特定空间单元），一段时间内（年）降水酸度的平均值</td></tr>
<tr><td rowspan="3">水环境质量</td><td>河流高锰酸盐指数浓度</td><td>某区域（特定空间单元），一段时间内（年）河流高锰酸盐指数的平均浓度</td></tr>
<tr><td>河流氨氮浓度</td><td>某区域（特定空间单元），一段时间内（年）河流氨氮的平均浓度</td></tr>
<tr><td>河流 I–IV 水质断面比例</td><td>某区域（特定空间单元），一段时间内（年）河流 I–IV 类断面所占的百分比</td></tr>
<tr><td rowspan="2">声环境质量</td><td>城市区域噪声等效声级</td><td></td></tr>
<tr><td>城市道路噪声等效声级</td><td></td></tr>
<tr><td rowspan="3">污染治理</td><td>工业废水排放达标率</td><td>某区域（特定空间单元），一段时间内（年）工业废水排放达标的百分比</td></tr>
<tr><td>工业二氧化硫排放达标率</td><td>某区域（特定空间单元），一段时间内（年）工业二氧化硫排放达标的百分比</td></tr>
<tr><td>工业固废综合利用率</td><td>某区域（特定空间单元），一段时间内（年）工业固废综合利用的百分比</td></tr>
</table>

（3）核心部分——生态

国内研究方面，王传胜，朱珊珊，樊杰等（2012）在主体功能区规划的生态方面主要关注生态系统相关指标、具体关注水土流失和荒漠化治理率、森林覆盖率、森林蓄积量、草原植被覆盖度、草畜平衡、生物多样性等指标[188]。李军、胡云锋（2013）在全国主体功能区空间监测指标体系构想中重点关注反映区域生态（及生态系统）的构成、数量、质量、空间分布及动态变化情况的系列指标，具体关注退耕还林还草面积、土地沙漠化、水土流失、生态系统、生物多样性、森林蓄积量、自然保护区等等指标[245]。樊杰（2015）在全国主体功能区划地域功能识别指标体系中重点关注生态脆弱性和生态重要性指标[250]。国外研究方面，主要是借鉴英国、美国近年来空间规划的相关指标体系。英国方面，大伦敦空间规划指标体系中涉及生态环境和自然环境保护的相关关键绩效指标有：增加 50%“蓝丝带水道网”的客运和货运；保护生物多样的栖息地；增加可再生能源产出的能量；增加城市绿化；改善伦敦的“蓝丝带水道网”[192]。美国方面，在国家层面重点关注重点区域—大型景观保护区，制定有针对性的大型景观保护区规划指标体系。生态方面划定三级生态区以及区域性流域分水岭等等界限。从多种管辖性和多方位可操作性等方面关注生态环境脆弱区域的发展[212]。城市层面，从纽约市 2040 规划为例，纽约市的指标体系特色在于重点可持续性指标体系的构建，涉及生态环境的方方面面，包括大气、水资源、生态脆弱性等等[231]。

总体而言，国内主体功能区规划的生态方面重点关注生态系统、生物多样性、土壤植被覆盖状况等相关指标。发达国家在其经济社会发展较为成熟的时期，更加注重生态环境的质量，注重自然生态系统的保护、绿地网络和生态脆弱性等方面。目前，我国经济社会的发展仍是粗放型模式，对经济关注过多，对生态环境关注较少，一方面要将基本的生态指标纳入评价体系，同时也要考虑到生态网络与绿地系统的构建，对此提出了以生态系统、土壤植被为核心指标，生态脆弱性和重要性为参考指标的 4 大方面，共计 16 项的评价指标体系。

生态组评价指标体系表　　表 20-6

生态系统	核心指标	生态系统	生态系统	某区域内（或特定空间单元上）生态系统类型（森林、草原、草甸、荒漠、湿地、农业等），及其变化情况
			生物多样性	某区域（或特定空间单元上）生物物种的相对丰富程度，常以某区域生物物种数量占所在省全部物种数量的比重表示
			森林蓄积量	某区域（行政区域或特定空间单元上）某个时段内，有林地中活立木材积总和，常用 m^3/hm^2 表示

续表

生态系统	核心指标	生态系统	自然保护区面积	有代表性的自然生态系统、珍稀濒危野生动植物物种的天然集中分布、有特殊意义的自然遗迹等保护对象所在的陆地、陆地水域或海域，依法划出一定面积予以特殊保护和管理的区域的面积
			森林覆盖率	指一个国家或地区森林面积占土地面积的百分比
			草原植被覆盖度	指一个国家或地区草原面积所占的陆地国土空间的面积
			自然保护区	某区域（或特定空间单元上）自然保护区的类型、级别、面积等特征及其变动情况
			草畜平衡	指在一定区域和时间内通过草原和其他途径提供的饲草饲料量，与饲养牲畜所需的饲草饲料量达到动态平衡
		土壤与植被	植被盖度	植物群落总体或各个体的地上部分的垂直投影面积与样方面积之比的百分数
			土壤渗透性	水在土孔隙中渗透流动的性能，表征为土渗透性指标，渗透系数：渗透性高敏感性高；渗透性中敏感性中；渗透性低敏感性低
	参考指标	生态系统脆弱性	沙漠化脆弱性	由于干旱少雨、植被破坏、大风吹蚀、流水侵蚀、土壤盐渍化等因素造成的大片土壤生产力下降或丧失的自然（非自然）现象
			土壤侵蚀脆弱性	在水力作用下，土壤表层及其母质被剥蚀、冲刷搬运而流失
			石漠化脆弱性	受人为活动干扰，使地表植被遭受破坏，导致土壤严重流失，基岩大面积裸露或砾石堆积的土地退化现象
		生态重要性	水土保持重要性	对自然因素和人为活动造成水土流失所采取的预防和治理措施
			防风固沙重要性	干旱、半干旱地区为了保持水土、防止沙尘暴等恶劣天气而进行的一种生态建设活动
			水源涵养重要性	通过恢复植被、建设水源涵养区达到控制土壤沙化、降低水土流失

（4）核心部分——灾害

国内研究方面，王传胜，朱珊珊，樊杰等（2012）在主体功能区规划的防灾方面主要关注灾害防治能力，具体关注自然灾害的频度、自然灾害防御能力等指标[188]。李军、胡云锋（2013）在全国主体功能区空间监测指标体系构想中，重点关注反映区域历史自然灾害影响及分布、各种类型及综合灾害发生风险程度及分布、变化情况的系列指标，具体来说是洪灾风险、地质灾害风险、热带风暴灾害风险、干旱灾害风险等相关指标[245]。樊杰（2015）在全国主体功能区划地域功能识别指标体系中重点关注自然灾害危险性，具体来说关注洪水灾害危险性、地质灾害危险性、地震灾害危险性、热带风暴潮危险性等专项指标[250]。王威，苏经宇，马东辉等（2012）提出综合防灾与减灾能力评价的实用概率方法，从城市灾害危险性、易损性和承灾能力三个方面建立城市综合防灾与减灾能力评价指标体系，并给出评价指标分级标准等级值[251]。国外研究方面，主要是借鉴日本、美国近年来空间规划的相关指标体系。日本方面，由于日本自然灾害频发且灾害种类多样，在防灾减灾方面建立起了较为完备的指标体系以及配套保障措施。国家层面的防灾减灾指标类型中重点关注地震灾害指标，例如地震规模、地震发生频率、发生时段平均间隔、灾害风险区面积和人口数量等相关指标[205]。同时日本注重灾害链的分析研究，还建立了相关灾害引起社会经济活动损失的相关指标。美国方面，在城市层面以纽约市 2040 规划为例，纽约市的指标体系特色在于韧性指标的构建，包括基础设施韧性、社区韧性、海防系统韧性等等[231]，值得一提的是还提出了灾害保险体系的相关指标，我国现阶段整体功能区灾害类指标研究中，灾害保险还处于空白。

总体而言，国内主体功能区防灾方面，空间监测指标重点关注灾害发生的风险防范、发生频度、分布情况、危险性等方面的指标，我国的防灾体系尚处于对单灾种本身发生情况的监测，缺乏对于多灾种的综合防范，基本都是自上而下的单向模式，缺乏 NGO 以及基层防灾相关指标，缺乏政府组织与非政府组织的协作。而发达国家更加注重多种灾害联防，灾害链引发次生灾害的评估。在注重灾害应急的同时更加关注灾害预警预防，从提升区域韧性的角度根本防范灾害发生，另外还关注灾害后续保险机制的营建。总结国外空间规划防灾指标体系的经验，结合我国具体国情和现阶段指标体系的空白，构想出一套中国特色的主体功能区防灾指标体系。主要包括自然灾害危险性和自然灾害预防两大核心指标以及居民防灾减灾参与度、灾害补偿程度两大参考指标，共计 14 个分项指标体系。

灾害组评价指标体系表　　表 20-7

自然灾害	核心指标	自然灾害危险性	洪涝危害程度	分为较微、较轻、中等、较严重、特严重五个级别
			干旱频次	一年中干旱灾害发生的次数
			低温冷冻频次	一年中低温冷冻灾害发生的次数
			地质灾害危害程度	分为无、微弱、轻度、中度、重度五个级别

续表

<table>
<tr><td rowspan="10">自然灾害</td><td rowspan="6">核心指标</td><td rowspan="6">自然灾害预防</td><td>灾害信息发布能力</td><td>分为强、较强、中等、较弱、弱五个级别</td></tr>
<tr><td>应急预案编制程度</td><td>分为全面、较全面、一般、较片面、片面五个级别</td></tr>
<tr><td>人均道路面积（m^2/ 人）</td><td>分 为≥12.5、10、7.5、5.0、≤2.5五个级别</td></tr>
<tr><td>人均社会产值（千元 / 人）</td><td>分 为≥40、30、25、15、≤5.0 五个级别</td></tr>
<tr><td>万人电话数（部 / 万人）</td><td>分 为≥11000、10000、9000、8000、≤7000 五个级别</td></tr>
<tr><td>万人病床数（床 / 万人）</td><td>分为≥40、30、20、15、≤10 五个级别</td></tr>
<tr><td rowspan="4">参考指标</td><td rowspan="2">居民防灾减灾参与度</td><td>居民人均参与防灾减灾知识宣传活动次数</td><td>每年社区居民人均参与防灾减灾知识宣传活动的次数</td></tr>
<tr><td>居民人均参与防灾减灾活动演练次数</td><td>每年社区居民人均参与防灾减灾活动演练的次数</td></tr>
<tr><td rowspan="2">灾害补偿程度</td><td>灾害国家补偿额</td><td>国家对大型灾害的补偿额</td></tr>
<tr><td>灾害保险赔款额</td><td>灾害发生后保险赔付额</td></tr>
</table>

（5）核心部分——经济

国内研究方面，王传胜，朱珊珊，樊杰等（2012）在主体功能区规划的经济方面主要关注经济增长速度与质量，具体关注 GDP 总量、人均 GDP、外来人口增长量、工业产值、研发投入、高新技术和服务业发展水平、单位面积产值、单位产值水耗和能耗、单位产值“三废”排放量等等指标[188]。王茹、孟雪（2012）提出了经济增长及其质量、自主创新能力、区域协调发展等优化开发区经济方面绩效评价指标体系的构想[252]。李军、胡云锋（2013）在全国主体功能区空间监测指标体系构想中，重点关注反映区域经济总量、结构、质量、空间分布及变化情况的系列指标，具体关注地区生产总值、三大产业增加值所占比重、高新技术产业比重、财政收入占地区生产总值比重、农民和城镇居民可支配收入、单位土地面积产出率等指标[245]。樊杰（2015）在全国主体功能区划地域功能识别指标体系中，重点关注地区人均 GDP 及其增长水平。国外研究方面，主要是借鉴日本、美国、英国近年来空间规划的相关指标体系[250]。日本方面，国家层面的经济指标重点关注投入产出比，更加关注经济效率问题，例如资本投入贡献率、创新投入贡献率和劳动投入贡献率等指标[205]。区域层面，以东京都市圈规划为例，经济指标体系更加关注区域间的协同合作、各地的迁入迁出情况等等。与日本老龄化、少子化，劳动力资源缺乏的国情息息相关。美国在国家层面重点关注重点区域、包括经济发展主力的大都市连绵区以及经济发展相对薄弱的发展滞后地区，制定有针对性的规划指标体系。区域层面以芝加哥大都市区 2040 规划为例，关注区域间的经济流动和共建共享[220]。城市层面，以纽约市 2040 规划为例，特色在于重点关注公平性指标以及可持续性指标的构建，例如贫困率指标和可支付性住宅指标等[231]，体现出了经济发达城市对于弱势群体的人文关怀，对于我国北上广深等经济发达地区的经济社会类指标体系构建具有借鉴意义。英国的大伦敦规划中经济方面指标体系中，重点关注经济发展的地区公平性，新兴多元经济发展等方面，注重政策方面的引导，缺乏具体的指标体系构建。

总体而言，国内主体功能区经济方面指标主要关注 GDP、收入水平、产值、能耗排放量有关的量化指标，仍处于增长主义情节下的构建围绕经济总量，经济结构与经济增长的指标体系。而西方发达国家处于经济社会发展的高级阶段，经济方面的指标体系更具有人文关怀，关注经济发展的质量，关注增长的公平性问题和投入产出效率问题，另外与国内相比，更加关注跨区域的经济发展协作。当前我国已经步入经济社会发展的新常态，处于改革转型的阵痛期，在吸收借鉴国外指标体系有益经验的同时，结合我国具体国情构想出了一套中国特色的主体功能区经济方面指标体系，具体来说分为经济发展水平、经济结构、创新能力、经济质量和经济增长情况五大核心指标，以及社区人民生活水平、区域协调创新两大参考指标，共计 24 个分项指标。

经济组评价指标体系表　　表 20-8

<table>
<tr><td rowspan="7">经济</td><td rowspan="7">核心指标</td><td rowspan="7">经济发展水平</td><td>GDP 总量</td><td>行政区域内（或特定空间单元上）单位时间内（通常为年），经济中所生产出的全部最终产品和劳务的价值</td></tr>
<tr><td>人均 GDP</td><td>行政区域内（或特定空间单元上）单位时间内（通常为年），经济中所生产出的全部最终产品和劳务的价值与总人数的比值</td></tr>
<tr><td>财政收入占地区生产总值比重</td><td>行政区域内（或特定空间单元上），财政收入占地区生产总值（GDP）的比例</td></tr>
<tr><td>农民纯收入</td><td>行政区域内（或特定空间单元上）统计或普查得到的，一定时段内（通常为年）农民纯收入（以人民币测算）数量</td></tr>
<tr><td>城镇居民可支配收入</td><td>行政区域内（或特定空间单元上）一定时段内（通常为年），城镇居民可支配的收入（以人民币测算）数量</td></tr>
<tr><td>农村居民点占地比例</td><td>行政区域内（或特定空间单元上）一定时段内（通常为年），农村居民点用地占总体用地的比例</td></tr>
<tr><td>高新技术产业比重</td><td>行政区域内（或特定空间单元上）单位时间内（通常为年），高新技术产业增加值占 GDP 的比重</td></tr>
</table>

续表

经济	核心指标	经济结构	第一产业比重	行政区域内（或特定空间单元上）一定时段内（通常为年），第一产业 GDP 占 GDP 总量的比重
			第二产业比重	行政区域内（或特定空间单元上）一定时段内（通常为年），第二产业 GDP 占 GDP 总量的比重
			第三产业比重	行政区域内（或特定空间单元上）一定时段内（通常为年），第三产业 GDP 占 GDP 总量的比重
		创新能力	高新技术产业比重	行政区域内（或特定空间单元上）单位时间内（通常为年），高新技术产业占相应地区 GDP 的比重
			研发投入经费比重	行政区域内（或特定空间单元上），一定时段内（通常为年）研发经费占当地 GDP 的比重
		经济质量	单位建设用地面积产出率	行政区域内（或特定空间单元上），一定时段内（通常为年），GDP 总量与建设用地总面积的比值
			单位工业增加值能耗和取水量	行政区域内（或特定空间单元上），一定时段内（通常为年），工业增加值与消耗能耗以及消耗水资源总量的比重
			单位 GDP 综合能耗和用水量	行政区域内（或特定空间单元上）一定时段内（通常为年），城市地区全社会能源消耗总量与城市国内生产总值之比
		经济增长	经济增长率	经济增长率（RGDP）是末期国民生产总值与基期国民生产总值的比较，以末期现行价格计算末期 GNP，得出的增长率是名义经济增长率
			第一产业增加值比重	行政区域内（或特定空间单元上）单位时间内（通常为年），第一产业增加量占相应地区 GDP 的比重
			第二产业增加值比重	行政区域内（或特定空间单元上）单位时间内（通常为年），第二产业增加量占相应地区 GDP 的比重
			服务业增加值比重	行政区域内（或特定空间单元上）单位时间内（通常为年），服务业增加量占相应地区 GDP 的比重
	参考指标	社区居民生活水平	食品自给率	行政区域内（或特定空间单元上）一定时段内（通常为年），本地粮食生产量与本地粮食消费量的比值
			人均日常蔬果摄入量	行政区域内（或特定空间单元上）成年人平均每天所摄入蔬菜和水果的平均分量
			家庭收入中位数	行政区域内（或特定空间单元上）一定时段内（通常为年），全体居民收入水平统计的数值按大小顺序排列，形成一个数列，处于数列中间位置的值
		区域经济协调	区位商	区位商是指一个地区特定部门的产值在地区工业总产值中所占的比重与全国该部门产值在全国工业总产值中所占比重之间的比值
			年入境游客量	行政区域内（或特定空间单元上）一年内入境旅游人口总量

（6）核心部分——人口社会

国内研究方面，李军、胡云峰、任旺兵等（2012）提出人口社会指标反映区域人口总量、质量、结构、空间分布及变化情况，人口再分布的动力及特点；教育、科技、文化、卫生等社会事业数量、质量、结构、空间分布及变化的系列指标[245]。马红旗，陈仲常（2012）提出构建人口发展的综合指标体系，人口发展综合评价系统包括一级指标体系 3 项：人口自身发展、人口与经济社会、人口与资源环境指标体系[253]；本节指标主要考虑人口社会，其中可借鉴的为人口自身发展和人口与经济社会的部分指标。宋林飞（2010）在构建中国小康社会指标过程中考虑我国全面建设小康社会的要求与发展趋势，同时也要考虑已有统计数据中的现成指标，或经过简单换算就能得到的指标，以体现指标的权威性与可操作性[254]。以《中国统计年鉴》的现成指标为基础，经过筛选、换算合成，确定了经济发展、生活水平、社会发展、社会结构、生态环境五大类共 36 个指标。其中社会发展和社会结构部分主要适用于我国主体功能区中人口社会指标的构建。根据这些参考指标可大致划分为人口、社会发展、社会结构三个方面。国外的空间规划研究方面，在面临着老龄化、少子化，以及社会发达到一定的阶段，日本注重老龄人口的增加和人口减少的指标[205]。美国关注就业和生活成本，纽约注重社会公平[231]，德国柏林注重社会的多样性。

总的来看，关于人口社会指标，国内外都关注人口本身：总数、人口密度、人口分布、增长率、迁移率。涉及教育、医疗、交通等方面的公共服务和有关社会发展的人口结构。由于发达国家面临人口老龄化以及社会发展到一定的水平更加关注老年人口和社会公平以及可持续发展性。结合我国目前发展国情，由于计划生育政策、未来我国将面临老龄化的问题，考虑人口本身指标时，应注重老年人口。同时我国还处于一个发展的阶段，社会方面更应注重其发展性。但是随着我国贫富差距进一步扩大，社会公平问题也需要考虑，建议纳入参考指标。人口、社会发展、社会结构为核心指标体系。

人口社会组评价指标体系表　　　　表 20-9

人口社会	核心指标	人口	人口密度
			吸纳外来人口规模
			老人抚养比
			人口自然增长率
		社会发展	教育事业费支出
			卫生经费支出比例
			城镇就业人员社会保险综合覆盖率

续表

人口社会	核心指标	社会发展	平均预期寿命
			每百万医生数
			城市每万人拥有公共交通车辆
			每万人刑事案件立案数
		社会结构	城镇人口比
			大专以上人口比例
			15 岁以上文盲比例
			第三产业从业人口比例
			城镇登记失业率
	参考指标	社会公平	城乡居民收入比
			基尼系数
			义务教育普及率
			农村医疗合作覆盖率

（7）核心部分——交通

在我国主体功能区划评价中，交通优势度是其中一项重要指标。交通对社会、环境、经济发展等方面具有重要影响，很大程度上影响了国土空间开发格局。张新，刘海炜，董文等（2011）在省级主体功能区划的交通优势度的分析与应用中、金凤君，王成金，李秀伟（2008）在中国区域交通优势的甄别方法及应用分析中均指出区域交通分析主要从三个方面考虑[255,256]，分别是交通网络密度、交通干线影响度、区位优势度三个方面。在贵州省的主体功能区有关交通的评价也是这三个方面，只是区位度优势（到中心城市的距离）改为到中心城市最短交通距离。后者比前者更能体现交通的影响力。在罗娅，骆建礼，王成娅（2009）的关于贵州省主体功能区划中人口、经济、交通评价指标体系的几点建议中指出交通网络结构对交通的影响[257]。该要素是对张新和金凤君的交通评价的补充，这二者的评价指标过于分散，分别考虑公路、铁路、飞机、港口等因素，缺乏整体性。交通网络结构评价的补充可使整个评价体系更为完善。国外发达国家注重区域间的联系，交通体系的构建。美国芝加哥区域规划关注公共交通和火车延迟时间以及通勤所花费用[220]。

总的来看我国交通指标构建主要反映区域间的联系度与方便性。加快区域间的交流，以及区域内人口移动成本。主要考虑区域层面的指标，则注重以下四个方面：交通网络密度、交通干线影响度、区位优势度、交通网络结构。同时构建参考指表：出行成本。

交通组评价指标体系表　　表 20-10

交通	核心指标	交通网络密度	公路网密度
			铁路网密度
		交通干线影响度	铁路影响度
			公路影响度
			水运影响度
			机场影响度
		区位	到中心城市的最短距离
		交通网络结构	交通通达指数
	参考指标	出行成本	交通平均花费时间
			交通平均花费金钱

（8）拓展部分——区域韧性

国际韧性城市指数（CRI）对韧性城市的 4 个维度（健康与幸福、经济与社会、设施与环境、决策与管理），12 个目标和 52 个分目标来进行评估[258]；又根据中国的统计年鉴[259]的指标特色，对以上分目标分别对应填充。然而，考虑到中国城市的特殊性，如城乡二元分离，因此在部分目标的分目标上增加城乡协调发展指标，并且依据最新的政策，将相关指标纳入进来，如国家或某一区域农村土地确权数目。同时，参考日本国土形成计划[205]和东京都市圈规划相关指标对本套指标体系进行补充，尤其借鉴日本做得比较好的方面，如防灾减灾和公众参与等方面。

区域韧性组评价指标体系表　　表 20-11

	内容	目标	分目标	指标
韧性	健康与幸福	最小化缺陷	安全且价格可承受的住宅供给	保障性住房用地供应面积
			充足且价格可承受的能源供给	生态环保节能重大工程项目数
			可达且安全的饮用水供给	Ⅲ类水质占比
			运转高效的环境卫生状况	AQI 优良天数
			充足且价格可承受的食物供给	第一产业生产总值

续表

	内容	目标	分目标	指标
韧性	健康与幸福	多样化生活方式和就业	相关技能的工作和培训的提供	帮助成功创业人数
			包容的劳动政策	农村富余劳动力非农就业岗位
			地方企业的发展和创新	民营经济增加值
			有效运转的金融机制	金融业增加值
			危机后正常生活的多途径保护	组织防灾训练的城市比例
		安全与健康的保障	社会医疗保障体系的强化	城镇居民低保覆盖对象数
			有质量保证的医院的可达性	家庭养老支持项目数
			突发事件的医疗救治	年急救公里
			高效的突发事件响应措施	成立应急队伍数量
	经济与社会	可持续经济系统	充足的公共资金和良好的财政管理	一般公共预算收入
			地方经济基础的多样性	第二产业税收收入数值
			公私企业的灵活持续规划	财政支持高新技术转化项目数
			城市品牌和经济社会状况（具吸引力的商业环境）	国际经贸仲裁委员会受理案件
			与区域和全球经济的联系	实际吸收外资数值
		健全的法律法规	体制机制的公平透明度（有效预防贪污）	受理信息公开数目
			有能力的执政	受理各类投诉数目
			公平正义的保障	农村确权登记率
		有特色且互帮互助的社会	城市文化与辨识度	各地域文化遗产数目
			市民公众参与活跃度	新成立社会组织
			地方社会支持构建（个人、家庭、社区三个层面）	帮助实现就业的失业青年
	设施与环境	减少建成环境的脆弱性	防灾抗灾设施的建设情况	防灾减灾情报信息机构数目
			绘制完善的灾害分布地图	地面沉降防治规划区域覆盖面积
			编制合理的技术规范和指标	防灾据点公共设施的抗震率
			生态系统的利用与保护	重要生态保护功能的森林保存比例

续表

	内容	目标	分目标	指标
韧性	设施与环境	有效管理	监测、管理、规划和更新不断推进	
			生态系统的有效管理	生活垃圾分类区域覆盖面积
			灵活的基础设施建设	人均公共管理与公共服务设施面积
			集约的基础设施利用	供应设施用地面积
			重要设施和服务的可持续性	基础设施修缮率
		可依赖的交通和通信	多样且价格可承受的交通与通信设施网络	公共交通客运总量
			高效的交通与通信设施运转与维护	优化调整公交线路数
			高效可靠交通与通信系统的可达性	公交行业日均客流
			信息与出行安全的保障	道路交通万车死亡率
	决策与管理	高效的决策和管理	政府横纵之间合作的高效性	财政转移支付总额
			各利益主体的多方参与情况	
			合理的政府部门决策	
		利益相关者的参与	社区组织和政府沟通机制的完善	自组织防灾活动覆盖率
			全民教育与培训	公共知识讲座举办数目
			社区意识和行动的普及	NPO 设置数目
		整合的发展规划	良好的城市动态监测和数据管理	
			规划过程的透明度和包容性	规划公开数目
			合理的土地利用和规划	新增建设用地计划面积
			规划审批和评估的强化	执行的新增建设用地面积

（9）拓展部分——区域国际交流

随着经济社会发展的日趋成熟，区域国际间的交流变得更加重要。尝试着以地域空间距离为基础，做出区域、东亚、国际三个层次的区域国际质保的划分。区域层次方面，主要关注地区间的合作，上海在这方面做得大量工作，从经济、环境、城市、旅游、文化等合作方面[101]。东亚交流合作方面，日本做了大量的工作，日本国土形成计划经济全球化背景下构筑亚洲一体化作为战略目标之一，关注日本在东亚产业网、东亚文化交流和交通通信方面的地位和作为。中国与东亚各国也有频繁的交流和交易，未来发展中也应更加关注东亚圈的建设，一方面为中国经济社会发展奠定稳定的外部环境，另一方面形成区域发展同盟，以更好地面对全球化的挑战。其次是全球化方面的指标，王颖，潘鑫，但波等（2014）以上海为例，认为全球城市建设现状可以从如下几个方面进行评价：总体判断如 GPCI、金融中心指数、全球网络平台及流量配置枢纽建设情况、科技创新中心建设情况、全球声誉评价及面向全球的政府发展评价[260]。郝书池、姜燕宁（2011）则以珠三角为例，从城市现代化和城市国际关联效益两方面构建了城市国际化水平的指标评价体系，其中城市现代化目标包括政治现代化、基础设施现代化、经济现代化、科学技术现代化、教育现代化等，国际关联效应指标包括经济国际化、基础设施国际化、第三产业国际化、教科文国际化等，并通过主成分分析法的手段给各个指标赋权值[261]。

区域国际交流组评价指标体系表　　　　表 20-12

	目标	分目标	指标
交流	国内地域合作	对口支援落后地区	援藏资金
			实施帮扶项目数
		环境保护和利用	公用水域环境标准达成率
			财政转移支付数额
		城市课题合作	
		城市经济协调	
		旅游合作	
	构筑亚洲一体化	产业一体化	各国对东亚贸易总额占比
			东亚对我国直接投资额
			东亚方面占全球贸易额的比例
		交通一体化	东亚一日圈人口比例
			东亚一日圈形成航空线路数
			货物次日配达圈人口比例
		文化交流合作	东亚国籍入境者占外国国籍入境者比例
			东亚留学生数
	迈向全球化	金融经济国际化	引进外资总额
			跨国公司数目
			离岸金融业务量比重

续表

	目标	分目标	指标
交流	迈向全球化	基础设施国际化	国际航空航线吞吐量
			国际通信业务量
		第三产业国际化指标	出境出国旅游人数
			国际咨询业务量
		教科文全球化	公务员国际化服务等级
			外国留学生数
			承办国际会议数
			外语出版物数量

（10）拓展部分——区域治理

随着中央推进国家治理体系和治理能力现代化建设，治理评估指标体系的构建日益重要，应纳入到未来的主体功能区指标体系内，本文梳理了二战后国际国内社会在治理指标体系构建方面的经验与成果。

国际方面，顾辉（2015）认为西方国家和国际组织的治理指标体系构建在理念上强调政府、公民社会和私人部门之间的相互支持和合作关系，在指标内容上重视参与、决策特命、负责人、法治和可预测[262]。比如世界银行的“世界治理指标体系”将言论和责任、政治稳定、法律、政府绩效、管制质量和控制腐败作为六个重要的治理领域；美国国际发展署的“民主与治理评估框架”主要集中于法律、民主和责任政府体制、政治自由和竞争、公民参与和建设四个方面。国内方面，俞可平（2003）在“中国民主治理的主要评价标准及指标”中设计了 15 个二级指标和 98 个三级指标[263]；包国宪则从法治、参与、透明度、责任、效能、公平和可持续性七个维度评价善治目标的达成度[264]；天则研究所“中国省市公共治理指数”构建了公民权利、公共服务、治理方式三个二级指标及 20 个三级指标。目前我国治理指标体系还处于理论研究阶段，缺乏实际测评和实践检验，与西方治理指标的实用主义和实践导向相比存在较大区别，因而不可直接挪用西方的一套。城市治理评估指标体系的制定不仅要将基于治理理论的发展理念纳入指标建构中，还需要系统的方法论来指导指标的具体操作化[104]。

区域治理组评价指标体系表　　　　表 20-13

治理	新型主体建设	NGO 组织登记数
	调动新型主体的积极性	新型行政主体地域活动参加率

20.3.3 监管措施

规划监管是对规划的落实情况的了解，以便推动政府落实规划和动态地调整方案措施，以达到初期目标。我国的监管措施目前停留在政府责任制。国家层面的主体功能区监测评价，其监测评价主体为中央政府，监测评价的责任对象是省级政府；省级主体功能区监测评价，其监测评价主体是省级政府，监测评价的责任对象为市县级政府。建立绩效考核评价体系。国外方面日本和荷兰做得相对较好。日本和英国发布监管报告，建立监管平台，提出一系列保障措施。而荷兰的监管措施始终贯穿于规划始终。注重连贯性和动态性。根据一些发达国家的经验提出从以下几个方面构建我国的监管措施。

（1）监管主体

目前我国已经明确了各级政府的事权，但是主体功能区规划涉及多个部门，除此应该明确各部门的职责所在，除此以外加强各部门间的协作，可学习日本在各部门之上建立统一部门——主体功能区部门，主导规划，同时协调其他部门，规划统一编制、统一颁布、统一实施。做好协调工作，避免各部门相互之间推卸责任的情况。

（2）监管平台

提供监管网络数据库，对指标给予持续性的监管，公布监管指标在空间上的分布，使公众和相关部门可实时地获得数据。

监管指标以不同的方式呈现。学习日本，根据不同的指标类型划分为静态和动态。静态根其中运用 GIS 能够有效率地分析一些指标的分布，形成地图。其余可形成报表。动态主要是依靠卫星通信技术。通过设置各类监测点，及时将监测对象的情况反馈给相关部门，从而动态地监测主体功能区发展变化情况。

结合上述总结的各类监测信息，再加上行政部门所持有的地理空间信息的公开数据，灵活运用社会整体的地理空间信息，加强信息的流通，开放共享和相互利用来自不同团体部门的信息，从而有效地监管并推进规划的实施。

（3）监管成果

学习日本和英国形成年度监管报告，规定报告所涉及的主要内容和监管报告人员，形成一套报告，再根据最初的目标确定是否有效执行，由于有些政策需要跟随最新发展调整更新，因此年度监测报告也发挥着及时反馈、并指导主体功能区规划作出相应调整的作用。

（4）监管保障

法律保障

制定相关的法律法规，确保规划的实施，将监管纳入部门法规之中，保证监管成为规划实施过程中重要的一部分，日本就规范各大地区开发行为的法规，如“北海道开发法”（1950年）等；规范大都市圈开发行为的法规，如“首都建设法”（1956年）等；促进地区振兴的法规，如“小笠原诸岛振兴开发特别措施法”（1969年）等；促进产业振兴的法规，如“促进新产业城市建设法”（1962年）等。以及各类保障国土综合开发规划落实的部门法规。

财政保障

确定一定监管基金，为监管提供财政保障，对项目进行直接投资，同时鼓励学习日本，采取金融措施。如日本：一是“日本政策投资银行”；另一种是成立“北海道东北开发金融公库”、“冲绳振兴开发金融公库”等区域开发金融机构。

参考文献

［1］ 翟国方．日本国土规划的演变及启示［J］．国际城市规划，2009，24（4）：85-90.

［2］ 杨荫凯，刘洋．加快构建国家空间规划体系的若干思考［J］．宏观经济管理，2011，6）：17-9.

［3］ 蔡玉梅．美国国土规划及启示［J］．国土资源，2003，10）：49-51.

［4］ 蔡玉梅，邓红蒂，谭启宇．德国国土规划：机构健全体系完整法律完善［J］．国土资源，2005，1）：44-7.

［5］ 蔡玉梅，高平．发达国家空间规划体系类型及启示［J］．中国土地，2013，2）：60-1.

［6］ 蔡玉梅，王国力，陆颖，et al．国际空间规划体系的模式及启示［J］．中国国土资源经济，2014，6）：67-72.

［7］ 曹清华．构建科学的空间规划体系［J］．国土资源，2008，7）：30-2.

［8］ 霍兵．中国战略空间规划的复兴和创新［J］．城市规划，2007，31（8）：19-29.

［9］ 曲卫东．联邦德国空间规划研究［J］．中国土地科学，2004，18（2）：58-64.

［10］苏强，韩玲．浅议国家空间规划体系［J］．城乡建设，2010，2）：29-30.

［11］王东祥．完善国土空间规划体系［J］．浙江经济，2007，19）：18-20.

［12］王金岩，吴殿廷，常旭．我国空间规划体系的时代困境与模式重构［J］．城市问题，2008，4）：62-8.

［13］王凯．国家空间规划体系的建立［J］．城市规划学刊，2006，1）：6-10.

［14］王磊，沈建法．空间规划政策在中国五年计划/规划体系中的演变［J］．地理科学进展，2013，32（8）：1195-206.

［15］王向东，刘卫东．中国空间规划体系：现状、问题与重构［J］．经济地理，2012，32（5）：7-15.

[16] 吴志强. 德国空间规划体系及其发展动态解析 [J]. 国际城市规划, 1999, 4): 2–5.

[17] 张伟, 刘毅, 刘洋. 国外空间规划研究与实践的新动向及对我国的启示 [J]. 地理科学进展, 2005, 24 (3): 79–90.

[18] 张志强, 黄代伟. 构筑层次分明、上下协调的空间规划体系——德国经验对我国规划体制改革的启示 [J]. 现代城市研究, 2007, 22 (6): 11–8.

[19] 周建明, 罗希. 中国空间规划体系的实效评价与发展对策研究 [J]. 规划师, 1998, 4): 109–12.

[20] 王革, 王迎军. 社会科学定性研究中比较方法的应用 [J]. 财经问题研究, 2009, 12): 25–30.

[21] 王凯. 国家空间规划论 [M]. 中国建筑工业出版社, 2010.

[22] http://baike.baidu.com/view/2918.htm?fr=aladdin

[23] 陆建人. 论亚洲经济一体化 [J]. 当代亚太, 2006, 5): 3–17.

[24] 中国现代国际关系研究院课题组, 季志业, 翟崑. 中国与亚洲 : 共同复兴之路 [J]. 现代国际关系, 2011, 9): 1–8.

[25] 高春茂. 日本的区域与城市规划体系 [J]. 国外城市规划, 1994, 2): 35–41.

[26] 潘海霞. 日本国土规划的发展及借鉴意义 [J]. 国际城市规划, 2006, 21 (3): 10–4.

[27] 逯新红. 日本国土规划改革促进城市化进程及对中国的启示 [J]. 城市发展研究, 2011, 5): 34–7.

[28] 孙立, 马鹏. 21 世纪初日本国土规划的新进展及其启示 [J]. 规划师, 2010, 26 (2): 90–5.

[29] MAN–HYUNG, CHAN–HO, 高毅存. 韩国城市与区域规划体系发展过程与特点 [J]. 北京规划建设, 2005, 5): 62–4.

[30] 雷国雄, 吴传清. 韩国的国土规划模式探析 [J]. 产经评论, 2004, 9): 37–40.

[31] CHOI B D, KENT R B. Regional planning and citizen participation in South Korea: The case of Chungbook Province[J]. Geojournal, 1993, 29(4): 399–403.

[32] 唐子来. 新加坡的城市规划体系 [J]. 城市规划, 2000, 24 (1): 42–5.

[33] DALE O J. Urban planning in Singapore: The transformation of a city[M]. Oxford University Press, USA, 1999.

[34] 周杰. 新加坡城市规划实施制度保障对我国城市规划管理的启示; proceedings of the 2012 中国城市规划年会, F, 2012 [C].

[35] 李百浩, 邹涵. 艾伯克隆比与香港战后城市规划 [J]. 城市规划学刊, 2012, 1): 108–13.

[36] 侯丽，栾峰．香港的城市规划体系 [J]．城市规划，2000，24（5）：47–50.
[37] 吴金镛．台湾的空间规划与民众参与——以溪洲阿美族家园参与式规划设计为例 [J]．国际城市规划，2013，4）：
[38] 庄翰华，蓝逸之，严胜雄．台湾地区空间规划体系的形成与演变 [J]．城市与区域规划研究，2009，2（3）：169–84.
[39] http://baike.baidu.com/view/2690.htm?fr=aladdin
[40] 王旭东．哈萨克斯坦的规划体系 [J]．城乡建设，2005，8）：56–7.
[41] DAS B. Urban Planning in India[J]. Social Scientist, 1981, 9(12): 53–67.
[42] KULSHRESTHA S K. Urban and regional planning in India: a handbook for professional practice[J]. 2012.
[43] 宋家明．香港的城市规划体系与制度（上）[J]．北京规划建设，2002，6）：39–42.
[44] 北 美．[EB/OL] http://baike.baidu.com/view/595143.htm?fr=aladdin，2014-09-01.
[45] 2010 年北美洲 30 国与地区人均 GDP 排名及十年增长．[EB/OL] http://blog.sina.com.cn/s/blog_9a32396301013k8m.html，2012-02-27.
[46] 比较欧洲、北美、东亚三大合作组织的区别．[EB/OL] http://zhidao.baidu.com/link?url=jQkLMoEFNRPknP8TSg94GP9gSEAZhW5Owq2Y2DdliDoh6eqDR-3Yumkz67gFhNJMjw3MM6CSREaHWnYU3_6jWq，2011-08-28.
[47] 英美法系的特点．[EB/OL] http://wenku.baidu.com/link?url=UBLmpc26- ib8ajvGod6IahcXD644srAQRDSK3OXCP4IZLFaa3n9Opc-rmAmztp9CHDWYrlbmLw9SxD_8J9NrpK05se2E8BaMbv0PYfeCvDq，2012-02-12.
[48] 拉 丁 美 洲．[EB/OL] http://baike.baidu.com/link?url=JoPWDNXrKICNSIqK6Bi9jn63AWlwvohobFYHMI52SrfjASC xsToY2QbHqKYGPT40jTUgngQG_apotUKVqL1X6Bx6Ta8C5QgFo3H_xt5u4Z5yLCXzrHFiToolxO4PEk2PIL2OkYElZUGj_AKoOEB-6a，2014-11-27.
[49] 孔帅．《拉美黄皮书：拉丁美洲和加勒比发展报告（2013～2014）》发布会综述 [J]．拉丁美洲研究，2014，36（3）.
[50] 中国和拉美文化的特点、历史联系与相互影响．[EB/OL] http://www.southcn.com/nflr/wszj/200609280391.htm，2006-09-28.
[51] 何勤华，冷霞．拉丁美洲法律发达史 [M]．法律出版社，2010.
[52] 王旭．美国城市发展模式：从城市化到大都市区化 [M]．清华大学出版社，2006.
[53] MOISEEV, IGOR, SACHKOV, et al. Introduction to American studies[M]. Longman, 1989.

[54] 郑明媚，黎韶光，荣西武，et al. 美国城市发展与规划历程对我国的借鉴与启示 [J]. 城市发展研究，2010，17（10）：67-71.

[55] 陈雪明. 美国城市规划的历史沿革和未来发展趋势 [J]. 国际城市规划，2003，18（4）：31-6.

[56] 武廷海. 纽约大都市地区规划的历史与现状——纽约区域规划协会的探索 [J]. 国际城市规划，2000，2）：3-7.

[57] 孙施文. 美国的城市规划体系 [J]. 城市规划，1999，7）：44-7.

[58] 孙春强，张秋明. 美国国土规划及对我国的启示 [J]. 国土资源情报，2011，8）：11-7.

[59] 加拿大经济发展 . [EB/OL] http://www.docin.com/p-652311944.html,2013-05-14.

[60] 刘艺工. 加拿大的法律多元与多元文化法 [J]. 外国法制史研究，2006，00）：

[61] 刘东洋. 加拿大城市规划历史简介 [J]. 城市规划学刊，1995，2）：23-5.

[62] 赵民，韦湘民. 加拿大的城市规划体系 [J]. 城市规划，1999，11）：26-8.

[63] 董振亚. 加拿大土地利用规划体系模式及其启示 [J]. 国土资源导刊，2007，4（2）：63-6.

[64] 许锋，刘涛. 加拿大公众参与规划及其启示 [J]. 国际城市规划，2012，27（1）：68-72.

[65] 李龙浩，张春雨. 加拿大土地规划制度研究 [J]. 中国土地科学，2000，14（6）：38-42.

[66] 颜俊. 巴西人口城市化进程及模式研究 [D]；华东师范大学，2011.

[67] 巴西 . [EB/OL] http://zh.wikipedia.org/wiki/%B0%CD%CE%F7，2014-11-24.

[68] 李瑞林，李正升. 巴西城市化模式的分析及启示 [J]. 城市问题，2006，4）：93-8.

[69] 李瑞林，王春艳，LIRUI-LIN，et al. 巴西城市化的问题及其对中国的启示——兼与中国城市化相比较 [J]. 延边大学学报（社会科学版），2006，39（2）：58-62.

[70] 张月. 浅析拉美进口替代工业化发展模式 [J]. 湖北社会科学，2008，8）：102- 4.

[71] 墨西哥经济概况 . [EB/OL] http://intl.ce.cn/specials/zxgjzh/201306/03/t20130603_24444027.shtml，2013-06-03.

[72] 程洪，陈朝娟. 论 20 世纪拉美城市化进程及其对中国的启示 [J]. 拉丁美洲研究，2006，28（2）：35-41.

[73] 刘学东. 墨西哥案例 1992—2012: 土地制度改革与城市用地分析 [J]. 中国名城，2014，1)：17-25.
[74] DEMERUTIS J，凌莉. 墨西哥在州层面上的发展管理策略和可持续发展规划过程 [J]. 国际城市规划，2003，18 (2)：16-21.
[75] Roberto Villarreal-Gonda. Organization, institutions and actors for local and regional development: Evolving paradigms in OECD countries. Institutional arrangements for regional development, Beijing, 2006.8.1
[76] 刘慧，XIAO-LU G，刘盛和. 世界主要国家国土空间开发模式及启示 [J]. 世界地理研究，2008，17 (2)：38-46.
[77] 殖民主义与墨西哥的发展瓶颈. [EB/OL] http://www.cssn.cn/sjs/sjs_sjjds/201311/t20131129_889224.shtml，2013-11-28.
[78] 杨志恒. 中国空间规划体系框架构想 [J]. 科学与管理，2011，5)：5-9.
[79] 郭耀武，胡华颖. "三规合一"? 还是应"三规和谐"——对发展规划.城乡规划，土地规划的制度思考 [J]. 广东经济，2010，1)：33-8.
[80] 卢震，鲁静姣. 建立"中国式"空间规划体系初探; proceedings of the 2011 中国城市规划年会，F，2011 [C].
[81] 数据来源：世界银行 (http://data.worldbank.org.cn/country/australia)
[82] 韩锋，刘樊德. 当代澳大利亚：社会变迁与政治经济的新发展 [M]. 世界知识出版社，2004.
[83] 格林伍德. 澳大利亚政治社会史 [M]. 商务印书馆，1960.
[84] 姜天明. 澳大利亚与第二次世界大战 [J]. 世界历史，1982，2)：83-5.
[85] 王宇博. 澳大利亚现代化历史探析 [J]. 苏州大学学报 (哲学社会科学版)，2004，5)：103-8.
[86] 张天. 澳洲史 [M]. 社会科学文献出版社，1996.
[87] 于杭，梁再冰. 澳大利亚 [M]. 重庆出版社，2004.
[88] 韩笋生. 从方方面面看墨尔本城市发展与规划 [J]. 国际城市规划，2008，23 (5)：1-2.
[89] 何奇松. 澳大利亚城市规划运动的兴起 [J]. 华东理工大学学报 (社会科学版)，2003，1)：91-5.
[90] 赵民. 澳大利亚的城市规划体系 [J]. 城市规划，2000，6)：51-4.
[91] 万松涛. 澳大利亚城市的形成与发展特点 [J]. 河南大学学报 (自然版)，1988，1)：89-93.
[92] 赵丹. 专制权力与宪政自由——宪政视角下的澳大利亚殖民史 [D]; 华东政法学院 华东政法大学，2005.
[93] 张春艳，张敏. 澳大利亚城市规划工作的启示 [J]. 重庆建筑，2012，11 (7)：15-6.

[94] 数据来源：世界银行（http://data.worldbank.org.cn/country/australia）

[95] 杨帆，黄斌．瑞典、澳大利亚、新西兰、美国的环境法院及其启示［J］．法律适用，2014，4）：21-5.

[96] 方文常，万松涛．新西兰城市的分散化［J］．河南大学学报（自然版），1990，1）：89-94.

[97] 张萍义，曹义．新西兰地方治理经验借鉴［J］．人民论坛，2010，35）：58-9.

[98] 赵冠谦．澳大利亚和新西兰的城市建设［J］．世界建筑，1995，3）：23-6.

[99] 杜群．新西兰绿色计划——《新西兰资源管理法》述评［J］．科技与法律，1998，2）：63-70.

[100] 胡斌．新西兰环境法院初探［J］．甘肃政法学院学报，2014，3）：116-23.

[101] BANK W．World Development Indicators 2013［M］．World Bank，2007.

[102] 张同铸．非洲经济社会发展战略问题研究［M］．人民出版社，1992.

[103] YUSUFP．Coneference Report，Planning Africa［M］．2008.

[104] 李振宇，邓丰．规划“塑造未来”的三大任务——2008 非洲规划大会（Planning Africa 2008）的启示［J］．城市规划学刊，2008，6）：54-8.

[105] African Development Bank Group.Statistical Yearbook 2013［R］．http://www.afdb.org/en/documents/publications/african-statistical-yearbook-2013.

[106] OCONNOR A. The African city[J]. New York N, 1983,

[107] United Nations, Department of Economic and Social Affairs, Population Division．Urban and Rural Areas 2009[EB/OL].

[108] United Nations，Department of Economic and Social Affairs，Population Division. Urban and Rural Areas 2009[EB/OL]. http://esa.un.org/unpd/wup/Documents/WUP2009_Wallchart_Urban- Rural_Final.pdf，[2010-07].

[109] 陆庭恩．非洲国家的殖民主义历史遗留［J］．国际政治研究，2002，Vol.39（1）：49-57.

[110] 舒运国．非洲城市化剖析［J］．西亚非洲，1994，1）：45-50.

[111] 安春英．非洲工业发展面临挑战［J］．亚非纵横，1996，4）：28-30.

[112] 联合国统计数据库，http://unstats.un.org /unsd /default.htm，2013.

[113] 潘兴明．英国殖民城市探析［J］．世界历史，2006，5）：26-35.

[114] 高珮义．中外城市化比较研究［M］．南开大学出版社，2004.

[115] 埃塞俄比亚 . 埃塞俄比亚联邦民主共和国五年增长与转型计划（GTP）［R］．亚的斯亚贝巴 .2010

[116] Masoom Hamdard．Role of Spatial Planning Tools at Meso-Scale in the

Management of Natural Resources [R] .2012.
[117] 陆庭恩. 对非洲国家政治发展问题的一些看法 [J]. 西亚非洲，2004，3)：18–23.
[118] 王骏，张照，温晓诣. 中国在非洲各国的若干规划实践与思考 [J]. 城市规划学刊，2010，4)：91–8.
[119] 罗尔 · 范德 · 维恩. 非洲怎么了？：解读一个富饶而贫困的大陆 :a contemporary history [M]. 广东人民出版社，2009.
[120] SCOTT A J. World Development Report 2009：reshaping economic geography [J]. World Environment, 2008, 35(4): 583–6.
[121] KOTZEVA M，BRANDM ü LLER T，ÖNNERFORS Å. Eurostat regional yearbook 2014[J].
[122] 徐龙第. 解读欧洲文化的特质——埃德加 · 莫兰的视角 [J]. 欧洲研究，2007，1)：126–38.
[123] 刘健. 法国城市规划管理体制概况 [J]. 国际城市规划，2004，19 (5)：1–6.
[124] 克劳斯 · 昆兹曼，彼得拉 · 波茨，王纺，et al. 从意大利城市和区域空间规划与发展中能学到什么？[J]. 国际城市规划，2010，25 (3)：1–4.
[125] 卓健，刘玉民. 法国城市规划的地方分权——1919—2000 年法国城市规划体系发展演变综述 [J]. 国际城市规划，2009，24 (s1)：7–15.
[126] 刘健. 法国国土开发政策框架及其空间规划体系——特点与启发 [J]. 城市规划，2011，35 (8)：60–5.
[127] 王筱春，张娜. 德国国土空间规划及其对云南省主体功能区规划的启示 [J]. 云南地理环境研究，2013，25 (1)：44–52.
[128] 马裕祥. 联邦德国的区域规划与城市规划体系 [J]. 经济地理，1991，4)：31–4.
[129] 孙斌栋，殷为华，汪涛. 德国国家空间规划的最新进展解析与启示 [J]. 上海城市规划，2007，3)：54–8.
[130] 于立. 英国发展规划体系及其特点 [J]. 国际城市规划，1995，1)：27–33.
[131] 吴晓松，张莹，吴虑. 20 世纪以来英格兰城市规划体系的发展演变 [J]. 国际城市规划，2009，24 (5)：45–50.
[132] The Spatial Planning System in the United Kingdom
[133] ROBERTS P, LLOYD G. Institutional aspects of regional planning, management, and development: models and lessons from the English experience[J]. Environment & Planning B Planning & Design, 1999, 26(4): 517–31.

[134] 亚历山德罗·巴尔多赛，威尔瑞亚·费得利，罗震东. 战略规划在意大利：基于实践领域的初步反思［J］. 国际城市规划，2010，25（3）：27–32.

[135] FEDELI V. Planning in Italy, seventy years after the first national planning law[J]. Disp, 2012, 48(2): 106–13.

[136] 乔治加亚·皮奇纳托，周静，彭晖. 二战后意大利的城市规划简史［J］. 国际城市规划，2010，25（3）：5–9.

[137] 米开朗琪罗·拉索，陈燕秋，孙旭东. 意大利那不勒斯市的地铁［J］. 国际城市规划，2010，25（3）：49–55.

[138] 唐子来，胡力骏. 意大利城市规划中的设计控制［J］. 城市规划，2003，27（8）：56–60.

[139] FALCO E. Equalization and Compensation in Italy：Empirical Evidence for a New National Planning Act[J]. Planning Practice & Research, 2011, 26(1): 59–69.

[140] 彼得罗，瓦伦蒂诺，兰伟杰，et al. 意大利文化和文化遗产的经济价值［J］. 国际城市规划，2010，25（3）：10–3.

[141] 彼得罗·瓦伦蒂诺，翟健. 意大利的城市遗产、地域政策以及文化分区方法［J］. 国际城市规划，2010，25（3）：14–6.

[142] 赵伯英. 欧洲一体化的动力、矛盾与前景［D］; 中共中央党校，1999.

[143] 郭旭，李广斌，施雯，et al. 欧盟“去一体化”及其对国内区域一体化的醒示［J］. 现代城市研究，2013，9）：115–20.

[144] 景娟，钱云，黄哲姣. 欧洲一体化的空间规划：发展历程及其对我国的借鉴［J］. 城市发展研究，2011，6）：1–6.

[145] 刘慧，樊杰，王传胜. 欧盟空间规划研究进展及启示［J］. 地理研究，2008，27（6）：1381–9.

[146] ANDREAS，FALUDI，邬晓华，et al. 欧洲战略规划的制度因素［J］. 国际城市规划，2004，19（2）：29–36.

[147] Massardier, G. (1996). Les savants les plus ‘demande′s’—Expertise, compe′tence et multipositionalite′: Le cas des ge′ographes dans lapolitique d’ame′nagement du territoire [‘The scholars most in demand—The case of geographers in ame′nagement du territoire policy’]. Politix, 9(36), 163–180.

[148] SCHARPF F W, SABATIER P A. Games real actors playactor-centered institutionalism in policy research [M]. Westview Press, 1997.

[149] GLØERSEN E. Polycentricity in transnational planning initiatives：ESDP applied or ESDP reinvented? [J]. Planning Practice & Research, 2007, 22(3): 417–37.

[150] 黄鹭新，谢鹏飞，荆锋，et al. 中国城市规划三十年（1978—2008）纵览［J］. 国际城市规划，2009，24（1）：1–8.
[151] Second ESPON 2013 Synthesis Report ESPON Results by early 2013.
[152] 吴良镛，武廷海. 从战略规划到行动计划——中国城市规划体制初论［J］. 城市规划，2003，27（12）：13–7.
[153] 林航. 吉林省空间规划方法研究［D］; 东北师范大学，2005.
[154] 宋拾平. 我国空间规划体系创新研究［D］; 湖南师范大学，2011.
[155] 吴殿廷. 区域经济学［M］. 科学出版社，2009.
[156] 林坚，陈霄，魏筱. 我国空间规划协调问题探讨——空间规划的国际经验借鉴与启示［J］. 现代城市研究，2011，12）：15–21.
[157] 姚佳，陈江龙，姚士谋. 基于新区域主义的空间规划协调研究——以江苏沿海地区为例［J］. 中国软科学，2011，7）：102–10.
[158] 国土资源部. http://www.mlr.gov.cn/bbgk/jgsz/bnss/（2014/12/09）.
[159] 住房和城乡建设部. http://www.mohurd.gov.cn/（2014/12/09）.
[160] 国家发展和改革委员会. http://www.sdpc.gov.cn/（2014/12/09）.
[161] 曲卫东，黄卓. 运用系统论思想指导中国空间规划体系的构建［J］. 中国土地科学，2009，23（12）：22–7.
[162] 吴延辉. 中国当代空间规划体系形成、矛盾与改革［D］; 浙江大学，2006.
[163] 耿海清. 我国的空间规划体系及其对开展规划环评的启示［J］. 世界环境，2008，42（6）：78–80.
[164] 黄璐. 基于共生理论的重庆城乡土地空间规划研究——以渝东南生态保护发展区为例［D］; 西南大学，2014.
[165] 萧国亮，隋福民. 中华人民共和国经济史［M］. 北京大学出版社，2011.
[166] 刘卫东，陆大道. 新时期我国区域空间规划的方法论探讨——以“西部开发重点区域规划前期研究”为例［J］. 地理学报，2005，60（6）：894–902.
[167] 倪楠. 中国城乡经济社会一体化的历史演进研究［D］; 西北大学，2013.
[168] 梁炜，任保平. 中国经济发展阶段的评价及现阶段的特征分析［J］. 数量经济技术经济研究，2009，4）：3–18.
[169] 张沛. 区域规划概论［M］. 化学工业出版社，2006.
[170] 郑琳. 成德绵区域一体化发展的空间规划研究［D］; 东北林业大学，2013.
[171] 魏广君. 空间规划协调的理论框架与实践探索［D］; 大连理工大学，2012.

[172] 邹军，陈小卉．城镇体系空间规划再认识——以江苏为例［J］．城市规划，2001，1)：30-3.

[173] 梁鹤年．抄袭与学习［J］．城市规划，2005，29(11)：18-22.

[174] 段进．城市空间发展论［M］．江苏科学技术出版社，2006.

[175] 陈为邦．城市探索［M］．知识产权出版社，2004.

[176] 韩青．空间规划协调理论研究综述［J］．城市问题，2010，4)：28-30.

[177] 陈秉钊．规划管理中的权力制衡与机制创新［J］．现代城市研究，2010，25(5)：13-6.

[178] 张秋凡．对我国城市规划编制体系中法定性的思考［J］．规划师，2004，20(3)：63-6.

[179] 张弢，陈烈，慈福义．国外空间规划特点及其对我国的借鉴［J］．世界地理研究，2006，15(1)：56-62.

[180] 谷海洪，诸大建．公共政策视角的欧洲空间一体化规划及其借鉴［J］．城市规划，2006，30(2)：60-3.

[181] 张晓瑞，宗跃光．区域主体功能区规划研究进展与展望［J］．地理与地理信息科学，2010，26(6)：41-5.

[182] 浅见泰司(著)，何仲禹、翟国方(编译)．日本城市规划体系规划管理现状与展望［J］．城市与区域规划评论，2013/1，总第2期，pp.14-22．南京大学出版社，ISBN978-7-305-12914-8.

[183] 翟国方．日本国土规划的实践及对我国的启示；proceedings of the 2008 中国城市规划年会，F，2008［C］.

[184] 新华社．全国主体功能区规划［M］．人民出版社，2015.

[185] 马晓冬 朱．地域主体功能区划：理论·方法·实证［M］．科学出版社，2007.

[186] 樊杰．主体功能区战略与优化国土空间开发格局［J］．中国科学院院刊，2013，2)：193-206.

[187] 国务院发展研究中心课题组．主体功能区形成机制和分类管理政策研究［M］．中国发展出版社，2008.

[188] 王传胜，朱珊珊，樊杰，et al．主体功能区规划监管与评估的指标及其数据需求［J］．地理科学进展，2012，31(12)：1678-84.

[189] 俞奉庆．主体功能区建设研究——以浙江省为例［D］；复旦大学，2013.

[190] 石莹怡．城市规划定量化监测与评估的体系框架研究［D］；华南理工大学，2011.

[191] 徐瑾，顾朝林．英格兰城市规划体系改革新动态［J］．国际城市规划，2015，3)：78-83.

[192] COMMUNITIES T D F, GOVERNMENT L. National Planning Policy Framework [J]. 2012.

[193] AUTHORITY G L. The London Plan. The spatial development strategy for London consolidated with alterations since 2011 [J]. p106, 2015.

[194] Website of Planning Practice Guidance (2014) Local Plans, Reference ID: 12–006–20140306, available from:http://planningguidance.communities.gov.uk/blog/guidance/local– plans/preparing–a–local–plan/ , [assessed 24th Oct2015].

[195] Department for Communities and Local Government (2012) National Planning Policy Framework, Department for Communities and Local Government: London.

[196] Office of the Deputy Prime Minister (ODPM) (2004) Planning Policy Statement 12: Local Development Frameworks, ODPM, London.

[197] Website of Planning Practice Guidance (2014) Local Plan: Key Issues, Reference ID: 12–001–20140306, available from: http://planningguidance.communities.gov.uk/blog/guidance/local–plans/local– plans–key–issues/, [assessed 24th Oct2015].

[198] Website of Government Legislation (2012) The Town and Country Planning (Local Planning) (England) Regulations 2012, Available from: http://www.legislation.gov.uk/uksi/2012/767/regulation/34/made[assessed 24th Oct2015].

[199] Department for Communities and Local Government (2004) Planning and Compulsory Purchase Act 2004, Department for Communities and Local Government: London.

[200] Manchester City Council (2015) Development in the City 2014/15 The Authority Monitoring Report of Manchester City Council, Monitoring the delivery of the Local Plan, Manchester City Council: Manchester.

[201] Royal Town Planning Institute[RTPI] (2007) Planning Together: Local Strategic Partnerships and Spatial Planning: A Practical Guide, RTPI, London.

[202] Royal Town Planning Institute[RTPI] (2008) Measuring the Outcomes of Spatial Planning in England, RTPI, London.

[203] 日本国土政策局．国土形成計画（全国計画）参考データ集［R］．2015

[204] 翟国方，刘力，王园，肖娅，于亚平，张蓉．日本空间规划体系产生、发展及其机制［R］，2014.

[205] 国土交通省国土政策局．国土形成計画（全国計画）のモニタリングに関する調査・分析業務報告書，2015.

[206] 日本内閣府．国土形成計画の推進に関する世論調査（平成 27 年 8 月調査），2015.

[207] 王涛. 东京都市圈的演化发展及其机制 [J]. 日本研究，2014，1)：20–4.

[208] 国土交通省国土政策局资料. http://www.mlit.go.jp/kokudoseisaku/kokudokeikaku_fr3_000003.html，2015.

[209] 冯建超，朱显平. 日本首都圈规划调整及对我国的启示 [J]. 东北亚论坛，2009，18（6）：76–83.

[210] ALBRECHTS L，侯丽. 对空间战略规划的重新审视 [J]. 国际城市规划，2003，18（6）：66–70.

[211] 刘慧，樊杰，李扬. "美国 2050" 空间战略规划及启示 [J]. 地理研究，2013，32（1）：90–8.

[212] Mark Pisano, Dan Mazmanian, Richard Little, Alison Linder,Bev Perry,2050 Paper Toward A National Strategic Investment Framework [R], The Keston Institute for Public Finance & Infrastructure Policy, 2009.

[213] 2050 Defining US Megaregions [R], Lincoln Institute of Land Policy and Regional Plan Association, 2007.

[214] 2050 Report Regional Economic Development 2009 [R], Lincoln Institute of Land Policy and Regional Plan Association, 2009.

[215] 2050 Paper Rethinking CO_2 [R], Lincoln Institute of Land Policy and Regional Plan Association, 2009.

[216] 2050 Paper A Systems Approach to Water Resources [R], Lincoln Institute of Land Policy and Regional Plan Association, 2007.

[217] 2050 Report Where HSR Works Best [R], Lincoln Institute of Land Policy and Regional Plan Association, 2009.

[218] 彼得拉·托多罗维奇，罗伯特·亚罗，彭翀，et al. 面向基础设施的美国 2050 远景规划 [J]. 城市与区域规划研究，2009，2（3）：18–38.

[219] One New York–The Plan for a Strong and Just City [R], The City of New York, 2014.

[220] COMPREHENSIVE REGIONAL PLAN of Chicago_Go To 2040 [R], Chicago Metropolitan Agency for Planning (CMAP), 2014.

[221] Update Implementation Action Areas FINAL [R], Chicago Metropolitan Agency for Planning (CMAP), 2014.

[222] 王兰，叶启明，蒋希冀. 迈向全球城市区域发展的芝加哥战略规划 [J]. 国际城市规划，2015，30（4）：34–40.

[223] 张庭伟. 芝加哥 2040 规划对上海的借鉴 [J]. 上海城市管理，2015，24（s1）.

[224] Update Socioeconomic Forecast FINAL [R], Chicago Metropolitan Agency for

Planning (CMAP), 2010.

［225］姜紫莹．OneNYC：“一个纽约”规划概要［J］．上海经济，2015，9）：57-62.

［226］韩效 大都市城市空间发展研究：以成都市和美国三个城市为例［D］．成都：西南交通大学景观工程系，2014.12（100—103）.

［227］洪文迁．纽约大都市规划百年：新城市化时期的探索与创新［M］．厦门大学出版社，2010.

［228］王兰．纽约城市转型发展与多元规划［J］．国际城市规划，2013，28（6）.

［229］谷海洪．由“第三部门”主导的区域规划的成功范例——纽约大都市区规划［J］．国际城市规划，2007，22（5）：36-41.

［230］America 2050 prospectus [R], Lincoln Institute of Land Policy and Regional Plan Association, 2006.

［231］Update Indicator Methodology FINAL [R], Chicago Metropolitan Agency for Planning (CMAP), 2014.

［232］Barrett Brenda.Roots for the National Heritage Area Family Tree [C]. The george Wright Forum, 2003, 20: 8-12.

［233］HAMIN E M. The US National Park Service's partnership parks：collaborative responses to middle landscapes [J]. Land Use Policy, 2001, 18(2): 123-35.

［234］梁江，穆丹，孙晖．荷兰国家基础设施与空间规划战略的评估与启示［J］．国际城市规划，2014，29（6）：72-80.

［235］HildebrandI.DasBaugesetzbuchunddasRaumordnungsge-setz,DieNeufa-ssungundNeuregelung1998 [M]. Bonn: Verl. Dt. Volksheimst&attenwerk, 1998 (inGerman).

［236］Grabsk-iKieronU.SkriptzurVorlesun/GrundlagenderräichenPlanung0 (Teil1) [M]. Mônster, 2001S.8~12,17~24,45,53 (inGerman).

［237］SpitzerH.EinfôhrungindieräichePlanung [M]. Stuttgart: Ulmer, 1995.13-67 (inGerman).

［238］周颖，濮励杰，张芳怡．德国空间规划研究及其对我国的启示［J］．长江流域资源与环境，2006，15（4）：409-14.

［239］Hans-Peter Gatzweiler. Raumordnungsbericht 2011 [R]. Deutshchland, 2011.

［240］Landesentwicklungsprogramm Bayern 2006. Deutshchland, 2006.

［241］喻锋，张丽君．法国空间规划决策管理体系概述［J］．国土资源情报，2010，9）：6-12.

［242］陈洋．巴黎大区 2030 战略规划解读［J］．上海经济，2015，8）：38-45.

[243] 新华社. 中共中央关于全面深化改革若干重大问题的决定[M]. 人民出版社，2014.

[244] 中共中央，国务院. 关于建立健全国家“十三五”规划纲要实施机制的意见[M]. 人民出版社，2016.

[245] 李军，胡云锋，任旺兵，et al. 国家主体功能区空间型监测评价指标体系[J]. 地理研究，2013，32(1)：123-32.

[246] 赵永江，董建国，张莉. 主体功能区规划指标体系研究——以河南省为例[J]. 地域研究与开发，2007，26(6)：39-42.

[247] 董文，张新，池天河. 我国省级主体功能区划的资源环境承载力指标体系与评价方法[J]. 地球信息科学学报，2011，13(2)：177-83.

[248] 高春风. 生态环境质量指标体系的建立与应用[J]. 渤海大学学报(自然科学版)，2006，27(3)：215-9.

[249] 李茜，张建辉，罗海江，et al. 区域环境质量综合评价指标体系的构建及实证研究[J]. 中国环境监测，2013，29(3).

[250] 樊杰. 中国主体功能区划方案[J]. 地理学报，2015，70(2)：186-201.

[251] 王威，苏经宇，马东辉，et al. 城市综合防灾与减灾能力评价的实用概率方法[J]. 土木工程学报，2012，s2)：121-4.

[252] 王茹，孟雪. 主体功能区绩效评价的原则和指标体系[J]. 福建论坛(人文社会科学版)，2012，9)：40-5.

[253] 马红旗，陈仲常. 我国人口发展的指标体系建设及综合评价[J]. 南方人口，2012，27(3)：3-12.

[254] 宋林飞. 中国小康社会指标体系及其评估[J]. 南京社会科学，2010，1)：6-14.

[255] 金凤君，王成金，李秀伟. 中国区域交通优势的甄别方法及应用分析[J]. 地理学报，2008，63(8)：787-98.

[256] 张新，刘海炜，董文，et al. 省级主体功能区划的交通优势度的分析与应用—— 以河北省为例[J]. 地球信息科学学报，2011，13(2)：170-6.

[257] 罗娅，骆建礼，王成娅，et al. 关于贵州省主体功能区划中人口、经济、交通评价指标体系的几点建议; proceedings of the 现代地理科学与贵州社会经济，F，2009[C].

[258] FOUNDATION T R. City Resilience Index [J].

[259] 上海社会科学院上海经济年鉴编辑部. 上海经济年鉴[M]. 上海人民出版社，1987.

[260] 王颖，潘鑫，但波. “全球城市”指标体系及上海实证研究[J]. 上海

城市规划，2014，6）：46–51.

［261］郝书池，姜燕宁．全球化背景下城市国际化水平评价指标体系及实证研究［J］．重庆交通大学学报（社会科学版）社会科学版，2011，11（2）：39–43.

［262］顾辉．综合评价法在城市治理评估指标体系中的应用［J］．江淮论坛，2015，274（6）：21–5.

［263］俞可平．增量民主与善治［M］．社会科学文献出版社，2005.

［264］包国宪，周云飞．中国公共治理评价的几个问题［J］．中国行政管理，2009，2）：4–7.